Atlas der christlichen Glaubensgemeinschaften in Wuppertal

Dieser Band wurde gedruckt mit Unterstützung der Bergischen Universität Wuppertal.

Außerdem haben wir folgenden Personen, Firmen und Institutionen
für ihr finanzielles Engagement zu danken:

Paul Bachmann, Remscheid
Karl Causemann, Wermelskirchen
Dr. Rudolf Hoelkeskamp, Wuppertal
Iris Korten, Solingen
Josef Lemm, Düsseldorf
Jutta Ohlbrecht, Wuppertal
Christoph Plutte, Wuppertal
Dr. Harald Volkmar, Erkrath

Evangelische Kirchengemeinde Elberfeld-West, Wuppertal
Evangelische Kirchengemeinde Sonnborn, Wuppertal
Evangelische Kirchengemeinde Uellendahl, Wuppertal
Evangelische Kirchengemeinde Vohwinkel, Wuppertal
Evangelische Kirche im Rheinland, Düsseldorf
Gesellschaft der Freunde und Förderer der Bergischen Universität Wuppertal
Katholische Kirchengemeinde St. Elisabeth + St. Petrus, Wuppertal
Katholische Kirchengemeinde St. Ewalde, Wuppertal
Katholische Kirchengemeinde St. Michael, Wuppertal
Lions Club Hilfswerk Wuppertal-Mitte
Mittelsten Scheid Stiftung, Wuppertal (Vorwerk & Co. KG)
Stadtsparkasse Wuppertal

Verlag: J.H. Born GmbH, Wuppertal, 2007
Layout: Brigitte Böse
Druck: Offset-Company, Wuppertal
Buchbinderei: W. Berenbrock, Wuppertal
ISBN: 978-3-87093-092-9

Ulrich T. Christenn

Atlas der christlichen Glaubensgemeinschaften in Wuppertal

Ein Projekt der
Bergischen Universität
Wuppertal

Inhaltsverzeichnis

Vorwort des Autors

Der Atlas der christlichen Glaubensgemeinschaften (AcGW) ist das Ergebnis jahrelanger, intensiver Beschäftigung mit den religiösen Gemeinschaften und Gruppen in Wuppertal. Seit der Teilnahme an einem Freikirchen-Besuchsseminar im Sommersemester 1994 an der Kirchlichen Hochschule Wuppertal, damals veranstaltet von Professor Jürgen Fangmeier, ließ mich dieses Thema nicht mehr los. Professor Fangmeier bildete zusammen mit Professor Friedrich Huber, ebenfalls von der Kirchlichen Hochschule, den Professoren Kurt Erlemann und Martin Ohst von der Bergischen Universität Wuppertal sowie mit Dechant Michael Grütering (Herz-Jesu-Gemeinde Elberfeld) und Pfarrerin Isabell Berner (Evangelische Studierendengemeinde Wuppertal) den Beirat zum Projekt AcGW. Sie alle waren mir über die Jahre kritische Berater und engagierte Unterstützer. Mit ihrer Hilfe konnte der Atlas zu einem erfolgreichen Abschluss geführt werden. Dafür bedanke ich mich herzlich! Ebenfalls danken möchte ich den Autoren einzelner Exkurse: Pfarrer Dr. Hermann-Peter Eberlein und den Professoren Hans Jochen Boecker und Wilfried Eckey; sie haben durch ihre fundierten Beiträge den AcGW enorm bereichert. Für die Redaktionsarbeit danke ich ausdrücklich Frau Astrid Padberg, Sekretärin im Seminar für Evangelische Theologie an der Bergischen Universität, dem Fotografen Ulrich Kopka sowie Frau Brigitte Böse vom Born-Verlag, die für den Atlas das ansprechende Layout entwickelt hat. Ein herzliches Dankeschön geht an Frau Sigrid Born vom Born-Verlag Wuppertal für die Aufnahme des Bandes in ihr Verlagsprogramm. Nicht zuletzt gilt mein Dank den zahlreichen Freunden, Förderern und Sponsoren, die mit ihrer großzügigen finanziellen Unterstützung den AcGW ermöglicht haben! Ihre Namen sind im Impressum aufgeführt.

Ulrich T. Christenn, März 2007

Grußwort

Das Bergische Land mit seiner Metropole Wuppertal ist geprägt durch eine besondere religiöse Vielfalt. Nicht nur Außenstehenden, auch den Interessierten fällt es bisweilen schwer, die Besonderheiten und Unterschiede der zahlreichen Gemeinschaften und Denominationen zu kennen und zu verstehen. Der vorliegende „Atlas der christlichen Glaubensgemeinschaften in Wuppertal" ist eine wertvolle Orientierungshilfe durch die verschiedenen christlichen Konfessionen, Kirchen und Gemeinschaften in dieser Stadt. Nicht nur Verantwortungsträger, sondern alle Interessierten finden hier Informationen und Hintergründe, stoßen auf Geschichtliches wie auf Gegenwärtiges.

Es ist beeindruckend, in diesem Atlas und seinen vielfältigen Exkursen zu entdecken, aus welch unterschiedlichen Quellen heraus das Bergische Land seine geistige Kraft entfaltet hat und immer noch entfaltet. Prägend waren und sind etwa die Erweckungsbewegung und der Geist der Barmer Theologischen Erklärung. Nach wie vor steht in der Region mannigfaltige sozial-diakonische Arbeit neben vielgestaltiger konfessioneller Bildungsarbeit. Die Bürgerinnen und Bürger Wuppertals engagieren sich aus christlichen Vereinen heraus für eine Gesellschaft, die sich auf ihre christlichen Wurzeln und Werte zurück besinnt. Viele Unternehmer im Bergischen Land versuchen vor dem Hintergrund ihres christlichen Glaubens sozial verantwortlich zu wirtschaften. Kinder und Jugendliche wachsen in den Glaubensgemeinschaften mit christlichen Wertvorstellungen und Verantwortungsbewusstsein auf.

Selbst in einer Zeit, in der in Westeuropa die prägende Kraft der christlichen Kirchen auf dem Prüfstand steht, bleiben die Tiefe und Nachhaltigkeit christlichen Engagements gerade in der Region um Wuppertal wohltuend spürbar. Dabei spielen Milieus eine ebenso wichtige Rolle wie historische Einflüsse. Aus Abgrenzungsversuchen sind ökumenisches Miteinander und freundschaftliche Zusammenarbeit geworden.

Ich begrüße diesen „Atlas der christlichen Glaubensgemeinschaften" ausdrücklich und bin davon überzeugt, dass er das Interesse an der Glaubensgeschichte und an der religiösen Vielfalt Wuppertals steigern sowie neue Impulse zum gegenseitigen Wahrnehmen und Verstehen setzen wird.

Dr. Matthias Schreiber
Beauftragter für Kirchen und Religionsgemeinschaften
des Landes Nordrhein-Westfalen.

Einleitung

Wuppertal ist weit über seine Stadtgrenzen hinaus bekannt für seine vielen religiösen Gemeinschaften. Gleichzeitig werden viele Vorurteile und Mythen über das Glaubensleben unserer Stadt verbreitet. Deshalb besteht ein großes Interesse in der Bevölkerung und in den Medien an vertiefenden Informationen über die verschiedenen religiösen Gemeinschaften. In der Öffentlichkeit werden die meisten Gemeinschaften aber kaum wahrgenommen, und auch untereinander sind sich die meisten unbekannt. Wenige Publikationen oder Untersuchungen haben sich bisher diesem Thema gewidmet. Es scheint fast so, als ob sich die Stadt schwer tut mit ihrem religiösen Leben.

Das erste Werk, das sich mit diesem Thema beschäftigt, eine streitbare Schrift aus dem Jahr 1851 von Friedrich-Wilhelm Krug, einem evangelischen Predigtamts-Candidaten: „Kritische Geschichte der protestantisch-religiösen Schwärmerei, Sectiererei und der gesammten un- und widerkirchlichen Neuerung im Großherzogthum Berg, besonders im Wupperthale."[1] Krug hat hier Vorlesungen zusammengestellt, die sich aus Perspektive eines evangelischen Theologen sehr kritisch mit den verschiedenen Gemeinschaften auseinandersetzen.

Gut hundert Jahre später veröffentlicht Dr. Gerhart Werner „Die Stillen in der Stadt – Eine Betrachtung über die Sekten, Freikirchen und Glaubensgemeinschaften Wuppertals".[2] Er sucht der Vielfalt etwas Positives abzugewinnen und würdigt gerade das freikirchliche Leben in Wuppertal.

Das umfangreichste Werk ist die historisch-soziologische Untersuchung über die Entstehung von fünf Freikirchen in Wuppertal durch Dr. Wolfgang E. Heinrichs, Historiker an der Universität Wuppertal. Sein Werk „Freikirchen – eine moderne Kirchenform"[3] will klären, warum es gerade in Wuppertal Mitte des 19. Jahrhunderts einen solch großen Aufbruch im christlichen Glaubensleben gab, dass zu dieser Zeit mehrere neue Gemeinschaften entstanden.

Weniger wissenschaftlich, aber trotzdem lesenswert, ist die Buchausgabe eines Radio-Features von Lisa Kristwaldt: „Jesus kam nicht bis zum Ölberg – Gott in Wuppertal".[4] Sie beschreibt in Anekdoten und Interviews die besondere religiöse Atmosphäre im Tal an der Wupper.

Von diesen Vorgängerwerken unterscheidet sich der Atlas zum einen in der Form der Darstellung: Neben Portraits der Gemeinschaften gibt es thematisch weiter gefasste Exkurse. Zum anderen unterscheidet er sich in der Erarbeitung der Informationen. Die meisten Artikel entstanden mit Hilfe der Gemeinschaften selbst. Das geschah durch einen umfangreichen Fragebogen, der von Vertretern der Gemeinschaften ausgefüllt und durch intensive Gespräche mit Pfarrerinnen und Pfarrern, Gemeindeleiterinnen und -leitern sowie Gemeindemitgliedern ergänzt wurde. Zusätzlich wurden weitere Informationen aus Publikationen der Gemeinschaften und aus Sekundärliteratur gesammelt. Diese Methode der dreigeteilten Informationsbeschaffung ermöglichte es dem Autor, den vielfältigen Organisationsstrukturen der einzelnen Gemeinschaften Rechnung zu tragen. Nicht jede Gruppe sah sich in der Lage ihre Theologie bzw. Struktur in einem Fragebogen zu verschriftlichen. Andere wiederum waren nicht zu einem persönlichen Kontakt bereit.

1 Erschienen in Elberfeld 1851.
2 Erschienen in Wuppertal 1956.
3 Erschienen in Köln 1989.
4 Erschienen in Wuppertal 1978.

Der AcGW will für den Bereich der christlichen Konfessionen einen möglichst umfassenden Überblick und Einblick bieten. Aus praktischen Erwägungen und inhaltlichen Gründen beschränkt sich das Projekt auf die christlichen Konfessionen. Allein diese sind in Wuppertal schon so vielfältig, dass die Untersuchung mit großem Aufwand verbunden war. Außerdem ist die Prägung durch die christliche Religion in der Stadtgeschichte bis heute spürbar. Mit dieser Einschränkung soll aber keine Abwertung nicht-christlicher Gemeinschaften im Tal vorgenommen werden.

Ausgewählt wurden die Gemeinden und Gruppen, die im Stadtgebiet regelmäßig Gottesdienste feiern, also in dieser Stadt mit eigenen Veranstaltungen verankert sind. Es gibt darüber hinaus zahlreiche weitere Gemeinschaften, deren Anhänger zwar in Wuppertal wohnen, aber sich zu einer Gemeinde in Nachbarstädten zählen. Diese konnten im AcGW nicht berücksichtigt werden.

Die Vorstellung der einzelnen Gemeinschaften gliedert sich in vier Abschnitte. Nach einer Kurzvorstellung, in der die hervorstechenden Merkmale einer Gruppe knapp umrissen werden, folgt die Entstehungsgeschichte, sowohl allgemein als auch speziell auf Wuppertal bezogen. Dazu wird die Theologie und die Organisation einer Gemeinschaft so dargestellt, dass auch Nicht-Theologen verstehen, was deren Glaubensspezifikum ausmacht. Denn Zielgruppe des AcGW sind alle interessierten und betroffenen Wuppertaler, die sich mit dem Glaubensleben in ihrer Stadt näher auseinandersetzen wollen. Abschluss jedes Gemeindeportraits bildet ein Originaltext der jeweiligen Gemeinschaft.

Zu den Gemeindeportraits kommen einzelne thematische Exkurse. In ihnen soll die Kirchengeschichte umrissen und das reichhaltige christliche Leben in Wuppertal neben den eigentlichen Kirchen- und Gemeindestrukturen dargestellt werden. Dabei kann aber nur ein kleiner Überblick über die vielen christlichen Schulen, Verlage, Missionen oder Vereine gegeben werden.

Noch sind die meisten Wuppertaler von diesem Thema betroffen, denn gut zwei Drittel der Bevölkerung gehören einer christlichen Kirche an. Aber auch im Tal ist die Säkularisierung der Gesellschaft spürbar. Die Kirchen verlieren gleichzeitig Mitglieder und Einfluss. Und doch, das will der AcGW aufzeigen, sind sie noch immer ein nicht zu vernachlässigender Faktor für die Gesellschaft unserer Stadt. Das trifft nicht nur auf die beiden Großkirchen zu, gerade auch die kleineren christlichen Kirchen und Gemeinschaften prägten und prägen das Leben in Wuppertal. Hier stellt sich die Frage, welche Bedeutung das Phänomen der religiösen Vielfalt generell für unsere Gesellschaft, für unsere Stadt, aber auch für die einzelnen Gemeinschaften hat. Ist es für die Stadtverwaltung, die Schulen, die Medien oder Wirtschaftsbetriebe etwas anderes, wenn fast die ganze Bevölkerung einer religiösen Gemeinschaft angehört oder eben einer Vielzahl von Gemeinden? Wie muss darauf reagiert werden? Diese Fragen kann der AcGW nur anstoßen, aber nicht letztgültig beantworten.

Der AcGW richtet sich aber nicht nur an interessierte Wuppertaler, er will auch die einzelnen Gemeinschaften dazu anregen, sich gegenseitig wahrzunehmen. Trotz verschiedener Verbünde und Gesprächsrunden (wie Arbeitsgemeinschaft christlicher Kirchen und Gemeinden „AcKuG", Evangelische Allianz, Runder Tisch der Religionen oder Kirchentag im Westen) schauen viele, vor allem kleine Gemeinschaften kaum über ihren Tellerrand hinaus und werden auch von anderen nicht wahrgenommen. Zum Teil sind sie personell dazu nicht in der Lage, da sie komplett ehrenamtlich organisiert sind und keine Ressourcen für Ökumene und Dialog haben. Zum Teil wollen sie das aber auch nicht, weil sie sich gerade durch Abgrenzung definieren. Auch das soll im AcGW kritisch zur Sprache kommen. Neben Abgrenzungsbemühungen ist in Wuppertal aber auch die vielfache Zusammenarbeit über Konfessionsgrenzen hinweg zu beobach-

ten. Der AcGW will auch nachfragen, ob diese Stadt ein spezieller Mikrokosmos für den ökumenischen Dialog ist. Denn die historische Besonderheit Wuppertals liegt darin, dass hier seit der Reformation keine Gemeinschaft so dominiert hat, dass sie andere Konfessionen in ihrer Wahrnehmung vernachlässigen konnte. Immer waren Reformierte, Lutheraner, Katholiken, Freikirchler durch andere herausgefordert, ihren Glauben zu bekennen, ihre Gemeinde darzustellen und über ihre Theologie zu reflektieren. Das will der AcGW weiter befördern.
Eine heikle Frage ist die nach der Kategorisierung von Kirchen, Gemeinden und Sekten. Der AcGW will keine Sekten-Vorurteile zementieren und vermeidet deswegen den Begriff „Sekte" so weit es geht. Das bedeutet allerdings nicht, dass der AcGW frei von jeglichen Wertungen und Beurteilungen ist. Der Autor und der Beirat sind sich bewusst, dass eine vollkommen objektive Darstellung von Glaubenswahrheiten nicht möglich ist. In jeder Auswahl, Umformulierung, verkürzten Darstellung können Wertungen enthalten sein. Zu sehr sind eigene Wahrheiten und Einstellungen davon betroffen. Der Autor ist mit Überzeugung evangelischer Pfarrer und kann nur aus dieser Position heraus ins Gespräch mit den anderen Gemeinschaften treten. Dies wurde bei der Erarbeitung des AcGW nicht verheimlicht und war sogar oft hilfreich, wenn den Gesprächspartnern nicht ein konturloser Befrager, sondern ein Dialogpartner gegenüber saß. Trotzdem bemüht sich der AcGW um eine so objektive Darstellung, dass sich die Leserinnen und Leser einen eigenen Eindruck über die Gemeinschaften bilden können.
Die meisten Artikel sind in Zusammenarbeit mit den Gemeinschaften entstanden, auch wenn die Endredaktion in den Händen des Autors und des Beirats lag.

EXKURS: Frühgeschichte

Kurz-Zusammenfassung (Ulrich T. Christenn)

Der genaue Beginn der Christianisierung im Bergischen Land liegt im Dunkeln. Da aber das Wuppertal im Grenzgebiet von sächsischen (im Osten) und fränkischen (im Westen) Einflussgebieten lag – die genaue Grenze lässt sich schwer rekonstruieren, lag wohl im Osten Barmens –, muss man annehmen, dass die ersten christlichen Einflüsse aus dem Westen, von den Franken kamen.

Zwei Eckdaten lassen sich aber rekonstruieren. Um das Jahr 710 verkündigte der Mönch Suitbertus das Evangelium in der Region und 799 wurde die Benediktiner-Abtei Werden von Liudger gegründet. Von hier aus gingen Impulse zur Urbarmachung des Tals aus, auch seelsorgerische Aufgaben wurden dort übernommen. Die erste Kirche auf Wuppertaler Stadtgebiet war wohl die von Sonnborn, die 873 urkundlich erwähnt wurde.

Umso erstaunlicher ist es, dass Elberfeld anfänglich zur weit entfernten Pfarrei Langenfeld-Richrath gehörte. Wann diese Gemeinde eine eigenständige Pfarrei wurde, ist unklar, vermutlich erst im 12. Jahrhundert. Die erste Laurentius-Kirche (die heutige evangelische Kirche in der City, Kirchplatz 2) wurde um 1000 als einfache Saalkirche erbaut.

In Barmen sah die Situation etwas anders aus. Im Mittelalter war Schwelm für die Bevölkerung das Zentrum des kirchlichen Lebens. Deswegen gab es auch nie eine eigene Pfarrei. Das heutige Stadtgebiet war kirchlich aufgeteilt: Unterbarmen gehörte zur Elberfelder Laurentius-Pfarrei und zum rheinischen Dekanat Neuss. Oberbarmen dagegen gehörte zur Petrus-Pfarrei in Schwelm und war damit Teil des westfälischen Dekanats Lüdenscheid. Die Grenze verlief ungefähr am heutigen Alten Markt, Leimbach (im Norden) und Fischertalbach (im Süden). Vielleicht spiegelt sich darin die alte Grenze zwischen Franken und Sachsen wider.

Entwicklung des Christentums im Wuppertal von den Anfängen bis zur Vorreformationszeit

(Hermann-Peter Eberlein)

Das mittlere Tal der Wupper und die angrenzenden Höhenzüge[1] bildeten im frühen Mittelalter eine Art Niemandsland zwischen den fränkischen Siedlungsgebieten in der Rheinebene und den Vorposten der Sachsen im Osten; von beiden Seiten aus wird dann auch in spätmerowingischer, karolingischer und noch in ottonischer Zeit die langsame Besiedlung des Tales erfolgt sein.[2] Die Landwehr in Barmen markierte lange die alte Grenze; an den Patrozinien der wenigen Kirchen lässt sich die Gründungszeit ablesen. So ist das Remigius-Patrozinium der Sonnborner Kirche (an der Stelle der heutigen Sonnborner Hauptkirche auf einem Felsen am Wupperknie gelegen) typisch für die merowingische und frühkarolingische Epoche; das Laurentiuspatrozinium der Elberfelder Kirche (der heutigen Alten reformierte Kirche) weist hingegen auf die zweite Hälfte des 10. Jahrhunderts – eine Datierung, die durch Bodenfunde bestätigt wird.[3] Im späteren Barmen existierte bis 1702 gar keine Kirche;

1 Zur älteren Stadtgeschichte: Langewiesche, Wilhelm (Hg.): Elberfeld und Barmen. Beschreibung und Geschichte dieser Doppelstadt des Wupperthals, nebst besonderer Darstellung ihrer Industrie, einem Ueberblick der Bergischen Landesgeschichte etc., Barmen 1863 (Nachdruck Wuppertal o. J.); Schell, Otto: Geschichte der Stadt Elberfeld, Elberfeld 1900; Chronik Wuppertal. Manuskript-Druck ohne Seitenzählung, (München 1969); Die Stadt Elberfeld. Festschrift zur Dreijahrhundert-Feier 1910, hg. v. Heinrich Born, Elberfeld 1910.

2 In jüngster Zeit ist eine vorgeschichtliche Besiedlung nachgewiesen worden, deren Verbindung mit historischen Epochen nicht belegbar ist.

3 Stadt Wuppertal (Hg.): Die Ausgrabungen in der alten reformierten Kirche Wuppertal-Elberfeld, Wuppertal 1954.

die Unterbarmer – westlich der Landwehr – waren nach Elberfeld eingepfarrt, die Oberbarmer nach Schwelm. In Cronenberg gab es eine Kapelle (die Vorgängerin der heutigen Reformierten Kirche), die dem Schwarzen und dem Weißen Ewald geweiht war, zwei angelsächsischen Missionaren des 7. Jahrhunderts; im späteren Mittelalter bildete diese Kapelle ein Filial zur Elberfelder Pfarrkirche. Die Abhängigkeiten der Sonnborner Kirche hingegen lagen nach Westen: zum Rittergut Lüntenbeck, zum Gerresheimer und zum Gräfrather Kloster. Wohnplätze mit Eigenkirchen wie das Gut Schöller gehören schon nicht mehr zum eigentlichen Weichbild der späteren Stadt. Ronsdorf spielte noch keine Rolle, sondern gehörte zum Einflussbereich des älteren Siedlungskerns Lüttringhausen, aus dem in staufischer Zeit auch die Stadt Lennep hervorgegangen ist.[4]

Der Name „Barmen" begegnet zuerst in einem Heberegister der Abtei Werden aus dem Jahr 1070 – vielleicht ist die Christianisierung auch von dorther erfolgt. Es handelte sich um eine Ansammlung von Einzelhöfen, von denen einige die Namen ihrer Gründer trugen (Wichelhaus: Wichmars Haus; Wülfing: Wolf). Diesen Zustand spiegelt noch ein Steuerverzeichnis aus dem Jahre 1466, die Beyenburger Amtsrechnung; sie nennt neben drei herrschaftlichen Höfen (Dörnen, Wichlinghausen, Eynern) und dem freien Sattelgut Kemna 40 Höfe und 22 Kotten. Die Hofesnamen sind zugleich Orts- und Familiennamen etlicher heute noch blühender Geschlechter wie Wichelhausen, Cleff, Werth, Wülfing, Loh, Leimbach, Carnap, Clausen, Westkott oder Rittershausen,[5] die gemeinsam mit den Elberfelder Familien der Siebel, Teschemacher, Kirberg, Braus oder den im 16. Jahrhundert aus der nächsten Umgebung zugezogenen Familien Frowein und Lüttringhausen nach der Reformation eine relativ homogene patriziale Oberschicht im Tal bilden werden.[6] Politisch gehörte Barmen seit 1244 zu Berg, wurde aber oft verpfändet. Wie kompliziert die Feudalverhältnisse waren, zeigt etwa das Beispiel des in der Amtsrechnung aufgeführten Hofbesitzers Arndt zu Wülfing, der dem Grafen von der Mark lehn-, aber dem Herzog von Berg abgabenpflichtig war.[7] Ein urbanes Zentrum gab es in Barmen nicht, wohl aber eine einfache Gemeindeverfassung, die in einem Weistum, der Barmer Hofesrolle, festgeschrieben war. Den Gemeindevorstand bildete ein Hofesgericht mit mehreren Schöffen unter Leitung eines Schultheiß (später Richters), der dem herzoglichen Amtmann in Beyenburg unterstand – eine Abhängigkeit, die bis in die neuere Zeit bestand.

Elberfeld tritt urkundlich erst in einem Pfandvertrag von 1176 in Erscheinung, also deutlich später als Barmen. In seinem Besitz wechselten sich das ganze Hochmittelalter hindurch Köln und Berg ab; erst im 15. Jahrhundert wurde der Ort endgültig bergisch. Im Gegensatz zu Barmen gab es in Elberfeld einen klaren Siedlungskern: die Burg. Sie war ursprünglich – vielleicht sogar schon seit spätmerowingischer Zeit – einer der Tafelhöfe gewesen, die die Küche des Kölner Erzbischofs belieferten, und jedenfalls ein wichtiger Posten an dem Weg von Köln nach Dortmund; später war sie Sitz des herzoglichen Amtmanns. Vermutlich in Fachwerk ausgeführt und von Palisaden und einem Wassergraben umge-

4 Stursberg, E. Erwin: Remscheid und seine Gemeinden. Geschichte, Wirtschaft, Kultur, Remscheid 1969; Heuser, Karl Wilhelm/Feldmann, Hellmut: Kirchliches Leben in Lennep. Ein geschichtlicher Leitfaden, Remscheid 1980.

5 Mit viel Phantasie hat Clara Hohrath die Lebenswelt dieser autochthonen Barmer Hofbesitzer-Familien literarisch zu gestalten unternommen: Im Wuppertal. Barmer Geschichten aus dem fünfzehnten Jahrhundert, Leipzig 1907 – ein Buch, das die Sehnsucht des Bürgertums wilhelminischer Zeit nach historischer Selbstvergewisserung für Barmen genauso spiegelt wie für Elberfeld Walter Bloems „Bühnenfestspiel zur Feier der dreihundertjährigen Wiederkehr des Tages der Verleihung der Stadtrechte an die Freiheit Elverfeldt (10. August 1610)" mit dem Titel „Der Väter Not", Elberfeld 1910.

6 Strutz, Edmund: Die Ahnentafeln der Elberfelder Bürgermeister und Stadtrichter von 1708-1808, Neustadt a. Aisch [2]1963.

7 DGB Bd. 183, Wülfing, S. 5; Bredt, Johann Victor: Studien zur Rechtgeschichte von Barmen. ZBGV 65, 1937, S. 250.

ben, lagen ihre Bauten an der heutigen Burgstraße auf dem Gelände des jetzigen Von der Heydt-Museums. Ihr vorgelagert stand die erwähnte Kirche St. Laurentius mit dem sie umgebenden Friedhof. Um diesen Kern herum bildete sich bald eine kleine umfriedete Marktsiedlung; sie umfasste mit Burg und Kirche ungefähr das Geviert zwischen der jetzigen Morianstraße und dem Wall, der Schlossbleiche und der Schönen Gasse – den Grundriss kann man heute auf dem Postament vor der Alten Reformierten Kirche studieren. Diese Marktsiedlung bildete im späteren Mittelalter eine „Freiheit", das heißt eine Minderstadt mit Ratsverfassung (im Jahre 1444 bezeugt); der Prozess der Stadtwerdung wird erst im Jahre 1708 abgeschlossen sein.
Die Pfarrkirche ist im Laufe des Mittelalters mehrfach um- und nach Bränden wieder neu aufgebaut worden. Ende des 15. Jahrhunderts war sie ein bescheidenes, eintürmiges spätromanisches Kirchlein mit einem etwa 16 Meter langen Schiff und einem 10 Meter tiefen Chor. Neben dem Hauptaltar hatte sie noch fünf Seitenaltäre, von denen zwei mit eigenen Pfründen ausgestattet waren. Die Pfarrei umfasste nicht nur die eigentliche Freiheit, die umliegenden Höfe und das Cronenberger Filial, sondern auch den westlichen Teil Barmens. Was ihre Besetzung angeht, so geschah sie wohl in Vertretung des Apostolischen Stuhles abwechselnd durch den Kölner Domdechanten und den Pfarrer von Richrath, was an alte Missionswege denken lässt.
So stellt sich das Wuppertal an der Wende vom späten Mittelalter zur frühen Neuzeit zwar nicht als Siedlungseinheit dar, aber doch als ein Raum mit vielen Gemeinsamkeiten. Im westlichen Zentrum liegt als urbaner, wenn auch sehr kleiner Kern die Freiheit Elberfeld, deren kirchlicher Einfluss den größten Teil des mittleren Wuppertals bis zur alten Landwehr und dazu die Cronenberger Höhe umfasst. Sie hat mit etwa 150 Familien weniger als tausend Einwohner, noch keine Stadtrechte und steht damit nicht nur hinter den größeren Städten des Niederrheins wie Wesel, Rees, Kalkar oder Emmerich, sondern auch hinter den bergischen Stadtgründungen der Stauferzeit wie Ratingen, Lennep oder Wipperfürth deutlich zurück. Die ökonomische Grundlage liegt noch in der Landwirtschaft und einem sehr beschränkten lokalen Handel. Die östlich anschließende Streusiedlung Barmen teilt mit Elberfeld die topographische Misere: ein zur Bildung einer größeren Siedlung oder auch nur zu großzügiger wirtschaftlicher Nutzung viel zu enges Tal, das dazu von etlichen Oberflächengewässern durchzogen wird. Kurz: Das Wuppertal ist gegenüber der städtischen Kultur des Rheinlandes geografisch, historisch, politisch wie ökonomisch randständig.

Zitate

„Ich wüsste keine Stelle in unserem Vaterland, wo sich des gesunden, praktischen Christentums so viel zusammenfände wie in jenem viel verschrienen, aber auch viel gepriesenen Tale."
Friedrich W. Krummacher (reformierter Pfarrer in Barmen und Elberfeld)

„Wäre den Gläubigen Wuppertals etwas vorzuwerfen, so dürfte es ein übereiltes Verfahren in Erteilung der Prädikate christlich und unchristlich sein."
Friedrich W. Krummacher (reformierter Pfarrer in Barmen und Elberfeld)

Stammbaum der Denominationen

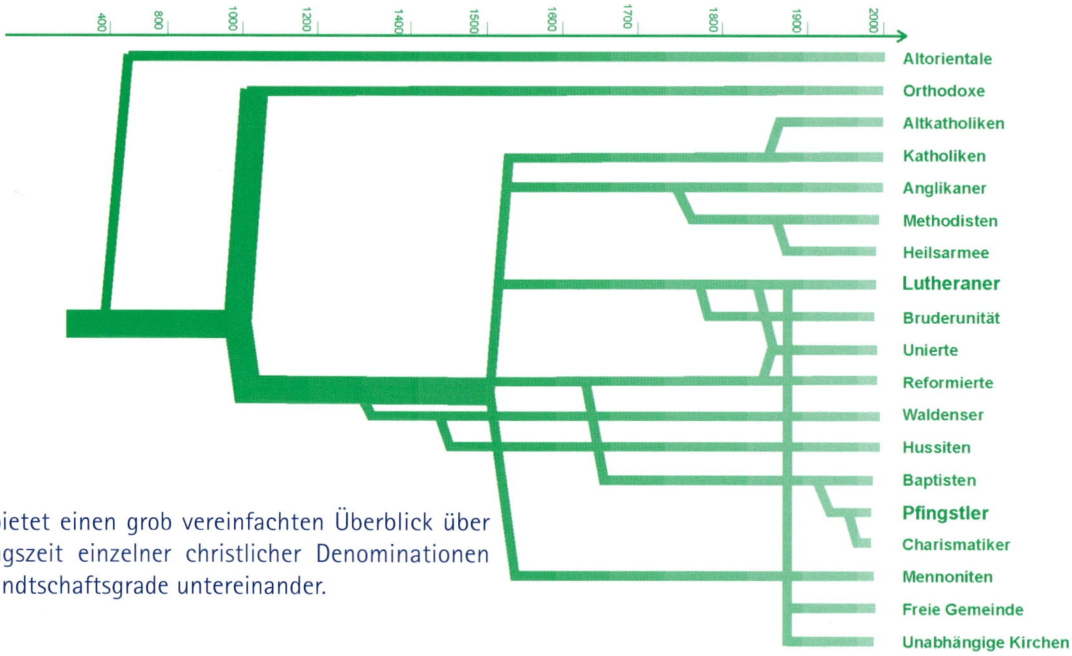

Diese Grafik bietet einen grob vereinfachten Überblick über die Entstehungszeit einzelner christlicher Denominationen und die Verwandtschaftsgrade untereinander.

Kleine Kirchengeschichte des Wuppertals

Gründungsjahre von noch bestehenden Gemeinschaften und sonstige wichtige Ereignisse in der Kirchengeschichte Wuppertals.

Jahr	Gemeinschaft	Ereignis
710	Kath. Kirche	Mönch Suitbertus verkündet in der Region
873	Kath. Kirche	Erwähnung Kirche Sonnborn
Um 1000	Kath. Kirche	Erste Laurentiuskirche in Elberfeld gebaut
Ab 1527	Evang. Kirche	Reformation im Bergischen
Ab 1565	Evang. Kirche	Durchsetzung der Reformation mit reformierter Prägung (Heidelberger Katechismus)
1579	Evang. Kirche	Gründung der Evang. Amtsschule in Barmen
1658	Kath. Kirche	Erste Messfeier nach der Reformation in Elberfeld
1672		Religionsvergleich von Cölln
1694	Evang. Kirche	Erlaubnis zum luth. Gottesdienst in Elberfeld
1702	Evang. Kirche	Gründung der Gemeinde Barmen-Gemarke
1708	Kath. Kirche	Bau der ersten Antoniuskirche, Barmen
1737		Gründung der Zionsgemeinde von Elias Eller in Ronsdorf
1814	Bergische Bibelgesellschaft	Gründung (heute Evang. Bibelwerk)
1829	Kath. Kirche	Bau der Laurentiuskirche
1830er	Freie Evang. Gemeinde	Vorläufer-Versammlung in Hammerstein

1835	Evang. Kirche	Neue unierte Gottesdienst-Agende für Preußen
1847	Niederl. Ref. Gemeinde Baptisten	Gründung der Gemeinde Erste Taufen
1848	Evang. Gesellschaft für Deutschland	Gründung als Missionsgesellschaft
1850	Evang. Brüderverein	Gründung, Mitglieder dieses Vereins gründeten später verschiedene eigene Gemeinden
1852	Brüdergemeinden Baptisten	Gründung der ersten Gemeinde Gründung der ersten Gemeinde
1854	Freie Evang. Gemeinde	Gründung der ersten Gemeinde
1857	Evang. Kirche	Gründung Predigerseminar
1858	Selbst. Luth. Kirche	Gründung der Gemeinde
1860	Siebenten-Tags-Adventisten	Gründung der Vorläufer-Versammlung
1871	Brüderbewegung	Erscheinen der ersten Elberfelder Bibel
1872	Kath. Apost. Gemeinde	Gründung der Gemeinde
1885	Ev. Method. Kirche	Gründung der ersten Gemeinde
1889	Neuapostolische Kirche	Gründung der ersten Gemeinde
1890	Heilsarmee	Gründung der ersten Gemeinde
1893	Evang. Kirche	Umzug Evangelistenschule Johanneum nach Barmen
1899	Mormonen	Erste Taufe
1903	Jehovas Zeugen	Gründung eines Auslandsbüros der Wachtturmgesellschaft
1904	Jehovas Zeugen	Erster Deutschland-Kongress in Elberfeld
1905	Kath. Kirche	Gründung St. Anna-Gymnasium
1907	Christian Science	Erste Gottesdienste
1912	Freie Evang. Gemeinden	Gründung Predigerseminar in Vohwinkel
1919	Quäker	Gründung der Gemeinde
1925	Christengemeinschaft	Gründung der Gemeinde
1934	Evang. Kirche	Bekenntnissynode in Barmen-Gemarke
1935	Evang. Kirche	Gründung Kirchliche Hochschule
1937	Bund Evang. Freikirchl. Gemeinden	Gründung des Gemeindebundes in Elberfeld
1949	Ecclesia	Gründung der Gemeinde
1952	Pfingstkirche	Gründung der Gemeinde
1955	Landesk. Gemeinschaft Apostol. Gemeinschaft	Gründung der Gemeinde Gründung der Gemeinde
1958	Maranatha-Mission	Gründung der Gemeinde
1960	Evang. Gesellschaft für Deutschland	Gründung Bibelseminar
1963	Orthodoxe Kirche	Gründung Griech.-Orth. Gemeinde
1982	Begegnungscentrum Wuppertal	Gründung der Gemeinde
1992	Orthodoxe Kirche	Gründung Serb.-Orth. Gemeinde
1995	Orthodoxe Kirche	Gründung Russ.-Orth. Gemeinde
2005	Evang. Kirche	Zusammenschluss der Kirchenkreise Barmen und Elberfeld
2007	Kath. Kirche	Aufhebung der Dekanate Barmen und Elberfeld, neues Dekanat Wuppertal

Kontaktdaten
Stadtdekanat Wuppertal
Laurentiusstraße 7
42103 Wuppertal
Tel.: 0202 - 30 30 20
E-Mail: info@gemeindepastoral-wuppertal.de

Gottesdienst
Samstag Abend, Vorabendmesse
Sonntag Vormittag, Messe
An Werktagen zu div. Zeiten
Wochentagsmessen

Internet
www.kath-kirche-wuppertal.de
www.gemeindepastoral-wuppertal.de
www.hedwig-st.de
www.antonius-wuppertal.de
www.pfarrverband-elberfeld-nord.de
www.hl-ewalde.de
www.kircheimwesten.de
www.elberfeld-mitte.de
www.st-johann-baptist-wuppertal.de
www.antonius-wuppertal.de

Katholische Kirche

Katholische Kirche – Stadtdekanat Wuppertal

Kurz-Informationen

Die Römisch-Katholische Kirche ist die zahlenmäßig größte und am weitesten verbreitete christliche Kirche der Welt. Ihr Name ist Programm: Sie behauptet, allumfassend und allgemeingültig (griechisch kath' holon) die Wahrheit des christlichen Glaubens zu vertreten und die Einheit der Christenheit zu repräsentieren. Ihrem eigenen Selbstverständnis nach nimmt sie im Kreise der christlichen Kirchen eine qualitativ einzigartige Stellung ein: Den höchsten Leitungsdienst in dieser Kirche, das Papstamt, habe Jesus Christus selbst gestiftet, indem er Petrus und dessen künftige Nachfolger im römischen Bischofsamt als seine Stellvertreter auf Erden eingesetzt habe (vgl. Matthäus 16,13-20). In der und durch die vom Papst und den Bischöfen, in denen die übrigen Apostel fortwirken, geleiteten Kirche wirkt Christus durch seine Sakramente und sein Wort das Heil der Gläubigen, welche ihr als ihrer geistlichen Mutter Treue und Gehorsam schulden. Alles Wirken Christi in anderen Kirchen geschieht letztlich durch die Vermittlung der sichtbar-verfassten Katholischen Kirche, also in abgeleiteter Weise.
Weltweit gibt es 1,1 Mrd. Katholiken, in Deutschland sind es mit 26 Millionen gut 31% der Bevölkerung. In Wuppertal ist der Anteil der 82.000 Katholiken an der Bevölkerung mit 23% geringer.

Geschichte

Aus den vielen urchristlichen Gruppen und Richtungen entstand im Zuge innerchristlicher Auseinandersetzungen im 2. Jahrhundert die Katholische Kirche. In und mit ihr entstanden das Bischofsamt, dessen Inhaber sich als Nachfolger der Apostel verstanden, der biblische Doppelkanon aus Altem und Neuem Testament sowie die allmählich sich verfestigende Glaubensregel. Die Selbstbezeichnung „Katholisch" markierte im impliziten Widerspruch gegen andere christliche Gruppen den Anspruch auf alleinige und allgemeine Geltung. Die Katholische Kirche hatte ihr Verbreitungsgebiet im Römischen Reich, in welchem sie trotz zeitweiliger blutiger Verfolgungen in den ersten drei Jahrhunderten unaufhaltsam wuchs und im Laufe des 4. Jahrhunderts zur Reichsreligion wurde. Katholisches Christentum gab es allenthalben, wohin das Römische Reich sich ausdehnte, so auch im römischen Germanien (Trier, Köln).
Große Bischofssynoden, von den Kaisern bevollmächtigt, legten im 4. und 5. Jahrhundert innerkirchliche Kontroversen bei, indem sie Dogmen, rechtsverbindliche Glaubensgesetze, erließen, welche auch in die staatliche Gesetzgebung aufgenommen wurden. Immer mehr Anerkennung fand im Westen der Anspruch des Papstes, des Bischofs von Rom, auf Geltung als ideelles Oberhaupt der Kirche in der Nachfolge des Petrus. Das weströmische Reich zerfiel unter den Stürmen der Völkerwanderung im 5. Jahrhundert. Sein Erbe fiel an Germanenreiche. Entscheidend für deren katholische Prägung war die katholische Taufe des Frankenkönigs Chlodwig im Jahre 498: Das langfristig mächtigste und politisch aktivste Germanenvolk nahm, seinem König folgend, allmählich den katholischen Glauben an. Die fränkische Kirche erhielt immer wieder missionarische Impulse: Iroschottische Mönche (Columban der Jüngere, gest. 615/616) brachten ihre Klöster, ihre strenge Bußzucht und ihre Bildungstraditionen ins Frankenreich; angelsächsische Mönche (Winfried-Bonifatius, so genannter Apostel Deutschlands, gest. 754) trieben die Christianisierung germanischer Völker am Rande des Frankenreiches voran und beförderten die Bindung der fränkischen Kirche an Rom und den Papst. Diese Bindung wurde endgültig durch Karl den Großen befestigt, der zu Weihnachten 800 vom Papst zum Kaiser

gekrönt wurde und im Zuge seiner Bildungs- und Kirchenreformen die Orientierung der fränkischen Kirche an römischen Mustern vorantrieb. Im von Karl begründeten Reich, das sich als Nachfolger des römischen Weltreiches verstand, und in den anderen europäischen Königreichen wurde die Katholische Kirche zur religiös und kulturell bestimmenden Großmacht.
Im Jahre 1054 zerbrach die schon lange problematische Einheit mit der Ostkirche. Ebenfalls seit dem 11. Jahrhundert entbrannten lang anhaltende Streitigkeiten zwischen weltlichen Herrschern und Päpsten um die Oberherrschaft im verschlungenen geistlich-weltlichen Herrschaftssystem des Abendlandes. Die Herausforderung durch die ketzerische Hochflut des 12./13. Jahrhunderts fiel in eine Zeit, als die kirchliche Theologie und Philosophie ihre größten Leistungen im Mittelalter erbrachte; sie stimulierte die Frömmigkeit und veranlasste die Bildung neuer asketischer Lebensformen und trieb zugleich die Ausbildung der Kirche zur hierarchischen Rechtsanstalt weiter voran. Weder das Exil der Päpste in Avignon (1309-1377) noch das große Papstschisma, während dessen zwei, zeitweilig auch drei Päpste um die geistliche Oberherrschaft im Abendland konkurrierten (1387-1409), brachten die religiös-kulturelle Vorherrschaft der Katholischen Kirche ins Wanken.
Erst die Reformation des 16. Jahrhunderts (→ Evangelische Kirche) beendete das Zeitalter der kirchlichen Einheit Europas. Die Katholische Kirche hatte unversehens andere dauerhafte, kulturprägende Sozialformen des christlichen Glaubens gegen und neben sich; ihr Alleingeltungsanspruch war dem Widerspruch der Tatsachen ausgesetzt. Sie schärfte daraufhin rechtlich und theologisch nochmals ihr Profil (Konzil von Trient 1545-1563). Der Versuch, die Spaltung rückgängig zu machen (Gegenreformation), führte nur zu Teilerfolgen und erwies sich im Westfälischen Frieden von 1648 endgültig als gescheitert. Insbesondere in Deutschland sah sich die Katholische Kirche vor die Aufgabe gestellt, sich dauerhaft als Kirche neben anderen Kirchen zu definieren und zu etablieren. Nach einer Periode vorwiegend schiedlich-friedlicher Koexistenz im 18. Jahrhundert brachte das 19. Jahrhundert die Konfessionen einander räumlich und lebensweltlich näher. In und nach den napoleonischen Kriegen wurden in Deutschland die Landkarten neu gezeichnet: Die Zeiten des konfessionell einheitlichen Territorialstaates waren vergangen. Sodann beförderte die beginnende Industrialisierung die konfessionelle Mischung durch Mobilität und Migration. Es begann eine neue Periode der Verschärfung der konfessionellen Gegensätze, die auch, ausgehend vom Gebiet der sozialkaritativen Arbeit, zu fruchtbarer Konkurrenz in der ethischen Bewältigung der modernen Industriegesellschaft führte (päpstliche Sozialenzykliken). Die Periode der Konfrontationen kulminierte im Kulturkampf (Zeit der „Kampfgesetze" 1870-1873). Nach dessen Ende (1878) entspannten sich die Verhältnisse allmählich wieder. Seit dem Ersten Weltkrieg lockerte sich die entstandene Lagermentalität. Dieser Prozess verstärkte sich nach dem Zweiten Weltkrieg: Durch Flucht und Vertreibung erreichte die Mischung der Konfessionen auch die letzten bisher noch konfessionell einheitlichen Gebiete. Das Zentrum, die kurz vor dem Kulturkampf gegründete politische Partei, die an der Vertretung der Interessen der Katholischen Kirche die ihre Flügel integrierende Gemeinsamkeit gehabt hatte, brachte ihr reiches wirtschafts- und sozialpolitisches, aber auch europapolitisches Erbe in die überkonfessionelle CDU/CSU ein. Es fand in Deutschland, wie auch auf der Ebene der Weltkirche, eine positive Zuwendung zur modernen Welt und zu den anderen christlichen Gemeinschaften statt, deren Höhepunkt das II. Vatikanische Konzil bildete.
Für das Erzbistum Köln gab es im 20. Jahrhundert mehrfach Gebietsreformen. 1930 wurden Gebiete an das Bistum Aachen und 1958 an das Bistum Essen abgegeben. Das Bergische Land und mit ihm das Wuppertal gehörten aber immer in den Einflussbereich Kölns.

Laurentiuskirche Elberfeld

In Wuppertal

Mit dem Bau der Elberfelder St. Laurentiuskirche (heutige Kirche in der City) um 1050 beginnt das kirchliche Leben im Ort feste Formen anzunehmen. Seit damals ist der Heilige Laurentius auch der Patron der Stadt. Sein ikonografisches Symbol, der Rost, auf dem er den Märtyrertod starb, findet sich auch heute noch im Stadtwappen von Wuppertal wieder. Sonnborn stand im Einflussbereich des Klosters Gräfrath, Elberfeld gehörte wohl anfänglich zur weit entfernten Pfarrei Langenfeld-Richrath, während Cronenberg eine Verbindung zum Kloster Essen-Werden hatte. Eine Urkunde weist nach, dass 1050 eine „nobilis femina Adelheid" dem Kloster eine Schenkung macht, darunter auch „cronenberga". In Cronenberg gab es eine Kapelle (die Vorgängerin der heutigen Reformierten Kirche), die dem Schwarzen und dem Weißen Ewald geweiht war. Obwohl Barmen schon 1070 im Register des Klosters Werden erwähnt wird, gab es dort bis Anfang des 18. Jahrhunderts gar keine eigene Kirche. Die Gläubigen wurden zum Teil von Elberfeld (Unterbarmen) oder von Schwelm aus kirchlich betreut. Ab 1302 wird die Kirche in Elberfeld Pfarrkirche genannt, sie wird im Mittelalter mehrfach um- und ausgebaut, teilweise bedingt durch Stadtbrände.

Mit der Reformation ab 1550 wird Elberfeld, bis auf eine kleine Minderheit von wenigen katholischen Familien, ganz reformiert. So gab es etwa in Elberfeld 1658 nur noch sechs, in Barmen 1708 nur noch drei katholische Familien. Erst seit 1658 lassen sich Messfeiern in Privaträumen nachweisen, und schon zwei Jahre später wurde die erste Kapelle an der Alten Freiheit errichtet. Die Seelsorge wurde von den Jesuiten-Patres aus Solingen verwaltet, die 130 Jahre lang nach der Reformation die Elberfelder Katholiken betreuten. 1729 fand die Grundsteinlegung für eine neue katholische Kirche am Turmhof statt, wo sich schon seit 1683 eine Missionsstation mit kleiner Kapelle befand. Die Kirche konnte am Laurentiustag 1737 eingeweiht werden. Bis 1828 wurden dort Messen gefeiert, dann wurde das Gelände an die Stadt verkauft, die dort ihr neues Rathaus, das heutige Gebäude des Von der Heydt-Museums, errichtete. 1778 wird Elberfeld wieder zur selbstständigen Pfarrei ernannt. Der Zuzug von katholischen Arbeiterfamilien im 19. Jahrhundert machte den Bau einer größeren Kirche nötig. Zu dieser Zeit nahm der Anteil der katholischen Bevölkerung im gesamten Wuppertal stark zu. 1830 wurden in Elberfeld bereits 5.800 Katholiken gegenüber 24.300 Protestanten gezählt. Aus diesem Grund wird ab 1829 außerhalb der eigentlichen Stadt die neue Laurentiuskirche errichtet, sogar mit finanzieller Unterstützung der Evangelischen Gemeinde. Denn fast wäre der Rohbau wegen Finanzknappheit meistbietend versteigert worden, aber eine Spende des Königs Friedrich Wilhelm III. in Höhe von 5000 Talern und der Beitrag der Protestanten von 13.620 Taler ermöglichte die Fertigstellung 1835.

St. Marien Elberfeld

In den folgenden Jahren wuchs die katholische Pfarrei immer mehr, so dass weitere Kirchenbauten in den Randbezirken geplant wurden. Zunächst wurden St. Marien an der Hardt und Herz Jesu in der Nordstadt gebaut und 1888 eingeweiht. Wenige Jahre später kam St. Suitbertus auf den Südhöhen dazu.

Eine ähnliche Entwicklung gab es nach der Reformation in Barmen. Zuerst waren es auch hier die Jesuiten, dann die Franziskaner vom Kloster Neviges, die 1699 katholische Messen wieder aufgenommen haben. 1708 konnte der Grundstein für die Antoniuskirche gelegt werden, 1721 wird die erste Messe zelebriert, aber erst 1804 wird St. Antonius zu einer Pfarrei. 1867 bis 1869 wird die Kirche im neuen neogotischen Stil umgebaut und erweitert. Bis zur Errichtung der zweiten und dritten katholischen Kirche in Barmen, in Unterbarmen und im Ortsteil Rittershausen dauerte es bis Ende des 19. Jahrhunderts. St. Johann Baptist und Herz-Jesu wurden notwendig, weil die Zahl der Katholiken im Jahr 1888 auf ca. 20.000 gestiegen war.

Cronenberg erhielt auf Weisung des Kurfürsten 1791 eine katholische Kirche, die dem Heiligen Josef geweiht war. Die 120 Katholischen wurden von Franziskanern aus Lennep betreut. Auch in Ronsdorf entstand wenige Jahre später 1824 eine St. Josef-Kirche. Noch später bildete sich in Sonnborn wieder eine katholische Pfarrei. 1854 konnte eine Kapelle und 1876 eine Kirche eingeweiht werden. 1896 entstand die Kirche Sankt-Mariä-Empfängnis in Vohwinkel. Die Gelder für den Bau dieser Kirche sammelten Frauen im ganzen Erzbistum Köln in Erinnerung an die Verkündigung des Dogmas der unbefleckten Empfängnis Marien von 1854. Aus eigenen Kräften hätte die Gemeinde keine Kirche bauen können.
Wie die protestantischen Kirchen stellten sich auch die Katholiken im Wuppertal der Industrialisierung den Herausforderungen der Sozialen Frage. Herausragende Persönlichkeiten waren dabei der Lehrer Johann Gregor Breuer (1821-1897) und der Priester Adolph Kolping (1813-1865). Breuer gründete 1846 einen katholischen Jünglings- und Gesellenverein, in dem junge Männer Gemeinschaft pflegten und Bildungsarbeit betrieben. Kolping übernahn die geistliche Leitung dieses Vereins und machte von Köln aus die Gesellenvereine zu einer deutschlandweiten Einrichtung. Daraus entwickelte sich das Kolping-Werk, das bis heute jungen Menschen Unterstützung und geistlichen Halt bietet.
Im Zweiten Weltkrieg wurden auch die katholischen Innenstadtkirchen bei Bombenangriffen massiv getroffen. Die Laurentiuskirche war fast völlig zerstört. Hier konnte erst Weihnachten 1949 wieder eine Messe gefeiert werden. In den 1950er Jahren strömte noch einmal eine größere Zahl katholischer Christen nach Wuppertal. Bei gleichzeitig steigendem Wohlstand auch der Pfarrgemeinden wurden in den folgenden Jahrzehnten zahlreiche neue Kirchengebäude und Pfarrheime in den Stadtteilen errichtet.
Mittlerweile bekommt auch die katholische Kirche in Wuppertal den Rückgang der Mitgliedszahlen und Finanzknappheit zu spüren. Deswegen wurden Gemeinden zu Pfarrverbänden zusammengeführt, teilweise sogar ganz miteinander verschmolzen und einzelne Kirchengebäude aufgegeben.
Seit 2004 kann in der Kirche St. Laurentius eine Reliquie des 1991 selig gesprochenen Adolph Kolping verehrt werden.

Gregor Breuer

Reliquie von St. Laurentius

Glaube und Leben

Katholiken glauben, dass Gott in Jesus die Menschen einlädt, seiner Weisung zu folgen und das Heil zu finden. Sie glauben, dass ihnen in der Gemeinschaft der Kirche heute Jesus Christus begegnet.
Die Heilige Schrift des Alten Testamentes und des Neuen Testamentes sind die Texte, auf die der Glaube gründet. Hier ist nach katholischem Verständnis die Geschichte Gottes mit uns Menschen aufgeschrieben.
Die Grundlagen des katholischen Glaubens sind zusammengefasst im Katechismus. Die letzte Fassung dieses Katechismus stammt aus dem Jahr 1993. Dort ist für den modernen Wissensstand die aktuelle Auslegung katholischen Glaubens zu finden. Allerdings unterscheiden sich die tatsächliche Glaubenshaltung vieler Gläubigen und die Volksfrömmigkeit an vielen Stellen von den geschriebenen und verbindlichen Lehren. Gerade der rheinische Katholizismus zeichnet sich durch eine gewisse Offenheit und Interpretationsweite aus.
Mittel- und Höhepunkt kirchlichen Lebens ist die Eucharistie (auch Heilige Kommunion), die Feier des Geheimnisses Christi. Sie wird in jeder Messe gefeiert. Im katholischen Verständnis setzt Christus durch sie seine Erlösungstat fort; sie ist tatsächliches Opfer des Leibes Christi. Kreuzestod und Eucharistiefeier werden als ein einziges Opfer gedacht, das nur von geweihten Priestern dargebracht und nur katholischen oder orthodoxen Christen gewährt werden kann. Christen anderer Konfessionen dürfen

Erstkommunion

in Notfällen an der Kommunion teilhaben. Katholiken sind verpflichtet einmal im Jahr in der Osterzeit, zwischen Aschermittwoch und Pfingsten, daran teilzunehmen.

Die Eucharistie gehört neben Taufe, Firmung, Beichte, Krankensalbung, Weihe und Ehe zu den sieben Sakramenten in der katholischen Kirche. Sakramente gelten als sinnlich wahrnehmbare, wirksame Zeichen der Gnade Gottes, die von Christus eingesetzt wurden. Sie wirken durch ihren Vollzug und sind heilsnotwendig, denn durch die Sakramente, besonders durch die Eucharistie, werden die Früchte der Erlösungstat Christi den Gläubigen vermittelt.

In der Katholischen Kirche werden vornehmlich Kleinkinder getauft. Durch die Taufe werden sie Glieder der Kirche. Normalerweise taufen nur Priester oder Diakone, im Notfall darf aber jeder Mensch taufen. In der Firmung bekräftigt der Bischof bei Jugendlichen die Taufe mit einer besonderen Ausgießung des Heiligen Geistes. Die Weihe von Amtsträgern (Bischöfe, Priester, Diakone) stellt in die Nachfolge der Apostel – nach katholischer Vorstellung lässt sich eine ununterbrochene Weihekette bis zu den ersten Aposteln zurückverfolgen (Apostolische Sukzession) – und verlangt den Zölibat, d.h. Ehelosigkeit. Die Beichte, auch Sakrament der Versöhnung genannt, ist ein Einzelgespräch mit einem Priester, zu dem Gläubige mindestens einmal im Jahr gehen sollen. In der Beichte wird den Sündern Vergebung zugesprochen.

In der katholischen Kirche nimmt die Verehrung der Mutter Jesu, Maria, breiten Raum ein, insbesondere in der Volksfrömmigkeit. Diese Verehrung von Maria als Fürsprecherin vor Gott ist aber von der Anbetung des Dreieinigen Gottes zu unterscheiden.

Zentral im katholischen Glauben ist auch der persönliche Einsatz für soziales Engagement in Gemeinden und Gesellschaft. Die Caritas, die Nächstenliebe, stellt neben Liturgie und Verkündigung eine der wesentlichen Säulen des Gemeindelebens dar. Heute versteht man unter Caritas nicht nur den Einsatz jedes einzelnen Gläubigen für andere, sondern auch den Wohlfahrtsverband der katholischen Kirche. Neben der Caritas gibt es

Originaltext

8. Der einzige Mittler Christus hat seine heilige Kirche, die Gemeinschaft des Glaubens, der Hoffnung und der Liebe, hier auf Erden als sichtbares Gefüge verfasst und trägt sie als solches unablässig; so gießt er durch sie Wahrheit und Gnade auf alle aus. Die mit hierarchischen Organen ausgestattete Gesellschaft und der geheimnisvolle Leib Christi, die sichtbare Versammlung und die geistliche Gemeinschaft, die irdische Kirche und die mit himmlischen Gaben beschenkte Kirche sind nicht als zwei verschiedene Größen zu betrachten, sondern bilden eine einzige komplexe Wirklichkeit, die aus menschlichem und göttlichem Element zusammenwächst. Deshalb ist sie in einer nicht unbedeutenden Analogie dem Mysterium des fleischgewordenen Wortes ähnlich. Wie nämlich die angenommene Natur dem göttlichen Wort als lebendiges, ihm unlöslich geeintes Heilsorgan dient, so dient auf eine ganz ähnliche Weise das gesellschaftliche Gefüge der Kirche dem Geist Christi, der es belebt, zum Wachstum seines Leibes (vgl. Epheser 4,16). Dies ist die einzige Kirche Christi, die wir im Glaubensbekenntnis als die eine, heilige, katholische und apostolische bekennen. Sie zu weiden, hat unser Erlöser nach seiner Auferstehung dem Petrus übertragen (Johannes 21,17), ihm und den übrigen Aposteln hat er ihre Ausbreitung und Leitung anvertraut (vgl. Mathäus 28,18 ff), für immer hat er sie als „Säule und Feste der Wahrheit" errichtet (1 Timotheus 3,15). Diese Kirche, in dieser Welt als Gesellschaft verfasst und geordnet, ist verwirklicht in der katholischen Kirche, die vom Nachfolger Petri und von den Bischöfen in Gemeinschaft mit ihm geleitet wird. Das schließt nicht aus, dass außerhalb ihres Gefüges vielfältige Elemente der Heiligung und der Wahrheit zu finden sind, die als der Kirche Christi eigene Gaben auf die katholische Einheit hindrängen.

viele weitere große Hilfswerke wie Adveniat, Misereor oder Renovabis. Darüber hinaus hat jede Gemeinde in Wuppertal mindestens ein Patenprojekt in anderen Ländern, wodurch die weltweite Verbundenheit der katholischen Kirche zum Ausdruck kommt. Trotz der zurückgehenden Kirchenbesucherzahlen wurde das Spendenaufkommen in den letzten Jahren gehalten, wenn nicht sogar gesteigert. Ein besonderer Schwerpunkt caritativer Arbeit in Wuppertal ist die Integration von Menschen mit Migrationshintergrund. Außerdem bietet die Katholische Kirche in Wuppertal Menschen mit konkreten Problemen Hilfe in Ehe- und Lebensberatungsstellen und macht Weiterbildungsangebote in einer Familienbildungsstätte und einem Bildungswerk.

Organisation und Statistik

Die katholische Kirche ist hierarchisch aufgebaut und wird als von Christus eingesetzt verstanden. An der Spitze steht der Papst als von Gott eingesetzter Bischof von Rom und Nachfolger des Apostels Petrus. Er gilt als Stellvertreter Christi auf Erden und besitzt absolute Vollmacht in der Kirche. In besonderen Fällen hat er ein unfehlbares Lehramt, dem dann von den Gläubigen absoluter Glaubensgehorsam zu leisten ist. Unterhalb des Papstes steht das Kollektiv der Bischöfe, in dem sich die Lehr- und Leitungsvollmacht der ersten Apostel fortsetzt. Ihnen sind Männer als Helfer zugeordnet, die sie als Diakone und Priester in die Gemeinden vor Ort senden. Priester, die eine Gemeinde leiten, nennt man Pfarrer. Ihnen zugeordnet sind für die Finanzen seit dem 19. Jahrhundert in Deutschland die Kirchenvorstände (Verwaltung aller zeitlichen Güter). Hier sind die Pfarrer jeweils Vorsitzende des Gremiums, bis zu 16 Männer und Frauen sind von der Gemeinde gewählte Mitglieder. Daneben bestehen seit dem 20. Jahrhundert die Pfarrgemeinderäte. Diese kümmern sich um die Gestaltung des Gemeindelebens und um Fragen der Seelsorge vor Ort. Es gibt nur männliche Amtsträger, aber viele engagierte Frauen in den Gemeinden, so dass zugespitzt formuliert werden kann: Die Katholische Kirche ist eine Männerkirche, die von den Frauen getragen wird.
(Quelle: Dogmatische Konstitution „Lumen gentium" Nr. 8 vom 21.11.1964)

Der Auftrag zum Dienst am Menschen

3. Gewiss ist die Menschheit in unseren Tagen voller Bewunderung für die eigenen Erfindungen und die eigene Macht; trotzdem wird sie oft ängstlich bedrückt durch die Fragen nach der heutigen Entwicklung der Welt, nach Stellung und Aufgabe des Menschen im Universum, nach dem Sinn seines individuellen und kollektiven Schaffens, schließlich nach dem letzten Ziel der Dinge und Menschen. Als Zeuge und Künder des Glaubens des gesamten in Christus geeinten Volkes Gottes kann daher das Konzil dessen Verbundenheit, Achtung und Liebe gegenüber der ganzen Menschheitsfamilie, der dieses ja selbst eingefügt ist, nicht beredter bekunden als dadurch, dass es mit ihr in einen Dialog eintritt über all diese verschiedenen Probleme; dass es das Licht des Evangeliums bringt und dass es dem Menschengeschlecht jene Heilskräfte bietet, die die Kirche selbst, vom Heiligen Geist geleitet, von ihrem Gründer empfängt. Es geht um die Rettung der menschlichen Person, es geht um den rechten Aufbau der menschlichen Gesellschaft. Der Mensch also, der eine und ganze Mensch, mit Leib und Seele, Herz und Gewissen, Vernunft und Willen steht im Mittelpunkt unserer Ausführungen. Die Heilige Synode bekennt darum die hohe Berufung des Menschen, sie erklärt, dass etwas wie ein göttlicher Same in ihn eingesenkt ist, und bietet der Menschheit die aufrichtige Mitarbeit der Kirche an zur Errichtung jener brüderlichen Gemeinschaft aller, die dieser Berufung entspricht. Dabei bestimmt die Kirche kein irdischer Machtwille, sondern nur dies eine: unter Führung des Geistes, des Trösters, das Werk Christi selbst weiterzuführen, der in die Welt kam, um der Wahrheit Zeugnis zu geben; zu retten, nicht zu richten; zu dienen, nicht sich bedienen zu lassen.
(Quelle: Pastorale Konzilskonstitution „Gaudium et spes" Nr. 3 vom 7.12.1965)

Fronleichnamsprozession durch die Elberfelder Nordstadt

In Deutschland gibt es sieben Erzbistümer (Bamberg, Berlin, Freiburg, Hamburg, Köln, München/Freising, Paderborn) und 20 Bistümer. Das Stadtdekanat Wuppertal mit den Dekanaten Barmen und Elberfeld gehört zum Erzbistum Köln. In Wuppertal gibt es 24 Pfarrgemeinden mit 30 Kirchengebäuden. Darüber hinaus werden eine Anzahl von kleineren Kapellen in Krankenhäusern und auf den Friedhöfen regelmäßig gottesdienstlich genutzt.

Die katholische Kirche versteht sich als die Kirche Jesu Christi und unterscheidet im ökumenischen Dialog zwischen Kirchen (Orthodoxe Kirchen) und kirchlichen Gemeinschaften (Kirchen der Reformation), die sich von der vollen Gemeinschaft mit ihr getrennt haben, aber zu einer Einheit zurückgeführt werden sollen. Die gesamte katholische Kirche hat einen Beobachter bei dem Weltrat der Kirchen in Genf, sie ist aber selbst nicht Mitglied. Auf regionaler Ebene ist die katholische Kirche Mitglied in der AcKuG mit dem Sitz in Frankfurt und auch in Wuppertal. Das ökumenische Miteinander in Wuppertal ist unkompliziert. Die katholische Kirche beteiligt sich auch am Runden Tisch der Religionen Juden – Christen – Muslime.

Katholische fremdsprachige Gemeinden

Kurz-Informationen

Der katholische Anspruch eine Weltkirche zu sein führt dazu, dass überall auf der Welt dieselbe Theologie gelehrt wird und die Liturgie gleich gefeiert wird. Prinzipiell kann jeder Katholik in eine Messe irgendwo auf der Welt gehen und sich dort zu Hause fühlen. In der Praxis sieht das aber etwas anders aus. Kulturelle und sprachliche Unterschiede verhindern eine solche theologisch begründete Einheitlichkeit. Das bekamen auch katholische Zuwanderer nach Deutschland zu spüren. Für immigrierte Spanier, Italiener oder Tamilen waren die vorhandenen deutschen Pfarreien eine erste Anlaufadresse. Dort trafen sie aber auf ein ihnen fremdes Gemeindeleben. Um ihnen doch etwas zu bieten, entstanden zuerst eigenständige, fremdsprachliche Messen und seit den 1960er Jahren sogar eine muttersprachliche Seelsorgestruktur: die fremdsprachigen Gemeinden. Hier fanden die katholischen Ausländer ein Stück Heimat für ihren Glauben, aber auch viel Gemeinschaft mit Gleichgesinnten, denn die Missionen sind auch Träger von kulturellem Leben. Diese Gemeinden sind als Personalgemeinden organisiert, das heißt, die Gläubigen kommen von verschiedenen Orten zu einer solchen Gemeinde. Sie führen eigene Kirchenbücher für Taufen, Hochzeiten und Beerdigungen. Die Gläubigen werden aber auch von ihrer deutschsprachigen Wohnort-Gemeinde als Mitglied geführt.

In Wuppertal gibt es vier katholische fremdsprachige Missionen: italienische, polnische, kroatische und spanische. Die größte unter ihnen ist die polnische. Die italienische Mission hat gut 250 aktive Mitglieder und 4000 weitere Gläubige, die bei Veranstaltungen erreicht werden. Für überregionales Aufsehen sorgt die italienische Mission jedes Jahr zu Karfreitag, wenn sie den Kreuzweg Jesu nachspielt. Vom Deweerthschen Garten bis zur Hardt, wo die Kreuzigung nachgestellt wird, folgen bis zu 10.000 Gläubige der Prozession.

Karfreitagsprozession der Katholischen Italienischen Mission

Neben den Angeboten der vier Missionen gibt es im Tal weitere muttersprachliche Gottesdienste für Frankophone, Portugiesen, Ungarn, Vietnamesen und Tamilen. Einmal im Jahr, Anfang September, feiern alle gemeinsam mit der Gemeinde St. Antonius in Barmen einen internationalen Gottesdienst.

Adressen:

Kath. Italienische Mission in Wuppertal
Bernhard-Letterhaus-Straße 11
42275 Wuppertal
Telefon: 0202 - 66 60 92
Fax: 0202 - 64 12 13
info@mcjw.de

Mission für kroatisch sprechende Katholiken in Wuppertal
Am Deckershäuschen 94
42111 Wuppertal
Telefon: 0202 - 30 10 89
Fax: 0202 - 30 61 45
eMail: ujac@wtal.de

Mission für polnisch sprechende Katholiken in Wuppertal
Bernhard-Letterhaus-Straße 11
42275 Wuppertal
Telefon: 0202 - 55 99 51
Fax: 0202 - 55 99 51

Mission für spanisch sprechende Katholiken in Wuppertal
Nützenberger Straße 191
42115 Wuppertal
0202 - 71 12 02

EXKURS: Orden und Klöster

(Michael Grütering)

Erstaunlich groß ist die Vielfalt der Ordensniederlassungen in Wuppertal im Laufe der Geschichte.

Zuerst haben sich wohl einzelne Menschen in die Einsamkeit zurückgezogen. Wenn sie ohne Verpflichtungen gegenüber einer Familie waren, dann konnten sie das Wagnis auf sich nehmen, ohne Gelderwerb und Tätigkeit allein der Ehre Gottes zu dienen. Von solchen Einsiedlern wird schon in der Zeit des 2. Jahrhunderts geschrieben. Der Gedanke des Lebens in einer Ordensgemeinschaft ist für die Menschen im Lauf des 4. Jahrhunderts konkreter geworden. Athanasius (* um 300) brachte ihn bei seiner Verbannung mit nach Trier. In seiner Jugendzeit kam er mit den Mönchen in der ägyptischen Wüste zusammen, unter ihnen Antonius dem Großen. Von ihnen lernte er Selbstdisziplin und eine Enthaltsamkeit, für die er sogar von seinen Feinden geachtet wurde. Auch später pflegte er guten Kontakt mit den Mönchen und fand mehrfach bei ihnen Asyl. Im Westen ist der Gedanke durch Benedikt von Nursia (* um 480, Sterbedatum unbekannt) populär geworden. Seine Regel ist für zahlreiche Ordensgemeinschaften noch heute verbindlich.

Für die Geschichte der Katholiken in Wuppertal sind zwei Ordensgemeinschaften von Bedeutung, die heute nicht mehr in der Stadt vertreten sind, die Jesuiten und die Franziskaner. Der spätere Gründer der Jesuiten, Ignatius von Loyola, wurde 1491 geboren. Im Jahr 1534 schloss er sich mit sechs Studienkollegen in Paris zur „Gesellschaft Jesu" (Jesuiten) zusammen. Von Solingen aus haben die Jesuiten sich in Elberfeld engagiert, sie haben mit der Seelsorge in einem Wirtshaus begonnen. Sie nannten ihre Aufgabe „Mission". Ihr Wirken hat Spuren hinterlassen: Der zweite Pfarrpatron der Elberfelder Laurentiuskirche ist der hl. Franz Xaver, der große Jesuitenmissionar Asiens.

Für Barmen waren die Franziskaner aus Neviges zuständig. Sie führen ihre Lebensweise auf Franz von Assisi zurück. Franziskus, 1181 oder 1182 als Sohn reicher Kaufleute geboren, wurde auf den Namen Giovanni (Johannes) getauft. Doch da sein Vater Pietro Bernadone, ein Tuchgroßhändler, enge Handelskontakte zu Frankreich unterhielt und auch sonst die französische Kultur und Lebensart liebte, nannte er seinen Sohn „Francesco". Aus den Reihen der Franziskaner stammt der Pfarrpatron von Barmens ältester Kirche, der Heilige Antonius von Padua.

Traditionell wird die kroatische Mission in Wuppertal durch Franziskaner Patres betreut. Das Armutsideal des Heiligen Franziskus muss heute oft „übersetzt" werden. Seine Freude an der Natur ist aber im Engagement seiner „Söhne und Töchter" noch immer zu spüren.

Dem franziskanischen Ordensideal folgen in Wuppertal noch die „Thuiner Schwestern" im Remigiushaus in Sonnborn. Der Pfarrer der Georgspfarre in Thuine erbat 1857 für seine Gemeinde zwei Schwestern aus Straßburg. Gegen alle Widerstände haben diese Schwestern durchgehalten. Schon 1887 gab es 11 Klöster. Vom 5. Oktober 1936 an gibt es die Franziskanerinnen im St. Remigiushaus in Sonnborn.

Seit 1987 ist die Ordensfamilie des Heiligen Franziskus auch mit indischen Schwestern in Wuppertal vertreten. Aus der Gemeinschaft der Franciscan Clarist Congregation, die 1875 in Pala, Indien gegründet wurde, sind heute Schwestern im Krankenhaus an der Bergstraße und im Paul-Hanisch-Haus eingesetzt.

Die Kongregation der Sisters of Charity wurde am 21. November 1944 von Augustine John Ukken, einem dynamischen Seelsorger der Erzdiözese Thrissur (Indien) gegründet. Die meisten Ordensschwestern in der Diözese Thrissur widmeten sich damals hauptsächlich dem Gebet und der

Bildungsarbeit. Es war eine Zeit, in der es weder als angebracht noch als ratsam galt, dass Ordensschwestern im Bereich der sozialbarmherzigen Arbeit tätig waren. Als 1956 die ersten Schritte zur Ausarbeitung der Statuten in die Wege geleitet waren, starb der Gründer. So orientierte sich die Schwesterngemeinschaft an der Spiritualität des franziskanischen Kapuzinerordens und gab sich den Namen „Barmherzige Schwestern des Heiligen Franz von Assisi". Auf der Synode von 1991 wurde unter anderem die Beibehaltung des ursprünglichen Namens der Kongregation „Schwestern der Barmherzigkeit" diskutiert und der Name „Sisters of Charity" beschlossen. Der Heilige Stuhl stimmte den überarbeiteten Statuten zu und erteilte der Schwesterngemeinschaft am 18. Mai 1995 die Päpstliche Anerkennung. Die Schwestern dieser zweiten indischen Kongregation leisten in Wuppertal ihren Dienst im Petruskrankenhaus.

Nicht mehr in Wuppertal vertreten sind die Nonnenwerther Franziskanerinnen, die früher ihren Dienst sowohl im Kinderhaus St. Michael als auch im so genannten Herz-Jesu-Kloster in der Markomannenstraße versahen. Ihr Ziel ist, die franziskanische Spiritualität im Sinne der Stifterin mitten unter den Menschen zu leben. Ihrem Wahlspruch „Gott wird sorgen" folgend, versuchen sie offen zu sein für das, was die derzeitige Situation gerade jetzt fordert. Ihr Einsatz reicht von pflegerischen und sozialen Berufen bis hin zu Erziehung, Unterricht und Seelsorge. Außerdem engagieren sie sich in verschiedenen Initiativen und Bewegungen.

Im Gedächtnis vieler Vohwinkler hat sich das Wirken der Aachener Franziskanerinnen (Schervier-Schwestern) erhalten. Diese Ordensgemeinschaft wurde von Franziska Schervier gegründet. Franziska, 1819 als Tochter eines Nadelfabrikanten in Aachen geboren, erkannte schnell die Probleme der sozialen Randgruppen in der aufstrebenden Industriegesellschaft. Die soziale Stellung ihrer Familie hinderte sie nicht daran, aus den Konventionen ihrer Zeit auszubrechen. Sie kümmerte sich um Wohnungen für Arbeiterfamilien, regelmäßigen Schulunterricht der Fabrikarbeiterkinder, errichtete Suppenküchen, pflegte Cholera- und Pockenkranke. Franziska Schervier verstand die „soziale Frage", ohne sie je studiert zu haben. Die Schwestern dieser Gemeinschaft haben den Kindergarten der Vohwinkeler Gemeinde betreut.

Die älteste, heute noch bestehende Ordensgemeinschaft ist die der Kreuzherren in Beyenburg (Ordo sanctae crucis - O.S.C). Der Orden wurde 1211 durch Theodorus von Celles in Huy an der Maas gegründet. Der Orden richtete sein Leben nach der Regel des Heiligen Augustinus aus und widersprach damit dem Kreuzfahrergedanken, das Reich Gottes mit Waffengewalt verwirklichen zu können. Papst Innozenz IV. erkannte den Orden 1248 offiziell an. 1287 fand der Kreuzbruder Johannes von Eppa in Köln die Gebeine der Heiligen Odilia, einer Gefährtin der Heiligen Ursula, wodurch der Orden in Deutschland bekannt wurde. Die Heilige Odilia wurde zur Patronin des Ordens erhoben. Unter Napoleon wurden 1804 alle Klöster aufgehoben, im Jahr 1840 waren nur noch zwei Klöster übrig. 1964 wurden die Reliquien der Heiligen Odilia durch einige Kreuzherren aus den Niederlanden zur Beyenburger Klosterkirche überführt und die deutsche Niederlassung neu begründet.

„Für das Heil der Welt" gründete Dominikus (1173/75 bis 1221) seinen Orden (1216 wählten die Brüder die Regel des Heiligen Augustinus), dem Papst Honorius III. 1217 den Namen „Predigerbrüder" gab. So wie Jesus die Apostel, so sandte er seine Brüder aus, den Menschen durch Wort und Beispiel den lebendigen Gott zu bringen – in Armut wie „der Menschensohn, der keinen Ort hat, wo er sein Haupt hinlegen kann" (Matthäus 8,20). Diese Lebensweise haben in Wuppertal die Schwestern im Marienheim gelebt: die Arrenberger Dominikanerinnen.

Die Armen Schulschwestern von Unserer Lieben Frau sind eine internationale Gemeinschaft, die von Maria Theresia von Jesu Gerhardinger 1833 ins Leben gerufen wurde. Geboren wurde Karolina Gerhardinger (später Maria Theresia von Jesus) am 20.06.1797 in Stadtamhof/Regensburg. Unter Leitung von Georg Michael Wittmann, dem damaligen Dompfarrer und späteren Bischof von Regensburg, begann Karolina mit zwei anderen Lehrerinnen ein gemeinsames Leben, das zum Ausgangspunkt der Ordensfamilie wurde. Durch das II. Vatikanische Konzil wurden die Ordensleute aufgerufen, ihre Regeln so zu erneuern, dass sie ihr Charisma, die besondere Gnadengabe und damit den besonderen Sendungsauftrag ihrer Gründer, für die heutige Zeit zum Ausdruck bringen. So regt die 1986 approbierte Konstitution „Ihr seid gesandt" alle Schulschwestern an, das Evangelium im Geiste Mutter Theresias zu leben und dadurch ihr Werk, das sie selbst immer wieder „Werk Gottes" nennt, heute fortzusetzen. In Wuppertal haben die Schwestern der St. Anna Schule und der Dönberger Tagesschule diesen Auftrag in der Welt umgesetzt. Beide Schulen sind heute in der Trägerschaft des Erzbistums Köln und nur eine Vertreterin der Schwestern ist noch in Dönberg tätig.

Die Borromäerinnen oder Barmherzige Schwestern vom hl. Karl Borromäus sind eine katholische Ordensgemeinschaft, die sich der Krankenpflege widmet. Der Orden wurde 1652 in Nancy (Frankreich) als Schwestern der Liebe vom hl. Karl Borromäus gegründet und teilt sich heute in mehrere selbstständige Kongregationen. Die Trierer Ordensgemeinschaft eröffnete vor 150 Jahren sowohl in Barmen als auch in Elberfeld jeweils eine Niederlassung. Die Schwestern widmeten sich der Erziehung und Betreuung von Kindern und der Krankenpflege. Heute sehen die Mitglieder der Ordensgemeinschaft ihre Aufgabe mehr in der seelsorgerlichen Begleitung der Kranken (Petruskrankenhaus, Landesfrauenklinik, Fachkrankenhaus in Neviges und St. Josef, Zentrum für Orthopädie und Rheumatologie) als in der Pflege selbst.

Mit dem Schwerpunkt für die Seelsorge ausländischer Mitbürger sind noch zwei Ordensgemeinschaften in Wuppertal anwesend für die polnische Seelsorge und die spanische.

Im Jahre 1932 gründete der damalige polnische Primas, Kardinal Hlond, einen Orden für Priester und Brüder zur Seelsorge an polnischen Emigranten. Die Kriegsereignisse hinderten den Ausbau der Strukturen, so dass nach dem Ende der Krieger ein Neubeginn erforderlich war. Seit 1956 konnten die Priester aus Polen auch in Deutschland die Seelsorge für ihre Landsleute übernehmen. Bis heute versieht ein Mitglied des Ordens „Society of Christ" die polnisch katholische Mission Wuppertal.

Schwestern von der Liebe Gottes, so heißt die Kongregation, die Jerónimo Usera am 27.04.1864 in Zamora (Spanien) gründete. Jerónimo Usera gehörte dem Orden der Zisterzienser an, war aber später in der aktiven Seelsorge tätig. Spanien und Kuba waren Orte seiner Seelsorge. Vor allem die Erziehung in christlichem Geiste war für ihn das Ziel. So gründete er die Kongregation der „Schwestern von der Liebe Gottes". Für alle, deren Hilferufe sie vernehmen würden, sollten sich die Schwestern mit voller Kraft einsetzen. Bis 2004 waren die Schwestern im Kinderhaus St. Michael tätig. Weil aber auch ihre Mitgliederzahlen zurück gehen, mussten sie diese Aufgabe abgeben und sind jetzt nur noch in der Begleitung der spanischen Mission engagiert und in der Hilfe der Pfarrseelsorge in Herz Jesu Elberfeld.

Mit der einen Ausnahme der Beyenburger Kreuzherren sind alle Ordensgemeinschaften in Wuppertal, die früheren ebenso wie die heutigen, im sozial-karitativen Bereich engagiert. Das Auffällige ist auch, dass fast alle Orden aus dem 19. Jahrhundert stammen, genau aus der Zeit der industriellen Blüte des Wuppertales.

Orthodoxe Kirchen (allgemein)

Kurz-Informationen

Die Orthodoxe Kirche versteht sich als Teil der einen ungeteilten christlichen Kirche. Sie ist eine Einheit von selbstständigen (autokephalen) Lokalkirchen mit eigenen kulturellen Ausprägungen und Unterschieden in der Frömmigkeit. So gibt es in Wuppertal Gemeinden der griechischen, serbischen und russischen Patriarchate (Lokalkirchen) mit zusammen ca. 10.000 Mitgliedern. In ganz Deutschland gibt es ca. 1,3 Millionen orthodoxe Gläubige (Quelle: kokid.de). Der Begriff orthodox kommt aus dem Griechischen: von *orthos* = richtig und *doxa* = Lehre, Verehrung, also „rechter Glaube, richtige Lehre".

Geschichte

Die Orthodoxe Kirche versteht sich als eine traditionsbewusste Kirche, die den gemeinsamen Glauben, so wie ihn die Kirchenväter auf den sieben Ökumenischen Konzilien formuliert haben, bis heute bewahrt. Das letzte dieser Konzilien fand im Jahr 787 n.Chr. in Nizäa statt. In einem langwierigen Prozess der Entfremdung von West- und Ost-Kirche kam es 1054 zur derzeit bestehenden Trennung zwischen Rom und Byzanz. Entscheidend für die Trennung waren nicht nur theologische Differenzen, sondern auch kirchenpolitische Faktoren, vor allem der Machtanspruch des römischen Papsttums.

Parallel zur Trennung der beiden kirchlichen Regionen breitete sich das Christentum unter den ost- und südosteuropäischen Völkern aus. Gleichzeitig verloren die alten Patriarchate in Alexandria und Jerusalem an Bedeutung, und die neu christianisierten Völker in Osteuropa drängten darauf, selbstständige Kirchen zu werden. Heute finden sich selbstständige (autokephale) Kirchen in der ganzen Welt.

Aus vielerlei Gründen leben in Deutschland heute Menschen, die ihre Heimat verließen. Um diese geistlich zu betreuen, wurden zunächst Priester für kurze Zeit aus den Heimatländern entsandt, später blieben sie für längere Zeit und gründeten eigene Gemeinden. Inzwischen gibt es Priester- und Theologennachwuchs, der schon in Deutschland geboren wurde.

In Wuppertal

In Wuppertal gibt es zur Zeit drei orthodoxe Gemeinden. Zu ihnen gehören mehr als 10.000 Gläubige aus vielen Nationen, darunter auch Deutsche, die auf unterschiedliche Weise den Weg in die Orthodoxe Kirche gefunden haben.

Glaube und Leben

Für den orthodoxen Christen ist der Vollzug der Gottesdienste das Wichtigste in seinem Glaubensleben. Hierzu gehören die Heilige Göttliche Liturgie, deren Bestandteil die Kommunion ist, aber auch Abend-, Morgen- und Mitternachtsgottesdienste zu bestimmten Anlässen, Gedenk- oder Bittgottesdienste, Wasserweihe und Segnung des Hauses, Danksagungen, Taufe mit Chrisamsalbung, Eheschließung und Beerdigung. Die Taufe auf den Dreieinigen Gott wird in der Regel an Kleinkindern durch Untertauchen des ganzen Körpers in Wasser vollzogen. Unmittelbar danach folgt die Chrisam-Salbung als Versiegelung durch den Heiligen Geist. Nach Erhalt dieses Sakramentes ist jeder berechtigt, die anderen Mysterien zu erhalten, d.h. jedes getaufte Kind kommuniziert sogleich. Durch die Taufe werden Kinder als Mitglieder in die Gemeinschaft der Kirche „hineingetauft".

Kontaktdaten:
Gesellschaft Orthodoxe Medien e.V.
Döppersberg 41
42103 Wuppertal
Tel.: 0202 - 9 46 09 93
E-Mail: orthodoxe-medien@t-online.de

Weitere Informationen:

→ Griechisch-Orthodoxe Kirche, Russische Orthodoxe Kirche und Serbische Orthodoxe Kirche.

Ein Gottesdienst mit Göttlicher Liturgie dauert in der Regel zwei bis drei Stunden. Bibel- und Liturgiesprache ist die jeweilige Landessprache bzw. in Deutschland die Muttersprache der Immigranten. Mancherorts gibt es bereits Gemeinden, die teilweise deutsche Sprachelemente wählen. In jedem orthodoxen Haus sind Ikonen zu finden: Christus, Gottesgebärerin und Heilige, zu denen eine persönliche Beziehung besteht. Ikonen und Ikonenlampe bilden die Heilige Ecke – hier werden die persönlichen Gebete verrichtet. Ikonen gelten als ein Fenster zu Gott.
Die kirchlichen Feste sind im Wesentlichen die gleichen wie in den Westkirchen. Das wichtigste Fest ist das Osterfest, das Fest der Auferstehung Christi. Von Ostern bis Himmelfahrt begrüßen sich dabei die Gläubigen mit dem Ostergruß „Christus ist auferstanden!" und antworten „Er ist wahrhaftig auferstanden!". Der Termin des Osterfestes unterscheidet sich von dem der Westkirchen. Eine Grundlage für die Berechnung des Ostertermins ist der julianische Kalender. So kommt es, dass es in manchen Jahren einen gemeinsamen Ostertermin mit den westlichen Kirchen gibt, in anderen Jahren jedoch ein bis fünf Wochen später gefeiert wird. Vorbereitung zu den Hochfesten sind die jeweiligen Fastenzeiten.

Organisation und Statistik

Die Orthodoxe Kirche ist synodal verfasst: Alle wichtigen Beschlüsse werden durch die Versammlung der Bischöfe getroffen – der Patriarch ist Erster unter Gleichen. Der Bischof ist der erste Hirte der Diözese. Ein Bischof wird vom Heiligen Synod (Versammlung aller Bischöfe) gewählt, seine Weihe geschieht durch mehrere Bischöfe. Der Priester als Gemeindepfarrer hat in der Regel eine theologische Ausbildung. Diakon, Hypodiakon und Lektor unterstützen vor allem bei den liturgischen Aufgaben; sie sollen über liturgische Kenntnisse und Fähigkeiten verfügen. Alle Weihen werden nach entsprechender Prüfung durch den zuständigen Bischof gespendet, und der Geweihte bekommt seine Aufgabe vom Bischof zugewiesen. Die Weihen sind Männern vorbehalten. Allerdings werden viele Gemeindeaufgaben, für die nicht zwingend eine Weihe vorgeschrieben ist, von Frauen ausgeübt.
Zwischen allen selbstständigen orthodoxen Lokalkirchen besteht Kommunionsgemeinschaft. Da es in Deutschland noch keine autokephale Lokalkirche gibt, sondern Diözesen der jeweiligen Heimatkirchen, haben sich die einzelnen Diözesen zur Kommission der Orthodoxen Kirche in Deutschland (KOKiD) zusammengeschlossen. Dieser Verband der Diözesen mit Sitz in Dortmund ist eine Vorbereitung auf eine zukünftige deutsche Bischofskonferenz und damit der Schritt zu einer möglichen deutschen Lokalkirche. In Wuppertal unterhält die KOKiD ein Medienbüro für Öffentlichkeitsarbeit.
Voraussetzung für die Mitgliedschaft in der Orthodoxen Kirche ist zu allererst die Taufe. Einen „Ausschluss" aus der Kirche gibt es letztlich nicht; allerdings kann ein Mensch, der Irrlehren lebt und verbreitet, von der Kommunion und damit von den anderen Mysterien ausgeschlossen werden. Für schwere Sünder hält die Kirche jedoch viele Gebete um Läuterung und natürlich die Gnade Gottes bereit.
KOKiD und damit alle in ihr arbeitenden Diözesen ist Mitglied in der deutschen AcK.

Literatur

Galitis, Georg; Mantzaridis, Georg; Wiertz, Paul: Glauben aus dem Herzen. Eine Einführung in die Orthodoxie, München 1994.
Kallis, Anastasios: Orthodoxie – Was ist das? Münster, 6. Auflage 1999.
Kallis, Anastasios: Das hätte ich gerne gewußt (100 Fragen an orthodoxe Theologen), Münster 2003.

Griechisch-Orthodoxe Kirche

Kurz-Informationen

Die Griechisch-Orthodoxe Metropolie – Ökumenisches Patriarchat (GOM) ist die größte orthodoxe Gemeinschaft in Deutschland und auch in Wuppertal. Sie ist geprägt von Gastarbeiterfamilien, die mittlerweile in der dritten Generation in Deutschland leben. In Deutschland sind es über 360.000 und in Wuppertal gut 6500 (Quelle: KOKiD).

Geschichte

Mit dem Wirtschaftsaufschwung und der Anwerbung von Gastarbeitern kamen zahlreiche Griechen nach Deutschland. Um ihren Glauben leben zu können, gründeten anfangs Laien Gemeinden und holten auf eigene Kosten Priester aus Griechenland nach Deutschland. 1963 wurde die Griechisch-Orthodoxe Metropolie in Deutschland auf Beschluss des Ökumenischen Patriarchen gegründet, damit die kirchliche Versorgung der angeworbenen Griechen sichergestellt war. Um den neuen Gemeinden eine Identität zu geben, wurde auf historische Wurzeln zurück gegriffen. So entstand die jährliche Wallfahrt nach Ellwangen, wo der Slawenapostel Method 870 gefangen gewesen sein soll.

In Wuppertal

Ebenfalls 1963 wurde die Gemeinde „Zoodochos Pigi" (Lebensspendende Quelle) in Wuppertal gegründet, weil die Zahl der Griechen in Wuppertal sehr hoch war. 1967 konnte die Gemeinde die ehemalige reformierte Kapelle an der Uellendahler Straße erwerben, das war damals ein Zeichen von besonderer ökumenischer Bedeutung und Verständigung. Zur Einweihung kamen der griechische Botschafter und Metropolit Polyefktos. In der Kirche hängt eine Ikone der Mutter Gottes auf Stoff gemalt. Sie ist mit 15qm eine der größten Ikonen in Europa.

Glaube und Leben

Die Heilige Göttliche Liturgie an Sonn- und Feiertagen steht im Mittelpunkt des Gemeindelebens. Zusätzlich gibt es einen Abendgottesdienst am Samstag. Das wichtigste Fest der Orthodoxen Kirche im Kirchenjahr ist Ostern, das Fest der Auferstehung Christi. Der Ostergottesdienst wird in der Osternacht gefeiert. Da zu diesem Fest sehr viele Gläubige kommen, nutzt die Wuppertaler Gemeinde andere Kirchengebäude (z.B. die evangelische Erlöserkirche in Wichlinghausen). Zum Anfang des Ostergottesdienstes versammeln sich hunderte Gläubige vor der Kirche, und das Osterlicht wird vom Priester an alle weitergereicht. Im Januar an Epiphanias (Fest der Taufe Jesu) findet die Große Wasserweihe statt. Wenn die Witterung es zulässt, geht die Gemeinde hinaus und verbindet damit einen Gewässersegen für die Wupper, der am Islandufer gefeiert wird. Dabei wird ein Metallkreuz in die Wupper geworfen, dem junge Gläubige hinterher tauchen um es zu bergen.
Für soziales Engagement gibt es keine festen Strukturen innerhalb der Kirche. Konkrete Hilfe wird von Fall zu Fall organisiert. In Wuppertal macht eine Frauengruppe regelmäßig Krankenhaus- und Gefängnisbesuche. In NRW ist orthodoxer Religionsunterricht in Deutsch und Griechisch als ordentliches Lehrfach eingeführt worden.

Organisation und Statistik

Die Griechisch-Orthodoxe Kirche ist in Griechenland Staatskirche. Alle griechischen Gemeinden im Ausland unterstehen dem Ökumenischen

Kontaktdaten
Gemeinde Zoodochos Pigi
(„Lebensspendende Quelle")
Uellendahler Straße 407
42109 Wuppertal
Tel.: 0202 - 70 07 62
E-Mail: patereleftherios@lycos.de

Gottesdienst
So 10:00 Uhr

Internet
keine Angabe

Kapelle, Uellendahler Straße

Patriarchat. Weltweit bekennen sich etwa 3,5 Millionen orthodoxe Christen zum Ökumenischen Patriarchat. In Deutschland ist es durch die Metropolie von Deutschland und das Exarchat von Zentraleuropa vertreten und als KdöR anerkannt. Die Metropolie ist in sieben Vikariate aufgeteilt. Wuppertal gehört zum Vikariat NRW mit Sitz in Düsseldorf. Die geistige und geistliche Leitung einer Gemeinde obliegt dem Pfarrer. Lediglich in den Verwaltungsaufgaben steht ihm ein Gemeinderat zu Seite. Der Bischof ist der erste Hirte der Diözese, er kommt aus dem Mönchsstand. Seit wenigen Jahren ist auch in Deutschland das Studium in orthodoxer Theologie möglich. Nur Männer können zum Priester geweiht werden.
Die Wuppertaler Gemeinde besteht zu 70% aus Erwachsenen, 30% sind über 60 Jahre alt. Die Gemeinde ist Mitglied der AcKuG und unterhält gute Beziehungen zu den benachbarten römisch-katholischen und evangelischen Gemeinden. Einmal jährlich gibt es ein gemeinsames Gebet mit der katholischen St. Antonius Gemeinde und der evangelischen Gemeinde Gemarke. Selbstverständlich gibt es Kooperationen mit den russischen und serbischen Glaubensgeschwistern im Tal.

Literatur

Thöle, Reinhard: Orthodoxe Kirchen in Deutschland, Göttingen 1997.
Basdekis, Athanasios: Die Orthodoxe Kirche, Frankfurt a. M. 4. Aufl. 2003.

Die Bedeutung der Heiligen Schrift in der Orthodoxen Kirche

Wir sagen bewusst: Die Kirche liest, die Kirche erkennt ...
Das Lesen und das Verstehen der Heiligen Schrift ist nicht nur die Begegnung eines Lesers mit einem altehrwürdigen Text. „Ein prophetisches Wort der Schrift ist nicht die Sache eigener Deutung" (2 Petrus 1,20). Die Heilige Schrift ist vor allen Dingen ein liturgisches Buch, das im Gottesdienst gelesen und empfangen wird. Das Wort des Vaters, das in der ganzen Heiligen Schrift zu uns spricht, offenbart sich nicht dem Individuum oder dem subjektiven Interesse eines einzelnen, sondern den Gliedern Seines Leibes, der in Seinem Namen versammelten Gemeinde. Das Wort des Vaters, das in einem gewissen Sinn in der Schrift wohnt wie in einem Leib, geht zugleich über jedes Wort der Schrift und über jedes „wörtliche" Verständnis hinaus. Die Heilige Schrift ist darum keine „Literatur". In seiner Verbindung mit dem ungeschaffenen göttlichen Wort, dem Logos des Johannesevangeliums, gewinnt jedes Wort der Schrift eine unauslotbare Tiefe. Es wird zu einem „Wort-Leib", der die Wörtlichkeit sprengt, zu einem Brunnen göttlicher Offenbarung, aus dem das Schöpfgefäß der Samariterin das lebendige Wasser nicht schöpfen kann. Nicht die Philologen interpretieren die Heilige Schrift, sondern die liturgischen und sakramentalen Handlungen der Kirche und das in ihnen grundgelegte geistliche Leben der Umkehr: der Glaube, die Hoffnung und die Liebe. Das Wort Gottes verharrt nicht selbstgenügsam im Buchstaben. Die Heilige Schrift bezeugt vielmehr die Fleischwerdung, die Inkarnation des Wortes: „Denn wie der Regen und der Schnee vom Himmel fällt und nicht mehr dahin zurückkehrt, bis er die Erde tränkt, durchfeuchtet und fruchtbar macht, dass sie Samen zum Säen und Brot zum Essen gibt, so wird es auch mit meinem Wort sein, das aus meinem Mund hervorgeht; es wird nicht leer zu mir zurückkehren, bis es alles vollbracht hat, was ich will, und Gelingen hat in dem, wozu ich es sende" (Jesaia 55, 10-11).
Die Heilige Schrift ist die zu Texten geronnene Erfahrung des Menschen, der an Gott glaubt. Es ist im Kern die Erfahrung, dass Gottes Wort nicht Buchstabe, nicht Text, sondern Fleisch geworden ist. Darum ist die Aufnahme des göttlichen Wortes kein literarischer Vorgang. Nur der, der wie Maria im Glauben den Willen Gottes bejaht, empfängt auch wie sie das Wort vom Heiligen Geist. Erst diese Gabe des Geistes macht die Heilige Schrift für uns zur Quelle der Erkenntnis.
(Quelle: Metropolit Augoustinos von Deutschland, www.kokid.de)

Russische Orthodoxe Kirche

Kurz-Informationen
Die Russische Orthodoxe Kirche (ROK) sammelt die russischsprachigen Orthodoxen. Während der Zeit der kommunistischen Herrschaft in der UdSSR wurde sie unterdrückt. Im heutigen Russland gibt sie sich als selbstbewusste Kirche für alle Russen. Weltweit sind 100 Millionen Gläubige Mitglieder der ROK. In Deutschland sind es über 150.000 (Quelle: KOKiD). Die Wuppertaler Gemeinde hat ca. 170 meist jüngere Mitglieder, mit steigender Tendenz.

Geschichte
Die Russische Orthodoxe Kirche entstand nach der Taufe der gesamten Rus im Jahr 988, initiiert durch Fürst Wladimir und seine Mutter Olga. Der anfangs dem Ökumenischen Patriarchat unterstehenden Diözese Russland wurde 1589/1593 der Rang eines Patriarchats zuerkannt und nach der Abschaffung durch Zar Peter den Großen im Jahr 1918 wieder errichtet.
Die Berliner Diözese des Moskauer Patriarchats hat bereits eine lange Tradition in Deutschland. Die erste Kirche wurde 1718 in Berlin errichtet, als Zar Peter I. dem preußischen König Friedrich Wilhelm I. eine Einheit Soldaten, die „Langen Kerls", für seine Paradetruppe überließ. In der Folgezeit entstanden viele Kirchen und Kapellen aufgrund diplomatischer und kultureller Beziehungen und in Kurorten, in denen russische Adelige logierten. Die Gemeindegliederzahlen blieben aber gering. Erst mit der Oktoberrevolution 1918 in Russland kamen hunderttausende Emigranten nach Deutschland. Viele der neu gebildeten Auslandsgemeinden gingen auf Distanz zur kommunistisch bestimmten Mutterkirche und bildeten ein unabhängiges Erzbistum für Westeuropa mit Sitz in Paris. Andere blieben Moskau treu.
Nach dem Zweiten Weltkrieg wuchs die Zahl der Russisch Orthodoxen in Deutschland durch die vielen im Land verbliebenen Zwangsarbeiter und Kriegsgefangenen. 1992 wurde eine Diözese für das vereinigte Deutschland geschaffen.

In Wuppertal
Die Geschichte der Gemeinde der „Heiligen Neumärtyrerinnen Elisabeth und Barbara" begann im Jahr 1995. Der erste Gottesdienst fand am 21.10.1995 in der Kapelle auf dem Norrenberger Friedhof in Oberbarmen statt. Anfangs trafen sich gerade einmal zehn bis zwölf Gläubige. Im Mai

Kontaktdaten
Gemeinde „Hll. Neumärtyrerinnen Großfürstin Elisaveta Feodorovna und Nonne Barbara"
Vogelsangstraße 106
42109 Wuppertal
Tel.: 0202 - 7 47 66 04
E-Mail: kirchengemeinde@nadegda.de

Gottesdienst
Sa 18:00 Uhr - ca. 20:30 Uhr, Nachtwachen (Vesper + Virgil)
So 10:00 Uhr - ca. 13:00 Uhr, Göttliche Liturgie, Beginn der Beichte um 9:00

Internet
www.nadegda.de (Hoffnung)

Eingang St. Anna Kapelle, Vogelsangstraße

1997 zog die Gemeinde in einen Gemeindesaal der Selbständig Evangelisch-Lutherischen Kirche in der Paradestraße 41 um, doch bereits 1999 waren die Räume zu klein, und die Suche nach einer geeigneten Kirche begann erneut. Das neue Domizil war die frühere katholische Krankenhauskapelle St. Anna in der Frauenklinik der St. Antonius-Klinik an der Vogelsangstraße. In gemeinsamer Arbeit wurde die Kapelle restauriert und eingerichtet, und die Gemeinderäume sind offen für die wachsende und sich entwickelnde Gemeinde.
Der Name der Wuppertaler Gemeinde bezieht sich auf die einzige deutsch-russische Heilige: Prinzessin Elisabeth von Hessen. Die „Heilige Elisaveta" gilt als Patronin der deutschen Orthodoxie. Die getaufte Protestantin Elisabeth konvertierte zur Orthodoxie, als sie den russischen Großfürsten Sergej heiratete. Nach seiner Ermordung gründete sie ein Hospital und eine monastische Schwesternschaft. Während der Oktoberrevolution wurde sie hingerichtet. Seit 1981 gilt sie als Neomärtyrerin.

Während der Heiligen Göttlichen Liturgie

Glaube und Leben

Im Zentrum des Gemeindelebens steht die Heilige Göttliche Liturgie an Sonn- und Feiertagen, die, soweit möglich, auch an Werktagen gefeiert wird. Oft gibt es in den Gemeinden auch Abend- und Morgengottesdienste und den feierlichen Lobgesang „Akathist" zur Ehren der Gottesmutter. Die Wuppertaler Gemeinde bietet zweisprachige Bibelarbeiten an. Das wichtigste Fest der Orthodoxen Kirche im Kirchenjahr ist Ostern, das Fest der Auferstehung Christi – darum ranken sich das ganze Jahr über die anderen Hochfeste, Heiligengedächtnisse und persönliche Gedenk- und Festtage. Neben den geistlichen Angeboten im Gemeindeleben gibt es in der Wuppertaler Gemeinde auch einen Kirchenchor, mehrere Kinder- und Jugendgruppen und eine Kinder-Ferienbetreuung. Regelmäßig werden Pilgerfahrten ins europäische Ausland unternommen. Das soziale Engagement der Wuppertaler Russisch Orthodoxen Christen wird im Lazarus-Fond gebündelt. Von hier aus werden regelmäßig Hilfslieferungen und Geschenksendungen nach Russland und in die Ukraine organisiert. Ansonsten gibt es keine sozialen Einrichtungen. Von Gläubigen wird allerdings ein persönlicher Einsatz erwartet.

Originaltext

Die Versöhnung mit Gott ist möglich! – Beginnen Sie mit Reue und der Beichte!
Sie betreten eine Kirche. Dies ist ein besonderer Ort und, wenn Sie so wollen, eine andere Welt. Eine Welt, die Gott gewidmet ist: Wahrhaftes und Ewiges Leben. Hier ist der Eingang in das Schiff der Errettung, hier ist der Weg zu Gott. Dies ist ein ungewöhnlicher Weg, denn er beginnt in unserer Seele, in unserem Gewissen. Um auf diesen Weg zu kommen, muss man sich dazu bekennen, dass man von Gott abgefallen und vor Ihm schuldig geworden ist. Wie uns die Bibel bezeugt, entfernen uns von Gott einige unserer Taten, Worte, Gedanken – die sogenannten Sünden. Ausgangspunkt dieser Abwendung war der Ungehorsam der Ureltern des Menschengeschlechts – Adam und Eva. Ihr Ungehorsam – die Sünde, die Ursünde genannt wird, wird von allen Menschen geerbt und ist ursächlich für die Veranlagung eines jeden Menschen zum Begehen persönlicher Sünden, die ihn noch weiter vom Schöpfer abwenden. Das Sich-Entfernen von Gott als Resultat der Sünden ist durchaus real und bemerkbar. Die Sünde zerstört vor allem die menschliche Persönlichkeit. Denn die Persönlichkeit jedes Menschen ist auf moralischen Gesetzen gegründet, „eingeschrieben ins Herz" (Römer 2, 15). Und in dem Maße, wie eine Persönlichkeit in das sündhafte Leben verstrickt ist, steigert sich auch das Ausmaß der Zerstörung dieser Persönlichkeit – was zur Folge hat, dass der Mensch die Kontrolle über sich verliert und Sklave seiner Leidenschaften wird, die oft widersinnig, beizeiten gar schändlich und verbrecherisch sind.

Organisation und Statistik

Die Russische Orthodoxe Kirche ist in Russland die erste nach den russischen Gesetzen anerkannte Religionsgemeinschaft. Sie wird in Deutschland vertreten durch die Berliner Diözese, die als KdÖR organisiert ist. Die Diözese ist in vier Dekanate unterteilt. Wuppertal gehört zum Dekanat West mit Sitz in Köln. Die geistige und geistliche Leitung der einzelnen Gemeinde obliegt dem Pfarrer. Lediglich in den Verwaltungsaufgaben steht dem Pfarrer ein Gemeinderat zu Seite.
Die Russische Orthodoxe Gemeinde ist auf Ortsebene Mitglied der AcKuG und unterhält enge Beziehungen zur Griechisch- und zur Serbischen Orthodoxen Gemeinde in Wuppertal. Intensive Kontakte werden auch zur römisch-katholischen Gemeinde St. Michael gepflegt. Diese Gemeinde half beim Umbau der St. Anna-Kapelle. Und im September jeden Jahres wird zu Ehren der Heiligen Anna ein gemeinsamer Gottesdienst (Dank- und Bittandacht) gefeiert.
Die Gemeinde hat ein großes Einzugsgebiet. Gemeindemitglieder reisen aus bis zu 100 km Entfernung zu Gottesdiensten an. Zwei Drittel der Mitglieder sind weiblich und nur gut 15% älter als 40 Jahre.

Literatur

Hauptmann, Peter (Hg.): Die Orthodoxe Kirche in Russland, Dokumente ihrer Geschichte (860 - 1980), Göttingen 1988.
Thöle, Reinhard: Orthodoxe Kirchen in Deutschland, Göttingen 1997.

...
Denken Sie daran! Das Allerwichtigste jedoch, das der Mensch mit zu diesem Gericht nehmen soll, ist sein Sündenbekenntnis aus reinem Herzen – aufrichtig und gewissenhaft.
Der Herr wird ein solches auch dann annehmen, wenn es nicht von einem starken Gefühl der Reue begleitet wird, das nur schwer Einzug halten kann in einem Herzen, welches „von der Flamme der Sünde verdorrt" ist. Die Reue ist die Abstoßung der Sünde, die als Resultat der Tätigkeit unseres Gewissens und nicht ohne die wohltätige Hilfe Gottes erfolgt. War die Beichte aufrichtig, mit dem Wunsch und dem Versuch, sein Leben zu ändern, mit allen sich zu versöhnen sowie mit dem Gebet um die Hilfe Gottes, dann stellt sich das Gefühl der Reue schon während des Mysteriums oder aber im Anschluss an dieses ein.
(Quelle: „Merkblatt für die erste Beichte" von Priester Leonid Tsipin, www.nadegda.de)

Serbische Orthodoxe Kirche

Kontaktdaten
Gemeinde „Geburt der Allheiligen Gottesgebärerin"
Hombüchel 53/55
42105 Wuppertal
Tel.: 0202 - 3 70 32 53
E-Mail: 0202300706-001@t-online.de

Gottesdienst
Fr 18:00 Uhr Akathist
Sa 18:00 Uhr Vesper
So 10:00 Uhr Göttliche Liturgie

Internet
www.serbische-diozese.org

Kurz-Informationen

Zur Serbischen Orthodoxen Kirche bekennen sich weltweit 11 Millionen Gläubige, davon leben ca. 1,5 Millionen im Ausland und davon wiederum 300.000 in Deutschland. In Wuppertal ist die serbische Gemeinde mit ca. 600 Familien, das sind knapp 2.000 Personen (Quelle: KOKiD), die kleinste der drei Orthodoxen Gemeinden.

Geschichte

Die Christianisierung der Serben begann im 7. Jahrhundert. Die Serbische Kirche wurde im Jahr 1219 durch den Heiligen Sava, den ersten Erzbischof von Serbien, selbstständig. 1346 wurde sie zum Patriarchat erhoben. Während der türkischen Herrschaft über Serbien wurde das Patriarchat zeitweilig abgeschafft, 1920 endlich gab es wieder einen Patriarchen als Ersthierarch.

Die Diözese für Mitteleuropa, zu der Deutschland, Österreich und die Schweiz gehören, wurde 1969 errichtet. Es gab aber schon nach dem Ersten und Zweiten Weltkrieg in Deutschland eine große Anzahl Serben. Sie kamen als Kriegsgefangene oder Zwangsarbeiter nach Deutschland. So hielt im Mai 1941 ein Priester unter offenem Himmel die erste Göttliche Liturgie im Osnabrücker Offizierskonzentrationslager. Später erhöhte sich die Zahl der Gläubigen durch die angeworbenen Arbeiter und ihre Familien. Anfangs nahmen diese an griechischen und russischen Gottesdiensten teil, später wurden eigene Kirchen und Gemeinden in Deutschland gegründet.

In Wuppertal

Die Gründung der Gemeinde in Wuppertal erfolgte 1992, weil die Zahl der Gläubigen im Raum Wuppertal sehr hoch war. Hinzu kam, dass in dieser Zeit viele Menschen, die vorher der Kirche gegenüber gleichgültig waren, sie nach und nach wieder suchten und ihre Einstellung und Lebensweise änderten. 1997 wurde als neues Kirchengebäude die ehemalige Luther-Kirche Hombüchel 53/55 übernommen.

Originaltext
Erklärung der Diözese von Raska und Prizren zu Frieden und Toleranz auf dem Kosovo
Zur friedlichen Lösung der schwierigen Situation auf dem Kosovo und im Metohije:
- Wir bringen unsere tiefe Sorge über die allgemeine negative Entwicklung der Situation auf dem Kosovo und im Metohije besonders auf Grund der ständigen bewaffneten Konflikte, unter denen vor allem die unschuldige Zivilbevölkerung zu leiden hat, zum Ausdruck. Daher appellieren wir in aller Dringlichkeit an die Vertreter des serbischen wie des albanischen Volkes, alles ihnen Mögliche zu tun, um jede Art von Gewalt zu beenden und dafür zu sorgen, dass alle Konflikte und Probleme friedlich durch einen bedingungslosen Dialog gelöst werden.
- Wir empfinden großes Mitleid und Sympathie für all die zahlreichen Flüchtlinge, die entführten und verhafteten Personen und alle, die ihr Heim und ihren persönlichen Besitz verloren haben. Der Wert des menschlichen Lebens wie auch die Achtung vor den grundlegenden Menschenrechten und dem Privatbesitz sollten eine Verpflichtung für alle sein, die in der heutigen zivilisierten Welt leben.

Glaube und Leben

Für die serbischen Orthodoxen Gläubigen in Wuppertal ist die Heilige Göttliche Liturgie an Sonn- und Feiertagen das zentrale Element ihres Glaubens. Daneben finden auch Abendgottesdienste am Samstag und Akathist-Gebete (Lobpreisgebete für die Mutter Gottes) am Freitagabend statt. Die Gemeinde bietet auch eine kirchliche Unterweisung für Kinder und Erwachsene, Gespräche, Vorträge, Chorarbeit und eine Volkstanzgruppe an. Historisch begründet ist ein wichtiger Feiertag für die Serben das Fest des Heiligen Sava, des Gründers der selbstständigen Serbischen Kirche, am 27. Januar.

Die Wuppertaler Gemeinde besitzt eine besondere Ikone: „Allreine Gottesgebärerin Tricherousa", die dreihändige Maria. Es ist eine von zwei Kopien der Originalikone, die sich auf dem griechischen Mönchsberg Athos in Griechenland befindet. Eine weitere Kopie ist in Serbien. Zu besonderen Gelegenheiten gehen die Ikonen auf Reisen.

Kirche, Hombüçhel

Organisation und Statistik

Der Serbisch Orthodoxen Kirche gehören 40 Diözesen in der ganzen Welt mit gut 3.600 Gemeinden und 2.000 Priestern an. Der Bischofssitz der Serbischen Orthodoxen Diözese für Mitteleuropa befindet sich in einem Kloster im Stadtteil Himmelsthür in Hildesheim bei Hannover. Die in Deutschland lebenden Serben werden von Bischof Konstantin betreut. Der Wuppertaler Erzpriester Jovan Mariç ist Bischofsdekan für Nordrhein-Westfalen. In Wuppertal besteht eine Kooperation mit der Russischen und der Griechisch-Orthodoxen Gemeinde. Außerdem unterhält die Gemeinde lose Beziehungen zu den benachbarten römisch-katholischen und evangelischen Gemeinden und nimmt an Friedensgebeten teil.

Die Serbische Orthodoxe Kirche ist in Serbien eine nach den dortigen Gesetzen anerkannte Religionsgemeinschaft. Ihr Einzugsgebiet umfasst das gesamte ehemalige Jugoslawien. In Deutschland wird sie vertreten durch die Diözese für Mitteleuropa und ist noch als eingetragener Verein organisiert. Der Status einer KdöR wird angestrebt. In der Wuppertaler Gemeinde sind viele Mitglieder (40%) über 55 Jahre alt, davon viele arbeitslos.

Literatur

Thöle, Reinhard: Orthodoxe Kirchen in Deutschland, Göttingen 1997.

– Religiöse Einrichtungen und Institutionen müssen Oasen des Friedens und der Toleranz sein; daher muss jede Form von Gewalt gegen sie verhindert werden. Diese Einrichtungen und Institutionen dürfen nicht für nicht-religiöse und nicht-humanitäre Zwecke genutzt werden. Wir appellieren an die Mitglieder aller drei Konfessionen, besonders an den Klerus, aktiv bei den humanitären Aktionen zu Gunsten der vom Krieg betroffenen Bevölkerung mitzuwirken, und zwar ohne Ansehen dessen, zu welcher nationalen Gruppe und zu welcher Religion sie gehört. Allen Flüchtlingen und Zivilisten, die in religiösen Einrichtungen Zuflucht finden, besonders den Frauen, Kindern und alten Menschen, muss volle Sicherheit garantiert werden.

(Quelle: Bischof Artemije von Raõka und Prizren, www.kokid.de)

Kontaktdaten
Evangelischer Kirchenkreis Wuppertal
Kirchplatz 1
42103 Wuppertal
Tel.: 0202 - 9 74 40-888
Email: info@kirche-wuppertal.de

Gottesdienst
in der Regel Sonntag 10:00 Uhr

Internet
www.kirche-wuppertal.de
www.evangelisch-ronsdorf.de
www.reformiert-ronsdorf.de
www.schellenbeck-einern.de
www.lutherkirche-heidt.wtal.de
www.elberfeld-nord.de
www.ev-kirche-vohwinkel.de
www.ev-kirchengemeinde-cronenberg.de
www.ekir.de/elberfeld-ost
www.sonnborn.de
www.kirchengemeinde-uellendahl.de
www.johanneskirche-wuppertal.de
www.heckinghausen.wtal.de
www.gemeinde-heidt.de
www.kirche-langerfeld.de
www.gemarke.de
www.gemeinde-hammerstein.de
www.friedhof-wuppertal.com
www.gemarke-wupperfeld.de
www.ekir.de/wuppertal/beyenburg-laaken

Reformatorische Kirchen

Evangelische Kirche

Evangelische Kirche - Kirchenkreis Wuppertal

Kurz-Informationen

Als evangelisch bezeichnen sich diejenigen Kirchen, die in positiver Anknüpfung und Weiterbildung aus der Reformationsbewegung hervorgegangen sind, in welcher im 16. Jahrhundert die Einheit der abendländischen Kirche zerbrach. Wie diese Bewegung in sich uneinheitlich war, so verkörpern auch die evangelischen Kirchen keine institutionell sichtbare Einheit. Vielmehr bilden sie unterschiedliche Konfessionsfamilien (Lutheraner, Reformierte, Kirchen aus der Tradition des Täufertums...), die sich durch Differenzen im Verständnis in der Bibel und in der kirchlichen Lehre sowie in der Kirchenverfassung voneinander unterscheiden, jedoch trotzdem vielfach in unterschiedlichen Graden der kirchlichen Gemeinschaft miteinander stehen. Die Evangelische Kirche in Deutschland (EKD) zählt ca. 24 Millionen Mitglieder, in Wuppertal gibt es 130.000 evangelische Christen (Quelle: Kirchenkreis Wuppertal).

Geschichte

Im Herbst 1517 protestierte der Wittenberger Theologieprofessor und Augustinermönch Martin Luther (1483-1546) gegen den Ablasshandel zugunsten des Neubaus der Peterskirche in Rom. In dem folgenden Streit zeigte sich bald, dass Luther auf der Basis eines neuen Verständnisses des Evangeliums nicht nur bestimmte Ablass-Praktiken ablehnte, sondern die Kirche des späten Mittelalters mit einem umfassenden Gegenentwurf konfrontierte: Vor Gott wird der Mensch nicht gerecht, indem er verdienstliche Werke vollbringt, sondern allein im heilsgewissen Glauben an das Evangelium von Jesus Christus, das dem Sünder die Gerechtigkeit Gottes zuspricht. Luthers Schriften fanden ein weites Echo, und alsbald bildete sich eine vielgestaltige reformatorische Gesamtbewegung, deren zweites Zentrum Zürich wurde, wo Ulrich Zwingli (1484-1531) wirkte.
Schon bald zeigte sich, dass die reformatorische Bewegung in sich sehr uneinheitlich war. Wichtigste Indizien dafür waren die Streitigkeiten zwischen Wittenberg und Zürich um die leibliche Anwesenheit Christi in Brot und Wein beim Abendmahl. Weiterhin entstand das Täufertum, eine in sich wiederum vielgestaltige Bewegung, welche das Ideal der reinen Freiwilligkeitsgemeinde der ernsten, entschiedenen Christen vertrat. Seit den frühen 20er Jahren kam es dort, wo die Obrigkeiten die Reformation begünstigten, zu kirchlichen Neuordnungsmaßnahmen: In den Mittelpunkt des Gottesdienstes trat die Predigt, Pfarrer heirateten, Klöster wurden aufgelöst, das kirchliche Vermögensrecht und die Armenfürsorge neu geregelt. Ein Reichstag in Speyer (1529) bekräftigte die anti-reformatorischen Beschlüsse des Wormser Reichstages (1521) durch einen Mehrheitsbeschluss. Die der Reformation anhängende Minderheit der Reichsstände legte das Rechtsmittel der Protestation ein und wurde fortan mit dem Spottnamen „Protestanten" belegt. Auf dem Reichstag von Augsburg (1530) wurde es den die Reformation begünstigenden Reichsständen gestattet, in offiziellen Rechtfertigungsschriften ihren kirchlichen Reformkurs darzulegen und zu begründen. Das von Kursachsen ausgehende, durch Philipp Melanchthon (1497-1560) verfasste Positionspapier wurde am 25. Juni 1530 vor Kaiser und Reichstag offiziell verlesen; als Augsburgisches Bekenntnis (Confessio Augustana) fungierte dieses Dokument in der Folgezeit als Grundlage des „Schmalkaldischen Bundes", des politischen Verteidigungsbündnisses der Protestanten. Problematisch

blieb die reichs- und religionspolitische Stellung Zürichs und der zu Zürich neigenden oberdeutschen Städte. Ein politisch motivierter, theologisch jedoch nicht tragfähiger Kompromiss in der Abendmahlsfrage (1536) sowie eine Umarbeitung der Confessio Augustana machten es möglich, dass die höchst gefährdeten oberdeutschen Städte sich in den Schutz des Schmalkaldischen Bundes begeben konnten.
Der Augsburger Religionsfriede (1555) gab dem konfessionellen Zwiespalt im Reich die rechtliche Form des Reichsfriedens: Bis zum Ausgleich der Streitigkeiten wurden Altgläubigen und Protestanten („Augsburgischen Konfessionsverwandten") religiös motivierte Kriege widereinander untersagt. Den Reichsfürsten wurde für ihre Territorien das Reformationsrecht, also die Einführung katholischer oder evangelischer Kirchenordnungen, zugestanden (ius reformandi); ausgenommen wurden die geistlichen Fürsten (Bischöfe, Äbte), für deren Territorien der katholische Glaube festgeschrieben wurde. Untertanen, die sich der religionspolitischen Entscheidung ihres Landesherrn nicht beugen wollten, wurde das Recht der Auswanderung unter Mitnahme ihres Besitzes gewährt – ein erster Vorbote des Rechts auf Religionsfreiheit. Unklar blieb die Stellung der Reichsstände, die der schweizerischen Variante des reformatorischen Christentumsverständnisses zuneigten – diese gewann durch das Wirken Johannes Calvins (1509-1564) in Genf neue Dynamik und Attraktivität nicht nur in Westeuropa (Frankreich, Niederlande, Schottland, England), sondern auch im Reich. Erst der Westfälische Friede nach dem Dreißigjährigen Krieg (1648) verschaffte auch ihnen die vollgültige reichsrechtliche Anerkennung.
Im Rheinland gab es ganz unterschiedliche Entwicklungen, da das Gebiet in zahlreiche Herrschaftsgebiete unterteilt war. In Kleve und Berg wurde die Reformation „von unten", von den Städten und Kirchengemeinden eingeführt, wohingegen die Kurfürstentümer Köln und Trier katholisch blieben. Die nicht staatlich verordnete Reformation führte dazu, dass sich lutherische und reformierte Gemeinden nebeneinander bildeten. Als Anfang des 17. Jahrhunderts das Jülich-Clevische Herzoghaus ausstarb, wurde sein Besitz geteilt. Die Länder Jülich und Berg gingen an den katholischen Pfalzgrafen Wolfgang Wilhelm von Pfalz-Neuburg. Die Evangelischen im Bergischen hatten daher bis 1805 einen katholischen Landesfürsten und litten die ersten Jahrzehnte unter Verfolgung. Das Leben als „Gemeinden unter dem Kreuz" hat die Protestanten im Bergischen und am Niederrhein geprägt. Damals entstand eine Kirchenstruktur mit eigenen Kirchenparlamenten (Synode), die unabhängig von staatlicher Obrigkeit das kirchliche Leben organisierten. 1672 wurde der Religionsvergleich von Cölln zwischen dem evangelischen Kurfürsten von Brandenburg (Herrscher über den Barmer Osten) und dem katholischen Pfalzgrafen zu Rhein und Bayern (Herrscher über Elberfeld und Barmen) geschlossen. Sie gewährten in ihren Gebieten anderen Konfessionen Glaubensfreiheit und sahen sich als Schutzmacht ihrer Konfession im Gebiet des jeweils anderen.

Citykirche Elberfeld

Das 18. Jahrhundert war auch im Rheinland von konfessionellen Streitigkeiten zwischen streng Reformierten und Lutheranern geprägt. Parallel dazu wurden zwei neue Geistesströmungen wichtig: die Aufklärung und der Pietismus. Die auf den menschlichen Verstand bezogene Aufklärung stand im kirchlichen Bereich der verinnerlichten Frömmigkeit des Pietismus meist unversöhnlich gegenüber.
Mit dem Reichsdeputationshauptschluss (1803), der Neuordnung des Deutschen Reiches durch den siegreichen Napoleon, konnte Preußen im Westen Deutschlands erhebliche, vor allem auch katholische Gebiete hinzugewinnen. Aus allen diesen Gebieten wurden nach dem Wiener Kongress 1815 die beiden Provinzen Jülich-Kleve-Berg (Hauptstadt Köln) und des Großherzogtum Niederrhein (Hauptstadt Koblenz) gebildet, die 1822

zur preußischen Rheinprovinz vereinigt wurden. Gleichzeitig mit den politischen Neuordnungen wurde auch die Evangelische Kirche dem preußischen Staat eingeordnet und organisatorisch eingebunden. Seit 1817, mit dem 300jährigen Jubiläum der Reformation, gab es dabei Bemühungen, die Spaltung zwischen lutherischen und reformierten Kirchen zu überwinden. Diese Initiativen, die maßgeblich vom Preußischen König Friedrich Wilhelm III. ausgingen, trafen auf erbitterten Widerstand, gerade auch im Bergischen. Starke Auseinandersetzungen gab es um die 1822 vom König eingeführte neue Gottesdienstagende. Mehr noch als theologische und liturgische Bedenken wurden rechtliche vorgetragen: Wieviel Macht hat der Landesherr in kirchlichen Dingen? Die selbstbewussten rheinischen Synoden zweifelten dieses Recht an, so dass in Rheinland-Westfalen diese Agende erst 1835 mit zahlreichen Änderungen und Ergänzungen mit einer neuen Kirchenordnung eingeführt wurde. Erst seit 1850 ist die rheinische Kirche uniert mit einer reformiert-synodalen Struktur (Presbyterium – Synode) auf der einen Seite und einer lutherisch-konsistorialen Aufsicht (Superintendent – Konsistorium – König) auf der anderen Seite. Das Gemeinsame von lutherischem und reformiertem Bekenntnis wurde damals betont. Beide Bekenntnisse blieben aber nebeneinander bestehen, und einzelne Gemeinden und Synoden sind bis heute bei ihrem Bekenntnis geblieben. Weltweit fanden die protestantischen Konfessionen erst 1972 in der Leuenberger Konkordie den Weg zur vollen Abendmahlsgemeinschaft und zur Aufhebung der Lehrverurteilungen aus der Reformationszeit.

Nach 1933 versuchte der nationalsozialistische Staat eine streng hierarchische Ordnung durchzusetzen. So wurde 1934 ein Bischof für das neue evangelische Bistum Köln-Aachen installiert. Wieder wehrten sich, wenn auch wenige, Gemeinden gegen diese Gleichschaltung und Bevormundung durch den Staat und bildeten die Bekennende Kirche. Im selben Jahr trafen sich deren Vertreter zu einer Synode in Barmen-Gemarke und beschlossen dort ein Protestbekenntnis, die so genannte „Barmer Theologische Erklärung", gegen die Deutschen Christen.

Nach dem Zweiten Weltkrieg 1945 kam es zu einer Neuorganisation auch innerhalb der evangelischen Kirche. Es entstand die Evangelische Kirche in Deutschland (EKD) als Bund aller evangelischen Landeskirchen. Deren Vorläufer aus dem Jahr 1922 war der Deutsche Evangelische Kirchenbund, dem die 28 damals bestehenden Landeskirchen des Deutschen Reiches angehörten. Auch im Westen Deutschlands gab es Veränderungen. 1947 wurden die noch verbleibenden sechs alten Provinzen Preußens bzw. deren Reste zu selbstständigen Landeskirchen. Sie traten alle der EKD bei. Die rheinische Provinzialkirche erhielt am 12. November 1948 eine neue Verfassung und bezeichnet sich seither als „Evangelische Kirche im Rheinland" (EKiR). Ihr Gebiet erstreckt sich vom Niederrhein im Norden bis ins Saarland und umfasst Wuppertal und das Bergische Land.

Parallel dazu entstanden auch konfessionelle Kirchenbünde. Die ehemals preußischen, unierten Kirchen sammelten sich in der Evangelischen Kirche der Union (EKU), die lutherischen Kirchen in der Vereinigten Evangelisch-Lutherischen Kirche Deutschlands (VELKD) und die restlichen Kirchen trafen sich in der Arnoldshainer Konferenz. Seit 2003 gibt es einen Einigungsprozess mit dem Ziel, die Strukturen zu verschlanken, die konfessionellen Bünde abzuschaffen oder zu verkleinern und die Bedeutung der EKD zu stärken. Damals gingen EKU und Arnoldshainer Konferenz in der Union evangelischer Kirchen (UEK) auf.

In Wuppertal

Das evangelische Leben in Wuppertal ist über Jahrhunderte vom Nebeneinander und Gegeneinander von reformierten und lutherischen Gemeinden geprägt worden. Elberfeld war anfangs ganz reformiert. Die Reformierte Gemeinde Elberfeld hatte großen Einfluss auf die Regional-

und Stadtgeschichte. So tagte zum Beispiel der Stadtrat lange Zeit in der Alten Reformierten Kirche und wählte dort den Bürgermeister. Bis 1807 waren alle Mitglieder des Magistrats, bis 1850 alle Bürgermeister reformiert. Auch Barmen war größtenteils reformiert, da hier 1579 die erste Schule errichtet wurde, an der die Lehrer reformierten Bekenntnisses sein mussten. Die Gläubigen gehörten zur Gemeinde Elberfeld.
Die Lutheraner dagegen waren bis ins 20. Jahrhundert in der Minderheit. Nur durch Zuwanderung wegen wirtschaftlichen Aufschwungs, Ende des 17. Jahrhunderts und Mitte des 19. Jahrhunderts, kamen lutherische Einwohner in die Stadt. Lediglich der Osten von Barmen stand seit der Reformation unter lutherischem Einfluss von Schwelm her. Im Religionsvergleich von Cölln 1672 wird in Elberfeld nur eine reformierte Gemeinde erwähnt, obwohl zu dieser Zeit schon mehrere hundert Lutheraner in der Stadt lebten. 1690 konnte die erste lutherische Schule eingerichtet werden, und seit 1695 waren lutherische Gottesdienste in einem Kirchenhaus, einer umgebauten Scheune, erlaubt. Vorher mussten die Lutheraner Sonntag für Sonntag nach Hattingen oder Schwelm. Erst 1752 konnte eine eigene lutherische Kirche eingeweiht werden.
Dass der Landesherr eine andere Konfession hatte, wirkte sich auf das Gemeindeleben aus. Zwar hatten die Protestanten im Tal nicht unter größeren Verfolgungen zu leiden; lediglich während des Dreißigjährigen Krieges gab es in Elberfeld Versuche der Gegenreformation mit Hilfe der Jesuiten und spanischer Truppen, so dass zeitweise keine Gottesdienste in der Kirche möglich waren, aber sie fühlten sich doch als „Gemeinden unter dem Kreuz". Das Selbstbewusstsein gegenüber dem katholischen Herrscher wuchs und die Gläubigen drohten eher das Land zu verlassen als ihren Glauben aufzugeben. Daraus entwickelte sich in den reformierten Gemeinden eine weitestgehende Selbstständigkeit gegenüber der Obrigkeit. Die Kirchenverwaltung und die Armenpflege wurden schon früh selbst organisiert und nicht dem Staat überlassen. So wurde 1677 das erste Armenhaus der Elberfelder Gemeinde gegründet.
Mit dem Bevölkerungswachstum nach dem Dreißigjährigen Krieg konnten auch neue evangelische Gemeinden gegründet werden. 1655 wurde im eigentlich lutherischen Schwelm (Grafschaft Mark) eine reformierte Gemeinde gegründet, die auch die Gläubigen im Osten Barmens betreute. 1702 löste sich die Gemeinde Barmen-Gemarke von Elberfeld. 1714 war die erste Kirche fertig gestellt. Ähnlich verlief es in den anderen Stadtteilen. Seit der Reformationszeit waren Sonnborn (seit 1580) und Cronenberg überwiegend reformiert geprägt. Erst 1783 wurde in Cronenberg eine kleine lutherische Gemeinde gegründet. Vorher, schon 1744, konnten sich die Lutheraner in Wichlinghausen von Schwelm abtrennen und eine eigene Gemeinde bilden.
Im Zentrum des kirchlichen Lebens stand aber die Elberfelder Gemeinde, die durch die Abwehr verschiedener Sektenbildungen in einen Zustand strenger Rechtgläubigkeit geriet. Bußpredigten und rigide Moral waren an der Tagesordnung. Berühmtestes Beispiel aus dieser Zeit ist die Bewegung um Elias Eller. Ab 1726 hatte die Bäckerstochter Anna vom Büchel prophetische Visionen vom Ende der Welt. Der Bandwirker Elias Eller heiratete sie und setzte sich damit an die Spitze einer Gruppe von Endzeitgläubigen. Ihr Motto „Elberfeld, es verfällt!" wies darauf hin, dass sie in der Stadt und der Kirchengemeinde das biblische Babylon sahen, aus dem die Rechtgläubigen ausziehen müssten, um eine neue heilige Stadt Zion zu gründen. Nachdem die Gemeinde beim katholischen Landesherrn ein Verbot der Gruppe erwirkt hatte, verließen Eller und seine Anhänger Elberfeld und gründeten auf den Südhöhen 1737 den Ort Ronsdorf. Dieser Ort sollte das „neue Zion" oder das „himmlische Jerusalem" sein. Durch die Bandweberei schuf Eller die wirtschaftliche Grundlage für die Bewegung. Dank guter Beziehungen zum Preußischen König wurde er

protegiert, und schon 1745, lange vor Barmen, erhielt Ronsdorf die Stadtrechte. Wichtigster Prediger der Gemeinde war Daniel Schleiermacher, Großvater des berühmtesten Theologen des 19. Jahrhunderts, Friedrich Daniel Ernst Schleiermacher (1768-1834). Eller starb 1750, und seine Gemeinde wurde einige Jahre später als rechtgläubig anerkannt und in die reformierte Bergische Synode aufgenommen. Aber die Radikalität im Glauben zeigte sich noch 1761, als lutherischen Christen bei Strafandrohung verboten wurde, eine eigene Schule zu betreiben. Noch heute gibt es in Ronsdorf zwei evangelische Gemeinden, die reformierte geht auf Eller zurück.

Im 18. Jahrhundert machten sich die beherrschenden Geistesströmungen Pietismus und Aufklärung auch in Wuppertal bemerkbar. Die wirtschaftlichen Beziehungen nach ganz Europa brachten in das Tal nicht nur Waren, sondern auch neue geistliche Gedanken. Die Gemeinde Gemarke wurde durch die engen Kontakte des Fabrikanten Engelbert Evertsen (1722-1807) zu Gerhard Tersteegen zu einem Zentrum des Pietismus. Tersteegen, der Hauptvertreter des Pietismus aus Mülheim, war mehrfach in Barmen und Elberfeld und predigte hier mehrfach, so dass es 1733 zu einer großen Erweckung kam.

Grabstein Gottfried Daniel Krummacher

In der Zeit der beginnenden Industrialisierung Anfang des 19. Jahrhunderts wirkten im Wuppertal zwei bedeutende Prediger, die über die Grenzen der Städte hinaus für Aufsehen sorgten. In Elberfeld war es Gottfried Daniel Krummacher (1774-1837) und in Barmen sein noch berühmterer Neffe Friedrich Wilhelm Krummacher (1796-1868). Seine Predigten lockten die Zuhörer in Massen an, so dass die Kirchenfenster ausgehängt werden mussten, damit sie ihn hören konnten. Friedrich Engels hat gar eine Satire über ihn geschrieben. Die Elberfelder Gemeinde wollte ihn ein ums andere Mal abwerben, was ihr 1834 auch gelang. 1848 holte ihn der preußische König als Hofprediger nach Potsdam.

Ab 1805 stand das Tal der Wupper für kurze Zeit unter französischem Einfluss. In dieser Zeit wurden die Errungenschaften der französischen Revolution in Bezug auf Trennung von Staat und Kirche auch hier geltend gemacht. Nun übernahm der Staat sämtliche Wohlfahrtspflege und verbot diese Arbeit den Kirchengemeinden im Tal. Ein Jahrzehnt später, 1815, kam die Region unter preußische Herrschaft. Das brachte mit sich, dass die bisherige freie synodale Kirchenverfassung durch eine staatliche Kirchenaufsicht abgelöst wurde. Die daraufhin folgenden Bemühungen um eine Union von reformierten und lutherischen Gemeinden stießen in Wuppertal auf ganz unterschiedliche Reaktionen. In Unterbarmen entstand 1821 eine der ersten unierten Gemeinden in Preußen, und in Cronenberg nannte sich die lutherische Gemeinde seit 1827 „evangelisch-uniert". Dagegen wurde die neue Unionsagende von fast allen Geistlichen abgelehnt. Darin zeigt sich, dass weniger theologische Gründe gegen ein Zusammengehen sprachen, als mehr das Ressentiment gegen staatlichen Einfluss auf kirchliche Belange.

Mit der aufkommenden Industrialisierung nahm in der zweiten Hälfte des 19. Jahrhunderts die Bevölkerung in den Städten Elberfeld und Barmen sprunghaft zu. Die starke Bevölkerungszunahme trug zur Entkirchlichung bei. Viele Menschen, die ins Wuppertal kamen, fanden keine Bindung an die Kirche. Trotzdem machte der enorme Bevölkerungszuwachs eine Ausweitung der Gemeindearbeit notwendig. Zahlreiche Neubauten entstanden in dieser Zeit, z.B.: lutherische Kreuzkirche in der Elberfelder Nordstadt 1850, Neue Reformierte Kirche in der Sophienstraße 1858, reformierte Immanuelskirche in Oberbarmen 1869, Friedenskirche am Mühlenweg 1871, Kirchsaal in Heckinghausen 1894, reformierte Friedhofskirche in der Elberfelder Nordstadt 1898. Der evangelische Kirchenkreis Elberfeld, der das ganze Wuppertal umfasste, wurde zu groß. Er musste geteilt werden. Ein gewichtiger Grund für die Teilung war der doppelte Einfluss, den nun die zwei Wuppertaler Kirchenkreise in der Landessynode hatten. Zwei Kirchenkreise bedeuteten die doppelte Anzahl an Delegierten. Barmen wurde 1898 ein eigener Kirchenkreis. Nach über 100 Jahren wurde diese Trennung im Jahr 2005 wieder rückgängig gemacht, weil die Zahlen der Kirchenmitglieder drastisch gesunken waren.

Die evangelischen Kirchen hatten sich in den folgenden Jahren mit unterschiedlichsten Problemen zu beschäftigen. Die Industrialisierung brachte zum einen eine rationale Wissenschaftsgläubigkeit mit sich, die sich gegen Religion, Kirche und Bibel wandte. Sie führte aber auch zur Verelendung breiter Bevölkerungsschichten. Die soziale Frage stellte sich in Wuppertal massiv und sehr früh, da in dieser Region die Industrialisierung am weitesten voran geschritten war. Als eine Reaktion darauf entstand 1853 das Elberfelder System als eine rein städtische Armenordnung, die aber einen starken christlichen Akzent hatte. Das System arbeitete ohne direkte Beteiligung der Kirchen, die mitarbeiten sollten, aber sich abseits hielten. Stattdessen gründeten sich innerhalb der Kirche zahlreiche Hilfsvereine und Organisationen, die sich sozial engagierten. Gleichzeitig bildeten sich am Rand der Kirchen kleine Grüppchen und Gemeinschaften, die mit der Zeit eigene, freie Kirchen bildeten. Eine weitere Herausforderung war für die Kirche die Entkirchlichung der Arbeiterbewegung. Erstaunlich ist dabei, dass im Wuppertal diese Kluft nicht all zu groß wurde und es kaum zu antikirchlicher Agitation kam. Zu größeren Austrittswellen aus der Kirche kam es im Tal erst nach dem Ersten Weltkrieg. Zu Beginn des 20. Jahrhunderts gab es in Wuppertaler Gemeinden Auseinandersetzungen zwischen liberalen und konservativ-pietistischen Anschauungen, wobei hier meist die Konservativen die Oberhand behielten. Mit dem Ende der Weimarer Republik und der Machtergreifung der Nationalsozialisten breitete sich auch die Glaubensbewegung der Deutschen Christen (DC) aus, die nationale Werte und Ziele auf die Kirche übertragen wollte. 1932 trat sie erstmals bei Kirchenwahlen an und erreichte im Rheinland fast 30% der Stimmen. In Wuppertal gab es mehrheitlich Sympathisanten, selbst spätere Gegner der Deutschen Christen wie der Gemarker Pfarrer Paul Humburg (1878-1945) gehörten dazu. Es bildeten sich aber auch Gruppen, die in Gegnerschaft zu den DC standen. So gab es in der lutherischen Gemeinde in Elberfeld eine kleine Gruppe „Evangelium und Kirche". Vor allem weckte aber unter den Reformierten, speziell in Gemarke, die Agitation der DC Argwohn. Der Kampf entbrannte um einen von oben verordneten Jubelgottesdienst am 2. Juli 1933. Zahlreiche Gemeinden im Tal wollten diesen nicht feiern. Gemarke widersetzte sich, so dass das Presbyterium aufgelöst und auch die Pfarrer (Paul Humburg und später auch Karl Immer) aus dem Dienst entlassen wurden. 1933 kam es zu Kirchenwahlen, bei denen sich die DC im Vorfeld schon ein angemessenes Ergebnis versprachen. In den meisten Gemeinden standen deshalb nur Einheitslisten zur Wahl, auf denen die DC 80% der Sitze für sich gesichert hatten. Lediglich in Unterbarmen und Gemarke kam es zu einer Wahl zwischen zwei Listen, und nur hier, wie auch in wenigen anderen Gemeinden im Rheinland, erreichte die DC keine Mehrheit in den Presbyterien. Um Pfarrer Karl Immer (1888-1944) und den Elberfelder Pfarrer Hermann Albert Hesse (1877-1957) formierte sich der „Coetus reformierter Prediger" parallel zum lutherischen „Pfarrer-Notbund" als Zusammenschluss von Theologen gegen die DC. Zwei Synoden Anfang 1934 waren die Meilensteine in der Bildung der Bekennenden Kirche. Im Januar trafen sich noch getrennt Lutheraner und Reformierte in Gemarke, im Mai versammelten sich gemeinsam 138 Abgeordnete aus verschiedenen Landeskirchen. Trotz heftiger Kontroversen verabschiedeten sie einstimmig die sechs Thesen der „Barmer Theologischen Erklärung". Darin wendet sich die Bekennende Kirche gegen den Totalitätsanspruch der

Nationalsozialisten mit Verweis auf den Anspruch Jesu Christi auf das „ganze Leben". Im Herbst 1934 reklamierte die Bekennende Kirche das kirchliche Notrecht und revoltierte damit offen gegen das Reichskirchenregiment. Der Bruderrat der Bekennenden Kirche nahm für sich in Anspruch die rechtmäßige Kirchenleitung zu sein. Die Gemeinden wurden aufgefordert sich entweder der Bekennenden Kirche oder den Deutschen Christen anzuschließen. Viele Gemeinden, so zum Beispiel Wupperfeld, drohten dabei auseinander zu brechen. Nicht nur die Gemeinden sollten von den Deutschen Christen gleichgeschaltet werden, sondern auch die theologische Ausbildung. Die Bekennende Kirche sah keinen anderen Ausweg als eigene Ausbildungsstätten für ihren Pfarrernachwuchs bereit zu stellen. Im Herbst 1935 wurde daraufhin die Kirchliche Hochschule Wuppertal gegründet. Der Kirchenkampf wurde bis zum Beginn des Zweiten Weltkriegs weitergeführt, aber mit den Kampfhandlungen gab es für die Gemeinden gravierendere Probleme zu lösen.
Bei mehreren Bombenangriffen auf Wuppertal wurden auch viele Kirchen und Gemeindehäuser, vor allem in den Innenstädten, zerstört. Sie mussten nach dem Krieg schnell und kostengünstig wiederaufgebaut werden. In den Außenbezirken entstanden mit Hilfe amerikanischer oder skandinavischer Geldgeber Notkirchen aus Holz (z.B.: Hahnerberg, Uellendahl). Ein besonderes Schicksal hat die lutherische Kirche am Kolk hinter sich.

1943 wurde sie zweimal schwer durch Bomben getroffen. Nach dem Wiederaufbau zerstörte im 1973 eine Explosion alle Fenster und 1974 brannten Turm und Langhaus nach Brandstiftung komplett aus.

Bis in die 1980er Jahre hinein entstanden zahlreiche neue Gemeindehäuser und Kirchengebäude, meist als Kombinationsbauten in den Wuppertaler Stadtteilen. Es waren weniger die Mitgliedszahlen, die nur in den Nachkriegsjahren durch die Flüchtlingsströme wuchsen, als vielmehr sprudelnde Kirchensteuereinnahmen, die diesen Bauboom möglich machten. Gleichzeitig wurden die gemeindlichen Angebote und Pfarrstellen ausgebaut. Die evangelische Kirche engagierte sich nun in vielen gesellschaftlichen Feldern mit eigenen Organisationen und Pfarrstellen (z.B.: Krankenhaus- und Gefängnisseelsorge, Gehörlosengemeinde, Erwachsenenbildung). Es kam auch zu Gemeinde-Neugründungen, die nötig wurden, weil die alten Gemeinden zu groß und unübersichtlich wurden. So wurde 1964 die 1822 gegründete Gemeinde Unterbarmen in vier selbstständige Gemeinden aufgeteilt, weil sie mit 47.000 Mitgliedern und zwölf Pfarrern zu groß war. Anfang der 1980er Jahre kommt es zu weiteren Umstrukturierungen. Erste Anzeichen von Finanzknappheit und auch theologische Einsicht erzwingen die Vereinigung von reformierten und lutherischen Gemeinden zu unierten Gemeinden mit jeweils lutherischer und reformierter Prägung (z.B. Elberfeld West, Wichlinghausen, Wupperfeld). Seit Mitte der 1990er Jahre müssen die Kirchengemeinden vermehrt sparen und Pfarrstellen streichen, Gemeindehäuser schließen und Bezirke zusammenlegen. Wie massiv das geschehen ist, sieht man an der Gemeinde Wichlinghausen-Nächstebreck; die vormals zwei Gemeinden hatten vor wenigen Jahren noch sieben Pfarrstellen, jetzt sind es nur noch zweieinhalb. Mittlerweile werden Kirchen neu genutzt. Für viel Aufsehen und Protest sorgte der Verkauf der Trinitatis-Kirche am Arrenberg. Heute stellt dort ein Orgelhändler seine Musikinstrumente aus. Andere Beispiele sind die Kreuzkirche in Langerfeld, sie wurde zu Sozialwohnungen umgebaut, oder das Gemeindezentrum am Dasnöckel, das jetzt von der Diakonie und der Stadt Wuppertal genutzt wird. Weitere Gebäude werden von anderen christlichen Gemeinschaften genutzt: Die Kirche am Uellendahl von der Griechisch-Orthodoxen Gemeinde, das ehemalige Gemeindehaus Varresbecker Straße von der Landeskirchlichen Gemeinschaft, und in der Luther-Kirche am Hombüchel feiern serbisch-orthodoxe Christen ihre Gottesdienste.

Sophienkirche (re) und ehem. Trinitatiskirche

Glaube und Leben

Innerhalb der Evangelischen Kirche in Deutschland und auch innerhalb der Evangelischen Kirche im Rheinland gibt es ein breites Spektrum in Fragen des Glaubens und der Theologie. Diese Freiheit im Glauben ist ein typisch evangelisches Merkmal. Gemeinsam sind aber allen Evangelischen Lehrsätze, die zur Reformationszeit in Abgrenzung zur katholischen Lehre entstanden: Die Bibel und nicht die Tradition von kirchlichen Entscheidungen gilt als alleinige Quelle und Richtschnur des Glaubens. Allein Jesus Christus ist das Haupt der Kirche und nicht der Papst. Die Rechtfertigung des Sünders geschieht allein aus Gnade Gottes durch den Glauben und nicht durch gute Werke. In der Reformationszeit wurden dafür vier lateinische Formeln geprägt:

Sola Fide:	Allein durch den Glauben wird der Mensch gerechtfertigt (Römer 3,28).
Sola Gratia:	Allein durch die Gnade Gottes wird der Mensch errettet.
Solus Christus:	Allein Christus (nicht die Kirche) hat Autorität über Gläubige.
Sola Scriptura:	Allein die Bibel ist Grundlage des christlichen Glaubens.

Die Betonung der persönlichen, unmittelbaren Verbindung zu Gott sorgt zum einen für eine stärkere Verinnerlichung der Religion, zum anderen für

eine Emanzipation der Gläubigen. Die evangelische Kirche versteht alle Gläubigen als Priester, so dass ein spezielles Vermittlungsamt zwischen Gott und den Menschen nicht notwendig ist. Pfarrer werden deshalb im geistlichen Sinne nicht als hervorgehoben gegenüber normalen Gläubigen betrachtet. Frauen können gleichberechtigt alle Ämter in der Kirche ausüben. Die Betonung der Bibel als Grundlage für den Glauben fördert eine wissenschaftlich fundierte Auslegung der Bibel. Die evangelische Kirche versteht sich als eine Kirche des Wortes, in der meist die Predigt im Mittelpunkt des Gottesdienstes steht.
In der Regel wird die Taufe an Kleinkindern vollzogen, der dann im Alter von 14 Jahren die Konfirmation folgt. Die Taufe ist Voraussetzung für die Kirchenmitgliedschaft. Die volkskirchliche Struktur, bei der viele Angebote der evangelischen Kirche, wie z.B. die Taufe, nicht nur aus Überzeugung, sondern auch aus Tradition wahrgenommen werden, bringt unterschiedliche Verbindlichkeiten in der Mitgliedschaft mit sich. Viele Gemeindemitglieder fühlen sich mit ihrer Gemeinde verbunden, gehen aber selten zu Gottesdiensten oder anderen Gemeindeveranstaltungen.

Originaltext
Alle Kirchen sehen in der Barmer Theologischen Erklärung ein wichtiges theologisches Dokument aus der Zeit des Kirchenkampfes. Ganz überwiegend betrachten sie die Barmer Theologische Erklärung als wegweisendes Lehr- und Glaubenszeugnis der Kirche im 20. Jahrhundert. Nicht wenige messen ihr darüber hinaus verpflichtende Bedeutung bei, einige rechnen sie zu ihren Bekenntnisgrundlagen (Evangelisch-reformierte Kirche, Evangelische Kirche der Union).

THESEN
1. Jesus Christus spricht: Ich bin der Weg und die Wahrheit und das Leben; niemand kommt zum Vater denn durch mich. (Johannes 14,6)
Wahrlich, wahrlich, ich sage euch: Wer nicht zur Tür hineingeht in den Schafstall, sondern steigt anderswo hinein, der ist ein Dieb und Räuber. Ich bin die Tür; wenn jemand durch mich hineingeht, wird er selig werden. (Johannes 10, 1.9)
Jesus Christus, wie er uns in der Heiligen Schrift bezeugt wird, ist das eine Wort Gottes, das wir zu hören, dem wir im Leben und im Sterben zu vertrauen und zu gehorchen haben.
Wir verwerfen die falsche Lehre, als könne und müsse die Kirche als Quelle ihrer Verkündigung außer und neben diesem einen Worte Gottes auch noch andere Ereignisse und Mächte, Gestalten und Wahrheiten als Gottes Offenbarung anerkennen.

2. Durch Gott seid ihr in Christus Jesus, der uns von Gott gemacht ist zur Weisheit und zur Gerechtigkeit und zur Heiligung und zur Erlösung. (1. Korinther 1,30)
Wie Jesus Christus Gottes Zuspruch der Vergebung aller unserer Sünden ist, so und mit gleichem Ernst ist er auch Gottes kräftiger Anspruch auf unser ganzes Leben; durch ihn widerfährt uns frohe Befreiung aus den gottlosen Bindungen dieser Welt zu freiem, dankbarem Dienst an seinen Geschöpfen.
Wir verwerfen die falsche Lehre, als gebe es Bereiche unseres Lebens, in denen wir nicht Jesus Christus, sondern anderen Herren zu eigen wären, Bereiche, in denen wir nicht der Rechtfertigung und Heiligung durch ihn bedürften.

3. Laßt uns aber wahrhaftig sein in der Liebe und wachsen in allen Stücken zu dem hin, der das Haupt ist, Christus, von dem aus der ganze Leib zusammengefügt ist. (Epheser 4,15f)
Die christliche Kirche ist die Gemeinde von Brüdern, in der Jesus Christus in Wort und Sakrament durch den Heiligen Geist als der Herr gegenwärtig handelt. Sie hat mit ihrem Glauben wie mit ihrem Gehorsam, mit ihrer Botschaft wie mit ihrer Ordnung mitten in der Welt der Sünde als die Kirche der begnadigten Sünder zu bezeugen, daß sie allein sein Eigentum ist, allein von seinem Trost und von seiner Weisung in Erwartung seiner Erscheinung lebt und leben möchte.

Die Evangelische Kirche hat ein starkes diakonisches Engagement, das in ganz unterschiedlichen Formen organisiert ist. Hauptträger ist die Diakonie. Als staatlich anerkannter Wohlfahrtsverband betreibt sie jede Art von sozialer Hilfe. Darüber hinaus gibt es andere Organisationen und Einrichtungen von Kirchenkreisen oder Gemeinden, die sich um das leibliche Wohl und das Heil der Menschen kümmern.

Organisation und Statistik

Die evangelische Kirche in Wuppertal ist Teil der Evangelischen Kirche im Rheinland (EKiR), die sich auf dem Gebiet der alten preußischen Rheinprovinz vom Niederrhein bis ins Saarland erstreckt. Die EKiR ist presbyterial-synodal konstituiert, das heißt die Verwaltungshierarchie ist von unten nach oben aufgebaut. An der Basis stehen die einzelnen Kirchengemeinden als Körperschaften des öffentlichen Rechts mit gewählten Kirchenvorständen. Deren Mitglieder heißen „Presbyter" bzw. „Presbyterinnen". Dem Presbyterium gehören auch die jeweiligen Pfarrer der Gemeinde an, sie sind dort aber in der Minderheit. In der Regel haben die

Wir verwerfen die falsche Lehre, als dürfe die Kirche die Gestalt ihrer Botschaft und ihrer Ordnung ihrem Belieben oder dem Wechsel der jeweils herrschenden weltanschaulichen und politischen Überzeugungen überlassen.

4. Jesus Christus spricht: Ihr wißt, daß die Herrscher ihre Völker niederhalten und die Mächtigen ihnen Gewalt antun. So soll es nicht sein unter euch; sondern wer unter euch groß sein will, der sei euer Diener. (Mathäus 20, 25.26)
Die verschiedenen Ämter in der Kirche begründen keine Herrschaft der einen über die anderen, sondern die Ausübung des der ganzen Gemeinde anvertrauten und befohlenen Dienstes.
Wir verwerfen die falsche Lehre, als könne und dürfe sich die Kirche abseits von diesem Dienst besondere, mit Herrschaftsbefugnissen ausgestattete Führer geben und geben lassen.

5. Fürchtet Gott, ehrt den König. (1. Petrus 2,17)
Die Schrift sagt uns, daß der Staat nach göttlicher Anordnung die Aufgabe hat in der noch nicht erlösten Welt, in der auch die Kirche steht, nach dem Maß menschlicher Einsicht und menschlichen Vermögens unter Androhung und Ausübung von Gewalt für Recht und Frieden zu sorgen. Die Kirche erkennt in Dank und Ehrfurcht gegen Gott die Wohltat dieser seiner Anordnung an. Sie erinnert an Gottes Reich, an Gottes Gebot und Gerechtigkeit und damit an die Verantwortung der Regierenden und Regierten. Sie vertraut und gehorcht der Kraft des Wortes, durch das Gott alle Dinge trägt.
Wir verwerfen die falsche Lehre, als solle und könne der Staat über seinen besonderen Auftrag hinaus die einzige und totale Ordnung menschlichen Lebens werden und also auch die Bestimmung der Kirche erfüllen. Wir verwerfen die falsche Lehre, als solle und könne sich die Kirche über ihren besonderen Auftrag hinaus staatliche Art, staatliche Aufgaben und staatliche Würde aneignen und damit selbst zu einem Organ des Staates werden.

6. Jesus Christus spricht: Siehe, ich bin bei euch alle Tage bis an der Welt Ende. (Mathäus 28,20)
Gottes Wort ist nicht gebunden. (2 Timotheus 2,9)
Der Auftrag der Kirche, in welchem ihre Freiheit gründet, besteht darin, an Christi Statt und also im Dienst seines eigenen Wortes und Werkes durch Predigt und Sakrament die Botschaft von der freien Gnade Gottes auszurichten an alles Volk.
Wir verwerfen die falsche Lehre, als könne die Kirche in menschlicher Selbstherrlichkeit das Wort und Werk des Herrn in den Dienst irgendwelcher eigenmächtig gewählter Wünsche, Zwecke und Pläne stellen.
(Barmer Theologische Erklärung 1934, Quelle, Internet: www.ekd.de)

Gemeinden auch die Kirchensteuerhoheit, bekommen also die gesamte Kirchensteuer aus ihrem Gebiet zugeteilt und führen davon festgelegte Anteile an die übergeordneten Einrichtungen ab.
Mehrere Kirchengemeinden bilden zusammen einen Kirchenkreis, an dessen Spitze ein Superintendent steht. Die Kirchenkreise sind ebenfalls Körperschaften des öffentlichen Rechts und haben als Gremium die Kreissynode, deren Mitglieder von den jeweiligen Presbyterien der Kirchengemeinden entsandt werden, sowie einen Kreissynodalvorstand. Beide Gremien sind in der Regel paritätisch mit Laien und Pfarrern besetzt.
Es gibt zwar seit dem 1.1.2005 einen Kirchenkreis Wuppertal mit 25 Gemeinden, trotzdem gehört das Stadtgebiet zu mehreren Kirchenkreisen. Die Gemeinden Dönberg und Schöller gehören zum Kirchenkreis Niederberg, einzelne Straßenzüge im Süden Wuppertals zum Kirchenkreis Lennep, und im Osten gibt es sogar einige wenige Gebiete, die zur Gemeinde Schwelm und damit zur Evangelischen Kirche von Westfalen gehören.
45 Kirchenkreise bilden zusammen die Landeskirche mit Sitz in Düsseldorf. Die EKiR wiederum bildet mit 22 anderen Landeskirchen die EKD. Die EKD ist nur ein Verwaltungsbund, die eigentlichen Rechtsträger sind die Landeskirchen. Innerhalb der EKD gehört die EKiR auch zur Union der evangelischen Kirchen (UEK). Dort sind alle nicht-lutherischen Landeskirchen in Deutschland verbunden.

Zitate

„Man nannte es einst das Muckertal, weil der Protestantismus dort sonderbare Blüten trieb, derart, daß von Zeit zu Zeit „religiöse Erweckungen" erfolgten, aus dem Munde der Geringen im Geist neue Gebete und Psalmen erklangen und furchtbare Prophezeiungen vom nahenden Weltuntergang fromme Gemüter erschreckten. Die Wuppertaler waren religiös bis in die Tiefe, und viele, die es eigentlich nicht dazu hatten, legten das Wort Gottes auf ihre Wesie aus, sammelten sich zu Bibelstunden, die in Familien reihum gehalten wurden, gründeten wohl auf in Gewissensnot neue Sekten, deren es schließlich so viele gab, daß schon Kennerschaft dazu gehörte , sich in den Abspaltungen auszukennen."
Rudolf Geck (Schriftsteller), 1936

„Besuchern sagt man, hier kommen die Kinder mit Regenschirm und Gesangbuch zur Welt. Schade daß es noch keine Regenschirme gibt mit aufgedrucktem Gesangbuch. Die Christen würden dann bei jedem Regenguss singen und das Tal würde sich füllen mit fienem Gesang". Rudolf Bohren (Theologe)

„Bodenständig und leichtflüssig, bekennend und zupackend, manchmal sehr dogmatisch, aber auch beeindruckend musikalisch... Mit diesen Adjektiven ist nur ein kleiner Ausschnitt des christlichen Lebens beschrieben, das mir hier alltäglich begegnet. Wuppertal birgt einen unermesslichen Schatz an Frömmigkeits- und Glaubenstraditionen, der die Stadt und die Menschen bereichert. Mich beeindruckt die Vielfalt jedesmal neu, wenn ich wieder ein Stück von diesem Schatz heben darf." Petra Bosse-Huber (Vizepräses der Evang. Kirche im Rheinland, ehem. Pfarrerin in Elberfeld-West), 2006

„...etwas das ABC der Sekten und Religionsgemeinschaften aufzuzählen, von den „Adamiten" bis zu den „Wiedertäufern", das Wuppertal zu einem Katalog der religiösen Gruppen macht." Heinrich Böll (Schriftsteller), 1960

EXKURS: Reformiert, Lutherisch, Uniert

In protestantischen Bereichen findet sich in Wuppertal ein Nebeneinander von reformierten, lutherischen und unierten Gemeinden, wie es in kaum einer anderen Stadt zu finden ist. Neubürger der Stadt wundern sich, warum man hier nicht einfach nur evangelisch ist, sondern noch weiter differenziert.
Entstanden sind die lutherischen und reformierten Konfessionen, weil sich die Reformatoren um Martin Luther, Johannes Calvin und Ulrich Zwingli nicht auf eine einheitliche Linie in der Deutung des Abendmahls einigen konnten. Es entwickelten sich zwei evangelische Richtungen, deren theologische Abweichungen nur in Nuancen bestanden, z.B. in der Zählung der zehn Gebote, die sich aber in Äußerlichkeiten deutlich unterschieden. Die lutherische Liturgie und Kirchraumgestaltung ist in vielem noch am katholischen Vorbild orientiert, während ein reformierter Gottesdienst möglichst auf liturgische Elemente verzichtet und die Predigt in den Mittelpunkt stellt. Eine reformierte Kirche kommt ganz schlicht ohne Schmuck aus.
Mittlerweile haben sich viele Unterschiede verwischt und im kirchlichen Leben spielen sie kaum noch eine Rolle. Trotzdem ist diese Dreiheit von Reformierten, Lutheranern und Unierten auch heute noch im Tal sichtbar. Zum Beispiel hat die Vielzahl von Kirchengebäuden und Friedhöfen unter anderem damit zu tun, dass jede Konfession ihre eigene Immobilie haben wollte.
Die Ursachen für dieses Nebeneinander liegen in der Reformationszeit. Während in anderen Regionen der evangelische Glaube von oben verordnet wurde, fasste er im Bergischen von unten Fuß. Selbstbewusste Bürgerfamilien ließen sich auch nicht durch wechselnde Herrschaftsverhältnisse in ihrem neuen Glauben beirren. Die ersten reformatorischen Gedanken waren wohl lutherisch beeinflusst, aber durchsetzen konnte sich in Elberfeld, Barmen, Cronenberg und Sonnborn das reformierte Bekenntnis nach Calvin. Im Osten Wuppertals, an der Grenze zwischen Berg und Mark, wirkte der lutherische Einfluss aus Schwelm. Schon sehr früh gab es also, bedingt durch die nicht zentralisierte Reformation von unten und die Grenzlage im Einflussbereich zweier Herrschaftsgebiete, deren Besitzer immer wieder wechselten, „anders-konfessionelle Minderheiten" im Wuppertal. Diese katholischen und lutherischen Minderheiten hatten es nicht leicht. Die Reformierten in Elberfeld versuchten den Lutheranern anfangs sogar gerichtlich die Religionsausübung im Privaten zu verbieten.
In den Jahrhunderten nach der Reformation entstand daraufhin ein Kampf um kirchliche Rechte, Vorherrschaft und Einfluss zwischen Reformierten und Lutheranern, aber auch zwischen den Städten Elberfeld, Barmen und Schwelm. Dabei gab es in der Auseinandersetzung immer wieder ein Hin und Her zwischen Abgrenzung und pragmatischer Zusammenarbeit. Ein Beispiel war der langwierige Streit um die Abspaltung einer lutherischen Gemeinde, die sog. Wupperströmer in Wupperfeld im 18. Jahrhundert. Wie bei vielen anderen konfessionellen Auseinandersetzungen ging es dabei auch um massive ökonomische Interessen. Ein weiteres Beispiel ist die Schule in Barmen, die von Reformierten gegründet wurde, aber nach einem Brand 1625 als überkonfessionelle Schule neu entstehen sollte. In Elberfeld konnte die erste lutherische Kirche nur mit Hilfe von Spenden aus dem Ausland errichtet werden, die dank eines Empfehlungsschreibens des von Reformierten dominierten Stadtrates gesammelt werden konnten. Die anfängliche Unterstützung für die Lutheraner wich aber schnell als ihnen verboten werden sollte die Kirchenglocken täglich zu läuten.

Ganz im Gegensatz zu anderen Regionen in Deutschland unterschieden sich die beiden Konfessionen äußerlich im Wuppertal kaum. Sowohl lutherische als auch reformierte Kirchen sind eher schlicht gebaut, auch die lutherische Liturgie z.B. der Wupperfelder Gemeinde ähnelt im Verzicht auf Kerzen und gesungene Liturgie an reformierte Traditionen. Entscheidend ist auch, dass beide Richtungen ihre Kirchenstruktur von unten über Presbyterien und jeweils eigenständige Synoden aufgebaut haben. Die Lutheraner im Bergischen waren nie bischöflich organisiert, wie sonst üblich.

Der Pietismus Ende des 18. Jahrhunderts hat die konfessionellen Unterschiede im Tal weiter abgeschliffen und bereitete die Unionsbestrebungen im 19. Jahrhundert vor. So war es 1805 in Elberfeld sogar möglich, dass während einer Kirchenrenovierung die Lutheraner ihre Gottesdienste in der reformierten Kirche feiern durften.

Mit der Eingliederung Wuppertals nach Preußen 1815 änderte sich auch die kirchliche Situation. Der preußische Staat führte für alle Gemeinden Presbyterien und Synoden ein. Das war für die bergischen Evangelischen nichts Neues. Dagegen war die Idee einer staatlichen Kirchenbehörde für das Rheinland, das die kirchliche Selbstverwaltung einschränkte, ein massiver Angriff auf die selbstbewussten Gemeinden der Region. Auf die gleiche harte Ablehnung stieß die einheitliche Gottesdienstagende, die vom König 1822 vorgelegt wurde. In diesem Konflikt vermischten sich konfessionelle Gegensätze mit dem Wunsch nach einer Einheit der Evangelischen sowie dem Kampf um die Eigenständigkeit der Kirche.

Diese Gemengelage von unterschiedlichen Interessen brachte im Wuppertal ganz unterschiedliche Ergebnisse mit sich. Pragmatische Unionsbefürworter gründeten z.B. die unierte Gemeinde Unterbarmen; konfessionelle Hardliner spalteten sich im Kampf gegen die staatliche Bevormundung in selbstständige lutherische und reformierte Gemeinden ab, die meisten aber akzeptierten den Kompromiss von konfessionellen Gemeinden in einer unierten preußischen Kirche. Bis in die 1980er Jahre gab es reformierte und lutherische Gemeinden in einem Stadtteil, die sich territorial überlappten. Nach mehreren Umgliederungen und Gemeindefusionen innerhalb der evangelischen Kirche gibt es nur noch in Ronsdorf das Nebeneinander einer reformierten und einer lutherischen (evangelisch genannten) Gemeinde. Daneben existieren auch zwei konfessionelle Freikirchen, die aus den Unionsstreitigkeiten hervorgegangen sind.

Der Volksmund kann die konfessionelle Vielfalt im Tal am besten mit Witzen beschreiben:

- Ein lutherischer Bauer war mit seinem Eselskarren unterwegs von Barmen nach Ronsdorf. Plötzlich begann es mächtig zu plästern (regnen). Weit und breit gab es keine Möglichkeit sich vor dem Regen unterzustellen, außer unter dem Vordach einer reformierten Kirche. Instinktiv trabte der Esel dorthin ins Trockene. Wütend schlug ihn der Bauer: „Du dummes Tier, dass ist doch die falsche Kirche!"
- Alle Evangelischen trinken gerne Kaffee, aber es gibt dabei feine Unterschiede, eben reformiert, lutherisch, uniert oder pietistisch: Entweder Kaffee stark und schwarz wie die Lutheraner, oder mit Milch vermischt wie die Unierten und mit Zucker gesüßt wie die Pietisten. Und die Reformierten, die trinken Tee und erinnern sich daran, wie es ist Kaffee zu trinken.

Der Evangelischen Kirche nahe stehende Gemeinschaften

Landeskirchliche Gemeinschaft

Kurz-Informationen

Die Landeskirchliche Gemeinschaft ist eine Mischung aus Frei- und Landeskirche. Zum einen ein Teil der Landeskirche – die meisten Gläubigen sind Mitglieder der evangelischen Landeskirche – pflegt sie doch zum anderen einen freikirchlichen Frömmigkeitsstil und ist als eigener Verein organisiert. Es gibt zahlreiche solcher Gemeinschaften und freien Werke innerhalb der Landeskirchen, die sich im Gnadauer Verband zusammengeschlossen haben. Die Mitgliedszahlen sind schwer zu schätzen, deutschlandweit sind es wohl 300.000 (Quelle: Gnadauer Verband). Die Wuppertaler Landeskirchliche Gemeinschaft zählt über 100 Mitglieder und 50 Kinder mit leicht steigender Tendenz.

Geschichte

Seit der Reformationszeit und verstärkt zur Zeit des Pietismus gab es immer wieder Gruppen und Grüppchen, denen die gängige Theologie der Landeskirchen zu liberal, modern oder aufgeklärt war. Deshalb bildeten sich in Württemberg, dem Siegerland und dem Bergischen Land die so genannten „collegia pietatis", kleine Gruppen, die sich außerhalb des Gemeindegottesdienstes zu Bibellektüre und Gebet trafen. Im 19. Jahrhundert gab es aus diesen Kreisen verschiedene Initiativen der Entkirchlichung der Gesellschaft entgegenzuwirken. Aus diesem Geist entstanden in dieser Zeit zahlreiche Missionsvereine und Evangelisationsbewegungen. Einer der Hauptakteure war der Theologe Theodor Christlieb (1833-1889), der Gründer der heute in Barmen ansässigen Evangelistenschule Johanneum. Zu sammen mit dem Wuppertaler Friedrich Heinrich Neviandt (1827-1901) rief er den „Westdeutschen Zweig der Evangelischen Allianz" ins Leben. Im Jahre 1888 fand auf Christliebs Impuls hin die erste Konferenz der Gemeinschaftsbewegung in Gnadau (daher der Name Gnadauer Verband, s.u.), einem Ort mit einer Herrnhuter Siedlung in der Nähe von Magdeburg, statt. Seine Ideen fasste er so zusammen: „In der Kirche, wenn möglich mit der Kirche, aber nicht unter der Leitung der Kirche." Neun Jahre später gab sich die Gemeinschaftsbewegung ihre endgültige Form im „Deutschen Evangelischen Verband für Gemeinschaftspflege und Evangelisation". Verschiedene Organisationen, die auch in Wuppertal aktiv sind, waren damals beteiligt: die „Evangelische Gesellschaft für Deutschland", die „Neukirchner Mission" und der „Evangelische Brüderverein". Erster Vorsitzender (Präses) wurde Reichsgraf Eduard von Pückler (1853-1924). In den Jahren 1907 bis 1910 geriet die junge Gemeinschaftsbewegung durch die aufbrechende Pfingstbewegung in eine ernste Krise. Die neue pfingstlerische Frömmigkeit mit ekstatischen Gottesdienstformen schreckte die Gemeinschaftsbewegung ab. Folge davon war eine klare Distanzierung von den Pfingstgemeinden.
Bereits in der Anfangszeit des Dritten Reiches lehnte sich der Gnadauer Verband an die Bekennende Kirche an und setzte sich deutlich von der regimetreuen „Glaubensbewegung Deutsche Christen" ab. In der Nachkriegszeit litt auch der Gnadauer Verband unter der Deutschen Teilung. In beiden Teilen Deutschlands mussten eigene Verbände gegründet werden, die erst 1991 die Einheit vollziehen konnten.

Kontaktdaten
Landeskirchliche Gemeinschaft
Wuppertal
Varresbecker Straße 26
42115 Wuppertal
Tel.: 0202 - 71 34 29
E-Mail: keine Angabe

Gottesdienst
So 17:00 Uhr Gemeindschaftsstunde (= Gottesdienst), am 1. So. im Monat um 10:00 Uhr.
Alle drei Monate ein Gottesdienst (good-m@il) für Menschen, die sich von der Kirche entfernt haben.

Internet
www.lkg-wuppertal.de

Eine Facette der Gemeinschaftsbewegung ist der Jugendverband „Entschieden für Christus" (EC). Dieser ist auf eine amerikanische Jugendbewegung im ausgehenden 19. Jahrhundert zurückzuführen. Es ging darum, die Jugendlichen zu verbindlicher Mitarbeit in der Gemeinde anzuleiten und sie deshalb mit einem Gelübde (einer Erneuerung ihres Konfirmationsgelübdes) gewissermaßen schriftlich zu verpflichten. Schon 1894 wurde der erste EC-Verein in Deutschland gegründet. Die Bewegung wuchs schnell bis zum Zweiten Weltkrieg. Das Verbot der Jugendarbeit unter der nationalsozialistischen Diktatur löschte den EC in Deutschland nicht aus. Heute hat der EC seinen Hauptsitz in Kassel und kümmert sich um über 3.000 Kinder-, Jungschar-, Teenager- und Jugendgruppen.

Eingang Gemeinschaftshaus, Varresbecker Straße

In Wuppertal

Die Wuppertaler Gemeinde ist historisch ein Konglomerat aus EC und Landeskirchlicher Gemeinschaft. Gegründet wurde sie 1945 von ehemaligen Mitgliedern des „Jugendbundes für entschiedenes Christentum" (EC), die aus Pommern vertrieben waren. Dort waren sie auch schon Mitglieder der Landeskirchlichen Gemeinschaft. Das gleiche Schicksal verband. Man traf sich in Hauskreisen oder in Räumen verschiedener evangelischer Gemeinden. Schließlich wurde 1955 die Landeskirchliche Gemeinschaft in Wuppertal gegründet. Mitte der 1990er Jahre konnte die Gemeinschaft das ehemalige Gemeindehaus der Kirchengemeinde Sonnborn in der Varresbecker Straße Nr. 26 für ihre Zwecke übernehmen.
Mit dem Umzug in das neue Gemeindehaus hat die Gemeinschaft auch ihre Aktivitäten erweitert. Zum ersten Mal wurde deshalb ein Hauptamtlicher angestellt, der vor allem in der Jugendarbeit aktiv ist.

Glaube und Leben

Landeskirchliche Gemeinschaften haben das Problem, dass sie ursprünglich keine eigenständige Gemeinde sein, sondern nur die Frommen innerhalb der Landeskirche sammeln wollten. Deswegen wird in der Regel Sonntag vormittags kein Gottesdienst gefeiert. Die Gläubigen sollen in ihren „normalen" Gemeindegottesdienst gehen und sich erst am Nachmittag zur Gemeinschaftsstunde versammeln. Deswegen werden auch keine eigenen Kasualien, wie Taufe oder Trauungen, durchgeführt. Im Laufe der Jahre ließ sich diese strikte Trennung aber nicht konsequent durchhalten. Viele Gläubige sehen in der Landeskirchlichen Gemeinschaft ihre geistliche Heimat und ihre eigentliche Gemeinde. Dann lag es nahe, auch sonntags vormittags einen eigenen Gottesdienst zu feiern. So entstanden vereinzelt Personalgemeinden (Mitgliedschaft wird persönlich

Originaltext

Mitglieder der Landeskirchlichen Gemeinschaft unterschreiben folgendes Bekenntnis:
„Ich bekenne, dass Jesus Christus, der Sohn Gottes, mein Erlöser und Herr ist. Er ist für mich am Kreuz gestorben und hat mir meine Schuld vergeben. Er ist auferstanden und hat mir neues Leben geschenkt.
Ich danke Gott, dass er mich durch seinen Heiligen Geist zu einem Leben im Glauben befähigt. Er hat mich als sein Eigentum angenommen, damit ich alle Bereiche meines Lebens nach seinem Willen ausrichte, treu die Bibel lese und bete, in der Gemeinschaft verbindlich lebe, den anderen annehme und ihm diene, die Zusammenkünfte der Gemeinschaft treu besuche, mit meinen Gaben und Fähigkeiten mitarbeite, Jesus Christus bezeuge und die Gemeinschaft unterstütze.
Aus eigener Kraft kann ich das nicht, daher setze ich mein Vertrauen auf Jesus Christus, der sichtbar kommen und seine Gemeinde zum Ziel bringen wird.
Soli deo gloria - Allein Gott die Ehre."
(Quelle: Infomaterial der Landeskirchlichen Gemeinschaft Wuppertal-Varresbeck)

gewählt) neben den Parochialgemeinden (Mitgliedschaft wird durch den Wohnort bestimmt) in der Landeskirche.
Die Gemeinschaftsstunde ist zentrale Veranstaltung für alle Gruppen und Mitglieder. Die Predigt wird in der Regel von Pfarrerinnen und Pfarrern aus der Landeskirche oder aus Freikirchen gehalten. Hier soll die Bibel zeitgemäß verkündigt werden, um Menschen zu einer Entscheidung für den Glauben an Jesus Christus zu ermutigen. Die Lehre entspricht der evangelischen Glaubenslehre, wobei auf eine bewusste Entscheidung zum Glauben an Jesus Christus Wert gelegt wird. Eine Landeskirchliche Gemeinschaft weiß sich dem Auftrag Jesu Christi verpflichtet durch die Verkündigung des Wortes Gottes Menschen zum Glauben an Jesus zu rufen (Matthäus 28,18-20), aber auch zum glaubwürdigen Leben und zum Dienst für Jesus anzuleiten (Epheser 4,11-13).
Die Gemeinschaft der Gläubigen untereinander ist wichtig. Sie verbringen auch viel Freizeit miteinander und tauschen sich in Hauskreisen in persönlicher Atmosphäre über den christlichen Glauben aus. Der eigene Glaube soll aber auch missionarisch weitergegeben werden, deshalb werden Kontakte und Beziehungen zu Menschen außerhalb der Gemeinschaft gewünscht und auch gefördert. Der Schwerpunkt der Gemeindearbeit in Wuppertal liegt auf der Kinder- und Jugendarbeit. Es gibt zahlreiche Gruppen und Angebote für Kinder, Jugendliche und junge Erwachsene.

Organisation und Statistik

Die Organisation und Struktur der Landeskirchlichen Gemeinschaft erscheint für Außenstehende kompliziert. Die einzelnen Gemeinden sind meist als eingetragener Verein organisiert. Geleitet wird die Wuppertaler Gemeinde durch einen achtköpfigen Vorstand, den alle Mitglieder wählen. Zusätzlich gibt es einen hauptamtlichen Jugendwart, der eine Ausbildung an der Bibelschule Johanneum absolviert hat. Die einzelnen Gemeinden sind verhältnismäßig autark, haben sich aber zu Verbänden zusammengeschlossen. Manchmal kann eine Gemeinde in mehreren Verbänden gleichzeitig Mitglied sein. Eine hierarchische Struktur und regionale Gliederungen gibt es deswegen kaum. Die Wuppertaler Gemeinschaft gehört zum Rheinisch-Westfälischen EC-Verband. Allein in NRW gibt es mehrere regionale Gemeinschaftsverbände, die sich zum Teil geografisch überlappen. Dachverband aller dieser Verbände und Gemeinschaften ist der Gnadauer Gemeinschaftsverband mit Sitz im hessischen Dillenburg. Der Gnadauer Verband versteht sich als die größte Laienbewegung innerhalb der evangelischen Landeskirchen. Zum Gnadauer Verband gehören aber nicht nur die LG, sondern auch freie und freikirchliche Einrichtungen und Gemeinschaften. In Wuppertal zählen sich zum Gnadauer Verband neben der LG auch noch die Evangelische Gesellschaft für Deutschland, das Blaue Kreuz, die Bibelschule Johanneum, das Bibelseminar Wuppertal (Sitz in Radevormwald) und der Evangelische Sängerbund.
Auch ohne direkte organisatorische Bindung versteht sich die Landeskirchliche Gemeinschaft in Wuppertal als Teil der Evangelischen Landeskirche. Es wird bewusst nicht der Schritt zur Freikirchlichkeit gewagt, obwohl das vereinzelt immer wieder in der Geschichte der LG vorkam. Die Wuppertaler Gemeinde sucht Kontakte zu anderen Gruppen und arbeitet aktiv in der EA, bei ProChrist und beim Kirchentag im Westen mit. Die Arbeit wird ausschließlich durch Spenden getragen.

Literatur

Geldbach, Erich (Hg.): Evangelisches Gemeindelexikon, Wuppertal, 1978.
Lippy, Charles H.: Gemeinschaftsbewegung. In: Religion in Geschichte und Gegenwart. Bd. 3 42000, Sp. 645- 652.
Weyel, Hartmut: Heinrich Neviandt in: Biographisch-Bibliographisches Kirchenlexikon, 2002, Spalten 1105- 1112.

Kontaktdaten
Stadtmission der Evangelischen Gesellschaft für Deutschland in Wuppertal
Else-Lasker-Schüler-Straße 12
42107 Wuppertal
Tel.: 0202 - 45 11 85
E-Mail: stadtmission-wuppertal@web.de

Gottesdienst
So 10:00 Uhr Gottesdienst (gleichzeitig Kinderstunde)
Di 19:30 Uhr Bibelstunde (Elberfeld)
Do 18:00 Uhr Bibelstunde (Barmen)
Fr 16:00 Uhr Biblischer Unterricht

Internet
www.stadtmission-wuppertal.de

Haus der Evangelischen Gemeinschaft für Deutschland, Else-Lasker-Schüler-Straße

Evangelische Gesellschaft für Deutschland

Kurz-Informationen

Die „Evangelische Gesellschaft für Deutschland" (EGfD) entstand Mitte des 19. Jahrhunderts in Wuppertal und versteht sich als Gemeinschafts- und Gemeindeverband. In der EGfD wissen sich Gemeinden verbunden, die zum Teil selbstständig, zum Teil in Ergänzung zur evangelischen Landeskirche arbeiten. Die Gemeinschaft hat einen stark missionarischen Charakter, was im Namen der Wuppertaler Gemeinde „Stadtmission" und im Motto des Gesamtverbandes zum Ausdruck kommt: „Gott lieben, Menschen gewinnen, Gemeinde leben".

Geschichte

Die „Evangelische Gesellschaft für Deutschland" wurde 1848 als Missionsgesellschaft in Wuppertal gegründet. Seit 1997 ist die EGfD in Radevormwald bei Remscheid ansässig.
Der lutherische Pfarrer Ludwig Feldner (1805-1884), späterer Begründer der freien Lutherischen Gemeinde in Elberfeld (→SELK), sah in der Gründung einer Missionsgesellschaft die Möglichkeit, der Entkirchlichung und Entchristlichung Deutschlands im Zeitalter der Industrialisierung entgegenzuwirken. Er veröffentlichte im Mai 1848, zwei Monate nach der Märzrevolution, die auch in Wuppertal zu heftigen Straßenschlachten führte und die Freigabe des Vereins- und Versammlungsrechtes zur Folge hatte, einen Aufruf in der Zeitschrift „Der Menschenfreund", in dem er zur Evangelisation von ganz Deutschland aufrief.
Am Tag nach dem Barmer Missionsfest der Rheinischen Mission trafen sich 53 Pastoren und andere gläubige Männer, unter ihnen Carl Wilhelm Neviandt (1792-1870), der Vater von Friedrich Heinrich Neviandt, und gründeten „einmütig" die EGfD unter dem Motto: „Wir wollen Deutschland evangelisieren! Wir wollen mitten aus den Trümmern des Unglaubens die Gemeinde des Herrn sammeln." Damit hatten sie ähnliche Ziele wie der zwei Jahre später gegründete Brüderverein. Schwerpunkt der Arbeit in den ersten Jahren war die Schriftenkolportage, das Verteilen und Verkaufen von erbaulichen theologischen Schriften und Bibeln. Von 1848-1873 wurden auf diese Weise 60.000 Bibeln, 75.000 Neue Testamente und eine Million weitere Erbauungsschriften verbreitet. In der Konsequenz daraus kam es 1852 zur Gründung eines Verlages.
Der EGfD ging es nicht in erster Linie um den Verkauf von Büchern, sondern um das persönliche Gespräch über den Glauben. Aus dieser Arbeit entstanden Bibelkreise oder Versammlungen, in denen die Gläubigen von Predigern betreut wurden. In ganz Deutschland wurden Zweigvereine gegründet, aber Schwerpunkt der Verbreitung war das Ruhrgebiet. 1883 hatte die EGfD schon 5.000 Mitglieder in 13 Zweigvereinen. Das starke Wachstum wurde durch den Aufschwung der Gemeinschaftsbewegung befördert, einer Gruppierung, die versuchte, Menschen aus der Erweckungsbewegung der ersten Hälfte des 19. Jahrhunderts innerhalb der Landeskirche in speziellen Gruppen zu sammeln.
Die Verlagsarbeit wurde bis zum Ersten Weltkrieg für die EGfD immer wichtiger. Eine Reihe christlicher Zeitschriften für die unterschiedlichsten Zielgruppen (Soldaten, Pfarrer, Kinder) wurde mit großem wirtschaftlichen Erfolg herausgegeben. Bekanntestes Blatt war die Zeitschrift „Licht und Leben", die 1889 von Pastor Julius Dammann gegründet, 1938 verboten und seit 1948 unter der Schriftleitung des in Elberfeld geborenen Pfarrers Wilhelm Busch (1897-1966) neu als Monatszeitschrift herausgegeben wurde und gerade in der Zeit des Kirchenkampfes im Dritten Reich ein

wichtiges Medium war. Hintergrund war, dass die EGfD sich schon 1933 gegen die Nationalsozialisten und die Deutschen Christen gewandt hatte. Bis 2003 war die Zeitschrift das Hauptmitteilungsblatt der EGfD, heute als sechsseitiges „Licht+Leben-Info".
Nach dem Ersten Weltkrieg wurde die Jugendarbeit verstärkt. Aus den Jugendkreisen der EGfD erwuchs das EGfD-Jugendwerk, das in engem Kontakt zum Jugendverband EC („Entschieden für Christus") und dem CVJM steht. Aus den Gesangsvereinen innerhalb der EGfD entwickelte sich der „Christliche Sängerbund". 1960 wurde in Wuppertal an der Hindenburgstraße 176 ein Bibelseminar gegründet, das seit 1997 auch in Radevormwald, in der ehemaligen Evangelischen Jugendakademie der Rheinischen Kirche, Telegrafenstraße 63, beheimatet ist und seit 2006 esra:seminar (Evangelisches Studienzentrum Radevormwald) heißt.
In den 1960er und 1970er Jahren entfremdeten sich die EGfD und die evangelische Kirche zunehmend voneinander. Auseinandersetzungen gab es um die Theologie von Rudolf Bultmann und Karl Barth. Höhepunkt war das so genannte „Wuppertaler Bekenntnis", in dem sich die EGfD 1963 gegen modernistische Strömungen in der Kirche wandte, so dass die einzelnen Zweigvereine heute nicht nur Versammlungen sind, in denen man sich zusätzlich zur Kirche trifft, sondern auch Gemeindefunktion übernommen haben. So feiert die EGfD in einem Teil ihrer Gemeinden auch eigene Gottesdienste und vollzieht Amtshandlungen. 1974 schloss sich die „Neukirchener Mission" der EGfD als Zweigverein an. Dadurch weitete sich der Blick der EGfD auf die außerdeutsche Mission.

In Wuppertal

Die Anhänger der EGfD versammelten sich nach dem Zweiten Weltkrieg über 30 Jahre lang in den Räumen der Evangelisch-Reformierten Gemeinde in der Calvinstraße in Elberfeld. Seit 1987 residieren sie im Haus an der Else-Lasker-Schülerstraße 12.

Glaube und Leben

Die EGfD beruft sich auf Jesus Christus als das Fundament des Glaubens, so wie er in der Bibel bezeugt wird. Deswegen steht auch die Bibel im Zentrum des Glaubens als untrügliches Wort Gottes, in dem Gott die ganze Wahrheit über seinen Heilsplan offenbart habe. Weitere Offenbarungen und Prophetien werden als nicht nötig angesehen. Die Heilige Schrift hat für die EGfD höchste Autorität und ist Richtschnur für das Leben der Gläubigen. Zum näheren Verständnis der Bibel helfen die altkirchlichen Glaubensbekenntnisse, die verschiedenen Bekenntnisse aus der Zeit der Reformation und die Barmer Theologische Erklärung.
Die EGfD wünscht von ihren Mitgliedern eine persönliche Beziehung zu Gott durch den Glauben an Jesus Christus. Dazu sollen sich die Gläubigen in einem freien Willensakt bewusst entscheiden, bevor sie unter Umständen getauft werden. Die Taufe gilt dann als Zeichen der Liebe Gottes. Durch den Glauben an Christus können sie, nur dank der Gnade Gottes, aus der völligen Sündhaftigkeit und Schuld, die von Gott trennt, befreit werden.
So ist jeder Gläubige zum Priestertum berufen und soll aktiv „die Botschaft vom gekreuzigten und auferstandenen Jesus Christus, der uns als seine Nachfolger berufen hat, den Menschen seine Liebe, seine Erlösung und seinen Rettungswillen" verkündigen. Die Gläubigen sollen in ihrem ganzen Leben anderen ein Zeugnis für ihren Glauben sein. Daneben gibt es zahlreiche missionarische und diakonische Veranstaltungen und Aktionen, die Menschen in ihrem Leben ansprechen sollen. Ein Ziel dabei ist es, neue Gemeinden zu gründen. Zum Ausdruck kommt das im Leitbild 2010: „Die Evangelische Gesellschaft für Deutschland verkündet das Evangelium von Jesus Christus allen Menschen, insbesondere in Deutschland. Darüber hinaus helfen wir den weltweiten Missionsauftrag Jesu Christi zu erfüllen."

Ein weiterer Schwerpunkt der Arbeit der EGfD ist die Kinder- und Jugendarbeit mit einem eigenen Jugendwerk und einer Jugendbildungsstätte in Radevormwald.

Organisation und Statistik

Die einzelnen Gemeinden und Gemeinschaften der EGfD sind eigenständig. Die Gemeindeleitung wird durch Vorstände (Älteste) vorgenommen; sie werden von der gesamten Gemeinde gewählt. Insgesamt gibt es ca. 100 Gemeinden und Gemeinschaften in neun Bezirken. Im Rahmen der EGfD versuchen diese Gemeinden Koordination, Lastenausgleich und Personalentwicklung untereinander abzustimmen.
Als Teil der landeskirchennahen Gruppen und Gemeinschaften ist die EGfD auch Teil des „Gnadauer Verbandes" mit Sitz in Kassel. Der Gnadauer Verband versteht sich als die größte Laienbewegung innerhalb der evangelischen Landeskirchen. Zum Gnadauer Verband gehören außer der EGfD über 20 weitere Gemeinschaftsverbände, Diakonissenmutterhäuser und Theologische Ausbildungsstätten. In Wuppertal zählen sich zum Gnadauer Verband neben der EGfD auch noch die Landeskirchliche Gemeinschaft, das Blaue Kreuz, die Bibelschule Johanneum und der Evangelische Sängerbund.
Kontakte zu anderen Gemeinden pflegt die EGfD, sofern diese auf dem Boden der „Evangelischen Allianz" stehen. Außerdem fühlten sie sich vielen Christen in Deutschland und weltweit verbunden. Allerdings steht sie der ökumenischen Bewegung des Genfer Weltkirchenrates und Kontakten zur Römisch-Katholischen Kirche distanziert gegenüber.

Literatur

Heinrichs, Wolfgang E.: Freikirchen – eine moderne Kirchenform, Köln 1989.
Hildebrandt, Judith, Pietistischer Gemeindeaufbau zwischen Gemeinschaft und Gemeinde. Das Gemeindeverständnis der Evangelischen Gesellschaft für Deutschland im Vergleich zum Evangelischen Gnadauer Gemeinschaftsverband, Stuttgart 1998.

Originaltext
Glaubensgrundlagen

Wir bekennen uns:
- zur Allmacht und Gnade Gottes, des Vaters, des Sohnes und des Heiligen Geistes in Schöpfung, Offenbarung, Erlösung, Endgericht und Vollendung;
- zur göttlichen Inspiration und Unfehlbarkeit der ganzen Heiligen Schrift und ihrer höchsten Autorität in allen Fragen des Glaubens und des Lebens;
- zur völligen Sündhaftigkeit und Schuld des gefallenen Menschen, die ihn von Gott trennen und Gottes Zorn und Verdammnis aussetzen;
- zum stellvertretenden Opfer des menschgewordenen Gottessohnes als einziger und allgenugsamer Grundlage der Erlösung von der Schuld und Macht der Sünde und ihren Folgen;
- zur Rechtfertigung des Sünders allein durch die Gnade Gottes aufgrund des Glaubens an Jesus Christus, der gekreuzigt wurde und von den Toten auferstanden ist;
- zum Werk des Heiligen Geistes, welcher Bekehrung und Wiedergeburt des Menschen bewirkt, im Gläubigen wohnt und ihn zur Heiligung befähigt;
- zum Priestertum aller Gläubigen, die die weltweite Gemeinde bilden, den Leib, dessen Haupt Christus ist, und die durch seinen Befehl zur Verkündigung des Evangeliums in aller Welt verpflichtet ist;
- zur Erwartung der persönlichen, sichtbaren Wiederkunft des Herrn Jesus Christus in Macht und Herrlichkeit; zum Fortleben der von Gott gegebenen Personalität des Menschen; zur Auferstehung des Leibes zum Gericht und zum ewigen Leben der Erlösten in Herrlichkeit.

Angelehnt an das Glaubensbekenntnis der Deutschen Evangelischen Allianz vom 6. April 1972.
(Quelle: www.egfd.de)

Wuppertaler Stadtmission

Kurz-Informationen

Die Wuppertaler Stadtmission ist als eigenständiger Verein organisiert, bildet aber in der Praxis eine landeskirchliche Personalgemeinde mit starkem diakonischen und missionarischen Engagement. Angesprochen werden sozial bedürftige Menschen, Obdachlose und Suchtkranke. Die Stadtmission kümmert sich aber auch um in Wuppertal gastierende Zirkusleute und Schausteller. Dem Verein gehören 27 Mitglieder an, regelmäßige Besucher der Gottesdienste gibt es ca. 60. Darüber hinaus werden von den Angeboten aber viel mehr Menschen angesprochen. Die Wuppertaler Stadtmission ist nicht zu verwechseln mit der Evangelischen Gesellschaft für Deutschland / Stadtmission. (→ Evangelische Gesellschaft für Deutschland)

Geschichte

Die Idee der Stadtmissionen geht auf Johann Hinrich Wichern (1808-1881), den Begründer der Inneren Mission, zurück. Als Antwort auf die soziale Frage und die zunehmende Entkirchlichung weiter Bevölkerungsschichten forderte er missionarische Bemühungen in Deutschland. Er war der Ansicht, dass die Kirche auf die Menschen zugehen müsse, wenn diese nicht mehr zur Kirche kämen. Die erste Stadmission wurde 1848 in Wicherns Heimatstadt Hamburg gegründet. Mit der Zeit bildeten sich in zahlreichen deutschen Großstädten solche Missionen, die auf die spezifischen Probleme eines Ballungsraumes mit kirchlichen Angeboten reagierten. Es entstanden ganz unterschiedliche Werke und Arbeitsformen: landeskirchliche Personalgemeinden, diakonische Einrichtungen, missionarische Initiativen oder selbstständige Vereine.

In Wuppertal

Die Stadtmission wurde im Tal 1920 gegründet. Verschiedene evangelische Pfarrer sahen sich durch die Not der Menschen nach dem Ersten Weltkrieg herausgefordert und schufen einen diakonisch aktiven Verein. Erster Leiter war Pastor Herbert Bender. Heimat der hiesigen Stadtmission wurde die so genannte „Evangeliumshalle" in der Heinrich Böll-Straße 188 in Langerfeld. Aber nicht nur hier wurde Gottesdienst gefeiert. Bekannt wurde die Stadtmission unter anderem durch ihre Gottesdienste im Grünen im Nordpark oder durch Gottesdienste auf dem Rathausplatz. Seit Anfang der 1980er Jahre kam die missionarische Arbeit für Blinde und Sehbehinderte dazu.

Jahrzehnte lang arbeitete die Stadtmission sehr selbstständig und frei, aber mit großzügiger finanzieller Unterstützung durch die Kirchenkreise Barmen und Elberfeld. 1994 kam es zu Auseinandersetzungen um das Verständnis von Krankenheilung durch Gebet und die Hinwendung der Stadtmission zu einer mehr charismatischen Frömmigkeit. Gleichzeitig wurde die Zusammenarbeit mit der umstrittenen Filadelfia-Gemeinde (→ Exkurs: Nicht mehr bestehende Gemeinschaften) kritisiert. Die evangelische Kirche wollte ihre Finanzen nicht einer umstrittenen theologischen Strömung zur Verfügung stellen, so dass der damalige Leiter Adolf Fritschen zurücktrat und die Stadtmission seitdem inhaltlich mehr in die landeskirchlichen Strukturen eingebunden wurde. Seit 2005 arbeitet die Stadtmission in der City Kirche Barmen mit, die in der Gemarker Kirche in der Zwinglistraße beheimatet ist.

Glaube und Leben

Die Stadtmission will Wort und Tat, Evangelisation und Diakonie eng miteinander verbinden. Es gibt regelmäßige Beratungsangebote und Gruppenstunden für bedürftige Menschen. Obwohl die Stadtmission keine

Kontaktdaten
Heinrich-Böll-Straße 188
42277 Wuppertal
Tel.: 0202 - 50 12 20
Fax.: 0202 - 51 01 47
E-Mail: wsm@telebel.de

Gottesdienst
So 10:00 Uhr

Internet
keine Angabe

Kirchengemeinde sein will, werden wöchentlich Gottesdienste und auch Taufen, Trauungen und Beerdigungen gefeiert. Ein besonderer Schwerpunkt ist die Arbeit mit blinden und sehbehinderten Menschen. Hier bietet die Stadtmission Fahrdienste, Treffs, Gottesdienste in der Kirche in der City, Hausbesuche und Freizeiten an. Bis vor einigen Jahren gab es auch einen Versanddienst von Andachtskassetten an Hörer in aller Welt und den vorgelesenen Neukirchner Kalender auf Audio-Kassette.

Organisation und Statistik

Die Arbeit der Wuppertaler Stadtmission wird von zwei hauptamtlichen und zahlreichen ehrenamtlichen Mitarbeitenden getragen. Finanziert wird sie maßgeblich durch Gelder des Kirchenkreises Wuppertal. Es bestehen gute Kontakte zur Evangelischen Allianz und zum Sozialdienst katholischer Frauen.

Literatur

Bender, Herbert: Wicherns Gedanken über die volksmissionarische Aufgabe der Inneren Mission, 1929.

Originaltext

Stadtmissionen sind vielfältig und wandelbar! Sie versuchen flexibel auf die jeweiligen sozialen und geistlichen Notlagen in ihren Städten zu reagieren.

Doch bei aller Unterschiedlichkeit und aller geschichtlichen Entwicklung ist das ursprüngliche Anliegen bestimmend geblieben:

- Stadtmissionen wollen das Evangelium von Jesu Liebe den von Kirche und Glaube entfremdeten Menschen mit Wort und Tat nahebringen.
- Sie wollen eine äußere und innere Beheimatung anbieten.
- Sie wollen Kirche mit Armen und Randgruppen sein.
  Sie verstehen sich als Partner der Kirchengemeinden und kirchlichen Werk vor Ort.

Wer für unsere Städte und die Menschen in ihnen zum Herrn betet, der arbeitet auch mit an der Verbesserung ihrer Lebensverhältnisse, an mehr Gerechtigkeit, am Wohl der Menschen. Stadtmissionen sind deshalb eine besondere Gestalt von Kirche in den Städten der Gegenwart und Zukunft, äußerst flexibel in ihren Strukturen, aber ganz beharrlich in ihrer doppelten Orientierung: an der Botschaft von Gott in Jesus Christus und an den Menschen, an denen uns der Menschensohn begegnet.
(Quelle: www.stadtmissionen.de)

EXKURS: Reformationszeit bis zur Industrialisierung in Wuppertal

(Hermann-Peter Eberlein)

Im April 1536 kam es zu einem verheerenden Stadtbrand in Elberfeld, dem fast die gesamte Siedlung einschließlich der Burg zum Opfer fiel. Diese – militärisch nie wichtig – wurde nicht wieder aufgebaut, ihr Gelände parzelliert.
Mit zwei einschneidenden Ereignissen hat das 16. Jahrhundert den Charakter des Tales verändert und so die Voraussetzungen geschaffen für den Aufstieg von Elberfeld und Barmen zu einem der Hauptschauplätze der frühen Industrialisierung in Deutschland, ja Europa: mit dem Erwerb des Garnnahrungsprivilegs im Jahre 1527 und mit der Durchsetzung der Reformation in der zweiten Jahrhunderthälfte.
Bereits für den Beginn des 15. Jahrhunderts ist – zunächst saisonal – die Garnbleicherei im Wuppertal bezeugt; die besondere Güte des Wupperwassers hat dieses Gewerbe aufkommen lassen, die Erbteilung hat es begünstigt. Bald kam es zu einer Trennung zwischen Bleichern und Kaufleuten, die das Leinen aus der Grafschaft Ravensberg, später auch aus dem niedersächsischen Raum besorgten; der Weiterverkauf erfolgte in die herzoglichen Länder am Niederrhein und in die südlichen Niederlande. Im Jahre 1527 erwarben die Elberfelder und Barmer gemeinsam gegen Zahlung einer hohen Geldsumme von Herzog Johann III. das Privileg der „Garnnahrung", also das Monopol der Garnbleicherei für seine sämtlichen Territorien. Damit war die Grundlage geschaffen für den Aufstieg des Wuppertals zur Textilmetropole; zugleich wurde mit der „Garnnahrung" und ihren „Garnmeistern" eine beide Orte umfassende Zwangskorporation aller an der Bleicherei Beteiligten begründet – Kaufleute wie Lohnbleicher – , die die wirtschaftliche Zusammengehörigkeit der beiden Gemeinwesen repräsentierte. Diese „Garnnahrung" – Vorläuferin der späteren gemeinsamen Handelskammer – hat bis 1810 bestanden.
Der Einzug der Reformation ins Wuppertal teilt die zwei Hauptmerkmale, die die reformatorische Entwicklung in den Territorien am Niederrhein generell auszeichnen: Er geschah spät – etwa eine bis zwei Generationen später als in den Kernländern der Reformation Sachsen, Franken, Hessen, Pommern, Preußen, Württemberg und der Schweiz –, und er geschah „von unten", also nicht durch obrigkeitliche Veranlassung. Die Religionspolitik der Herzöge von Jülich, Kleve und Berg schwankte; immerhin gab es seit 1533 eine eigene klevische Kirchenordnung, die den vermittelnden humanistischen Geist des Erasmus von Rotterdam atmete – eine Option, die höchst edel, aber angesichts der konfessionellen Fronten im Reich politisch bereits obsolet war. Der Sieg Kaiser Karls V. über Herzog Wilhelm V. im Jahre 1543 machte allen weiteren reformatorischen Bemühungen ein Ende, und seit 1566 geriet der Herzog immer mehr unter den Einfluss seines gegenreformatorisch-reaktionären Hofstaates.
So blieben als Träger reformatorischer Gedanken die Theologen, die als Schulmeister oder als Pfarrer die ersten Anstöße gaben, oftmals an einem Ort nicht weiterwirken konnten und Zirkel von Laien hinterließen, durch die sich die reformatorischen Ideen weiter fortpflanzten - naturgemäß oft auf einem Niveau, das deutlich niedriger lag als das der akademischen Disputationen in Wittenberg, Marburg, Basel oder Tübingen und mehr von den augenfälligen Unzulänglichkeiten der Kirche vor Ort bestimmt war. So sind im Wuppertal vielleicht schon die Brüder Monheim tätig gewesen, jedenfalls aber hat Adolf Clarenbach 1527 in einigen Bierhäusern Elber-

felds gesprochen,[1] und für das Jahr 1535 sind Treffen reformatorisch Gesinnter vorm Holz in Elberfeld belegt. In der zweiten Hälfte der vierziger Jahre dann soll der Sonnborner Pfarrer Hermann Wemmers begonnen haben, evangelisch zu predigen, wohl aber ohne den Messritus zu verändern. Auf dem außerhalb der Siedlungskerne des später städtischen Wuppertals gelegenen Herrensitz Schöller reicht die reformatorische Tradition gar bis 1530 zurück.

Zur eigentlichen Zentralgestalt der Reformation im Tal aber ist Peter Lo geworden, ein Kind der Stadt und unter den vielen Reformatoren des dritten oder vierten Gliedes durchaus einer der Herausragenden.[2] Im Jahre 1530 als Sohn des Elberfelder Schulmeisters und Ratsschreibers geboren, erhielt er seine Bildung auf dem Gymnasium in Dortmund, einer erst jüngst in humanistischem Geist gegründeten Anstalt, die in ihrem Rektor Johannes Lambach einen hervorragenden Humanisten und Pädagogen besaß. Im Geiste Luthers wird Lo – über dessen Lebensgeschichte wir nicht sehr genau unterrichtet sind – hier freilich nicht unterrichtet worden sein; es gibt aber einen vagen Hinweis, dass eine Art „Turmerlebnis" bei der Lektüre des Hebräerbriefes ihn auf den Kurs reformatorischen Denkens gebracht haben könnte. Eine Universität hat Lo wohl nie besucht; trotzdem war seine Kenntnis der Heiligen Schrift und der Kirchenväter erstaunlich.

Im Jahr 1552 kam der junge Priester Lo in seine Vaterstadt zurück, und zwar als Kaplan an St. Laurentius und Vikar ihres Katharinenaltars, womit er zugleich zuständig für die Bedienung der Cronenberger Ewald-Kapelle wurde. Schon bald begann er in einem Privathaus auf dem Bökel Bibelstunden abzuhalten und in der Kirche wie in Privathäusern das Abendmahl in beiderlei Gestalt auszuteilen – ein untrügliches Erkennungszeichen reformatorischer Praxis und Gesinnung. Dies führte trotz der anfänglichen Toleranz des Elberfelder Pfarrers, Peter Snuten, bald zu Anfeindungen: Lo wurde in die Nähe der Wiedertäufer gerückt, was zwei Jahrzehnte nach dem Untergang des Täuferreichs zu Münster ein immer noch höchst gefährlicher Vorwurf war. Kein Wunder, dass Lo 1555 aus Elberfeld in das benachbarte Barmen floh, das an die lutherischen Grafen von Waldeck verpfändet war, also nicht unter bergischer Verwaltung stand. Von dort aus reiste er - mittlerweile verheiratet – in das waldeckische Kernland, wo er Pfarrverweser von Mengeringhausen wurde. Hier verfasste er sein einziges erhaltenes theologisches Buch: „Einfeltige bekantniss und unverfelschter Evangelischer Bericht / der waren Christlichen / Apostolischen unnd alt Catholischen mutter Kirchen / Welcher gestalt man das heylige Nachtmal unsers herrn Jesu Christi außteylen und entpfahen solle ..." Dieses Werk allein – seit kurzem wieder zugänglich[3] – hebt Lo über den Rang der zweitklassigen Provinzreformatoren der dritten Generation heraus. Von der Sache wie von der Argumentation nicht originell, zeigt es doch einen in der Bibel wie vor allem in der Kirchenväterliteratur weit über das Maß eines Dorfgeistlichen gebildeten Mann, der ein klassisches Thema der Kontroverstheologie – den Abendmahlsempfang unter beiderlei Gestalt – ganz in lutherischem Sinne auf immerhin über dreihundert Druckseiten zu behandeln weiß.

[1] Hermann Klugkist Hesse: Adolf Clarenbach. Ein Beitrag zur Geschichte des Evangeliums im Westen Deutschlands, Neuwied 1929; Carl Krafft: Die Geschichte der beiden Märtyrer der evangelischen Kirche Adolf Clarenbach und Peter Fliesteden hingerichtet zu Köln am Rhein, den 28. September 1529, Elberfeld 1886.

[2] Eberlein, Hermann-Peter: Peter Lo, der Reformator Elberfelds, in: MEKGR 52, 2003, 271-295; Bouterwek, Karl Wilhelm: Die Reformation im Wupperthal und Peter Lo's Antheil an derselben, in: ZBGV 4, 1867, 273-336; Hesse, Hermann Klugkist (Hg.): Briefe von Peter Lo. Ein neuer Beitrag zur Geschichte des Elberfelder Predigers, in: ZBGV 70, 1949, 5-115.

[3] Lo, Peter: Einfältiges Bekenntnis. Abendmahlstraktat an die Christen in Elberfeld von 1556, Hermann-Peter Eberlein (Hg.), Waltrop 2002.

So hielt es Lo auch nicht lange in Mengeringhausen. Immer wieder kam es zu Klagen der Gemeinde, weil er neben seiner Pfarrei noch mancherlei andere Geschäfte zu versehen hatte, vor allem Aufträge der Grafenfamilie, die ihn häufig von Mengeringhausen fernhielten. Im Gefolge diverser Auseinandersetzungen verlor er 1558 seine Pfarrstelle und siedelte nach Beyenburg über, von wo aus er weiterhin für einen der Grafensöhne tätig war. Im Jahre 1565 konnte er endgültig nach Elberfeld zurückkehren, wo er zwar kein kirchliches Amt mehr bekleidete, aber an der Umgestaltung der Gemeinde in eine reformatorische Anteil nahm – wie weit freilich und in welche Richtung, ist umstritten: Los Enkel, ein profilierter niederländischer reformierter Theologe, schreibt ihm den Übergang zum reformierten Bekenntnis durch Benutzung des Heidelberger Katechismus zu, was heute mit guten Gründen infrage gestellt wird.[4] Jedenfalls hat Lo neben seiner bis 1574 unbesoldeten kirchlichen Tätigkeit weiter für die Waldecker Grafen Dienste versehen und einen privaten Garnhandel betrieben; im September 1581 starb er an der Pest.

Mitstreiter Los in der reformatorischen Richtung waren sein Kollege Johann Volmar, auf den vor allem die Reformation Cronenbergs zurückgeht,[5] und der Priester Wilhelm Heimbach, der – wiewohl bekannt reformatorisch gesinnt – vom Kölner Dompropst 1560 zum Pfarrer von Elberfeld ernannt wurde. Heimbach und seine unmittelbaren Nachfolger[6] waren es, die aus der Elberfelder Gemeinde endgültig eine reformierte Gemeinde geformt haben. Daneben wirkten in Sonnborn die gegenüber Lo unbedeutenderen Pfarrer Hermann Wemmers und Wilhelm Camerarius. Nicht zu unterschätzen ist schließlich die Rolle des herzoglichen Amtmanns in Elberfeld, Johann Ketteler, der einer reformationsfreundlichen Adelsfamilie entstammte. Für den Barmer Bereich ist die Rolle der Waldecker Grafenfamilie, vor allem der Gräfin Anna, maßgebend, die die Reformation erheblich befördert hat.

Das geschah insbesondere durch die Gründung der Barmer „Amtsschule". Im Beisein der Gräfin Maria von Waldeck am 31. August 1579 begründet und von ihr mit einer Stiftung versehen, war die Anstalt ein erster Kristallisationspunkt geistigen und religiösen wie auch politischen Lebens in Barmen. In ihrem Gebäude am Werth tagten seither die Schöffen; hier wurden auch Schöffensiegel und Akten aufbewahrt. Die Schule lag in kommunaler, nicht kirchlicher Trägerschaft, und war zunächst eine evangelische Schule aller Barmer;[7] relativ bald geriet sie jedoch unter calvinistische Dominanz. Die etwas später (1592) entstandene Elberfelder Lateinschule – beider Schulen Tradition wird vom heutigen Wilhelm-Dörpfeld-Gymnasium weitergeführt – war hingegen eine Gründung der Elberfelder reformierten Gemeinde und blieb bis ins 19. Jahrhundert in ihrer Hand.[8]

Der reformierte Charakter der Reformation im Wuppertal steht jedenfalls spätestens seit Ende des 16. Jahrhunderts fest; Elberfeld (einschließlich des Filials Cronenberg) und Barmen hatten um diese Zeit jeweils weniger als zweitausend Einwohner. Davon waren in Elberfeld, Cronenberg und Unterbarmen mit Ausnahme vernachlässigenswerter kleiner katholischer und lutherischer Minderheiten alle reformiert. Für das nach dem mittlerweile lutherischen Schwelm eingepfarrte Oberbarmen fehlen genauere

[4] Bruyn-Ouboter, Hans Joachim de: „Spätreformation von unten" im Wuppertal und in Schwelm, in: Fritz Mehnert (Hg.): Oberbarmer Gemeindegeschichte. Gemarke, Wichlinghausen, Wupperfeld, Hatzfeld, Heidt, Heckinghausen, Wuppertal 2002, 38-78.

[5] Ev.-ref. Gemeinde Wuppertal-Cronenberg (Hg.): Unter dem Posaunenengel. Bilder aus der Geschichte der Reformierten Gemeinde Cronenberg, Neustadt/Aisch 1971.

[5] Eberlein, Hermann-Peter (Hg.): Album ministrorum der Reformierten Gemeinde Elberfeld. Prediger und Pastoren seit 1552, SVRKG 163, Bonn 2003.

[7] Wie Hans Joachim de Bruyn-Ouboter plausibel nachgewiesen hat (→ 4, 68-73)

[8] Bouterwek, Karl Wilhelm: Geschichte der Lateinischen Schule zu Elberfeld und des aus dieser erwachsenen Gymnasiums. Zwei Vorträge, Elberfeld 1865; Brychta, Elke: Geschichte(n) aus dem WDG 1579-2004, Wuppertal 2004.

Schätzungen; vermutlich war über die Hälfte der Oberbarmer lutherisch, jedoch eine Mehrheit der Führungsschicht, also der stark mit Elberfelder Familien versippten Stammfamilien, reformiert.
Diese Barmer und Elberfelder „Meistbeerbten", also die Besitzer größerer Güter, bildeten in der Folge die Oberschicht des Wuppertals. Im August 1610 hatten Kurfürst Johann Sigismund von Brandenburg und Pfalzgraf Wolfgang Wilhelm von Neuburg als Erben des im Jahre zuvor verstorbenen Herzogs Johann Wilhelm der Freiheit Elberfeld die Stadtrechte verliehen (freilich noch ohne eigene Gerichtsbarkeit, die mit der Bewilligung eines eigenen Stadtgerichtes erst im November 1708 gewährt wurde). Seither wurde die Stadt von einem Rat aus zwölf Ratsverwandten regiert, von denen die drei hervorragendsten den Namen „Gemeinsmänner" trugen. Ihre Wahl und die des Bürgermeisters erfolgte indirekt und jährlich in der nach einem neuerlichen verheerenden Stadtbrand zwischen 1688 und 1690 wieder aufgebauten Alten Reformierten Kirche; der Kreis der Wahlberechtigten verengte sich sehr bald auf den Kreis der Meistbeerbten reformierter Konfession. Es wundert nicht, dass in der langen Liste der Bürgermeister bis zur Aufhebung der ständischen Verfassung im Jahre 1808 immer wieder dieselben Familiennamen erscheinen, darunter am häufigsten Teschemacher (21 mal), von Carnap und Siebel (je 20 mal), Wülfing (13 mal); bis 1850 waren alle Elberfelder Bürgermeister reformiert.
Bis 1655 hielten sich auch die Oberbarmer Reformierten – vielleicht 500 Personen – ungeachtet ihrer Abgabenpflicht zur Schwelmer lutherischen Gemeinde zur Elberfelder Kirche. Mit Gründung einer eigenen reformierten Gemeinde in Schwelm 1655 wurden sie dorthin eingepfarrt. Der Wunsch nach einer eigenen Gemeinde wurde aber – nicht zuletzt aufgrund der langen Wege – schon bald übermächtig. Im April 1695 erlaubte der Kurfürst den Barmer Reformierten auf ihr Drängen eigene Sonntagsnachmittagsgottesdienste in der Gemarker Lateinschule (den wenigen Katholiken war ein solches Privileg bereits 1682 erteilt worden); die Erlaubnis zur Gründung einer eigenen Gemeinde folgte 1702.[9] Die erste Gemarker Kirche, finanziert vor allem durch eine von der britischen Königin Anna genehmigten Kollektenreise, wurde 1714 eingeweiht und bildete gemeinsam mit der Amtsschule den institutionellen Kern der späteren Großstadt Barmen, die durchaus auch andere Siedlungskerne hatte.
Das Monopol der Reformierten im Tal war allerdings nicht unbestritten. Bereits während des Dreißigjährigen Krieges, von 1625 bis 1627 und 1629, hatte es auf Betreiben des Pfalzgrafen Wolfgang Wilhelm unter spanischer Besatzung Versuche zur Rekatholisierung der Elberfelder Pfarrkirche gegeben, denen freilich kein dauernder Erfolg beschieden war, da niederländische Truppen Elberfeld entsetzten. Seit 1658 aber sind wieder Messfeiern in Elberfeld nachzuweisen, zunächst in Privaträumen, seit 1660 in einer provisorischen Kapelle auf dem Söller der Stadtwaage. Solinger Jesuiten – die Missio Montensis – betreuten die wenigen katholisch gebliebenen Familien, die 1683 endlich eine eigene Kapelle, 1737 dann eine eigene Kirche auf dem Gelände des heutigen Von-der-Heydt-Museums bekamen; erst 1778 allerdings wurde diese Missionsstation zur eigenen Pfarrei erhoben, die sich nun wieder nach dem einstigen Stadtheiligen Laurentius nennen konnte, da die Reformierten das Patrozinium aufgegeben hatten. Auch in Barmen kam es 1708 zum Bau einer kleinen, dem Heiligen Antonius von Padua geweihten Kirche; elf Jahre später begann die geordnete Seelsorge in Form einer von Neviges aus betreuten Franziskanermission, die 1804 in eine kanonische Pfarrei überführt wurde.[10]

[9] Werth, Adolf: Geschichte der evangelisch-reformierten Gemeinde Barmen-Gemarke 1702-1927, Adolf Lauffs (Hg.), Barmen 1927.
[10] Kath. Pfarrgemeinde St. Antonius Wuppertal-Barmen (Hg.): 275 Jahre St. Antonius Wuppertal-Barmen 1708-1983, Wuppertal 1983.

Neben die Katholiken traten die Lutheraner. Die gegen Ende des 17. Jahrhunderts etwa 700 Augsburger Konfessionsverwandten in Elberfeld dürften in der Mehrzahl Zugezogene (etwa aus dem Märkischen) gewesen sein. Ihr sozialer Status lag in der Regel unterhalb dessen der Reformierten; nur ganz wenigen Familien (Baum, Schniewind) gelang noch unter dem ancien régime der Aufstieg ins Patriziat. 1694/95 erhielten die Elberfelder Lutheraner die Erlaubnis zur privaten Religionsausübung, ihren ersten Pfarrer und 1699 einen kleinen Kirchsaal. Die ersten Jahrzehnte der Gemeindegeschichte waren geprägt von immer wieder neuen Auseinandersetzungen mit den Reformierten um die Wahrnehmung ihrer Rechte – eine Last, die manchen Pfarrer mürbe gemacht hat. Die öffentliche Religionsausübung wurde der Gemeinde 1726 zugestanden, 1752 konnte die Kirche (die heutige Alte lutherische Kirche am Kolk) eingeweiht werden, die freilich ihre charakteristische Turmzwiebel erst 1774 erhielt.[11]
In Oberbarmen hatte es seit der Reformation eine lutherische Mehrheit gegeben, die im Verlaufe des 18. Jahrhunderts nun auch nach Loslösung von der Schwelmer Gemeinde strebte. Dies gelang von zwei Siedlungskernen aus: zunächst 1744 in Wichlinghausen, dann 1777 in Wupperfeld (mit Rittershausen und Heckinghausen).[12] Beide Gemeindegründungen waren höchst umstritten; vor allem die Wupperfelder (geringschätzig „Wupperströmer" genannt) mussten sich gleich nach zwei Seiten hin verteidigen: gegen die Schwelmer wie gegen die Wichlinghauser Glaubensgenossen, die Abwanderung fürchteten.
Damit war die konfessionelle wie die Siedlungsstruktur Elberfelds und Barmens festgelegt – in der Preußenzeit kam nur noch die Unterbarmer Gemeinde als Abspaltung der beiden Elberfelder evangelischen Gemeinden 1822 hinzu. Auch die Randbezirke Cronenberg und Langerfeld hatten ihre eigenen Gemeinden unterschiedlicher Konfession: So wurde das durchaus nicht unproblematische Nebeneinander von bis zu drei verschiedenen Gemeinden mit ihren jeweiligen Wahrheitsansprüchen an einem einzigen Wohnplatz in unserem Tal zu einem Lernfeld der Einübung in praktizierte Toleranz. Dies ist umso bedeutsamer, als es nur am Niederrhein und in der Freien Reichsstadt Augsburg nach dem Augsburger Religionsfrieden in größerem Maße solche Lernorte gab; sie sind quasi Versuchslabors dessen gewesen, was die großen Toleranzschriften der Aufklärung theoretisch angemahnt haben.
Wie sehr ein zivilisiertes Miteinander eingeübt werden musste, zeigen die Vorgänge um die Ellerianische „Sekte" und die Gründung Ronsdorfs.[13] Der Kaufmann und Bandwirker Elias Eller (1690-1750) stiftete um 1726 in Elberfeld eine radikalpietistisch-chiliastische Gemeinschaft – die „philadelphische Sozietät" – , in deren Mittelpunkt die junge Anna vom Büchel als Prophetin und „Zionsmutter" stand. Die „Einsprachen" der Anna vom Büchel, die Eller nach dem Tod seiner Frau heiratete, bezogen sich vornehmlich auf die Endzeit und die Errichtung des Himmlischen Jerusalem, das zunächst in der Person der Anna Eller selbst verkörpert gedacht, dann in Ronsdorf lokalisiert wurde. Die Geburt von Elias und Annas erstem gemeinsamen Sohn Benjamin 1734 wurde von der Mutter apokalyptisch gedeutet; dass das Kind der neue Messias sein sollte, war freilich wohl nur

[11] Pöls, Carl: Die Lutherische Gemeinde in Elberfeld. Ein Beitrag zur Elberfelder Stadtgeschichte, Elberfeld 1868; Niemöller, Heinrich: Zeugen aus der Geschichte der lutherischen Gemeinde Elberfeld, Wuppertal 1932; Przybylski, Lothar: Die Kirche am Kolk. Die Geschichte der evangelisch-lutherischen Gemeinde Elberfeld, Wuppertal 1977; Alte lutherische Kirche am Kolk Wuppertal-Elberfeld, Lindenberg 2002.

[12] Hübner, Johannes: Geschichte dere Evangelich-lutherischen Gemeinde Barmen-Wupperfeld von 1777-1952, Wuppertal-Barmen 1953; Fritz Mehnert (→ Anm. 4).

[13] Goebel, Klaus (Hg.): Von Eller bis Dürselen. Neue Beiträge zur Kirchen- und Stadtgeschichte von Wuppertal-Ronsdorf, SVRKG 64, Köln 1981. Ders.: In allem Betracht ein angenehmer Aufenthalt. Ronsdorfer Vorträge und Aufsätze, SVRKG 115, Köln 1994.

böse Nachrede, zeigt aber etwas von der emotional aufgepeitschten Atmosphäre späterer Auseinandersetzungen um Ellers Werk.[14] Die Gruppe fand Anhänger auch in der Pfarrerschaft – so wurde etwa der Elberfelder Pfarrer Daniel Schleiermacher (der Großvater des großen Berliner Gelehrten und Begründers des Neuprotestantismus) zeitweise glühender Verehrer Ellers – , stieß aber auch auf radikale Ablehnung. So begann 1737 der Auszug der Ellerianer nach Ronsdorf, Ellers Heimatort und bislang nicht mehr als eine kleine Hofschaft im Kirchspiel Lüttringhausen. Bereits vier Jahre später wurde der Gemeinschaft als reformierter Gemeinde die freie Religionsausübung zugestanden, 1745 erhielt Ronsdorf die Stadtrechte. Die Gemeinde, der heutige Psychologen eine autoritäre Struktur und pathologische Züge wohl nicht absprechen würden, war lokal wahrscheinlich um eine „Stiftshütte" orientiert und wurde von Eller autokratisch geleitet. Noch zu seinen Lebzeiten allerdings kam es zu scharfen Konflikten, vor allem zwischen den beiden Pfarrern Daniel Schleiermacher und Petrus Wülfing. Nach der Vertreibung Schleiermachers steuerte Wülfing, mittlerweile Kgl. Preußischer Konsistorialrat, die Gemeinde in die Separation: Zwischen 1751 und 1765 war sie aus den reformierten Synoden ausgeschlossen, wurde jedoch 1754 von dem religionspolitisch toleranten König Friedrich II. privilegiert. In dieser Zeit entstanden – mehrheitlich aus der Feder Wülfings – die Grundtexte der Gemeinde: ein eigener Katechismus, ein Gesangbuch, „Ronsdorfs göttliches ABC" – Bücher, die ihre quasi-kanonische Geltung bei den Ursprungsfamilien noch weit über das Ende der Separation behalten haben. Mit der Absetzung Wülfings 1765 nämlich hatte der Spuk ein Ende; die Gemeinde wurde wieder in die Synode aufgenommen und ist seither eine zwar besondere, aber nicht sektiererische landeskirchliche Gemeinde. Ronsdorf wurde dank Ellers Organisationstalent für zwei Jahrhunderte ein blühender Ort der Textilindustrie.

Das Beispiel Ronsdorfs – eine Besonderheit in der deutschen Sektengeschichte – zeigt den Einfluss, den Strömungen des radikalen Pietismus im Wuppertal gewinnen konnten. Es war vor allem der aus den Niederlanden und vom Niederrhein her einwirkende reformierte Pietismus, der hier auf fruchtbaren Boden fiel. So bildete sich um den von Gerhard Tersteegen tief beeindruckten Barmer Kaufmann Johann Engelbert Evertsen ab Mitte der vierziger Jahre des 18. Jahrhunderts ein Freundeskreis, der von dem großen Mystiker gepflegt und zu einem Zentrum seiner Ausstrahlung wurde[15] – ja man hat gesagt, die ganze Gemeinde Gemarke habe zeitweise ein tersteegenianische Prägung gehabt. Mehr von den schwäbischen Vätern des Pietismus, Bengel und Oetinger, aber auch von Leibniz' Theodicée beeinflusst war der Arzt Samuel Collenbusch, der aus Wichlinghausen stammte und dessen mystisch-spiritistischer Pietismus bis in die Erlanger Schule hinein wirken sollte.

Ein weiteres über die lokalen Grenzen hinausweisendes Beispiel pietistischen Einflusses und gleichzeitig Bindeglied zur später den geistigen Charakter des Tales ungemein stark prägenden Erweckung ist Goethes Straßburger Freund Johann Heinrich Jung-Stilling. Von 1772 bis 1778

[14] Diese Auseinandersetzungen leben heute in der Frage nach der historischen Einschätzung fort. Hier stehen gegeneinander Günter Twardella (Hg.): 1735: Die Zeit der Freimachung ist da. Eine neue Quelle zur Elberfelder und Ronsdorfer Geschichte, Titz-Rödingen 2006, und Claus D. Bernet, dessen Aufsatz „Das Himmlische Jerusalem im Rheinland. Eine Untersuchung zu den Motiven der Gründung von Ronsdorf" 2007 in den MEKGR erscheinen soll. Die methodische Frage bezieht sich einmal auf den Quellenwert zeitgenössischer gegnerischer Schriften, zum anderen auf die Interpretation der kodierten Sprache Anna Ellers. Vgl. meine Besprechung zu „1735" in den MEKGR 2007

[15] Andel, Cornelis Pieter van: Gerhard Tersteegen, Neukirchen 1973; Nigg, Walter: Große Heilige, Zürich 1986.

praktizierte Jung-Stilling als Augenarzt in Elberfeld und schrieb hier nebenbei seine Jugendgeschichte „Henrich Stillings Jugend". Das Manuskript nahm Goethe bei seinem einzigen Besuch im Wuppertal am 22. Juli 1774 an sich, brachte es heraus und machte so den Autor berühmt; für den Sprachkünstler Nietzsche gehört das Buch zu den ganz wenigen Klassikern der deutschen Prosa. Jung-Stillings Verhältnis zur Kleingeisterei des bergischen Pietismus freilich war – bei ähnlichen Grundvoraussetzungen – gespannt; im vierten Teil seiner Lebensgeschichte, „Henrich Stillings häusliches Leben" von 1789 beschreibt er seine Elberfelder Jahre.[16]

Viele Pfarrer im Wuppertal, wenn sie sich nicht streng an die Orthodoxie ihrer Konfession hielten, waren pietistischen Strömungen gegenüber aufgeschlossen; für die Laien mag das, wie bei einer ursprünglich emanzipativen Laienbewegung kaum anders zu erwarten, noch mehr gelten. Dass solcherart Frömmigkeitsbewegungen hier mehr als anderswo Anhänger(innen) gewinnen konnten und das Tal später zu einem Zentrum der Erweckung wurde, hat sicher vielschichtige Gründe: Die Enge des Tales und der Mangel an überregionalen Institutionen (Hof, Universität, Garnison), die zwangsläufig eine dauernde Berührung mit Gebildeten anderer Denkungsart mit sich gebracht hätten, werden dazugehören.

Dass jedoch auch die andere Emanzipationsbewegung der europäischen Moderne, die Aufklärung, – wenngleich lange nicht so nachhaltig – im Tal gewirkt hat, mag die Begründung von Lesegesellschaften nach 1750 belegen oder der 1775 den Gemeinden empfohlene neue Anhang zum Gesangbuch. Unter den Pastoren blieben Aufklärer freilich eine geringe Minderheit; immerhin gehörte der erste Wupperfelder Pfarrer Johann Burchard Bartels dazu, der bei Semler in Halle studiert hatte, aber nie ein radikaler Rationalist wurde. Eine bodenständige Hochschätzung der Heiligen Schrift hat ihn daran gehindert, wie denn überhaupt ein starker Biblizismus das gemeinsame Band bildete, das Pietismus und konfessionelle Rechtgläubigkeit verband und damit die Erweckung vorzubereiten half.

So stellte sich das Wuppertal gegen Ende des Alten Reiches dar: Mit seinen dezentralen Siedlungskernen, mit seinen reformierten, katholischen und lutherischen Gemeinden, mit großen zentrifugalen Potentialen und – mindestens auf der Talachse – doch auch mit starken historischen und ökonomischen Gemeinsamkeiten. Die Textilverarbeitung begann in der zweiten Hälfte des 18. Jahrhunderts zu expandieren – und mit ihr die Einwohnerzahl zu steigen. Ein stark praktisch und ökonomisch ausgerichtetes Denken, mangelnder Zwang, Kunstverstand oder Interesse an theoretischer Wissenschaft auszubilden, dies alles gepaart mit einer innerlichen und mehrheitlich calvinistisch geprägten Religion, bildeten das geistige Klima. Kleine Orte ohne irgendwelche zentralen Verwaltungsfunktionen noch – und zugleich mit dem geistigen wie wirtschaftlichen Potential, zu einer der führenden Regionen der frühen Industrialisierung in Europa aufzusteigen und für wenige Jahrzehnte (in ihrer Gesamtheit) gar zur – nach Berlin, Hamburg, Breslau und München und noch vor Dresden und Köln – fünftgrößten Metropole Deutschlands.

[16] Jung-Stilling, Johann Heinrich: Lebensgeschichte, Benrath, G. A. (Hg.), Darmstadt 1976; Flasdieck, Hermann M.: Goethe in Elberfeld, Goebel K. (Hg.), Wuppertal [3]1999.

19. Jahrhundert
Konfessionelle Freikirchen

Niederländisch-reformierte Gemeinde

Kontaktdaten
Niederländisch-reformierte Gemeinde
Katernberger Straße 61
42115 Wuppertal
Tel.: 0202 - 44 60 61
oder 0202 - 31 04 72
Fax: 0202 - 31 32 62
E-Mail: Luechtenborg.H@gmx.de

Gottesdienst
So 10:00 Uhr (einmal monatlich mit Abendmahl)

Internet
www.reformierte-gemeinde.de

Kurz-Informationen

Die Niederländisch-reformierte Gemeinde ist eine besondere Glaubensgemeinschaft, die es so nur in Wuppertal gibt. Die Gemeinde hat ca. 300 Mitglieder. Der Name der Gemeinde verwirrt etwas, da hier weder Niederländisch gesprochen wird noch die Mitglieder aus dem Nachbarland kommen. Er bezieht sich vornehmlich auf das reformierte Bekenntnis der Gemeinde, das niederländisch-calvinistisch geprägt ist.
Die Gemeinde selbst „will sich stets neu an Gottes Wort orientieren und eine feiernde, lernende, lehrende und dienende Gemeinde sein, die offen ist für Menschen in den unterschiedlichsten Lebenslagen".

Geschichte

Die Entstehung von freien Gemeinden hat ihre Wurzeln in den Bestrebungen Lutheraner und Reformierte in Brandenburg-Preußen zu einen. Das preußische Herrscherhaus Hohenzollern war seit der Reformation lutherisch, wie die Mehrheit der Bevölkerung in Preußen. 1613 wechselte Kurfürst Johann Sigismund von Brandenburg, dessen Nachfahren ab 1701 auch Könige von Preußen waren, zum reformierten Bekenntnis. Anfang des 19. Jahrhunderts war König Friedrich Wilhelm III. persönlich sehr an einer einheitlichen protestantischen Kirche interessiert. Er bemühte sich intensiv eine Union voranzutreiben, vor allem im liturgischen Bereich. Nach einem Unionsaufruf 1817 und einer ersten Unionsagende 1822 verordnete er 1835 eine neue Kirchenordnung und Gottesdienstagende für das Rheinland und Westfalen. Gegen dieses Aufzwingen von oben regte sich Widerstand gerade in den selbstbewussten reformierten Gemeinden des Rheinlandes. Der eigentliche Inhalt, die Union der Protestanten, war weniger umstritten.
Neben dieser Entwicklung in Preußen entstanden damals „altreformierte" Gemeinden in der Grafschaft Bentheim und in Ostfriesland (älteste Gemeinde: Uelsen 1838), vor allem aus einer anti-liberalen Bewegung heraus. Mit diesen Gemeinden hat die Wuppertaler Gemeinde 1983 eine Zusammenarbeit beschlossen, die 2001 in eine Kirchengemeinschaft mündete.

In Wuppertal

Die reformierte Gemeinde in Elberfeld nahm nur unter Druck die liturgischen Vorgaben des Königs an. Es kam deswegen zu Streitigkeiten und schließlich zum Bruch. Etwa 40 Gemeindeglieder, darunter Kommerzienrat Daniel von der Heydt (1802-1874), Bankdirektor Carl von der Heydt (1806-1881) und Louis Frowein (1808-1882), organisierten eigene Versammlungen, ließen ihre Kinder nicht taufen und nicht am kirchlichen Unterricht teilnehmen. Hauptvorwurf war die staatliche Einflussnahme auf das kirchliche Leben. Dieser Kreis, die sogenannten „Protestanten von 1835", kam aus ganz unterschiedlichen sozialen Milieus: Neben wohlhabenden Fabrikanten und Kaufleuten unterzeichneten nicht wenige Industriearbeiter und Handwerker die Konstitutionsakte der Gemeinde vom 18. April 1847. Sie fanden in Dr. Hermann Friedrich Kohlbrügge einen theologischen Leiter. Kohlbrügge hatte selbst erlebt, was es heißt, mit zwei Konfessionen aufzuwachsen: Seine Mutter war reformierte Holländerin, sein Vater deutscher Lutheraner. Kohlbrügge studierte Theologie und wurde für kurze Zeit Pastor einer lutherischen Gemeinde in Amsterdam. Hier kam es zur Auseinandersetzung mit seinem liberalen Kollegen. Als er reformiert werden wollte, wurde ihm die Aufnahme verweigert und die kirchliche Trauung versagt. Bei einer Predigtvorbereitung über Römer 7,14 kam er zu der bahnbrechenden Erkenntnis, dass auch ein Christ ein sündiger Mensch bleibt und zeit seines Lebens auf die Gnade Gottes angewiesen ist; eine reformatorische Erkenntnis für die damalige Zeit.

1833 und 1846 kam Kohlbrügge nach Elberfeld und knüpfte Kontakt zu der eigenständigen reformierten Gruppe. Durch ein Kanzelverbot versuchte das Konsistorium in Koblenz die Wirksamkeit dieses unbequemen Theologen zu begrenzen. Im Juni 1846 leitete Kohlbrügge einen eigenen Gottesdienst in seinem Elberfelder Haus, Wirmhof 13. Im April 1847 konnte Kohlbrügge die „Protestanten von 1835" als freie Gemeinde offiziell formieren – nur wenige Wochen, nachdem der preußische König Friedrich Wilhelm IV. dies durch das Toleranz-Edikt vom 30. März 1847 ermöglicht hatte. Im ganzen Land bildeten sich daraufhin freie Gemeinden. Das Edikt war ein Ergebnis der bürgerlichen Emanzipationsbewegung und der Einflussnahme des preußischen Ministers August von der Heydt, eines Bruders von Daniel und Carl von der Heydt.

Kohlbrügge war kein streng reformierter Konfessionalist. Große Teile seiner Theologie waren lutherisch geprägt, so zum Beispiel eine von ihm entworfene Taufagende. Zwar kommentierte er den (reformierten) Heidelberger Katechismus insgesamt, aber seine Wertschätzung von Luthers Kleinem Katechismus wurde in vielen Vorträgen deutlich.

Kapelle Katernberger Straße

Die Niederländisch-reformierte Gemeinde in Elberfeld feierte ihren ersten offiziellen Gottesdienst am 25.4.1847 in einem Gasthaus auf dem „Wall". Die erste Kirche wurde 1849 in der Deweerthstraße am Ostersbaum errichtet. Nachdem diese Kirche im Zweiten Weltkrieg (1943) zerstört worden war und die Ruine später Parkplätzen hatte weichen müssen, nutzte die Gemeinde die Friedhofskapelle an der Katernberger Straße als Gottesdienststätte. Für mehr als zwanzig Jahre, von 1967 bis 1989, war sie Gast in der Alten Reformierten Kirche in der Calvinstraße – also in jener Gemeinde, von der sie sich 120 Jahre vorher gelöst hatte. 1989 wurde die Friedhofskapelle renoviert und erweitert. Sie wird jetzt als Gemeindehaus genutzt, wo auch die Gottesdienste stattfinden.

Prägend für die Entwicklung der Gemeinde im 20. Jahrhundert wurde Prof. Lic. Alfred de Quervain (1896-1968), Pastor der Gemeinde von 1931 -1938, der sich im Dritten Reich der Bekennenden Kirche anschloss und Dozent für reformierte Dogmatik an der illegalen Kirchlichen Hochschule Wuppertal war.

Glaube und Leben

Grundlegende Glaubenszeugnisse für die Gemeinde sind der Heidelberger Katechismus sowie das Niederländische und das Schottische Glaubensbekenntnis. Aber auch die Barmer Theologische Erklärung von 1934 ist Bekenntnis der Gemeinde. Im Ganzen unterscheidet sich die Theologie der Gemeinde nicht von reformiert geprägten Gemeinden in der Landeskirche. Die Nähe zur Landeskirche wird unter anderem darin sichtbar, dass die „Niederländer" das Evangelische Gesangbuch (eg) mit Psalter, also die reformierte Version, benutzen. Es gibt jedoch Besonderheiten. So sieht die Gemeindeordnung bei der Taufe keine Einzelpersonen als Taufpaten vor. Auch wenn sie in der Praxis vorkommen, so steht doch die versammelte Gemeinde als Taufzeugin im Vordergrund. Jugendliche werden erst nach einem dreijährigen Unterricht ‚konfirmiert', indem sie ein öffentliches Glaubensbekenntnis ablegen.

Friedhof der Niederländisch-reformierten Gemeinde

Auffällig schlicht ist der gemeindeeigene denkmalgeschützte Rosenfriedhof, der in der Tradition der Herrnhuter Brüdergemeine steht. Besucher wundern sich über die beeindruckende Schlichtheit. Ein einzelnes Grab besteht nur aus einer am Boden liegenden Grabplatte und einem Rosenstock. Die Rosen beziehen sich auf die Bibelstelle Hosea 14,6: „Ich will Israel wie ein Tau sein, dass es soll blühen wie ein Rose". Mit dieser Friedhofsanlage soll deutlich werden, dass vor Gott alle Menschen gleich sind.

Grundsätzlich sollten soziale Unterschiede von Anfang an in der Gemeinde keine Rolle spielen: Es gab keine gesonderten Sitze in der Kirche, für alle gab es den gleichen Begräbnisplatz, und von allen wurde hohe moralische Integrität erwartet. Deshalb gab es eine starke Sozialkontrolle unter den Gemeindegliedern. Dazu gehörten auch die sogenannten „Umgangsbesuche". Das waren vierteljährliche Hausbesuche aller Gemeindeglieder durch die Mitglieder des Presbyteriums. Die heutigen halbjährlichen Hausbesuche dienen dazu, über Angelegenheiten und Aufgaben der Gemeinde ins Gespräch zu kommen und den Kontakt zu den Gemeindegliedern zu fördern.

Der soziale Einsatz der Gemeinde wurde schon von Kohlbrügge gefordert. Das diakonische System in der Gemeinde war Vorbild für das sogenannte „Elberfelder System". Dieses Modell für Armen- und Sozialfürsorge entstand auf Initiative des Elberfelder Oberbürgermeisters Karl Emil Lischke (Amtszeit 1851-1872), der selbst Mitglied der Niederländisch-reformierten Gemeinde war. Die konkrete Ausgestaltung geht maßgeblich auf das Gemeinde- und Presbyteriumsmitglied Daniel von der Heydt zurück. Das ‚Elberfelder Modell' wurde richtungweisend für die städtische Armenpflege in Preußen und fand weltweit große Beachtung. Maßgebend war das Prinzip „Fördern und Fordern". (→ Exkurs: Soziales Engagement)

Originaltext

Immer wieder hört man fragen, was doch das Eigentümliche sei in der Lehre von Dr. Kohlbrügge. Auf diese Frage wird man aber nie eine Antwort finden können, wenn man einen Unterschied sucht zwischen der reformierten Lehre und der Unterweisung von Dr. Kohlbrügge. Wohl aber tritt besonders auch in dieser Schrift klar hervor, was unser Lehrer immer wieder betonte, nämlich daß der Schlüssel zum Verständnis des Wortes Gottes und also der Anfangsgrund der wahren Theologie liegt: in der Anerkennung des Gesetzes Gottes. Dies Erklärung dieses Gesetzes, wie es als der unveränderliche Ausdruck des Willens Gottes aus Gottes Herzen hervorgekommen und in Christo erfüllt ist, wie es durch den Heiligen Geist in die Herzen aller wahren Kinder Gottes geschrieben und in ihrem Wandel behauptet wird, ist für uns vom höchsten Wert.

(Quelle: B. Lütge, Vorwort zu „Die Lehre des Heils" von Dr. Kohlbrügge)

Organisation und Statistik

Die Gemeinde ist presbyterial-synodal, also demokratisch organisiert. Die Gemeindeleitung wird durch das von der Gemeindeversammlung gewählte Presbyterium wahrgenommen, das aus Ältesten und Diakonen (beide ehrenamtlich) besteht. Wählbar sind erwachsene Frauen und Männer, die ihren Glauben bekannt haben (Konfirmation). Der hauptamtliche Pastor/ die hauptamtliche Pastorin ist gleichberechtigtes Mitglied im Presbyterium. Nach längerer Eigenständigkeit und einer Zeit der Zusammenarbeit mit der Rheinischen Landeskirche (Pfarrerwahl) ist die Niederländisch-reformierte Gemeinde zu Wuppertal seit 2001 Mitglied der Synode der Evangelisch-altreformierten Kirche, die in der Grafschaft Bentheim und in Ostfriesland verbreitet ist. Die Gemeinde ist seit 2004 Körperschaft des öffentlichen Rechts.
Die Mitglieder der Gemeinde gehören überwiegend der Mittelschicht an, ca. 60% sind weiblich. Die Gemeinde pflegt gute Kontakte zur Evangelischen Kirchengemeinde Elberfeld-West, in deren Chor auch einige ‚Niederländer' mitsingen. Außer gemeinsamen Presbyteriumssitzungen ist der jährlich einmal stattfindende gemeinsame Waldgottesdienst auf dem Parkgelände der Niederländisch-Reformierten Gemeinde zu nennen. Die Gemeinde engagiert sich in der ‚Reformierten Konferenz Bergisches Land' und ist Mitglied der Wuppertaler AcKuG.

Literatur

Büchsenschütz, Helmut/Stötzel, Ulrich (Hrsg.): ... und vergiß nicht, was er dir Gutes getan hat – Hermann Friedrich Kohlbrügge und die Niederländisch-reformierte Gemeinde, Wuppertal 2004.
Castanyé, Josep: Kirchenverständnis in Elberfeld. Kohlbrügge und de Quervain, in: Pietismus und Neuzeit 11, 1985, 296- 317.
Niederländisch-Reformierte Gemeinde: Die bekennende Kirche bei Alfred de Quervain, Wuppertal 1984.
Reiniger, Frank: Kohlbrügge, in: Biographisch-Bibliographisches Kirchenlexikon, Band IV, 1992, Sp. 300- 305.
Wichelhaus, Manfred: Einheit und Freiheit im preußischen Kirchenkampf des 19. Jahrhunderts, die Elberfelder Kirchenspaltung 1847, in: Monatshefte für evangelische Kirchengeschichte des Rheinlandes 25, 1976, 33- 64.
Heinrichs, Wolfgang E.: Freikirchen – eine moderne Kirchenform, Entstehung und Entwicklung von fünf Freikirchen im Wuppertal, Gießen u. Wuppertal 1980, S. 23-157.

Kohlbrügges Predigt erntete Beifall, aber stieß auch auf Widerstand, sowohl in Wuppertal als auch in seinem Vaterland, wo die Predigt schon bald bekannt wurde. Nachdem er sechzehn Mal in Elberfeld und Umgebung gepredigt hatte, kehrte er nach Utrecht zurück. Dort erwartete ihn die Kritik der Koryphäe der niederländischen Erweckungsbewegung (Reveil): Isaak da Costa. Wie auch F. W. Krummacher war Da Costa der Ansicht, Kohlbrügge neige zum Antinomismus. Wo bleibt der dritte Teil des Heidelberger Katechismus, so fragten seine Freunde der Erweckungsbewegung. Kohlbrügge antwortete einigermaßen bitter, „er halte es nicht für seine Aufgabe jemandem Erklärungen über diesen dritten Teil abzugeben, der über den ersten Teil (‚Von des Menschen Elend') noch keine persönlichen Erfahrungen gemacht habe. Der dritte Teil von der Dankbarkeit kommt gerade im Leben des iustus et sanctus, der simul peccator bleibt, vollständig und konkret zu seinem Recht. „Gott selbst schafft – so ist Kohlbrügges Meinung- durch seinen Geist und sein Wort in dem der Sünde verhafteten Menschen das Wunder der Neuschöpfung" (B. Locher). In dieser stark von den Reformatoren geprägten Überzeugung lag Kohlbrügges Widerstand gegen die an ihn gerichteten Vorwürfe begründet.
(Quelle: Referat von Prof. Dr. Arie de Reuver, Universität Utrecht (NL) in Büchsenschütz/Stötzel, ... und vergiß nicht, was er dir Gutes getan hat, S. 14/15)

Selbständige Evangelisch-Lutherische Kirche

Kontaktdaten
Evangelisch-Lutherische
Kirchengemeinde Sankt Petri
Paradestraße 41
42107 Wuppertal
Tel.: 0202 - 4 46 81 60
E-Mail: pastor@sanktpetri.de

Gottesdienst
Elberfeld:
(So 09:00 Uhr Beichte)
So 09:30 Uhr Hauptgottesdienst
Barmen:
So 11:15 Uhr Gottesdienst (14-tägig)

Internet
www.sanktpetri.de
www.selk-w.de

Kurz-Informationen

Die Selbständige Evangelisch-Lutherische Kirche (SELK) ist eine konfessionelle, staatlich unabhängige Kirche, die ihre evangelisch-lutherische Tradition betont. Im Volksmund wird sie auch als „altlutherisch" bezeichnet. Sie will eine verlässliche Kirche mit einer klaren Botschaft sein, eine Kirche, die Gottes Sache eindeutig zur Sprache bringt und sich nicht für andere Zwecke einspannen lassen will. In Wuppertal bekennen sich 300 Gläubige in zwei Gemeinden zur SELK, deutschlandweit sind es knapp 39.000 (Quelle: SELK).

Geschichte

Die geschichtlichen Wurzeln der SELK liegen in der Konfessionalisierung der Erweckungsbewegung des 19. Jahrhunderts. Zu ersten eigenständigen Gemeindebildungen kam es ab 1830, als der preußische König die Union der lutherischen und reformierten Kirchen in seinem Land durchsetzen wollte. Er wollte in seinem Land keine zwei protestantische Konfessionen dulden, die nicht miteinander Gottesdienst feiern konnten und sich sogar gegenseitig vom Abendmahl ausschlossen. Seine ersten Pläne gingen dahin, eine gemeinsame Gottesdienstordnung einzuführen und später dann auch eine einheitliche Kirchenorganisation zu bilden.
Aus dem Widerstand bekenntnistreuer Lutheraner gegen diese Union heraus kam es, trotz scharfer Unterdrückungsmaßnahmen des preußischen Staates (1830-1840), zur Bildung einer ersten staatsfreien, bekenntnisgebundenen lutherischen Kirche auf deutschem Boden, die sich von Schlesien und Pommern aus in alle preußischen Gebiete ausbreitete. Sie nannten sich „Altlutheraner". In Baden (1851) und in Hessen (1873/74) trat später eine ähnliche Entwicklung ein. Diese Gemeinden wehrten sich aber nicht nur gegen die Union. Sie wollten generell ihren traditionellen Glauben gegen den vorherrschenden Rationalismus und eine liberale Theologie schützen.
Kennzeichnend für alle diese Kirchenbildungen ist zum einen die bewusste Übernahme von Verantwortung für Glauben und Kirche durch die Gläubigen und einzelne Pfarrer. Zum anderen war so eine organisatorische Emanzipation möglich. Das zeigt die Entwicklung zu größerer religiöser Mündigkeit des Bürgertums im 19. Jahrhundert. Fast alle oben genannten kleineren lutherischen Kirchen schlossen sich 1972 zur SELK zusammen.

In Wuppertal

Auch in der lutherischen Gemeinde in Elberfeld gab es Widerstand gegen die Unionsbemühungen in Preußen. Schon seit 1849 gab es nachweislich Lutheraner, die sich außerhalb der lutherischen Gemeinde Elberfeld trafen, und im Jahr 1853 fand die erste Taufe durch den Pastor der altlutherischen Gemeinde in Radevormwald statt. In Radevormwald hatte sich schon 1852 eine eigenständige lutherische Gemeinde gebildet. In den Folgejahren wurden etwa 70 Lutheraner von den altlutherischen Pfarrämtern in Köln und Düsseldorf betreut. Gottesdienste wurden zu dieser Zeit in einem angemieteten Raum in der Deweerthstraße gefeiert.
Zu einer größeren Gemeinde wurden die Altlutheraner aber erst durch Ludwig Feldner (1805-1884). Der aus Liegnitz in Schlesien stammende Feldner war bereits elf Jahre Pfarrer der lutherischen Kirchengemeinde „Am Kolk", ehe er am Reformationstag 1858, nach einer Predigt vor ver-

sammelter Gemeinde, aus Gewissensgründen seinen Austritt aus der unierten Landeskirche verkündete. Seinem Schritt folgten nahezu 200 Gemeindemitglieder. Das war die Geburtsstunde der altlutherischen Sankt-Petri-Gemeinde in Elberfeld. Am ersten Advent, dem 28. November 1858, wurde im Auftrag des Oberkirchenkollegiums in Breslau Pastor Feldner von Pastor Crome aus Radevormwald in das Amt des altlutherischen Pfarrers eingeführt.
Nachdem die Gemeinde in den ersten Jahren ein vorläufiges Kirchlokal am Kipdorf genutzt hatte, konnte sie 1861 das Gelände der „Wilhelmshöhe", ein beliebtes Ausflugsziel der Elberfelder, erwerben. Dort standen eine Gastwirtschaft (späteres Pfarrhaus), ein Tanzsaal (spätere Kirche) und eine Halle (späterer Gemeindesaal). Daneben wurde auch ein lutherischer Friedhof errichtet, nachdem die Landeskirche Mitgliedern der neuen Gemeinde eine Beerdigung auf ihren Friedhöfen untersagt hatte.
1943 wurden die Gebäude beim Bombenangriff zerstört. Aber schon 1949 konnte eine Notkirche aus Holz als Geschenk einer lutherischen Kirche in den USA am Platz der alten Kirche geweiht werden. 1959 wurde die Notkirche durch einen größeren Bau ersetzt, der bis heute steht. Parallel zur Entstehung der Gemeinde in Elberfeld entstand auch in Barmen eine kleine lutherische Gemeinde, Sankt Michaelis. Sie weihte an der Heckinghauser Werléstraße 1901 eine eigene Kirche. Anfangs wurde diese Gemeinde von Radevormwald aus betreut, 1904 wurde sie mit Elberfeld zu einem Pfarrbezirk vereinigt. 1979 wurde die baufällig gewordene Kirche abgerissen und dort ein Mietshaus mit Kapelle errichtet.

Eingang zur Kirche, Paradestraße

Glaube und Leben

Die SELK betont ihre lutherische Tradition und beruft sich auf die lutherischen Bekenntnisschriften der Reformationszeit. Bis heute hält sie fest an der Überzeugung, dass Kirchenlehren, die einander ausschließen, in einer Kirche nicht gleiches Geltungsrecht haben können. So lautet der Vorwurf an die Union von Reformierten und Lutheranern, und dabei wird z.B. auf deren unterschiedliche Lehren über das Abendmahl verwiesen.
Im Zentrum des Gemeindelebens steht der sonntägliche Gottesdienst in Form der „lutherischen Messe", die mit ihren liturgischen Elementen an eine katholische Messe erinnert. Die liturgischen Ordnungen, also der Ab lauf des Gottesdienstes, gehen auf Martin Luther zurück. In der SELK werden in aller Regel schon Säuglinge getauft, um so zu verdeutlichen, dass ohne eigene Leistung ein Mensch durch die Taufe von Jesus Christus aus dem gegengöttlichen Herrschaftsbereich herausgelöst und zu einem „Kind Gottes" gemacht wird.
Jeden Sonntag wird das Abendmahl gefeiert. Hier schenkt nach lutherischem Verständnis „Jesus Christus durch die wunderbare Gabe seines wahren Leibes und Blutes in Brot und Wein engste Gemeinschaft mit sich und gewährt Vergebung der Sünden, Lebens- und Glaubensstärkung." So heißt es in der Grundordnung der SELK. Vor dem Abendmahlsgottesdienst wird regelmäßig ein Beichtgottesdienst angeboten, in dem die Gläubigen die Möglichkeit haben, in einem gemeinsamen Beichtgebet ihre Sünden zu bekennen und unter Handauflegung des Pastors die Vergebung Gottes (Absolution) zu empfangen.
Ein Gemeindemitglied, das sich der Wortverkündigung entzieht und dem Sakrament des Abendmahls beharrlich fernbleibt, sondert sich von der Gemeinde ab und kann dann auch ausgeschlossen werden. Das soziale Engagement der Gemeinden vor Ort leidet unter der geringen Mitgliederzahl und dem Alter der Gemeindemitglieder. Trotzdem bemüht sich die Gemeinde um Kontakte und Hilfe in unmittelbarer Nachbarschaft am Ostersbaum. So gibt sie gelegentlich eine finanzielle Unterstützung für Projekte im Nachbarschaftsheim und betreibt vierzehntägig ein „Erzählcafé" für ältere Bewohner des Stadtteils.

Friedhof der SELK in Elberfeld

Organisation und Statistik

Die SELK ist seit ihrer Gründung als freie Bekenntniskirche als Körperschaft des öffentlichen Rechts anerkannt. Der „freikirchlichen" Verfassungsform wird dabei keine eigene theologische Qualität zugemessen, sie wird aber als geschichtlich bedingte Existenzform bejaht. An der Spitze der SELK steht der Bischof, den die Pfarrerschaft im allgemeinen Pfarrkonvent nominiert und die Kirchensynode als oberstes Organ wählt; beide Gremien treten alle vier Jahre zu ihren Beratungen zusammen.

Die einzelnen Gemeinden verwalten ihre Angelegenheiten selbst im Rahmen der dafür geltenden kirchlichen Ordnungen. Organe der Gemeinde sind Pfarrer, Kirchenvorstand und Gemeindeversammlung. Beide Gemeinden in Wuppertal sind selbstständige Größen, aber sie sind verbunden durch einen Pfarrbezirk, dem ein Pfarrer vorsteht. Pfarrer müssen ein Theologiestudium absolviert und kirchliche Examina abgelegt haben. Danach wird nur Männern die Ordination erteilt. Die SELK lehnt mit Berufung auf die Bibel und die kirchliche Tradition Frauen im Pfarramt ab. Beliebtester und für wesentliche Teile des Studiums verbindlicher Studienort für angehende Pfarrer der SELK ist die von der Kirche getragene Lutherische Theologische Hochschule in Oberursel (Taunus). Gemeinden berufen ihre Pfarrer selbstständig im Einvernehmen mit der Kirchenleitung.

Die beiden Wuppertaler Gemeinden unterscheiden sich in der Mitgliedsstruktur. Die Barmer Gemeinde ist stark überaltert, und es gibt dort keine Kinder. Die Gemeinde in Elberfeld hat ein deutlich jüngeres Durchschnittsalter, hier sind auch Familien mit Kindern im Gemeindeleben zu finden.

Literatur

Uecker, Konrad (Hg.): Kirche auf festen Glaubensgrund. Fast alles über die Selbständige Evangelisch-Lutherische Kirche, Groß Oesingen 2. Aufl. 2005.

Heinrichs, Wolfgang E.: Freikirchen – eine moderne Kirchenform. Entstehung und Entwicklung von fünf Freikirchen in Wuppertal, Wuppertal 2. Aufl. 1990.

Burkhardt, Helmut/Swarat, Uwe (Hgg.): Evangelisches Lexikon für Theologie und Gemeinde, Bd. 3, Wuppertal-Zürich 1994, 1824f.

Originaltext

Wir glauben, lehren und bekennen

„Die Selbständige Evangelisch-Lutherische Kirche steht in der Einheit der heiligen und apostolischen Kirche ... Sie bezeugt Jesus Christus als den alleinigen Herrn der Kirche und verkündigt ihn als den Heiland der Welt ... Sie ist gebunden an die Heilige Schrift Alten und Neuen Testaments als an das unfehlbare Wort Gottes ... Sie bindet sich an die Bekenntnisschriften der evangelisch-lutherischen Kirche ..." (Grundordnung Artikel 1)

Warum Selbständige Evangelisch-Lutherische Kirche?

Weil ...

- sie sich gebunden weiß an Gottes Wort, wie es die Bibel überliefert.
- sie den dreieinigen Gott als Vater, Sohn und Heiligen Geist und Jesus Christus als den einen Weg zum Heil bezeugt.
- sie die Taufe in der Regel schon an Säuglingen übt, und somit deutlich macht, dass ohne Zutun hier ein Mensch zu einem „Kind Gottes" wird.
- sie die Beichte kennt als Geschehen, in dem im Namen Jesu Christi vollmächtig Vergebung der Sünden zugesprochen wird.
- in ihr häufig das Abendmahl als die Begegnung mit Jesus Christus, seinem Leib und Blut in Brot und Wein gefeiert wird.
- sie „offene Kirche" ist: offen für Fragende und Suchende, für Interessierte und solche, die ihren Grundlagen zustimmen.

(Quelle: SELK Wuppertal, Internetseite)

EXKURS: Soziales Engagement

Eng verwoben mit der Kirchengeschichte im Wuppertal ist die Geschichte des diakonischen und karitativen Engagements einzelner Christen und ganzer Gemeinschaften. Schon früh gab es Armenkassen, die von Diakonen verwaltet wurden. Institutionalisierte Armenpflege gab es aber erst nach der Reformation. In Elberfeld wollte die reformierte Gemeinde die Fürsorge nicht der Kommune überlassen und gründete deshalb 1677 das erste Armenhaus am Mäuerchen. Diese Einrichtung kümmerte sich um Arme, Alte, Kranke, geistig Behinderte und Waisen und ist damit eine der ältesten evangelischen Einrichtungen dieser Art im Rheinland. Angegliedert waren eine Weberei und eine Spinnerei, so dass Fürsorge und Arbeit miteinander verbunden waren.

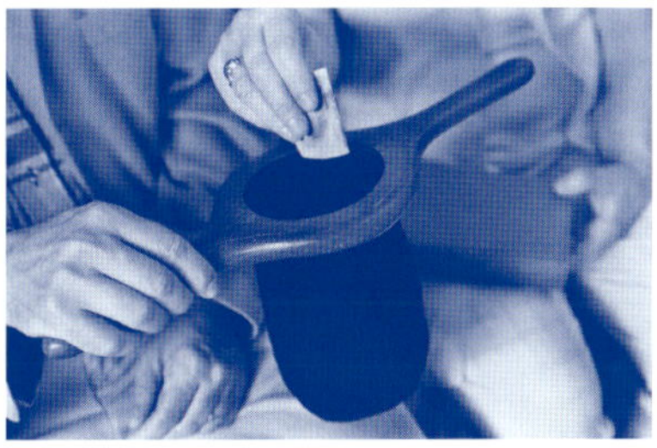

Der massive Anstieg der Armut während Zeit der französischen Revolution brachte den Elberfelder Bankier und Bürgermeister Jakob Aders (1768-1825) 1800 dazu, die Allgemeine Armenanstalt zu gründen. Es war eine Mischung aus kirchlicher und freiwilliger bürgerlicher Armenfürsorge für die ganze Stadt. In der kurzen Zeit des napoleonischen Einflusses auf das Wuppertal wurde die Fürsorge komplett den Kirchen aus der Hand genommen und staatlichen Einrichtungen übertragen. Die Kirchen mussten ihre Spendengelder sogar an eine städtische Kommission abführen. So sollte verhindert werden, dass jede Konfession nur ihre Gemeindemitglieder unterstützte und eigene Armen-, Alters- und Waisenhäuser errichtete.

Mitte des 19. Jahrhunderts wurde die soziale Lage in der wirtschaftlich boomenden Region Wuppertal zu einem immer größeren Problem. Städtische und kirchliche Initiativen versuchten gemeinsam, dieser Herausforderung Herr zu werden. Berühmtestes Beispiel ist das Elberfelder System der Niederländisch-Reformierten Gemeinde, das ab 1853 auch überregionale Anerkennung fand. Die Idee für dieses System kam vom lutherischen Pfarrer Ludwig Feldner, der dazu 1847 eine viel beachtete Schrift verfasst hatte.[1] Feldner nahm sich die Sozialarbeit des schottischen Pfarrers Thomas Chalmers in Glasgow zum Vorbild. Der Massenarmut sollte mit Geldmitteln und einer strengen Moral begegnet werden. Hilfe zur Selbsthilfe und eine strenge soziale Kontrolle, die institutionalisiert wurde, waren das Erfolgsrezept. Das Stadtgebiet wurde in Quartiere und Bezirke aufgeteilt, die von Armenpflegern betreut wurden. Sie mussten die Hilfesuchenden regelmäßig besuchen und entscheiden, ob ihnen weiterhin finanzielle Unterstützung zustehe. Gleichzeitig sollten sie die Hilfesuchenden moralisch unterstützen und zu eigener Arbeit anhalten. Der Erfolg stellte sich schnell ein: 1854 wurden noch über 4200 Arme versorgt, zwei Jahre später waren es nur noch 1400, und die Bettelei auf der Straße war fast völlig verschwunden. Wenige Jahre später kopierten die Stadt Barmen und andere Großstädte dieses System.

In dieser Zeit entstanden auch zahlreiche christliche Krankenhäuser, Altenheime und Waisenhäuser. Meist gründete jede Konfession in jeder Stadt im Wuppertal ihre eigene Einrichtung; deshalb ist bis heute die Zahl der diakonischen und karitativen Einrichtungen in Wuppertal relativ hoch. Einige Beispiele: Die lutherische Gemeinde in Wupperfeld errichtete bis 1815 das erste Armenhaus Barmens. Ein weiteres reformiertes Armenhaus entstand 1833. Die unierte Gemeinde in Unterbarmen schuf 1849 ein eigenes Waisen- und Armenhaus. 1846 wurde von der lutherischen Gemeinde Elberfeld ein Armenhaus gegründet, der Vorläufer des heutigen Lutherstifts in der Elberfelder Nordstadt. 1856 wurde das katholische St.

[1] Feldner, Ludwig: Grundzüge der christlichen Armenpflege nach Anleitung der „Kirchlichen Armenpflege von Chalmers, üersetzt von O. von Gerlach", Elberfeld 1847.

Josef-Krankenhaus, auch „Kapellchen" genannt, eröffnet. Hauptinitiator war Johann Gregor Breuer (1821-1897). 1886 wurde ein Vorläufer für das heutige methodistische Bethesda-Krankenhaus gegründet. Aus dem Elberfelder Armenhaus wurde durch einen Neubau 1889 das Reformierte Gemeindestift. 1899 entstand das katholische Petrus-Krankenhaus, das Stammhaus der Kliniken St. Antonius. Hier liegen die Wurzeln im Pflegedienst von Ordensschwestern innerhalb der Barmer Kirchengemeinde St. Antonius. 1913 wurde das der Brüderbewegung nahe stehende Altenheim „Friedenshort" in Ronsdorf gegründet.
Im weitesten Sinne zur sozialen Verantwortung der Kirchengemeinden gehört auch das Friedhofswesen. Hier ist dieselbe Wuppertaler Eigenheit festzustellen, dass nämlich, wie bei den sozialen Einrichtungen, jede Konfession in fast jedem Stadtteil einen eigenen Friedhof besitzt und es kaum Begräbnisstätten in kommunaler Trägerschaft gibt. Es werden zurzeit 21 evangelische, 13 katholische, drei freikirchliche, ein jüdischer und drei städtische Friedhöfe genutzt.

Grabsteine von Pfarrern der reformierten Gemeinde Elberfeld auf dem ehemaligen Friedhof an der Else-Lasker-Schüler-Straße

Mit der Zeit kam es mehr und mehr zur Trennung von offener und geschlossener Fürsorge, also allgemeiner Hilfe für Arme und Kranke in dafür spezialisierten Einrichtungen und der gemeindlichen Diakonie innerhalb der Kirchengemeinde für ihre Mitglieder in deren Wohnhäusern. Auch organisatorisch wurden die diakonischen und karitativen Einrichtungen immer selbstständiger, bis schließlich im 20. Jahrhundert aus vielen dieser Einrichtungen eigenständige GmbHs entstanden. Gleichzeitig kam es zu einer Professionalisierung und Spezialisierung der Arbeit, die aber weiterhin in Kooperation mit städtischen und anderen staatlichen Institutionen bewältigt wird.
Heute sind sechs der neun Krankenhäuser in Wuppertal konfessionell geprägt, und über zwanzig Senioreneinrichtungen sind in kirchlicher Trägerschaft. Darüber hinaus gibt es zahlreiche weitere Einrichtungen, Beratungsstellen und Hilfsangebote, die von Diakonie und Caritas, den Johannitern oder den Maltesern oder einzelnen Kirchengemeinden getragen werden.

Die Evangelisch-methodistische Kirche

Kurz-Informationen

Die Evangelisch-methodistische Kirche (EmK) ist eine Freikirche mit bischöflicher Struktur. Ihre Wurzeln liegen in der anglikanischen Kirche. Weltweit bekennen sich ca. 60 Millionen Gläubige zur EmK, hauptsächlich in den USA und Afrika. In Deutschland gibt es ungefähr 38.000 Methodisten mit leicht abnehmender Tendenz (Quelle: EmK). In Wuppertal gibt es zwei Gemeinden und zusätzlich noch die Krankenhausgemeinde sowie die Gemeinde der Diakonissen-Schwesternschaft Bethesda mit insgesamt 400 Mitgliedern.

Geschichte

Die EmK geht auf eine innerkirchliche Erneuerungsbewegung im 18. Jahrhundert in England zurück. Vater des Methodismus ist John Wesley (1703-1791), ein Geistlicher der anglikanischen Kirche. Schon als junger Student an der Universität Oxford leitete er eine fromme Studentengruppe, die sich an feste Gebets- und Fastenzeiten hielt und karitativ tätig war. Wegen des geregelten Tagesablaufs ihrer Mitglieder gaben Kritiker dieser Gruppe den Spottnamen „methodists".
Wesley fand in dieser Gruppe aber keine Gewissheit für seinen Glauben. Erst unter dem Einfluss von Gläubigen der Herrnhuter Brüdergemeine, deren Glaube ihn stark beeindruckte, kam er zu der Gewissheit, dass die Gnade Jesu Christi ihm bedingungslos persönlich galt. So begann er 1739 in der englischen Stadt Bristol mit einer erfolgreichen evangelistischen und sozialdiakonischen Arbeit. Er wollte dabei keine neue Kirche gründen. Die anglikanische Kirche hegte allerdings wenig Sympathie für seine Erweckungsbewegung. Vor allem Wesleys Einsatz für die sozial schwächer Gestellten der Gesellschaft war für die von der Aufklärung und dem Puritanismus geprägte Kirche schwer zu akzeptieren. Entscheidend aber war der Streit um die Einsetzung von Laienpredigern und -predigerinnen, denn das widersprach dem englischen Kirchenrecht. Trotzdem blieb Wesley sein Leben lang Mitglied der anglikanischen Kirche, während seine Anhänger nach seinem Tod in England eine eigene Kirche bildeten. Schon vorher entstand 1784 in den USA die erste methodistische kirchliche Gemeinschaft, weil dorthin viele Gläubige aus England geflüchtet und ausgewandert waren. Es entstand ein Netzwerk von einzelnen Gemeinden, die untereinander in Kontakt und gegenseitiger Verantwortung standen; deshalb spricht man von einer konnexionalen Gemeinschaft.
Parallel bildeten sich auch unter den deutschsprachigen Einwanderern in den USA Gemeinschaften mit methodistischer Struktur, wie die unter der Leitung des lutherischen Farmers und Ziegelbrenners Jakob Albrecht (1759-1808) entstandene „Evangelische Gemeinschaft". Sprachbarrieren verhinderten ein Zusammengehen mit den schon bestehenden englischen Methodistengemeinden. Beide Zweige des Methodismus schlugen in Deutschland mit Hilfe von Rückwanderern Wurzeln. Seit 1830 gab es eine erste geordnete methodistische Mission in Württemberg.
Die heutige EmK ist das Ergebnis von wiederholten Vereinigungen mehrerer methodistischer Gruppierungen. Nach einigen vergeblichen Versuchen gelang erst 1968 der Zusammenschluss der beiden größten Kirchen zur EmK (bzw. weltweit zur „United Methodist Church"). Wichtig für das Selbstverständnis des Methodismus ist, dass die Gemeinschaft nicht als Antwort auf einen spezifischen Lehrstreit entstand, Wesley beanspruchte vielmehr, die schriftgemäßen Lehren der Kirche von England zu predigen. Es ging ihm nicht darum, eine neue Lehre zu formulieren, sondern

Kontaktdaten
Wuppertal-Barmen:
Eintrachtstraße 45
42275 Wuppertal
Tel.: 0202 - 55 63 19
E-Mail: keine Angabe

Wuppertal-Elberfeld:
Nevigeser Straße 20
42113 Wuppertal
Tel.: 0202 - 31 11 29
E-Mail: keine Angabe

Gottesdienst
So 10:00 Uhr

Internet
www.emk.de

Menschen die rechtfertigende Gnade Gottes in ihrem Leben erfahren zu lassen.

In Wuppertal

In Wuppertal verbreitete sich der Methodismus erst relativ spät. 1885 kamen Missionare aus Mülheim/Ruhr und Essen nach Barmen und bildeten eine erste Gemeinde mit Sitz am Hohenstein 51. Diese Gemeinde gehörte damals noch zur Evangelischen Gemeinschaft. Die Gemeinde war zuständig für die Städte Barmen, Elberfeld, Lüttringhausen und Lennep. Seit 1949 befindet sich die Barmer Gemeinde in der Eintrachtstraße in Wichlinghausen, dort nutzte sie bis in die 80er Jahre eine Holz-Notkirche, die von Schweizer Methodisten gestiftet worden war. 1989 wurde hier ein neues Gemeindezentrum errichtet. Weil die ursprüngliche Gemeinde rasch wuchs, wurde schon 1888 eine selbstständige Gemeinde für Elberfeld in der Schleusenstraße gegründet, die beim Bombenangriff auf die Stadt 1943 zerstört wurde. Die Gemeinde nutzte bis 1952 eine Mannschaftsbaracke als Gottesdienstraum. 1953 konnten die Bethesdakirche in der Briller Straße und 1977 die Kirche am heutigen Platz, auf einem Grundstück des Diakoniewerkes Bethesda, in der Nevigeser Straße, errichtet werden.

Bethesdakirche, Nevigeser Straße

Schon sehr früh begann in Wuppertal das soziale Engagement der Methodisten. 1886 wurde der „Bethesda-Verein für allgemeine Krankenpflege in Elberfeld" gegründet. Hauptaufgabe dieses Vereins war die Kranken- und Altenpflege, die zunächst zu Hause stattfand. Aber schon 1890 wurde ein erstes Krankenhaus mit 35 Betten am Hombüchel eröffnet. 1929 zogen das Krankenhaus und die Diakonissen-Anstalt an den heutigen Platz in der Hainstraße. Während der Zeit des Dritten Reiches war das Diakoniewerk Bethesda und mit ihm das Krankenhaus ideologischen Angriffen ausgesetzt. 1941 wurde deshalb der als nicht-arisch angesehene Name „Bethesda" in „Albrecht-Krankenhaus" umgeändert. Nach dem Krieg wurde diese Änderung aber wieder rückgängig gemacht. Nachdem das Haus in der Nachkriegszeit durch die britische Armee besetzt gewesen war, konnte erst 1953 dort wieder die diakonische Arbeit aufgenommen werden.
Eine weitere in Wuppertal sehr bekannte soziale Arbeit der EmK ist die Rumänienhilfe. Mindestens einmal im Jahr fahren Hilfstransporte mit Medikamenten und Gütern dorthin. Wuppertal ist auch Sitz der EmK Weltmission. Diese arbeitet in acht Ländern, hauptsächlich in Afrika.

Originaltext

Soziales Bekenntnis der Evangelisch-methodistischen Kirche
Wir glauben an Gott, den Schöpfer der Welt, und an Jesus Christus, den Erlöser alles Erschaffenen, und an den Heiligen Geist, durch den wir Gottes Gaben erkennen.
Wir bekennen, diese Gaben oft missbraucht zu haben und bereuen unsere Schuld.
Wir bezeugen, dass die natürliche Welt Gottes Schöpfungswerk ist.
Wir wollen sie schützen und verantwortungsvoll nutzen.
Wir nehmen dankbar die Möglichkeiten menschlicher Gemeinschaft an.
Wir setzen uns ein für das Recht jedes Einzelnen auf sinnvolle Entfaltung in der Gesellschaft.

Glaube und Leben

Das Leitmotiv für den methodistischen Glauben ist die Verbindung von christlicher Lehre und christlichem Leben. Demnach gehören der Glaube an Gottes zuvorkommende, rettende Gnade und gute Werke der Menschen unmittelbar zusammen. Somit sucht der Methodismus einen Mittelweg zwischen evangelischem und katholischem Weg, die tendenziell Glaube oder Werke stärker betonen. Auf den Glauben an das göttliche Heilsangebot allein aus Gnade muss eine menschliche Antwort durch heiliges Leben folgen. Diese Betonung der Heiligung des Lebens und einer praktischen Frömmigkeit öffnet den Blick der EmK für soziale Fragen und erzeugt ein starkes diakonisches Engagement der Kirche. Wesley selbst erklärt das in den sog. „Allgemeinen Regeln" so: „Die Mitglieder der Gemeinschaft zeigen sich darin, dass sie

1. nichts Böses tun, sondern Böses aller Art meiden....
2. dadurch dass sie Gutes tun, in jeder Hinsicht nach ihrem Vermögen sich barmherzig erweisen und bei jeder Gelegenheit Gutes aller Art, soweit die Kräfte reichen, allen Menschen erzeigen.....;
3. durch den Gebrauch aller von Gott verordneten Gnadenmittel...."

Für Methodisten ergibt sich die Lehre der Kirche aus dem Leben der Kirche in der jeweiligen Herausforderung der Zeit. Die Lehre ist damit in einen dynamischen Prozess eingebunden, dessen Grundlage allerdings die Bibel als grundlegendes Zeugnis des Glaubens ist. Von Bedeutung sind für den Methodismus die altkirchlichen Glaubensbekenntnisse, die 25 Glaubensartikel der Methodistenkirche (entstanden aus den anglikanischen 39 „Articles of Faith"), das Glaubensbekenntnis der Evangelischen Gemeinschaft, 53 Lehrpredigten von Wesley, die „Allgemeine Regel", die Wesley 1743 als Leitlinien für Glaube und Leben formuliert hat, das „Soziale Bekenntnis" von 1908 und seit 1972 die regelmäßig aktualisierten „Sozialen Grundsätze".

Kern des Gemeindelebens ist der sonntägliche Gottesdienst. In der Regel einmal im Monat wird ein offenes Abendmahl als Gedächtnis- und Gemeinschaftsmahl gefeiert, zu dem alle eingeladen sind, die Gemeinschaft mit Jesus und anderen Christen ernsthaft suchen. Die Sakramentenlehre der EmK weist Ähnlichkeiten mit der der anglikanischen Kirche auf: Als Sakramente kennt die EmK nur Taufe und Abendmahl, wobei die Taufe nicht als persönliches Bekenntnis gesehen wird, sondern als Sinnbild der Wiedergeburt in Christus. Deshalb gibt es in der EmK Kinder- und Er-

Wir stehen ein für das Recht und die Pflicht aller Menschen, zum Wohl des Einzelnen und der Gesellschaft beizutragen. Wir stehen ein für die Überwindung von Ungerechtigkeit und Not.
Wir verpflichten uns zur Mitarbeit am weltweiten Frieden und an der Freiheit aller Völker und treten ein für Recht und Gerechtigkeit unter den Nationen.
Wir sind bereit, mit den Benachteiligten unsere Lebensmöglichkeiten zu teilen. Wir sehen darin eine Antwort auf Gottes Liebe.
Wir anerkennen Gottes Wort als Maßstab in allen menschlichen Belangen jetzt und in der Zukunft.
Wir glauben an den gegenwärtigen und endgültigen Sieg Gottes.
Wir nehmen seinen Auftrag an, das Evangelium in unserer Welt zu leben.
Amen.
(Quelle: www.emk.de)

wachsenentaufe nebeneinander. Die Kindertaufe bedeutet allerdings nicht automatisch die Mitgliedschaft in der Kirche. Vor der Aufnahme in die Gemeinschaft wird erst vom Gläubigen ein persönliches Bekenntnis des Glaubens vor der Gemeinde abgelegt. Die Mitwirkung der Laien ist in der EmK sehr wichtig, nicht nur in Form der Laienpredigt. Dabei wird in allen Ämtern kein Unterschied zwischen Männern und Frauen gemacht.
Da der Methodismus nicht aus Lehrstreitigkeiten, sondern aus einer unterschiedlichen Glaubenspraxis entstanden ist, fällt es den Methodisten leicht, sich an der Ökumene aktiv zu beteiligen. Es finden sich keine theologischen Unterschiede zu den evangelischen Landeskirchen, mit denen seit 1986 die volle Kanzel- und Abendmahlsgemeinschaft besteht, d.h. evangelische und methodistische Christen und Geistliche können jederzeit an Gottesdienst und Abendmahlsfeiern der jeweils anderen Kirche aktiv teilnehmen. Organisatorisch wird das freikirchliche Kirchenverständnis betont, theologisch aber werden eigene Akzente gesetzt.

Organisation und Statistik

Die einzelnen Gemeinden sind selbstständige Verwaltungseinheiten, die unter der Leitung eines ordinierten Pastors oder einer Pastorin stehen. Ihnen steht ein gewählter Gemeindevorstand aus Laien zur Seite. Die Pastorinnen und Pastoren werden vom Bischof für jeweils einige Jahre in einen Gemeindebezirk entsandt. Mehrere Gemeinden einer Region sind in einem Distrikt zusammengefasst, dem ein Superintendent vorsteht. Die drei Wuppertaler Gemeinden gehören zum Distrikt Essen. Zur Elberfelder Gemeinde zählen knapp 200 Mitglieder, die Barmer Gemeinde hat ca. 110 und die Schwesternschaft Bethesda ca. 100 Mitglieder.
Mehrere Distrikte bilden eine Konferenz, die von einem Bischof geleitet wird. Für ganz Deutschland gibt es drei jährlich tagende Regionalkonferenzen und eine Zentralkonferenz, die alle vier Jahre tagt. Die weltweite Generalkonferenz (World Methodist Council) ist ein Verbund von 76 methodistischen Kirchen. Alle Konferenzen sind paritätisch von gewählten Geistlichen und Laien besetzt.
Die EmK ist zwar bischöflich organisiert, allerdings bringt das Bischofsamt keine Lehrautorität mit sich. Entscheidungen zur Lehre kann nur die Generalkonferenz mit Laien und Geistlichen fällen. Organisatorische Entscheidungen zur kirchlichen Arbeit in einer Region treffen die „Jährlichen Konferenzen".
Die EmK ist Gründungsmitglied der VEF, der AcK, des ÖRK und der KEK. Sie ist auch Mitglied der Leuenberger Kirchengemeinschaft.

Literatur

Geldbach, Erich: Freikirchen – Erbe, Gestalt und Wirkung, Darmstadt 2. Aufl. 2005.
Steckel, Karl/Sommer, Ernst: Geschichte der Evangelisch-methodistischen Kirche, Stuttgart 1982.
Schmidt, Martin: John Wesley, 2 Bde., Frankfurt/Zürich 1953-1966.

Heilsarmee

Kurz-Informationen

Die Heilsarmee ist eine Erweckungs- und Heiligungsbewegung mit starkem sozialen Engagement, die aus dem Methodismus hervorging. Das Motto der Gemeinschaft lautet, kurz und prägnant formuliert: „Suppe, Seife, Seelenheil". Auffallend ist das militärische Auftreten der weltweit über drei Millionen Salutisten, so nennen sich die Mitglieder der Heilsarmee. Während in Afrika die Mitgliederzahl wächst, geht sie in Deutschland von 4500 weiter zurück (Quelle: Heilsarmee). Im Wuppertaler Korps treffen sich knapp 50 Heilsarmisten und 25 Kinder.

Geschichte

Die Heilsarmee wurde vom methodistischen Prediger William Booth (1829-1912) ins Leben gerufen. Booth war entsetzt, dass die zu den Randgruppen der Gesellschaft gehörenden Menschen von der Kirche ausgegrenzt wurden. Das widersprach seiner christlichen Ansicht, dass alle Menschen vor Gott gleich seien. Deshalb wollte er diese Ausgestoßenen bekehren und ihnen auch praktisch zu einem menschenwürdigeren Leben verhelfen. Aus diesem Grund begann er 1865 mit seiner Frau Cathrine in East London eine Missionsarbeit, die mit der Zeit zunehmend mehr und mehr Sozialarbeit wurde.

1877 führte das Paar die „Halleluja-Kapellen" ein: Blaskapellen, die das Singen geistlicher Lieder zu rhythmisch-volkstümlichen Melodien begleiteten. Ihren Namen bekamen die Kapellen von den häufigen Halleluja- und Amen-Rufen in den Liedern. Für eine effektivere Arbeit schuf Booth eine straff organisierte Bewegung, und so nahm die anfangs locker strukturierte Missionsbewegung ab 1878 nach und nach militärische Züge an. Und es kam zur Umbenennung in „Heilsarmee" (Salvation Army).

In Deutschland kam es 1886 in Stuttgart zur Gründung des ersten Korps durch den aus Solingen stammenden Fritz Schaaff. Trotz anfänglichem Widerstand durch die Bevölkerung und andere Kirchen konnte die Gemeinschaft Fuß fassen, nicht zuletzt durch ihren sozialen Einsatz (z.B. Beratungsangebote und Armenspeisungen) und breitete sich rasch aus.

Im Weiteren hatte die Heilsarmee immer wieder mit Repressalien zu kämpfen: In der Zeit des Nationalsozialismus war ihre Arbeit vielerorts von 1940-1945 verboten. In der DDR durfte die Heilsarmee nach dem Mauerbau 1961 nicht mehr öffentlich auftreten. In Westdeutschland erhielt sie hingegen den Status einer Körperschaft des öffentlichen Rechts.

In Wuppertal

Die Heilsarmee arbeitet seit 1890 in Wuppertal. Das hiesige Korps (Gemeinde) gehört damit zu den ältesten in Deutschland. Allein in Elberfeld wurden im Laufe des Jahres 1890 drei Korps gegründet, die ihre Versammlungsräume in der Wilhelmstraße 33, in der Südstraße 15a und am Bökel 18 hatten. Später wurde eine Halle in der Gesundheitsstraße 108a genutzt. In dieser Anfangszeit hatte die Heilsarmee im Tal mit vielen Widerständen zu leben, wie ein Zitat berichtet: „Wir Salutierten hatten viel zu leiden. Wir wurden geschlagen, getreten, mit Steinen und Schmutz beworfen, wo wir uns sehen ließen...".[1]

[1] Werner, Gerhart: Die Stillen in der Stadt, S. 45.

Kontaktdaten

Die Heilsarmee – Missionsstation Wuppertal
Bartholomäusstraße 60
42277 Wuppertal
Tel.: 0202 - 50 18 77 und 5 12 72 50
E-Mail: keine Angabe

Gottesdienst

So 10:30 Uhr
Sa 10:30 Uhr (alle zwei Wochen)
Freiversammlung auf dem Werth (Barmen)

Internet

www.heilsarmee-west.de/Wuppertal.html

Heilsarmee Bartholomäusstraße

Es gab aber auch Erfolge zu vermelden, zum Beispiel in der überregionalen Heilsarmee-Zeitschrift „Kriegsruf" aus dem Jahr 1898. Hier wurden Erfolge der Mission im Telegrammstil vermeldet: „Barmen-Wupperfeld, den 19. August, 10 Uhr 15 Min. Vormittag. Wundervoller Sonntag, Halle überfüllt. Große Ausgießung des Heiligen Geistes, mächtige Ueberzeugung, 51 an der Bußbank."
Seit den 1970er Jahren geht die Zahl der Mitglieder stark zurück, zuletzt besaß das Korps Elberfeld nur einen Versammlungsraum mit 40 Plätzen und einem Harmonium in der Ottenbrucher Straße 38, der im April 1996 aufgegeben werden musste. Seitdem gibt es nur noch ein Korps in Barmen, Bartholomäusstraße 60 in Wichlinghausen. Das Korps in Barmen betreibt eine rege Kinderarbeit.

Glaube und Leben

Die Heilsarmee widmet sich verstärkt der missionarischen Verkündigung und gleichzeitig der praktischen Hilfe für Gefährdete, Verwahrloste und Arme. Dabei kümmert sie sich insbesondere um Drogen-, Nikotin- und Alkoholabhängige, Prostituierte, Obdachlose, Land- und Stadtstreicher, Straffällige und Arbeitslose in Großstädten. Aus diesem Engagement entstanden vielfältige sozial-karitative Einrichtungen wie Nachtasyle, Suppenküchen, Trinkerfürsorge, Tagesschulen. Das Korps in Wuppertal gibt in Zusammenarbeit mit der Wuppertaler Tafel zweimal wöchentlich Essen und Kleider an Bedürftige aus.
Theologisch gründet sich diese Arbeit in der Vorstellung, dass der Mensch eine Einheit aus Geist, Seele und Leib ist. Und wenn Hilfe nötig ist, dann bedarf es einer Hilfe für den ganzen Menschen. Diese Haltung wird im Glaubensbekenntnis der Heilsarmee deutlich, den „11 immergültigen Glaubensartikeln". Sie sind noch stark methodistisch geprägt.
Das diakonische Handeln geht einher mit einer sehr nüchternen Gottesdienstkultur. Für die Heilsarmee sind die Sakramente keine notwendigen Bedingungen zum Heil. Sie sind nur äußere Zeichen und haben nur einen Sinn, wenn sie mit dem Empfang der inneren, geistlichen Gnade in Verbindung stehen. Deshalb gibt es statt der Kinder-Taufe eine Kinderweihe; das Abendmahl wird gar nicht gefeiert. Gleichwohl gibt es sieben eigenständige Zeremonien: Einreihen von Soldaten (Aufnahme in die Gemeinschaft), Fahnenübergabe, Gelübde, Kinderweihe, Trauung, Begräbnis, Gedächtnisfeier.

Originaltext

Die Lehren der Heilsarmee. Gemäß der Gründungsurkunde vom Jahre 1878
„Wir glauben, daß die Schriften des alten und des neuen Testaments durch Inspiration von Gott gegeben wurden, und daß sie allein die göttliche Richtschnur des christlichen Glaubens und Lebens bilden.
Wir glauben, daß es nur einen Gott gibt, unendlich vollkommen, Schöpfer, Erhalter und Regierer aller Dinge, und daß ihm allein Anbetung gebührt.
Wir glauben an die Dreieinigkeit Gottes – Vater, Sohn und Heiliger Geist –, eins im Wesen und gleich an Kraft und Herrlichkeit.
Wir glauben, daß in der Person Jesu Christi die göttliche und die menschliche Natur vereinigt sind, so daß er wirklich und wahrhaftig Gott und wirklich und wahrhaftig Mensch ist.
Wir glauben, daß unsere ersten Eltern in Sündlosigkeit erschaffen wurden, daß sie aber durch Ungehorsam ihre Reinheit und Glückseligkeit verloren haben. Durch ihren Fall sind alle Menschen Sünder geworden, völlig verderbt und mit Recht dem Zorn Gottes ausgesetzt.

Die Heilsarmee zieht strenge ethische Konsequenzen aus ihrem sozialen Handeln. Gerade in der Arbeit mit Drogenabhängigen, Süchtigen oder Prostituierten machen klare Verhaltensregeln Sinn und geben den Betroffenen Orientierung. Von den Soldaten wird vollkommene Abstinenz von Alkohol, Drogen und Tabak erwartet. Sie dient als Schutz vor Abhängigkeit, kann aber aus medizinischen Gründen durchbrochen werden. Ähnlich konsequent lehnt die Heilsarmee jede Form der Pornographie als entwürdigend ab und kämpft sie gegen die Förderung des Glücksspiels, sei es durch staatliche Stellen, gemeinnützige Organisationen oder wirtschaftliche Kreise.

Organisation und Statistik

Die militärische Organisation der Heilsarmee zeigt sich vor allem in den Bezeichnungen der Geistlichen und Leitungsgremien. An der Spitze der Heilsarmee steht ein „General". Die Gemeindestationen heißen Korps, die hauptamtlichen Mitarbeiter Offiziere und die Mitglieder Soldaten (oder Salutisten). Alle Positionen können gleichberechtigt von Frauen wie Männern besetzt werden. Die Uniform ist öffentliches Bekenntnis zum Dienst für Gott und Menschen. Sie lässt keine gesellschaftlichen Unterschiede der Mitglieder sichtbar werden, ist Markenzeichen der Heilsarmee und bietet auch eine Schutzfunktion in schwierigen Situationen. Es gibt einen speziellen Heilsarmee-Gruß, bei dem die rechte Hand gehoben wird, wobei nur der Zeigefinger nach oben zeigt. Dieser deutet auf Christus, den Herrn im Himmel, hin.
In Deutschland gibt es knapp 50 Gemeinden und 43 Sozialeinrichtungen der Heilsarmee.

Literatur

Collier, Richard: Der General Gottes William Booth. Die Geschichte der Heilsarmee, Lahr 4. Aufl. 2002.
Die Heilsarmee: Handbuch der Lehren, Köln 1978.
Kipphan, Günther: Die andere Armee. Aus dem Alltag der Heilsarmee, Haan 1989.
Scharwächter, Jo: Halleluja-Jo. Vom Zuhälter zum Heilsarmee-Offizier, Moers 1994.

Wir glauben, daß der Herr Jesus Christus durch sein Leiden und Sterben eine Versöhnung für die ganze Welt vollbracht hat und daß jeder, der will, gerettet werden kann.
Wir glauben, daß Umkehr zu Gott (Buße), Glauben an unseren Herrn Jesus Christus und Wiedergeburt durch den Heiligen Geist zu unserer Errettung notwendig sind.
Wir glauben, daß wir aus Gnaden durch den Glauben an unseren Herrn Jesus Christus gerechtfertigt sind und daß jeder, der glaubt, das Zeugnis davon in sich trägt.
Wir glauben, daß eine bleibende Erfahrung des Heils vom beständigen, gehorsamen Glauben an Jesus Christus abhängt.
Wir glauben, daß es das Vorrecht aller Gläubigen ist, durch und durch geheiligt zu werden, und daß ihr Geist ganz, samt Seele und Leib, auf das Kommen unseres Herrn Jesus Christus unsträflich bewahrt werden kann (1. Thessalonicher 5,23).
Wir glauben an die Unsterblichkeit der Seele (Ewigkeitsbestimmung des Menschen), an die Auferstehung des Leibes, an das Jüngste Gericht am Ende der Welt, an die ewige Glückseligkeit der Gerechten und an die ewige Strafe der Gottlosen."

Apostolische Kirchen

Die Familie der apostolischen Kirchen ist durch eine schwer zu überschauende Vielfalt ihrer Mitglieder geprägt. Immer wieder kam es zu Abspaltungen und Umbenennungen. Das Ergebnis kann man auch heute in Wuppertal sehen. Als grobe Orientierung kann diese Zeittafel für die in Wuppertal vorhandenen apostolischen Gemeinschaften dienen.

Allgemein

Jahr	Gemeinschaft	Ereignis
1831	Kath.-apostolische Gemeinden	Berufung von 12 Aposteln der Endzeit
1847	Kath.-apostolische Gemeinden	Erste Gemeinde in Deutschland
1855	Kath.-apostolische Gemeinden	Tod dreier Apostel
1860	Allgemeine christl. apostolische Mission (AcaM)	Berufung zweier neuer Apostel
1907	Allgemeine christl. apostolische Mission (AcaM)	Umbenennung in Neuapostolische Gemeinde (NAG)
1901	Kath.-apostolische Gemeinden	Tod des letzten Apostels
1902	Apostelamt Juda	Abspaltung von NAG
1923	Apostelamt Simeon	Abspaltung vom Apostelamt Juda
1930	Neuapostolische Gemeinde (NAG)	Umbenennung in Neuapostolische Kirche (NAK)
1947	Apostelamt Simeon	Umbenennung in Apostelamt Jesu Christi
1950er	Kath.-apostolische Gemeinden	Beginn der „Zeit der großen Stille"
1955	Apostolische Gemeinschaft	Abspaltung von der NAK
1962	Apostelamt Jesu Christi	Trennung in Verein (Westdeutschland) und Körperschaft (Ostdeutschland)
1994	Apostolische Gemeinschaft	Vereinigung mit Reformiert-Apostolischem Gemeindebund
2005	Apostelamt Jesu Christi, KdÖR	Vereinigung mit Old Apostolic Church

In Wuppertal

Jahr	Gemeinschaft	Ereignis
1872	Kath.-apostolische Gemeinde	Erste Gemeinde in Wuppertal
1876	Kath.-apostolische Gemeinde	Kapelle in Unterbarmen
1889	Neuapostolische Gemeinde (NAG)	Erste Gemeinde, die später zur NAK gehört
1889	Neuapostolische Gemeinde	Erste Versammlungsstätte
1929	Neuapostolische Gemeinde	Erste Kirche
1955	Apostolische Gemeinschaft	Gemeindegründung
1980er	Apostelamt Jesu Christi	Gemeinde wird geschlossen
2003	Apostelamt Jesu Christi	Gemeindeneugründung

Katholisch-Apostolische Gemeinde

Kurz-Informationen

Die Katholisch-Apostolischen Gemeinden sind eine kleine Gemeinschaft, die auf die sichtbare Wiederkunft von Jesu Christi wartet. Diese Kirche hat die Ansprüche der apostolischen Erweckungsbewegung des 19. Jahrhunderts in England am reinsten bewahrt. Alle anderen apostolischen Gemeinschaften sind genau genommen Abspaltungen von den Katholisch-Apostolischen Gemeinden. In Deutschland gibt es nur noch gut 8000 Gläubige (Quelle: REMID), in Wuppertal sind es 70 mit über 30 Kindern unter 15 Jahren.

Geschichte

Die Katholisch-Apostolischen Gemeinden haben ihre Wurzeln in einer religiösen Erweckungsbewegung zu Anfang des 19. Jahrhunderts in England. Wichtigstes Thema der Bewegung war die Erwartung der sichtbaren Wiederkunft Christi auf Erden. Als Zeichen des nahen Weltendes wurden Gaben des Heiligen Geistes wie Zungenrede und Prophetie gedeutet.

Unter dem Eindruck endzeitlicher Prophezeiungen wurden ab 1831 zwölf theologische Persönlichkeiten aus England zu Aposteln berufen (unter Berufung auf Offenbarung 21,14), deren Aufgabe es sein sollte, die Menschheit auf das zweite Kommen Christi vorzubereiten. Der zwölfte von ihnen wurde am 14. Juli 1835 berufen. Zusätzlich wurden durch prophetische Weissagung „Engel" bestimmt. Sie galten als Bischöfe einer erneuerten Kirche.

Zu ihnen gehörte auch der Lehrer Edward Irving (1792-1834), der seit 1822 ein Pfarramt an der Londoner Gemeinde der Schottischen Nationalkirche innehatte. Nach Konflikten mit seiner Kirchenführung gründete er mit seinen Anhängern 1832 eine eigene Gemeinde, die anfangs „Irvingianer" genannt wurde. Das Ziel der Bewegung war es, für die Einheit der Kirche einzutreten. Sie sah sich nicht als Abtrennung von einer bestehenden Kirche, sondern als einheitliche, ursprüngliche, katholische Kirche in Ablehnung aller anderen Kirchen und Konfessionen. Deshalb entwickelte sich eine starke Missionstätigkeit. Die Welt wurde in zwölf Missionsgebiete, benannt nach den zwölf Stämmen Israels, aufgeteilt. Jeder Apostel war für ein Gebiet zuständig. Für Süddeutschland und Österreich (Stamm Ruben) war der Londoner Jurist Francis Valentine Woodhouse (1805-1901) und für Norddeutschland (Stamm Simeon) der schottische Rechtsanwalt Thomas Carlyle (1803-1855) zuständig. So entstanden in Europa und Amerika neue Gemeinden; die ersten deutschen Gemeinden 1847 in Frankfurt, 1848 in Berlin.

Die Gruppe geriet 1855 nach dem Tod dreier Apostel in eine Krise, weil die Erwartung enttäuscht wurde, dass Christus noch zu Lebzeiten der neuen Apostel wiederkehren werde. Für alle Übrigen war klar, dass eine „Auffüllung" des Apostelgremiums auf die Zwölfzahl aus eigener Initiative nicht in Frage komme. Sie beteten für ein göttliches Zeichen. Heinrich Geyer (1818-1896), der Prophet der Berliner Gemeinde, sah sich von Gott befugt und berief 1860 zwei neue Apostel. Das führte nach längerem Ringen zum Bruch zwischen den Anhängern Geyers und den Anhängern des ursprünglichen Apostelgremiums. Hier beginnt die Entstehungsgeschichte der „Neuapostolischen Kirche" (NAK).

Der letzte Apostel starb am 3.2.1901 im Alter von 96 Jahren, danach begann für die Katholisch-Apostolischen Gemeinden die „Zeit der großen Stille" (nach Offenbarung 8,1): das Warten auf die Wiederkunft Christi. Es konnten keine neuen Ämter mehr besetzt, keine Priester geweiht und auch keine neuen Mitglieder mehr aufgenommen werden, weil das nur

Kontaktdaten
Katholisch-Apostolische Gemeinde
Winterstraße 11
42285 Wuppertal
Tel.: keine Angabe
E-Mail: keine Angabe

Gottesdienst
So 10:00 Uhr Gottesdienst
So 16:15 Uhr Predigtvorlesung

Internet
www.apostolic.de (keine offizielle Seite der Gemeinschaft)

den Aposteln zugestanden wurde. Zu dieser Zeit gab es in Norddeutschland 305 Gemeinden mit rund 60.000 Gemeindemitgliedern. Diese unterstanden 100 Gemeinde-Engeln. In Süddeutschland gab es 43 Gemeinden. Seitdem nach und nach auch die letzten Engel (Bischöfe) bis 1960 und der letzte Priester 1971 verstorben waren, können in der Katholisch-Apostolischen Kirche auch keine Sakramente wie die Kommunion (Abendmahl) mehr gefeiert werden.

In Wuppertal

Kapelle, Winterstraße

Wuppertal kann als Keimzelle der „irvingianischen" Bewegung im Rheinland gelten, unter anderem durch regelmäßige Eucharistiefeiern und Priesterordinationen und Engelweihen, die vorzugsweise in der Kirche in Barmen stattfanden. Die Katholisch-Apostolische Gemeinde in Barmen war sozusagen die „Muttergemeinde" für die später entstehenden Gemeinden im Rheinland. Die erste Gemeinde war allerdings 1869 in Mönchengladbach entstanden. Apostel Carlyle kam indes schon vorher bei einer Missionsreise auch nach Wuppertal und gab so den Anstoß zu einer späteren Gemeindegründung.
1872 hielt der Evangelist Max von Pochhammer einen Vortrag über die Wiederkunft Jesu. Daraufhin schlossen sich mehrere Gläubige zu einer Gemeinde zusammen, die sich an der Kluser Straße traf. Die Gemeinde wuchs recht schnell und fand vor allem Mitglieder aus der Unterschicht und Arbeiterklasse. Schon 1876 konnte eine Kapelle in der Winterstraße in Unterbarmen errichtet werden. Die Gemeinde war aber so groß, dass sie einen Engel (Bischof) mit ihren Zehntabgaben bezahlen konnte. Da das nicht jede Gemeinde konnte, wurde Wuppertal Bischofssitz. In ihrer Blütezeit hatte die Gemeinde zwei Horngemeinden (Tochtergemeinden) in Rittershausen (heute Oberbarmen) und Elberfeld. Heute lebt auch die Gemeinde in Wuppertal in der „Zeit der großen Stille". Die letzte Kommunion wurde hier Ende der 50er Jahre gefeiert. Die Kapelle wurde im Zweiten Weltkrieg schwer zerstört und 1948 wieder neu eingeweiht.

Glaube und Leben

Die Anhänger der Gemeinschaft berufen sich auf den Katechismus von 1854. Dieser betont ausdrücklich: „Die Kirche ist die Versammlung aller, die an den Herrn Jesus Christus glauben und nach seinem Gebote getauft sind (...)". Hier zeigt sich der Wunsch nach Einheit aller Christen in einer Kirche. Deshalb auch verstehen sich die Katholisch-Apostolischen als Teil der einen heiligen, Katholisch-Apostolischen Kirche. Sie sprechen darum die Worte des Nicänischen Glaubensbekenntnisses, das alle christlichen Kirchen miteinander verbindet. Der Begriff „apostolische" bezieht sich heute nicht mehr auf einzelne Apostel, sondern auf die ganze Kirche, weil sie von Christus in die Welt gesandt ist.

Innenraum der Kapelle

Das ganze Gemeindeleben ist stark von der „Zeit der großen Stille" geprägt. Es gibt heute keine geistliche Leitung mehr, sondern nur noch Laienämter. Sakramente und Amtshandlungen werden nicht gefeiert, vereinzelt aber von Geistlichen anderer Kirchen erbeten (z.B. Taufen und Hochzeiten). Im Allgemeinen aber wird das „geistliche Fasten" eingehalten, wie es der letzte deutsche „Engel" (gest. 1960) in seiner „Anweisung für Gemeinden ohne Diener" empfohlen hat. Das heißt, es wird auf das Abendmahl ganz verzichtet. Aus diesem Grund wird auch in der Wuppertaler Gemeinde der Altarraum während eines Gottesdienstes nicht betreten, und der siebenarmige Leuchter und die Eucharistie-Leuchter sind erloschen.
Die ursprüngliche Liturgie enthielt starke Elemente der katholischen und anglikanischen Kirchen. Heutige Gottesdienste – sie sind immer noch recht würdevoll – bestehen aus Gebet (ausführliche Fürbitt-Litaneien), Gesang, Bibellesungen und Predigtvorlesungen verstorbener Amtsträger. Es kommen keine neuen Predigten hinzu, denn nach Vorstellung der

katholisch-apostolischen Christen sind nur Bischöfe, Priester und Diakone befugt, die Heilige Schrift auszulegen. Da die meisten Texte Anfang des 20. Jahrhunderts entstanden sind, wirken sie heute als seien sie einer altertümlichen anmutenden Sprache verfasst.
Neue Gemeindemitglieder können nicht aufgenommen werden. Die Mitgliedschaft ist nur für Nachkommen früherer Gemeindemitglieder möglich. Ehegatten oder Interessenten werden jedoch gerne willkommen geheißen.

Organisation und Statistik

In den Katholisch-Apostolischen Gemeinden besteht grundsätzlich die Vorstellung, die wahre Kirche habe fünf von Gott verordnete Ämter: Apostel, Propheten, Evangelisten, Hirten und Lehrer (nach Epheser 4,11). Nur wenn diese vorhanden seien, könne sie ihre Aufgaben vollkommen erfüllen. Dann sei sie Heilsinstitution und endzeitliche Zufluchtsstätte. Ehe Christus wiederkomme, solle die Kirche wieder zu ihrer ursprünglichen und eigentlichen Gestalt zurückkehren, wie sie zur Zeit der ersten Apostel bestanden habe. Das ist bzw. war die Grundannahme für die Berufung neuer Apostel als geistliche Leiter der Kirche. Dieser Vorgang kann indes nicht beliebig oft wiederholt und erweitert werden. Deshalb kam es zum Konflikt mit der Neuapostolischen Kirche, da diese immer wieder neue Apostel eingesetzt und ihre Zahl auch über zwölf erhöht hat.
Die Wuppertaler Gemeinde finanziert sich durch Abgaben der Mitglieder. Sie geben in der Regel zehn Prozent ihres Einkommens und werden daran durch einen großen Opferstock in der Kirche erinnert. In diesen Kasten wird das Geld für die Gemeinde geworfen. Im Allgemeinen ist die Zahl der Gemeindemitglieder in Deutschland rückläufig. Die Gemeinde in Wuppertal ist allerdings überdurchschnittlich jung und lebendig. Ein großer Teil der Mitglieder besteht aus Familien mit mehreren Kindern. Wenn keine Katholisch-Apostolische Gemeinde in der Nähe ist, wenden sich die Gläubigen bei Amtshandlungen an evangelische Frei- oder Landeskirchen.

Literatur

Schröter, Johannes Albrecht: Die Katholisch-Apostolischen Gemeinden in Deutschland und der Fall Geyer, Marburg 1997.
Obst, Helmut: Apostel und Propheten der Neuzeit, Göttingen 2000.
Wittich, Gunda: Edward Irving, in: Bautz, Traugott (Hg.): Biographisch-Bibliographisches Kirchenlexikon, Band II, Herzberg 1990, Sp. 1337-1338.

Originaltext

Unser Zeugnis ist nach außen seit dem Tod des letzten Apostels verstummt und als Laien sind wir weder berufen noch autorisiert etwas Amtliches von uns zu geben. Es ist vergleichbar mit der „Stille im Himmel bei einer halben Stunde" (Offenbarung 8,1). Im Vertrauen darauf, dass der Herr Sein Werk zu Seiner Zeit rechtfertigen und vollenden wird, verzichten wir jedoch auf jede eigenmächtige Hilfe.
Die Gemeindemitglieder führen ein zurückgezogenes, christliches Leben. Unsere Hauptaufgabe sehen wir einerseits in einem stillen Dienst der Fürbitte für alle Menschen, vor allem für die Kirche, und andererseits in der lebendigen Erwartung der Wiederkunft Jesu Christi wie ein Dieb in der Nacht.
(Quelle: Brief vom 23.11.2003 der Gemeinde Wuppertal an den AcGW)

Neuapostolische Kirche

Kontaktdaten
Gemeinde Elberfeld: Hardtstraße 14; Tel.: 0202-62 51 60
Gemeinde Varresbeck: Otto-Hausmann-Ring 184; Tel.: 0202 - 73 31 01
Gemeinde Vohwinkel: Schlieffenstraße 5; Tel.: 0202 - 2 78 11 65
Gemeinde Cronenberg: Auf dem Eigen 10; Tel.: 0202 - 45 23 42
Gemeinde Ronsdorf: Geranienstraße 24, Tel.: 02191 - 66 33 22
Gemeinde Langerfeld: Am Timpen 23, Tel.: 0202 - 60 17 87
Gemeinde Barmen: Kleine Flurstraße 11- 13, Tel.: 0202 - 55 93 36
Gemeinde Heckinghausen: Schnurstraße 19, Tel.: 0202 - 62 66 75
Gemeinde Hatzfeld: Hatzfelder Straße 96, Tel.: 0202 - 50 33 52
Gemeinde Nächstebreck: Im Hölken 10, Tel.: 0202 - 64 91 12

Gottesdienst
So 09:30 Uhr
Mi 19:30 Uhr

Internet
www.nak-wuppertal.de – Informationen aus dem Bezirk Wuppertal
www.nak.de – Homepage der NAK in Deutschland
www.nak.org – Seiten der internationalen NAK

Kurz-Informationen

Die Neuapostolische Kirche (NAK) gilt als größte christliche Gemeinschaft neben den evangelischen, katholischen und orthodoxen Kirchen in Deutschland. Ihre Anhängerzahl beläuft sich auf etwa 378.000 (Quelle: REMID) mit abnehmender Tendenz, weltweit auf über zehn Millionen, stark steigend. In Wuppertal bekennen sich gut 1800 Christen zur NAK.
Die Kirche gehört zur Gruppe der apostolischen Gemeinschaften und wird wie alle anderen Kirchen dieser Richtung von Aposteln geleitet. Die NAK sieht sich als Vollendung der christlichen Urkirche und erwartet das baldige Wiedererscheinen von Jesu Christi. In den letzten Jahren vollzieht die NAK eine Entwicklung weg von einer exklusiven Gruppe und öffnet sich langsam für Gespräche mit anderen Gemeinschaften.

Geschichte

Die NAK hat ihre Wurzeln in der in den 1830er Jahren in England entstandenen katholisch-apostolischen Bewegung. Diese Bewegung verband die Abkehr vom Rationalismus, den Wunsch nach geistlicher Erweckung, die Wiederherstellung von urchristlichen Ämtern sowie eine ausgeprägte Endzeiterwartung miteinander. Um das Wiedererscheinen von Jesus Christus vorzubereiten, wurden zwischen 1832 und 1835 zwölf Apostel berufen. Die Apostel waren davon überzeugt, dass sie die Wiederkunft Christi persönlich erleben würden. Doch sie wurden enttäuscht, einer nach dem anderen starb, bis 1879 nur noch einer lebte.
Als 1860/63 eine Nachberufung von Aposteln für die verstorbenen ausblieb, entschlossen sich deutsche und holländische Kreise zu diesem Schritt und ernannten neue Apostel. Damit war die Abspaltung von den Katholisch-Apostolischen Gemeinden vollzogen. Zunächst entstand 1863 um den deutschen Propheten Heinrich Geyer (1818-1896) in Hamburg die „Allgemeine christliche apostolische Mission". Geyer aber verließ diese Gemeinschaft 1878 wieder, weil ihm zu große Nähe zur evangelischen Kirche vorgeworfen wurde. Unter seinen Nachfolgern kam es zu Änderungen in Lehre und Organisation. Damit verbunden war 1907 ein Beschluss des Apostelkollegiums, die Gemeinschaft umzubenennen in „Neuapostolische Gemeinde". Seit 1930 heißt sie „Neuapostolische Kirche". Die anfängliche ökumenische Offenheit, die, trotz eines Exklusivitätsanspruches, in den Katholisch-Apostolischen Gemeinden und auch noch von Geyer gepflegt wurde, wich mit den Jahren der starken Abgrenzung gegenüber den anderen christlichen Konfessionen. Im Laufe ihrer Entwicklung distanzierte sich die NAK zunehmend von alten Glaubensüberzeugungen (z.B. durch die Einführung eines „Stammapostelamtes"). Ebenso gingen charismatische Elemente wie Weissagungen oder das Prophetenamt verloren und wichen einer hierarchischen Kirchenstruktur. In Abgrenzung zu anderen christlichen Kirchen wurden die Wiederaufrichtung des Apostelamtes und seine Funktion als personale Vergegenwärtigung Christi betont.
Weitere Abspaltungen begleiteten die Geschichte der NAK (z.B. Apostelamt Juda, Apostolische Gemeinschaft). Dennoch stiegen die Mitgliederzahlen weiter an. 1925 wurden in Deutschland 138.000 Anhänger gezählt. Während des Nationalsozialismus entzog sich die NAK nur knapp einem Verbot. Nach 1945 konnte sie wieder größere Missionserfolge erzielen. Für eine tiefe Krise und heftigste innere Auseinandersetzungen sorgte die Botschaft des Stammapostels Johann Gottfried Bischoff (1871-1960), der im Jahre 1951 die Wiederkunft Christi noch für seine Amtszeit

vorausgesagt hatte. Diese „Botschaft" wurde zum neuapostolischen Bekenntnis, und Amtsträger, die diese öffentlich anzweifelten, wurden ihrer Ämter enthoben. Der prominenteste Betroffene war der designierte Nachfolger des Stammapostels, der rheinische Bezirksapostel Peter Kuhlen (1899-1986), der mit seinen Anhänger die „Apostolische Gemeinschaft" gründete.
Von 1988 bis Sommer 2005 stand Richard Fehr (*1939) der Kirche als Stammapostel vor (Sitz: Zürich/Schweiz). Unter seiner Führung entwickelte sich die NAK von einer mitteleuropäisch geprägten zu einer weltweiten Gemeinschaft. Sein Nachfolger wurde Pfingsten 2005 der gebürtige Westfale Dr. Wilhelm Leber (*1947).

In Wuppertal

Im Jahr 1887 kam ein apostolischer Prediger aus Holland nach Elberfeld und hielt einen Vortrag auf der Wilhelmshöhe (heute Paradestraße) zum Thema „Die Öffnung des 6. Siegels" mit regem Zulauf. Aber erst 1889 bekannte sich Familie Mühlhoff zum neuapostolischen Glauben. Der erste Gottesdienst wurde am 12. Juli 1889 im Haus Am Ostersbaum 37 gefeiert. Daraus entstand die erste Neuapostolische Gemeinde im Wuppertal, deren Vorsteher der Vater der Familie Mühlhoff war. Damit war Elberfeld der vierte Ort in Westdeutschland mit einer Neuapostolischen Gemeinde. 1898 konnte auf Initiative des damaligen Bezirksvorstehers Bischof Ernst Weerth die erste größere Versammlungsstätte in einem Hinterhaus an der Straßburger Straße errichtet werden. Diese wurde aber schon 1906 zu klein, so dass ein Gebäude in der Luisenstraße genutzt wurde. 1929, im Jahr der Stadtgründung Wuppertals, entstand der erste eigene Kirchenbau mit 800 Plätzen an der Wortmannstraße unterhalb der Hardt, wo heute noch eine neuapostolische Kirche steht. Zur Einweihung der Kirche kam sogar der damalige Stammapostel Hermann Niehaus (1848-1932) nach Wuppertal.

Gemeinde Elberfeld, Wortmannstraße

Sowohl die Versammlungsstätte in Barmen als auch die Kirche in Elberfeld wurden bei Bombenangriffen während des Zweiten Weltkrieges schwer beschädigt. Die Gemeinde konnte sich deshalb nur in Privatwohnungen zu Hausandachten versammeln, aber schon 1944 wurde ein Teil der Kirche wieder genutzt. Ab 1949 konnte an der Hardt die Kirche mit einem Erweiterungsbau neu eingeweiht werden – genau zum richtigen Zeitpunkt, denn in dieser Zeit wuchs die Gemeinde massiv durch neuapostolische Flüchtlinge aus den deutschen Ostgebieten. Der heutige Kirchbau in Elberfeld entstand 1972.
Von Elberfeld ausgehend wurden durch Missionsarbeit zahlreiche Menschen für den neuapostolischen Glauben gewonnen, und in der Region konnten neue Gemeinden gegründet werden. Z.B. 1896 in Haan, 1900 in Velbert, 1902 in Remscheid, 1905 in Barmen und 1905 in Vohwinkel. In anderen Stadtteilen entstanden erst später selbstständige Gemeinden. In Langerfeld 1925 (Kircheneinweihung 1955), Cronenberg 1926, Nächstebreck 1927, Ronsdorf 1957, Hatzfeld 1969, Heckinghausen 1982 (Kircheneinweihung 1988), Varresbeck 1988 (Kircheneinweihung 1993).

Gemeinde Vohwinkel, Schlieffenstraße

Seit 1982 befand sich in den historischen Gebäuden des Gutes Schöllers eine Jugendbegegnungsstätte des Bezirks NRW, die mittlerweile wieder geschlossen wurde. Im selben Jahr wurde der Gebietskirche NRW, zu der Wuppertal gehört, das Land Portugal als Missionsland zugewiesen. Deswegen gibt es enge Verbindungen zwischen Gemeinden aus der Region und Portugal. In den folgenden Jahren kamen weitere zu betreuende Missionsgebiete wie Angola, Nordbrasilien, Albanien und Georgien dazu, die auch von Seelsorgern aus Wuppertal mitbetreut werden. Seit einigen Jahren bestehen nachbarschaftlich gute Kontakte zu anderen christlichen Gemeinden in Langerfeld und Cronenberg.

Glaube und Leben

Da der neuapostolische Glaube auf die Praxis ausgerichtet ist, spielt seine intellektuelle Durchdringung bisher eher eine untergeordnete Rolle. Die NAK vertritt die Ansicht, dass das Apostelamt eine dauerhafte Einrichtung der Kirche sei und es deshalb für die Kirche schädlich war, dass nach dem Tod der ersten Apostel keine Nachfolger eingesetzt wurden. Das irdische Apostelamt wird als heilsnotwendig erachtet, denn nur dieses garantiere die richtige Verkündigung und den wahren Ursprung des christlichen Glaubens. Deshalb ist für die NAK das Apostelamt konstitutiv für die wahre Kirche Jesu Christi. Die NAK sieht sich als Nachfolgerin der ersten apostolischen Kirche, die die nahe Wiederkunft Christi vorbereitet. Ziel der neuapostolischen Christen ist es, bei der Wiederkunft Christi in die ewige Gemeinschaft mit Gott geführt zu werden. Bis 2005 wurde daraus ein Exklusivitätsanspruch hergeleitet, der aber mittlerweile abgemildert ist. Die NAK legt jetzt Wert auf die Feststellung, dass man auf einen Absolutheitsanspruch verzichtet, weil Gott im Endgericht allen Menschen Heil und Erlösung anbiete, auch wenn sie nicht Mitglied in der NAK gewesen sind.

Die NAK kennt neben Taufe und Abendmahl als drittes Sakrament die „Heilige Versiegelung". Man versteht darunter die Spendung des Geistes durch einen Apostel, der dem zu „Versiegelnden" die Hände auflegt und dazu begleitende Worte spricht. Durch dieses Ritual erlangt der Gläubige die „Gotteskinderschaft". Vorbedingung für die „Versiegelung" sind die Taufe mit Wasser, die unmittelbar vorhergehende Sündenvergebung, der Glaube an die Lehre der Apostel und die Ablegung eines Bekenntnisses, dass man sein Leben künftig „nach der Lehre Jesu Christi und seiner Apostel" führen will. Taufe und Versiegelung werden an jedem Mitglied einmal vollzogen und gelten als heilsnotwendig. Ursprünglich mussten Christen, die in anderen Kirchen getauft worden waren, ihre Taufe von einem Apostel bestätigen lassen. Seit wenigen Monaten werden solche Taufen aber als vollgültig anerkannt, wenn sie richtig, d.h. trinitarisch und mit Wasser, vollzogen wurden.

Die Gottesdienste der NAK sind schlicht und haben einen hohen Predigtanteil. Anfänglich, bis 1885, war die Gottesdienstpraxis der Katholisch-Apostolischen Gemeinden sehr anglikanisch geprägt. Durch den holländisch-reformierten Einfluss änderte sich das. In jedem Gottesdienst

Originaltext

1. Glaubensartikel: Ich glaube an Gott den Vater, den allmächtigen Schöpfer Himmels und der Erden.
2. Glaubensartikel: Ich glaube an Jesum Christum, Gottes eingeborenen Sohn, unseren Herrn, der empfangen ist von dem Heiligen Geist, geboren von der Jungfrau Maria, gelitten unter Pontius Pilatus, gekreuzigt, gestorben, begraben, eingegangen in das Reich der Entschlafenen, auferstanden von den Toten, aufgefahren gen Himmel, sitzend zur rechten Hand Gottes, des allmächtigen Vaters, von dannen er wiederkommen wird.
3. Glaubensartikel: Ich glaube an den Heiligen Geist, eine heilige Apostolische Kirche, die Gemeinde der Heiligen, Vergebung der Sünden, Auferstehung der Toten und ein ewiges Leben.
4. Glaubensartikel: Ich glaube, dass der Herr Jesus seine Kirche durch lebende Apostel regiert bis zu seinem Wiederkommen, dass er seine Apostel gesandt hat und noch sendet mit dem Auftrag, zu lehren, in seinem Namen Sünden zu vergeben und mit Wasser und dem Heiligen Geist zu taufen.
5. Glaubensartikel: Ich glaube, dass sämtliche Ämter in der Kirche Christi nur von Aposteln erwählt und in ihr Amt eingesetzt werden und dass aus dem Apostelamt Christi sämtliche Gaben und Kräfte hervorgehen müssen, auf dass, mit ihnen ausgerüstet, die Gemeinde ein lesbarer Brief Christi werde.
6. Glaubensartikel: Ich glaube, dass die Heilige Taufe mit Wasser ein Bestandteil der Wiedergeburt ist und der Täufling dadurch die Anwartschaft zur Empfangnahme des Heiligen Geistes erlangt. Sie ist ferner der Bund eines guten Gewissens mit Gott.

wird das Abendmahl gefeiert mit Oblaten, denen symbolisch drei Tropfen Wein eingebacken sind. Die Predigt wird in der Regel frei gehalten von bewusst nicht theologisch gebildeten Laien. In besonderen „Entschlafenengottesdiensten", die dreimal im Jahr stattfinden, wird für bereits Verstorbene gebetet und Gott um deren Erlösung angerufen.
Von den Anhängern wird erwartet, dass sie den „biblisch begründeten Zehnten" ihres Einkommens der Glaubensgemeinschaft zur Verfügung stellen. Mit Ausnahme einiger weniger Jugend- und Altenheime unterhält die NAK keine besonderen Einrichtungen sozialer, seelsorgerlicher oder pädagogischer Art (Ausbildungs- oder Tagungsstätten). Ganz anders sieht das missionarische Engagement aus. Vor allem in Asien und Afrika ist die NAK missionarisch sehr aktiv. Insgesamt sind die Personalkosten der Glaubensgemeinschaft gering, da die meisten Dienste ehrenamtlich geschehen.

Organisation und Statistik

Die NAK ist hierarchisch aufgebaut. Als kirchenleitendes Amt gilt das Apostelamt. An der Spitze steht der Stammapostel, der in allen kirchlichen Angelegenheiten und Lehraussagen letztverbindlich entscheiden kann. Er ernennt Apostel, die dann als göttlich berufen gelten. Rund 18 Bezirksapostel und 300 weitere Apostel amtieren derzeit mit ihm. Sie allein seien in der Lage, die Bibel und den Willen Gottes recht auszulegen. Die meisten Geistlichen versehen ihre Arbeit ehrenamtlich und ohne theologische Ausbildung. Die Zahl der in den Gemeinden Engagierten ist dabei erstaunlich hoch, auf 17 Gemeindemitglieder kommt ein Amtsträger. Unter Berufung auf die Situation in der Urkirche besteht für Frauen in der NAK keine Möglichkeit, ein geistliches Amt zu übernehmen. Die Hierarchie umfasst drei Amtsgruppen: Apostel (Stammapostel, Stammapostelhelfer, Bezirksapostel, Apostel), priesterliche Ämter (Bischof, Bezirksältester, Bezirksevangelist, Hirte, Evangelist, Priester) und Diakone.
In Wuppertal gibt es zehn Gemeinden mit zusammen knapp 1800 Mitgliedern, davon 10% Kinder unter 14 Jahren (Stand Ende 2004). Die Gemeinden besitzen alle ein eigenes Kirchengebäude im typischen NAK-Stil. Die Mitgliedszahlen der NAK in den einzelnen Kontinenten haben sich in den letzten Jahren erheblich verschoben. Konnte man 1960 noch

7. Glaubensartikel: Ich glaube, dass das Heilige Abendmahl zum Gedächtnis an das einmal gebrachte, vollgultige Opfer, an das bittere Leiden und Sterben Christi, vom Herrn selbst eingesetzt ist. Der würdige Genuss des Heiligen Abendmahls verbürgt uns die Lebensgemeinschaft mit Christo Jesu, unserem Herrn. Es wird mit ungesäuertem Brot und Wein gefeiert; beides muss von einem priesterlichen Amt der Kirche gesegnet und gespendet werden.
8. Glaubensartikel: Ich glaube, dass die mit Wasser Getauften durch einen Apostel zur Erlangung der Gotteskindschaft den Heiligen Geist empfangen müssen, wodurch sie als Glieder dem Leibe Christi eingefügt werden.
9. Glaubensartikel: Ich glaube, dass der Herr Jesus so gewiss wiederkommen wird, wie er gen Himmel gefahren ist, und die Toten in Christo sowie die lebenden Brautseelen, die auf sein Kommen hofften und zubereitet wurden, verwandelt und zu sich nimmt, dass er nach der Hochzeit im Himmel mit diesen auf die Erde zurückkommt, sein Friedensreich aufrichtet und sie mit ihm als Könige und Priester regieren. Nach Abschluss des Friedensreiches wird er das Endgericht halten, wo alle Seelen, die nicht an der Ersten Auferstehung teilhatten, ihr Teil empfangen, wie sie gehandelt haben, es sei gut oder böse.
10. Glaubensartikel: Ich glaube, dass ich der weltlichen Obrigkeit zum Gehorsam verpflichtet bin, soweit nicht göttliche Gesetze dem entgegenstehen.

(Quelle www.nak.org)

von einer deutsch-europäischen Gemeinschaft mit Dependancen in einigen außereuropäischen Ländern sprechen, so finden sich im Jahr 2005 nur noch etwa 5% der Mitglieder in Europa. In Deutschland ist die NAK als Körperschaft des öffentlichen Rechts organisiert. Hauptsitz der NAK International ist Zürich. Bis vor kurzem war die NAK nicht an ökumenischen Fragen interessiert. Sie arbeitet nicht in ökumenischen Organisationen mit. Seit wenigen Monaten gibt es aber eine Öffnung zu und Gespräche mit anderen apostolischen und protestantischen Kirchen, so dass zum Beispiel die Taufe anderer christlicher Kirchen in der NAK anerkannt wird.

Literatur

Fincke, Andreas: Die Neuapostolische Kirche im Umbruch. Zwischen Wachstum und Reformstau, Berlin 1999.

Obst, Helmut: Apostel und Propheten der Neuzeit – Gründer christlicher Religionsgemeinschaften des 19. und 20. Jahrhunderts, Göttingen 2000.

Rakow, Katja: Neuere Entwicklungen in der Neuapostolischen Kirche – Eine Dokumentation des Öffnungsprozesses, Berlin 2004.

Zitate

„...wo die Schwebebahn eine Vielzahl wundergläubiger Sekten unfallfrei verbindet." Günther Grass (Schriftsteller), 1972

„Der Wuppertaler denkt an die Beerdigung, den Pfarrer und an den lieben Gott. Wie ist das: Ist es immer noch so, daß es für einen reformierten noch schlimmer ist, einen Lutheraner oder einen Katholiken zu heiraten? Es wurde mal erzählt. Wir sagten: Der Wuppertaler ist treu. Um jedes Harmonium wurde hier früher, so sagte man einmal, eine Sekte gegründet." Walter Henkels (Schriftsteller), 1974

Fleiß und Gottesfurcht, Askese und kapitalistischer Geist – in der ehemaligen Sektenschlucht von Barmen und Elberfeld bedingt eines das andere." Michael Naumann (Verleger, Kulturstaatsminister a.D.), 1980

Apostelamt Jesu Christi

Kurz-Informationen

Das Apostelamt Jesu Christi (AJC) gehört zur Familie der apostolischen Gemeinschaften und bildet innerhalb der apostolischen Bewegung die vierte Generation von Abspaltungen. Das AJC ging aus dem Apostelamt Juda hervor, das wiederum eine Abspaltung von der Neuapostolischen Kirche ist, die als eine Nachfolgerin der ursprünglichen Katholisch-Apostolischen Gemeinden gilt. Zur Zeit ist das AJC organisatorisch in drei Gemeinschaften geteilt. Weltweit zählen sich 3,5 Millionen Mitglieder zur Kirche, in Deutschland sind es über 18.000 Mitglieder (Quelle: AJC) im AJC, in Wuppertal sind es lediglich 10.

Geschichte

Die Vorgeschichte des AJC ist nachzulesen in den Abschnitten „Katholisch-Apostolische Gemeinden" und „Neuapostolische Kirche". Das AJC ging aus der Gemeinschaft „Apostelamt Juda" hervor. Das Apostelamt Juda wurde 1902 vom Binnenschiffer Julius Fischer (1867-1923) gegründet. Fischer war neuapostolischer Bezirksältester und eine sehr charismatische Persönlichkeit. Einige Lehren der NAK lehnte er ab, so z.B. die leibliche Wiederkunft Christi. Stattdessen lehrte er, dass Christus schon in der Gemeinschaft der neu berufenen Apostel wiedergekommen sei. Deswegen wurden er und seine Anhänger aus der NAK ausgeschlossen.
Nach seinem Tod 1923 kam es zu Streitigkeiten um die Nachfolge, so dass zwei Gemeinschaften entstanden, das „Apostelamt Juda – Gemeinschaft des göttlichen Sozialismus" und unter Leitung des früheren Ziegeleiarbeiters Hermann Krüger (1869-1933) das „Apostelamt Simeon". Krüger war 1902 der neuapostolischen Kirche beigetreten, wandte sich aber schon bald der Gemeinschaft um Julius Fischer zu. Von diesem wurde er am 20. Februar 1921 zum Apostel des Stammes Simeon berufen. Sein Nachfolger wurde Albert Trubach (1901-1980) als Apostel Naphtali. Auch er war ursprünglich neuapostolisch versiegelt worden, gehörte aber dann mit seinen Eltern zum Apostelamt Juda und wurde schließlich Mitglied des AJC. Trubach wurde zur prägenden Gestalt dieser Gemeinschaft. Er führte zum Beispiel den 20. Februar als höchsten Feiertag des AJC ein – in Erinnerung an den Berufungstag Hermann Krügers zum Apostel.
Im Dritten Reich wurden beide Gemeinschaften verfolgt. Die jüdisch klingenden Namen und die bewusst „proletarische" Einstellung waren Gründe dafür. 1934 wurde das Apostelamt Simeon wegen angeblicher marxistischer Umtriebe verboten und ein großer Teil der führenden Mitglieder verhaftet. Nach dem Krieg konnte sich das Apostelamt schnell wieder gründen, und es kam zur Umbenennung in „Apostelamt Jesu Christi" am 20. Feburar 1947. Dies geschah, nach Aussage von Trubach, auf göttliche Offenbarung hin. Als seinen Nachfolger berief Trubach den Lehrer Hans-Joachim Preuß (1920-1981). Dieser konnte die Gemeinschaft aber nur kurze Zeit leiten. Nach seinem Tod 1981 wurde kein Stammapostel mehr berufen, seither gibt es nur noch einen „leitenden Apostel".
Die ursprünglich einheitliche Kirchenorganisation für ganz Deutschland wurde wegen des Mauerbaus 1961 aufgegeben. Seitdem besteht in West-Berlin ein Kirchenhauptamt als eingetragener Verein (AJC e.V.), zuständig hauptsächlich für Gemeinden in Westdeutschland, und in Cottbus eine Kirchenleitung als Körperschaft des öffentlichen Rechts (AJC KdöR). Bis heute bestehen so praktisch zwei Kirchen, deren Wiedervereinigungsbemühungen noch keine Früchte getragen haben. Zusätzlich hat sich 1986 in Berlin die „Gemeinschaft der Apostel Jesu Christi" (GdAJC) gebildet.

Kontaktdaten
Apostelamt Jesu Christi
Alensstraße 25a
42103 Wuppertal
Tel.: keine Angabe
E-Mail: keine Angabe

Gottesdienst
So 10:00 Uhr

Internet
www.kirche-ajc.de

In Wuppertal

In Wuppertal bestand bis Anfang der 1990er Jahre eine Gemeinde der „Gemeinschaft der Apostel Jesu Christi" in der Alsenstraße 25a, die aufgelöst werden musste, da die Mitgliederzahl stark abgenommen hatte. Seit Juni 2003 gibt es am gleichen Ort eine neue Gemeinde des AJC, die nichts mit der ehemals in den gleichen Räumen existierenden Gemeinde zu tun hat. Sie wird mit Unterstützung von Gemeinden aus Köln und Essen aufgebaut. Die Wuppertaler Gemeinde gehört organisatorisch zum AJC KdÖR mit Sitz in Cottbus.

Glaube und Leben

Grundlegend ist die Ablehnung der sichtbaren Wiederkunft Christi, die sich stattdessen in der Pfingstgemeinde vollzogen hat (Apostelgeschichte 2). Heute wirkt Christus in der Gemeinschaft der Christen, die Glieder seines Leibes (Johannes 14,20) sind. Oder anders formuliert: Gott wird immer neu Mensch. In Lehre und Praxis stützt sich das AJC auf die Bibel. Verwendet wird die Luther-Bibel in der Fassung von 1912. Passagen in der Bibel, die von der leiblichen Wiederkunft Christi sprechen, z.B. in der Offenbarung des Johannes, werden metaphorisch so ausgelegt, dass die Offenbarung Gottes in den Aposteln biblisch begründet erscheint. Das AJC sieht auch umgekehrt in einem wortwörtlichen Verständnis der Bibel ein Haupthindernis für die Annahme des AJC-gemäßen Glaubens an einen „Gott im Fleisch". Darum versucht man, dem geistlichen Sinn der Bibel gerecht zu werden, der durch eine allegorische, hinter den vordergründigen Buchstabensinn zurückfragende Auslegung ermittelt wird. Aus diesem Grund gibt es auch keine Verkündigung des jüngsten Gerichts oder des Weltuntergangs im buchstäblichen Sinn.

Das AJC kennt ein eigenes Glaubensbekenntnis, erkennt aber die altkirchlichen Bekenntnisse an. Das AJC vollzieht die Taufe an Säuglingen. Wie in anderen apostolischen Kirchen werden Glieder in die Gemeinschaft durch das Sakrament der Versiegelung aufgenommen. Das ist aber, anders als in den meisten anderen apostolischen Kirchen, erst nach dem 12. Lebensjahr möglich und ähnelt deshalb einer Konfirmation oder Firmung. Als Sakra-

Originaltext

- Ich glaube an die Worte, die in der Heiligen Schrift, Altes und Neues Testament, niedergeschrieben sind.
- Ich glaube an die Allmacht und Schöpferkraft Gottes, die alles geschaffen hat und alles erhält.
- Ich glaube, daß Gott Geist ist.
- Ich glaube, daß Gott den Menschen zu seinem Ebenbilde geschaffen und über alle Schöpfung erhoben hat.
- Ich glaube, daß der Geist Gottes in Menschen gekommen ist und dadurch sein Wille offenbar wird.
- Ich glaube, daß der Sohn Gottes, Jesus Christus, durch das Wort Gottes gezeugt und als Mensch geboren, trotz aller Verfolgungen im Gehorsam seinem Vater gegenüber gewirkt und ohne Schuld den Kreuzestod erlitten hat.
- Ich glaube, daß Jesus Christus am dritten Tage auferstanden ist und dadurch auch für mich zum Heiland wurde.
- Ich glaube, daß der Leib Jesu Christi durch die Gemeinschaft der Gläubigen gebildet wird.
- Ich glaube an die Wahrhaftigkeit der heute wirkenden Apostel, Propheten, Evangelisten, Hirten und Lehrer, die durch die Kraft des Heiligen Geistes berufen und bestätigt werden.
- Ich glaube an die Heiligkeit der gegebenen Sakramente, die Wassertaufe, die Versiegelung mit dem Heiligen Geist, das Heilige Abendmahl und an die Heiligkeit der Sakramentalien, die Amtseinsetzung, die Trauung, Konfirmation, Bestattung, Segnungen zu besonderen Anlässen.
- Ich glaube an die Kraft der heiligen Gaben Gottes, ihre Offenbarungen und Wirksamkeit im Apostelamt Jesu Christi.
- Ich glaube an eine Auferstehung nach dem Tode und an ein ewiges Leben in Christo Jesu meinem Herrn."

(Quelle: Das Glaubenbekenntnis des Apostelamt Jesu Christi)

mente kennt das AJC Taufe, Versiegelung und Abendmahl. Als weitere Sakramentalien gelten Amtseinsetzungen, Trauung, Konfirmation, Bestattung, Krankensalbung und Segnung zu besonderen Anlässen.
In der Glaubenspraxis haben sich innerhalb des AJC einige Besonderheiten herausgebildet. Wichtigster kirchlicher Feiertag ist der 20. Februar, in Erinnerung an die Berufung des Kirchengründers Hermann Krüger zum Apostel und an die faktische Neugründung 1947. Daneben gibt es auch noch ein eigenes Sendungsfest am 2. Mai. Nur an diesen Tagen (bzw. dem Sonntag danach) sowie an Karfreitag und am Bußtag wird Abendmahl gefeiert. Täglich um 21 Uhr gibt es eine besondere Gebetszeit, zu der sich die Mitglieder des AJC, wo auch immer sie sich befinden, zurückziehen.
Um die einheitliche Lehre zu gewährleisten, verschickt das Kirchenamt so genannte „Brotzettel" (Name unter Bezug auf Apostelgeschichte 2,42) an die Gemeinden. Das sind Erklärungen des Bibeltextes für die Predigt, der nach einem für alle gültigen Jahrespredigtplan ausgesucht wurde. Der Brotzettel fasst die Schwerpunkte des jeweiligen Gottesdienstes nochmals zusammen. In Gottesdiensten hat sich eine eigenständige Segenspraxis entwickelt. Gemeindemitglieder können z.B. aus Anlass ihres Geburtstages oder vor Antritt einer Reise einen Segen erbitten, der durch Gebet und Handauflegen von einem Geistlichen erteilt wird.
Die Berufung zum Amtsträger erfolgt ohne Vorbedingung eines Studiums, verlangt wird aber eine christliche Lebensführung. Amtsträger üben ihr Amt grundsätzlich gemeinsam mit ihren Ehefrauen aus. Kirchenmitglied kann jede Person werden, wenn sie das Glaubensbekenntnis des AJC annimmt. Die Aufnahme erfolgt durch das Sakrament der Versiegelung mit dem Heiligen Geist.

Gottesdienstraum Alsenstraße

Organisation und Statistik

Faktisch gibt es in Deutschland zwei Kirchen des AJC. Der eine Zweig ist als e.V. organisiert, der zweite, größere Zweig ist eine KdöR. Zu diesem Zweig gehört auch die Wuppertaler Gemeinde, die dem Kirchenamt NRW in Troisdorf zugeordnet ist. Das Hauptverbreitungsgebiet des AJC ist Berlin und das südöstliche Land Brandenburg, vor allem der Raum Cottbus.
Gemeinsam mit anderen apostolischen Kirchen betont das AJC die apostolische Amtsstruktur. Allerdings gibt es innerhalb der Gemeinschaft Diskussionen um die Bedeutung des Stammapostelamtes bzw. um das Amt des „leitenden Apostels". Der Berliner Zweig lehnt ein Stammapostolat ab, da es keine Über- oder Unterordnung von Aposteln geben dürfe und alle Apostelbrüder gleichberechtigt seien. Der Cottbuser Zweig hat dagegen einen „leitenden Apostel". Die Leitung der Kirche geschieht durch eine Apostelkonferenz, in der der leitende Apostel „Primus inter Pares", aber mehr als nur bloßer Repräsentant ist. In diesem Konflikt liegt der Hauptgrund für die bisher gescheiterte Vereinigung beider Zweige.
Durch die intensivere kirchliche Zusammenarbeit der Kirchen in der DDR wurde das AJC K.d.ö.R. (Cottbus) Gastmitglied der Arbeitsgemeinschaft Christlicher Kirchen in der DDR. Seit 1993 ist diese Gemeinschaft auch Gastmitglied in der Deutschen AcK. Damit ist das AJC die einzige apostolische Gemeinschaft in diesem bundesweiten Ökumene-Gremium.

Literatur

Obst, Helmut: Apostel und Propheten der Neuzeit – Gründer christlicher Religionsgemeinschaften des 19. und 20. Jahrhunderts, Göttingen 2000.
Plagge, Andreas: Julius Fischer, in: Bautz, Traugott (Hg.): Biographisch-Bibliographisches Kirchenlexikon, Band XXIV, Nordhausen 2005, Spalten 615-618.

Kontaktdaten
Apostolische Gemeinschaft
Hellerstraße 12
42103 Wuppertal
Tel.: keine Angabe
E-Mail: keine Angabe

Gottesdienst
So 10:00 Uhr

Internet
www.apostolisch.de

Apostolische Gemeinschaft

Apostolische Gemeinschaft e.V.

Kurz-Informationen

Die Apostolische Gemeinschaft (AG) gehört zur Familie der apostolischen Kirchen, die ihre Leitungsstruktur am urchristlichen Vorbild der Apostel orientieren. Sie selbst versteht sich wie die Katholisch-Apostolischen Gemeinden als „Abteilung" innerhalb der gesamten Kirche Jesu Christi. Die Apostolische Gemeinschaft ist aus der Neuapostolischen Kirche als Abspaltung hervorgegangen und im Gegensatz zu dieser sehr an Kontakten und Dialog mit anderen Kirchen interessiert. Historisch bedingt liegt der Schwerpunkt der Verbreitung in Deutschland. Weltweit gehören zur Apostolischen Gemeinschaft über 15.000 Mitglieder, davon allein in Deutschland knapp 10.000 (Quelle: Apostolische Gemeinschaft). In Wuppertal gibt es weniger als 60 Gläubige.

Geschichte

Die Ursprünge der Apostolischen Gemeinschaft liegen in einer apostolischen Erweckung um das Jahr 1828 in England. Daraus entstanden die Katholisch-Apostolischen Gemeinden und später die Neuapostolische Kirche (→ Katholisch-Apostolische Gemeinden, Geschichte).
Für die Spaltung von der Neuapostolischen Kirche im Jahr 1955 war die Ende 1951 verkündigte Lehre des damals amtierenden Stammapostels Johann Gottfried Bischoff (1871-1960) ausschlaggebend: Er werde nicht sterben, bevor Jesus komme und die Auserwählten zu sich nehme (die so genannte erste Auferstehung). Mit seiner ganzen Autorität gab er „ein Wort aus dem Geist des Herrn" bekannt: „Ich bin der letzte und nach mir kommt keiner mehr." Diese 1954 für alle Gläubigen zum verbindlichen Dogma erhobene Endzeitbotschaft stieß auf massive Proteste innerhalb der Kirche. Wer von den Amtsträgern, vor allem von den Aposteln, dieses nicht verkündete, wurde seines Amtes enthoben und aus der Neuapostolischen Kirche ausgeschlossen. Der ranghöchste Ausschluss betraf den rheinländischen Bezirksapostel Peter Kuhlen (1899-1986), damals noch designierter Nachfolger von Bischoff, und seine beiden Mitapostel Siegfried Dehmel (1903-1963) aus Oberhausen und Ernst Dunkmann (1898-1979) aus Düren. Diese drei sowie zahlreiche Bischöfe und Älteste des Bezirks gründeten einen Tag nach dem Ausschluss, am 24. Januar 1955, in Düsseldorf die Apostolische Gemeinschaft. Ihnen schlossen sich ca. 10.000 Mitglieder an. Es war ein kompletter Neubeginn für ganze Gemeinden, weil das Kirchenvermögen, Gebäude und selbst Gesangbücher den Abgefallenen vorenthalten wurden. Dieser Konflikt trennte teilweise sogar Familien und prägt die Gemeinschaft bis heute. Stammapostel Bischoff starb 1960, ohne dass es in der Folgezeit zu einer Rehabilitation der ausgeschlossenen Amtsträger gekommen wäre. Erst im Jahre 2005 gab es zwischen der schweizerischen Schwesterkirche Vereinigung Apostolischer Christen und der NAK eine gemeinsame Stellungnahme und Entschuldigung für die Ereignisse der 1950er Jahre.
1994 schlossen sich der Reformiert-Apostolische Gemeindebund, 1921 von Apostel Carl August Brückner gegründet, mit der Apostolischen Gemeinschaft zur Apostolischen Gemeinschaft e.V. zusammen. Beide waren vorher „Schwesterkirchen" in der Vereinigung Apostolischer Gemeinden. Schwerpunkt der Verbreitung des Gemeindebundes war Sachsen und Thüringen. Durch die deutsche Wiedervereinigung bestand kein Grund mehr zur Aufrechterhaltung zweier Gemeinschaften in Deutschland.

In Wuppertal

Die Wuppertaler Gemeinde entstand 1955 parallel zur Gründung der gesamten Gemeinschaft. Ganze Familien verließen die Neuapostolische Kirche, vor allem aus der Gemeinde Elberfeld, und schlossen sich der Apostolischen Gemeinschaft an. Beide haben bis heute keinen offiziellen Kontakt zueinander. Bis 2004 fand die Gemeinschaft eine Heimat in Elberfeld am Kluser Platz. Mittlerweile feiert sie ihre Gottesdienste in einem Gebäude in der Hellerstraße, das auch die Koreanische Gemeinde nutzt und ehemals eine FeG beherbergte.

Glaube und Leben

Die Theologie der Apostolischen Gemeinschaft entsprach ursprünglich der der Neuapostolischen Kirche. Nach der Trennung 1955 standen zunächst die organisatorischen Fragen im Vordergrund, so dass es kaum Zeit gab, eine eigene Theologie pointiert herauszuarbeiten. Neben strukturellen Veränderungen wurden in der Gemeinschaft jedoch, verstärkt seit den 1970er Jahren, wesentliche Neuorientierungen und Reformen in theologischen Fragen vorgenommen, besonders im Kirchen-, Amts- und Sakramentsverständnis, so dass sich die Glaubenslehre heute wesentlich von der Theologie der Neuapostolischen Kirche unterscheidet. Hierbei gab es eine Rückführung auf Vorstellungen der Katholisch-Apostolischen Gemeinden. Die Veröffentlichungen „Was wir glauben" in zwei Bänden (1984 und 1991) und „Sakramente in apostolischen Gemeinden" (2005) stellen die Lehre dar. Ziel der Gemeinschaft sei ein ehrliches und aufrichtiges Bemühen, nichts als das reine Evangelium zu verkünden und eine im Geiste Christi geführte Gemeinschaft zu praktizieren. Dabei fällt die ökumenische Offenheit auf. 1992 wurde die ökumenische Form des Vaterunsers, 2005 das Apostolicum in der ökumenischen Fassung als Glaubensbekenntnis eingeführt. Die Apostolische Gemeinschaft versteht sich nicht als exklusiv und will gemeinsam mit anderen Christen den Glauben bekennen und für den Glauben an Christus werben.

Die Apostolische Gemeinschaft kennt, wie andere apostolische Gemeinschaften, drei Sakramente: Taufe, Abendmahl und Versiegelung mit dem Heiligen Geist. Sie werden als drei unterschiedliche Bilder für das eine und vollkommene Heil Gottes verstanden. Ein Sakrament ist für die Gemeinschaft eine heilige Handlung, in welcher der Bund Gottes mit den Menschen gefeiert wird. Es ist Nachvollzug und bildhafte Sichtbarmachung des Heilshandelns Gottes in Jesus Christus und gleichzeitig die gläubige, bejahende und bekennende Antwort der Menschen. In apostolischen Gemeinden wird die Kindertaufe praktiziert. Sie wird als Feier des Bundes Gottes mit den Menschen verstanden, die Wiedergeburt aus Wasser und Geist, die Aufnahme in den Neuen Bund und die Einpflanzung in den geistlichen Leib Christi bewirkt. In jedem Gottesdienst gibt es eine Abendmahlsfeier, die als Gedächtnismahl an das Opfer Jesu Christi begangen wird. In der Versiegelung feiert die Apostolische Gemeinschaft den Heiligen Geist, der zu Pfingsten ausgegossen wurde. Der Geist befähigt den Menschen, Christus als seinen Herrn zu erkennen und im Glauben zu wachsen. Neben den Sakramenten gibt es weitere Segensfeiern wie Konfirmation, Hochzeit oder Bestattung.

Die Apostolische Gemeinschaft versteht sich als eine Teilkirche der einen, heiligen, katholischen und apostolischen Kirche. Die Mitgliedschaft wird durch einen Beitritt erklärt und ist an die christliche Taufe gebunden. Die Taufe im Namen des dreieinigen Gottes, die in anderen Kirchen vollzogen wurde, wird ohne Einschränkung anerkannt und muss nicht mehr bestätigt werden. Die Apostolische Gemeinschaft kennt als leitendes Lehramt das Apostelamt. Dieses Amt erhebt keinen Anspruch auf Exklusivität, sondern bezeichnet einen von Jesus berufenen und bevollmächtigten Dienst. Ein Stammapostolat, wie es die NAK kennt, wird gänzlich abgelehnt.

Apostolische Vollmacht wird dabei nicht nur für die eigene Gemeinschaft angenommen, sondern auch zugestanden, dass sie überall in der Kirche Christi vorhanden sein kann, ohne dass ein explizites „Apostelamt“ dort existieren muss.

Die Apostolische Gemeinschaft finanziert sich ausschließlich über das freiwillige Opfer der Mitglieder im Glauben an Gott. Das soziale Engagement wird über die Zentrale der Gemeinschaft in Düsseldorf organisiert und über Sonderopfer finanziert.

Organisation und Statistik

Die Apostolische Gemeinschaft ist als e.V. organisiert. Geleitet wird sie von Aposteln, die Versiegelungen und Ordinationen von anderen Amtsträgern vornehmen. Amtsträger sind in der Regel ohne theologische Ausbildung. Zu den ordinierten Diensten zählen neben dem Apostelamt die Bischöfe, Ältesten, Hirten, Evangelisten, Priester und Diakone. Frauenordination ist seit 2004 möglich. Die Mitarbeit erfolgt in der Regel ehrenamtlich. Weltweit wird die Gemeinschaft durch eine jährliche Apostelversammlung geleitet, die nur mit einstimmigen Beschlüssen entscheiden kann. Das ist die Konsequenz aus der eigenen Geschichte, weil die Gemeinschaft aus einem Leitungskonflikt heraus entstanden ist.

Die Gemeinschaft ist international mit weiteren Apostolischen Gemeinschaften und Kirchen zur Vereinigung Apostolischer Gemeinden (United Apostolic Church) zusammengeschlossen. Die Wuppertaler Gemeinde wird von einem ehrenamtlichen Gemeindevorsteher und drei Diakonen geleitet. Die übrigen Mitglieder haben bei allen Entscheidungen Mitspracherecht. Die Wuppertaler Gemeinde ist überaltert: 80% der Mitglieder sind über 55 Jahre alt, zwei Drittel sind Frauen.

Die Apostolische Gemeinschaft ist trotz ihrer kleinen Größe sehr engagiert in der Zusammenarbeit mit anderen christlichen Gemeinden. Lokale Gemeinden der Apostolischen Gemeinschaft sind in der AcKuG Gast- oder Vollmitglied. Eine Aufnahme in die AcK Nordrhein-Westfalens als Gastmitglied fand im Herbst 2004 statt. Außerdem engagieren sich einzelne Gemeinden bei ProChrist und in der Evangelischen Allianz. Gespräche mit der Neuapostolischen Kirche, die 2001 auf deren Initiative intensiviert wurden, haben bislang zu keiner Zusammenarbeit geführt.

Literatur

Obst, Helmut: Apostel und Propheten der Neuzeit, Göttingen 2000.

Obst, Helmut: Die Neuapostolische Kirche – die exklusive Endzeitkirche, Neukirchen-Vlyn 1996.

Der Herold. Monatszeitschrift der Vereinigung Apostolischer Gemeinden.

Originaltext

Die Apostolische Gemeinschaft ist eine selbstständige Freikirche. Sie ist bestrebt, ihre innerkirchliche Struktur am Vorbild der urchristlichen Gemeinde auszurichten. Die Leitung der Gemeinden nehmen Apostel wahr. Das Apostelamt ist eine Dienstgabe, die der christlichen Gemeinde von Gott geschenkt ist und fortdauernd besteht. Er ist ein Jesus Christus berufener und bevollmächtigter Dienst. Die Ausübung dieses Dienstes rechtfertigt keinen exklusiven Anspruch, sondern verpflichtet zur Treue gegenüber Jesus Christus als dem Herrn.
(Quelle: Das Glaubensbekenntnis der Vereinigung Apostolischer Gemeinden Europas, www.apostolisch.de)

Auf der Basis „Jesus allein“
wollen wir als seine Jüngerinnen und Jünger
vom Heiligen Geist erweckt und angeleitet Gemeinde Jesu bauen,
in der jeder seine Gaben entdecken
und verbindlich zur Entwicklung der Gemeinde
und zum Leben des Missionsauftrags einsetzen kann.
(Quelle: Leitbild der Apostolischen Gemeinschaft in Deutschland, www.apostolisch.de)

Gemeinschaften aus dem Anglo-Amerikanischen Raum

Religiöse Gesellschaft der Freunde (Quäker)

Kurz-Informationen

Die Religiöse Gesellschaft der Freunde (Quäker) ist eine kleine, im weitesten Sinne christliche Gemeinschaft, die durch ihr soziales Engagement bekannt ist. Die Quäker wollen eine „Religion ohne Dogma" leben. Sie sind der Ansicht, dass Glaubensgrundsätze nicht die Grundlage für den Zusammenhalt einer Gemeinschaft sein können. Daraus resultiert eine ausgeprägte Toleranz gegenüber Andersgläubigen.
Weltweit bekennen sich schätzungsweise 300.000 Gläubige zum Quäkertum. In Deutschland sind es gut 200, in Wuppertal unter zehn (Quelle: Internet: www.quaeker.org). Allerdings ist die Zahl der Sympathisanten, so genannter Freunde der Freunde, ungleich höher.

Geschichte

Der Begründer des Quäkertums, der englische Handwerker George Fox (1624-1691), litt unter einer Diskrepanz, die er zwischen der kirchlichen Lehre und dem praktischen Leben der Christen in seiner Zeit während des englischen Bürgerkrieges sah. Nach langem, leidenschaftlichem Suchen kam er durch eine innere Offenbarung der Stimme Gottes zu der Gewissheit, dass allein Jesus Christus der Urquell aller Wahrheit sei. 1647 begann er, seine neue Erkenntnis zu predigen, und schon bald fand er Anhänger, die wie er auf der Suche nach dem wahren christlichen Glauben waren. Die ersten seiner Anhänger nannten sich „Verkünder der Wahrheit" oder „Kinder des Lichts". Der Name „Quäker", d.h. Zitterer, bezog sich auf das Zittern und Beben, das in ihren Versammlungen oft ein äußeres Zeichen ihrer inneren Ergriffenheit war. In den Anfangszeiten des Quäkertums mussten die Anhänger von Fox in England schwere Anfeindungen erdulden. Das nahm der junge Aristokrat William Penn (1644-1718) zum Anlass, einen eigenen Quäkerstaat in Amerika zu gründen, den er zu Ehren seines Vaters Pennsylvanien nannte, und in den in der Folgezeit viele Quäker und andere Verfolgte einwanderten. Hier wurde religiöse Toleranz gepflegt.
Die schon zur Zeit von George Fox auf dem europäischen Festland, auch in Deutschland, entstandenen Quäkergemeinden fielen bald den religiösen Verfolgungen zum Opfer. Auch die in Minden und Pyrmont Ende des 18. Jahrhunderts gegründeten Gruppen lösten sich wieder auf. Das jetzige deutsche Quäkertum ist, unabhängig von den ersten Quäkergemeinden, erst nach dem Ersten Weltkrieg entstanden. Die in Deutschland neu entstandenen Quäkergruppen schlossen sich im Jahre 1925 zu einer selbstständigen „Deutschen Jahresversammlung" zusammen.

In Wuppertal

Das erste Auftreten der Quäker in Wuppertal lässt sich in die Jahre 1831 bis 1833 datieren. Ein bayerischer Handwerksgeselle brachte die Gedanken der Quäker nach Barmen und konnte dafür die Familie des Schuhmachermeisters Tütschulte gewinnen. In den Anfangsjahren hatte die Gruppe unter starken Anfeindungen der Bevölkerung und Repressalien der Behörden zu leiden, weil sie die Taufe verweigerten und Ehen nur vor der

Kontaktdaten
Hanna Jordan
Wotanstraße 15
42117 Wuppertal
Tel.: 0202 - 74 52 65
E-Mail: bezirk.rheinruhr@quaeker.org

Gottesdienst
1. So im Monat 11:00 Uhr

Internet
www.quaeker.org
www.quaekerhilfe.de

eigenen Gemeinde schlossen. Versammlungen wurden von Gegnern mit lautem „quack, quack"-Geschrei gestört.
Richtig etablieren konnten sich die Quäker als kleine Gemeinschaft in Wuppertal erst Jahrzehnte später. 1919 bildete sich eine erste Gemeinde in Elberfeld. Die heute noch bestehende Gruppe bildete sich aber erst nach dem Ende der Repressalien durch die Nationalsozialisten 1945. Ihre Andachten fanden anfangs in Privaträumen statt, später traf man sich in einem Saal der Sauerbruch-Kliniken (Arrenberg). Mittlerweile treffen sie sich wieder in in einer Privatwohnung in der Wotanstraße im Zoo-Viertel.
In den Jahren nach dem Zweiten Weltkrieg waren die Quäker in Wuppertal mit Unterstützung aus dem Ausland stark karitativ tätig. Auf ihre Initiative hin wurden je ein Nachbarschaftsheim in Hammerstein und am Ostersbaum ins Leben gerufen. Das letztere am Platz der Republik besteht seit 1949.

Glaube und Leben

Eine Aufzählung von Lehrgrundsätzen würde dem Quäkertum nicht gerecht. Sie wollen eine „Religion ohne Dogma" sein. So gibt es Quäker, die sich als Biblizisten oder als Pantheisten, als Hindu-Quäker oder Universalisten verstehen. Und doch gibt es Gemeinsamkeiten:
Im Zentrum des Quäkerglaubens steht die Vorstellung des „Inneren Lichtes", „der Kraft Gottes", die in jedem Menschen ruht. Sie besagt, dass ein bestimmtes Element von Gottes Geist und von göttlicher Energie in jede menschliche Seele hineingelegt worden ist. Die Vorstellung des Inneren Lichtes will die Nähe Gottes verdeutlichen und beinhaltet zwei Aspekte: Erstens macht das „Innere Licht" Gut und Böse erkennbar. Zweitens bringt uns das Innere Licht die Einheit aller Menschen zum Bewusstsein. Quäker glauben, dass die Möglichkeit zum Guten wie zum Schlechten in jedem Menschen angelegt ist.
Eine „Quäkerandacht" (Meeting for Worship) kann überall dort gehalten werden, wo zwei oder mehr Menschen das Bedürfnis empfinden, miteinander still zu sein und Gottes Gegenwart zu suchen. So besteht diese Andacht in erster Linie aus Stille. Im Gegensatz zu einer Einzelmeditation ist die Quäkerandacht eine gemeinsame Erfahrung in der Suche der Teilnehmer nach einer Begegnung mit Gott. Unterbrochen wird die Andacht durch freie Wortbeiträge.
Quäker sehen das ganze Leben als Sakrament, deshalb bezeichnen sie manchmal traditionelle äußerliche Zeremonien und Sakramente als „leere Formen" und lehnen sie ab. Sie verneinen damit aber nicht die spirituelle Wirklichkeit, die diese Sakramente symbolisieren. Die Taufe zum Beispiel bedeutet für die Quäker eine innere oder spirituelle Erfahrung und nicht eine rituelle Handlung. Das Abendmahl wird ebenfalls spirituell verstanden, als eine bewusste Offenheit für das Göttliche und ein Einswerden damit. Obwohl Quäker den Sonntag (bzw. Sabbat) und christliche Feste ganz unterschiedlich feiern mögen, sind für sie diese Tage nicht heiliger als Wochentage.
Die Freunde sind der Ansicht, dass wahre Religion nicht aus Büchern oder vorgegebenen Gebeten, Worten oder Ritualen gelernt werden kann. Deshalb sehen sie die Bibel nicht als letzte Instanz. Sie ist „Wort Gottes, aber nicht Gott, das Wort." Deshalb kann die Bibel als Zeugnis der Vergangenheit für die Quäker nicht zum endgültigen Kriterium für die richtige Lebensgestaltung gemacht werden. Darin unterscheidet sich das Quäkertum wesentlich und prinzipiell von den Kirchen der Reformation.
Die Quäker leben eine strenge Friedensethik, die sie oft in Konflikte mit der Obrigkeit gebracht hat. Auch in totalitären Staaten verweigern sie den Militärdienst. Sie waren aktiv im Kampf gegen die Sklaverei und für die Gleichberechtigung von Männern und Frauen. Heute setzen sich die Quäker für eine weltweite Friedenssteuer ein und helfen mit ihrer „Quäkerspeisung" in Krisen- und Konfliktgebieten.

Organisation und Statistik

Weil die Quäker an die Möglichkeit unmittelbarer und direkter Verbindung mit Gott glauben, haben sie kein Bedürfnis nach einer ausgeprägten kirchlichen Organisation oder Autorität. Es braucht nach ihrem Verständnis keine „Hirten". In den meisten Ländern ist die Monatsversammlung die grundlegende Zusammenkunft der „Religiösen Gesellschaft der Freunde". Monatsversammlungen entscheiden unter anderem über Mitgliedschaften und über die korrekte und regelmäßige Durchführung der Quäkerandacht. Eine Anzahl von örtlichen Monatsversammlungen bilden zusammen eine Jahresversammlung, die in Europa meistens ein ganzes Land umfasst. Weil die meisten Gruppen nicht abstimmen, gibt es auch keine Wahlen. Die Quäkermethode besteht darin, eine Auswahlkommission zu beauftragen, welche von der ganzen betreffenden Versammlung eingesetzt wird und Personen vorschlägt. Wer sich als Quäker versteht und Mitglied der Gesellschaft ist, kann auch Mitglied einer anderen Kirche sein.
In Deutschland gibt es 32 Versammlungen. Die Wuppertaler Gruppe war nie deutlich größer als 15 Personen und hat einen kleinen Freundeskreis. Die Offenheit und Toleranz gegenüber anderen Glaubensgrundlagen lässt die Quäker aktiv an der Ökumene und am religiösen Dialog teilnehmen. Die Quäker sind Gastmitglied in der AcK. Allerdings gibt es zunehmend Distanzierungen von Seiten anderer christlicher Kirchen, weil sie bei den Quäkern universalistische Tendenzen und religiöse Vermischungen sehen.

Literatur

Deutsche Jahresversammlung: Religion ohne Dogma. Darstellung des Glaubens der Quäker, Bad Pyrmont, Nachdruck 1995.
Scott, R. C. (Hg.): Die Quäker. Evangelisches Verlagswerk, Stuttgart 1974.
Deutsche Jahresversammlung: Quäker Glaube und Wirken, Bad Pyrmont 2002.

Originaltext

„Je weniger Form in der Religion, um so besser;
denn Gott ist Geist.
Je geistiger unser Gottesdienst,
um so näher der Natur Gottes,
je schweigender,
um so angepasster der Sprache Gottes"
William Penn 1644-1718

Bezüglich formaler Glaubenssätze und theologischer Dogmen unterscheidet sich die Einstellung der Freundinnen und Freunde von derjenigen der meisten Christen. Glaubenssätze bilden nicht die Grundlage für den Zusammenhalt ihrer Gemeinschaft. Die Freunde sind sich bewusst, dass dem verbalen Ausdruck der tiefsten Erfahrungen Grenzen gesetzt sind. Freunde sind sich auch im Klaren darüber, dass Worte die persönliche Überzeugung eines Menschen zu einer bestimmten Zeit adäquat ausdrücken mögen, aber später für die gleiche Person fast sicher unpassend sind. Umso schwieriger ist es, die religiöse Überzeugung einer Gruppe von Menschen zu definieren. Worte und Sätze bieten sich oft für verschiedene Interpretationen an.

Das Fehlen von Glaubenssätzen bedeutet nicht, dass es den Freunden gleichgültig sei, was eine Person glaubt. Sie anerkennen, dass persönliche Überzeugungen das Verhalten essentiell bestimmen. Freunde sind Menschen mit ausgeprägten religiösen Einstellungen, aber es ist ihnen klar, dass diese daran geprüft werden müssen, wie sie sich im Leben auswirken.
(Quelle: www.quaeker.org)

Kontaktdaten
Versammlung Wuppertal-Nord/Ronsdorf
- Italienisch/Russisch
Aue 76
42103 Wuppertal
Tel.: 0202 - 31 19 82
E-Mail: keine Angabe

Versammlung Wuppertal-Barmen
Klippe 15
42389 Wuppertal
Tel.: 0202 - 2 54 42 82
E-Mail: keine Angabe

Versammlung Wuppertal-Süd
Kieselstraße 33
42119 Wuppertal
Tel.: 0202 - 4 30 39 56
E-Mail: keine Angabe

Gottesdienst
Zusammenkünfte im Königreichssaal
(nicht Gottesdienst genannt)

Internet
www.watchtower.org
www.jehovas-zeugen.de

Jehovas Zeugen

Kurz-Informationen

Jehovas Zeugen (JZ) sind eine von stark endzeitlichen Glaubensvorstellungen geprägte christliche Glaubensgemeinschaft, die für ihre ausgeprägte Laien-Missionstätigkeit und ihre Publikationen (z.B. „Der Wachtturm") bekannt ist. Weltweit gibt es 6,5 Millionen Zeugen, in Deutschland rund 165.000 (Quelle: EZW) mit einer leicht fallenden Tendenz. In Wuppertal gibt es geschätzt über 600 deutschsprachige und 350 fremdsprachige (russische, italienische, polnische, serbische) Jehovas Zeugen.

Geschichte

Die Glaubensgemeinschaft der JZ geht zurück auf den amerikanischen Adventisten Charles Taze Russell (1852-1916), der 1879 in Pittsburgh/ USA die endzeitlich ausgerichtete Zeitschrift „Zion's Watch Tower and Herold of Christ's Presence" und 1881 die „Zion's Watch Tower Tract Society" (später „Wachtturm-Gesellschaft" [WTG]) begründete, ohne damit die Absicht der Gründung einer eigenen Denomination zu verbinden. Sein Ziel war es vielmehr, durch kostenlose Verteilschriften zu ernstem Bibelstudium anzuregen. Seine Leserinnen und Leser sammelten sich aber in kleinen „Ekklesias" und gründeten Gemeinden. So dass ab 1913 die Bezeichnung „Ernste Bibelforscher" aufkam. Erst seit 1931 nennen sich die Gläubigen Jehovah's Witnesses (dt. Jehovas Zeugen).
Besonderes Aufsehen erregte Russell mit seiner Prophezeiung, dass Christus 1874 unsichtbar wiedergekommen sei und 1914 mit der Errichtung des „Königreiches Gottes" auf Erden begonnen werde. Diese Prophezeiung wurde nach 1914 dahingehend uminterpretiert, dass in diesem Jahr Christus seine Herrschaft im Himmel begonnen habe. Nach Flügelkämpfen in den frühen 1920er Jahren baute Russells Nachfolger, der Anwalt Joseph Franklin Rutherford (1869-1942, Präsidentschaft: 1917-1942), die Gesellschaft zur einer zentralistischen Organisation um. Er entdemokratisierte die Entscheidungswege, verschärfte die Glaubensaussagen, erfand die Hausbesuche und kam auf die Idee, aus den Leserkreisen unentgeltliche Schriftenverkäufer (Missionare) zu rekrutieren. Als Folge dieses Kurswechsels spalteten sich zahlreiche Gruppen ab, die sich heute noch als „wahre Russelliten" (z.B. Laien-Heim-Missionsbewegung) verstehen. Unter dem dritten Präsidenten Nathan H. Knorr (1905-1977, Präsidentschaft: 1942-1977), wurde die Missionstätigkeit weltweit massiv ausgeweitet.
Die Verbreitung der Gedanken Russells in Deutschland begann schon Ende der 1880er Jahre durch Schriften, die deutsche Auswanderer in ihre Heimat schickten. 1897 wurde ein erstes Versanddepot in Berlin eröffnet, das erst nach Bremen und 1902 nach Wuppertal verlegt wurde.
Während des Dritten Reichs wurden die JZ massiv verfolgt. Der konkrete Anlass für das Verbot der Wachtturm-Gesellschaft im Jahr 1933 durch die Nazis beruhte auf einer Fälschung. Die Nazis nahmen antifaschistische Schriften des Wuppertalers Ewald Vorsteher, eines ehemaligen WTG-Mitarbeiters, zum Anlass, gegen die Bibelforscher vorzugehen. Die WTG mühte sich, diese Verwechslung auszuräumen und zu betonen, dass sie immer gesetzestreu und nie gegen den nationalsozialistischen Kampf gewesen seien. Trotz solcher Verhandlungen und Kooperationsversuche mit den Nationalsozialisten leisteten die Zeugen Jehovas später geschlossen Widerstand gegen die Gleichschaltung. Tausende Zeugen Jehovas wurden inhaftiert, in Konzentrationslagern mit „lila Winkeln" gekennzeichnet und hingerichtet.
1946 wurden die JZ auf dem Gebiet der DDR verboten. In Westdeutschland durfte die WTG aber wieder agieren. Kurz vor Ende der DDR erhiel-

ten die JZ dort die offizielle Anerkennung als Religionsgemeinschaft, worauf sie sich im Jahr 2005 im Bundesland Berlin auch die Rechte als öffentliche Körperschaft gerichtlich erstritten haben.

In Wuppertal

Schon 1894 gab es vereinzelt Ernste Bibelforscher in Wuppertal. 1903 wurde hier nach London das zweite Auslandsbüro der WTG von Russell persönlich eröffnet. Seit 1902 bestand in der Mirkerstraße 45 schon ein Literatur-Versanddepot, das Russell auf seiner zweiten Europareise zum Hauptsitz der WTG unter Leitung von Otto A. Koelitz umwandelte. Dazu wurde auch ein Versammlungsraum angemietet, in dem anfänglich 50-60 Personen zusammenkamen. Koelitz wurde als Landesleiter eingesetzt, der die Gedanken Russells auf „Pilgerreisen" (Vortragsreisen) im Land verbreitete. Ihm ist das rasche Wachstum der JZ in Deutschland hauptsächlich zu verdanken.

Gleichzeitig entstanden in Wermelskirchen (Bergisches Land), im Kreis Lübbecke (Westfalen), in Dresden, im Schwarzwald und östlich von Berlin die ersten Versammlungen. 1905 trafen sich etwa 150 „Bibelforscher" im Elberfelder Vereinshaus in der Casinostraße zu ihrem ersten Kongress in Deutschland. Wenige Jahre später (1908) fand das Büro in Barmen in Unterdörnen 76 größere Räume und Platz für eine eigene Druckerei. Dort wurden allein 1922 192.000 Exemplare der Zeitschrift „Der Wachtturm" gedruckt. Am 19. Juni 1923 zog die deutsche WTG-Zentrale von Barmen nach Magdeburg um.

Das kostenlose Verteilen von Traktaten und Beilagen in Tageszeitungen war in den Anfangsjahren sehr erfolgreich. Schon 1904 wurden mehr Traktate als in den USA verteilt. So breitete sich die Gemeinschaft in ganz Deutschland aus, doch das Bergische Land, speziell Elberfeld, blieb anfangs das Zentrum der Bewegung. Das zeigt sich an den Teilnahmezahlen bei den jährlichen Gedächtnismählern, die in Elberfeld bzw. Barmen immer mit Abstand am besten besucht waren (z.B. 1906: 210 Teilnehmer in ganz Deutschland, davon 90 in Elberfeld; 1914: 1300 zu 500). Auch Russell kam bei seinem zweiten Deutschlandbesuch nach Wuppertal, wo er am 27. und 28. Mai 1909 vor über 1300 Zuhörern sprach.

Während des Dritten Reichs litten auch die Wuppertaler JZ unter der Verfolgung. Von den 120 Gläubigen wurden in dieser Zeit mehr als die Hälfte Opfer von Gewaltmaßnahmen vor allem der Gestapo. Ihr Glaubensleben konnten sie nur noch im Verborgenen führen, so dass Taufen heimlich in Badewannen stattfanden. Nach dem Krieg konnten mehrere neue Königreichssäle errichtet werden: Elberfeld 1959, Ronsdorf 1974, West 1971 und 1979. Trotzdem leiden die Versammlungen unter Raummangel, so dass die Gemeinschaft seit Jahren im Westen Wuppertals auf der Suche nach einem Bauplatz für einen neuen Königreichssaal ist.

Königreichssaal, Aue

Königreichssaal, Kieselstraße

Glaube und Leben

Im Zentrum der Lehre der JZ steht die Erwartung des kommenden Gottes- bzw. Königreiches mit dem verherrlichten Christus an dessen Spitze. Die Dreifaltigkeit wird abgelehnt. Der Heilige Geist ist für die Zeugen keine Person, sondern Gottes wirksame Kraft. Der streng apokalyptische Geist ist trotz nicht erfüllter Berechnungen für die Parusie Christi für die Jahre 1872, 1874, 1914, 1925 und 1975 ungebrochen. Heute scheut sich die WTG vor konkreten terminlichen Vorhersagen, bleibt aber bei ihrer Endzeiterwartung.

Das Denken ist von einem starken Dualismus von Gut und Böse geprägt. Nach Ansicht der JZ findet auf der Erde ein Kampf zwischen den satanischen Mächten und Jehova statt, der am Ende der Zeiten mit der Rettung von 144.000 Auserwählten von Gott gewonnen wird. Dabei beziehen sich die JZ auf die Bibelstellen Lukas 12,32 und Offenbarung 7,4 bzw. 14,1+3.

Als auserwählte „himmlische Klasse" gelten nur Gläubige der JZ aus den Anfangsjahren der Bewegung. Nur diese werden mit Christus im himmlischen Paradies herrschen. Die übrigen Zeugen erwartet eine Wiederherstellung des Paradieses auf Erden und die Vernichtung aller Ungläubigen. Damit verbunden ist ein extremer Exklusivitätsanspruch, bezogen auf die eigene Gemeinschaft.

Taufe während eines Kongresses

Zeugendienst in der Fußgängerzone

Die Taufe wird als symbolischer Hingabeakt des Gläubigen an Jehova und den Dienst in der WTG verstanden, der nur bewusst vollzogen werden kann, so dass die Kleinkindtaufe abgelehnt wird. Bei der Taufe wird der ganze Körper untergetaucht. Sie kann wiederholt werden und wird nicht trinitarisch vollzogen, weshalb sie von den christlichen Kirchen nicht anerkannt ist. Das Abendmahl wird als „Gedächtnismahl" einmal jährlich nach dem jüdischen Kalender am 14. Nisan gefeiert. Teilnehmen kann nur die „himmlische Klasse", von deren Mitgliedern 2003 weltweit noch ca. 8600 lebten, die anderen Zeugen betrachten lediglich Wein und Brot.

Versammlungsort der Zeugen ist der so genannte Königreichssaal, wo sie sich sonntags zum Wachtturm-Studium (nicht zum Bibelstudium) versammeln. Die Versammlung ist Schulung, nicht Gottesdienst, es werden Vorträge zu einem biblischen Thema ohne liturgischen Ablauf gehalten. Die JZ haben eine eigene Bibelübersetzung, die seit 1971 in Deutsch vorliegt. Die Neue-Welt-Übersetzung ist keine direkte Übersetzung aus dem Urtext der Bibel, sondern eine Übertragung aus dem Englischen. Die JZ haben keine förmliche Gottesdienstordnung und keine festen Rituale, abgesehen vom „Gedächtnismahl".

Die Ethik der Zeugen Jehovas ist angesichts ihrer Selbstdeutung im Sinne einer radikal eschatologischen Existenz durch Ablehnung jeder Verantwortung für die Welt geprägt. Im Vordergrund steht der werbende Einsatz für die Gemeinschaft, der oft motiviert ist von der Angst vor dem Endgericht. Die JZ beteiligen sich nicht an politischen Wahlen und verweigern den Militärdienst. Soziale Einrichtungen werden kaum betrieben. In den letzten Jahren vollzog sich ein Wandel innerhalb der JZ. Strenge ethische Maßstäbe werden abgemildert oder als Gewissensfrage dem Einzelnen überlassen.

Originaltext

„Die Abtrünnigen zeigen zum Beispiel ihren Haß auf Jehova dadurch, daß sie sich gegen ihn auflehnen. Manche Abtrünnige behaupten zwar, Gott zu kennen, aber sie lehnen Lehren und Anforderungen ab, die in seinem Wort dargelegt werden. Andere behaupten, an die Bibel zu glauben, verwerfen jedoch Jehovas Organisation und setzen alles daran, deren Werk zu behindern. Wenn sie bewußt solche Schlechtigkeit wählen... dann muß ein Christ sie als solche hassen. Wahre Christen teilen Jehovas Empfindungen gegenüber Abtrünnigen; sie möchten gar nicht wissen, was für Vorstellungen diese vertreten. Im Gegenteil, sie empfinden Ekel gegenüber denjenigen, die sich zu Gottes Feinden gemacht haben."
(Quelle: Wachtturm, 1. Oktober 1993)

Gottes Diener müssen rein sein
Geistig rein sein: Wenn wir Jehova dienen möchten, können wir nicht an irgendwelchen Lehren oder Bräuchen der falschen Religion festhalten. Wir müssen die falsche Religion verlassen und dürfen sie in keiner Weise unterstützen (2. Korinther 6,14-18; Offenbarung 18, 4). Sobald wir die Wahrheit über Gott kennengelernt haben, müssen wir uns vor Leuten hüten, die andere mit ihren Unwahrheiten irreführen (2. Johannes 10, 11).

5. Körperlich rein sein: Da wir als Christen Gott vertreten, sollte unser Körper und unsere Kleidung sauber sein. Nach dem Gang zur Toilette sollten wir uns die Hände waschen, ebenso vor den Mahlzeiten oder wenn immer wir Speisen zubereiten. Falls es in unserer Gegend keine Kanalisation gibt, sollten Fäkalien vergraben werden (5. Mose 23,12, 13). Körperliche Reinheit trägt zu guter Gesundheit bei. Innerhalb und außerhalb der Wohnung eines Christen sollte es ordentlich und sauber aussehen. Unser Zuhause sollte in der Umgebung als beispielhaft gelten.

Organisation und Statistik

Jede Ortsversammlung, die meist als Verein organisiert ist, wird durch ernannte Älteste (nur Männer) geleitet. Als übergeordnete Körperschaft fungiert das deutsche Zweigkomitee in Selters/Taunus. An der Spitze steht die leitende Körperschaft der WTG in Brooklyn/New York. Diese versteht sich als „treuer und verständiger Knecht Gottes", der mit hierarchischen Strukturen die Gemeinschaft im Sinne Gottes leitet. Die Zeugen selbst sprechen von einer „theokratischen Organisation".

Der „Wachtturm" erscheint zweimal monatlich weltweit in einer Auflage von ca. 25 Millionen Exemplaren in 148 Sprachen. Die Zeitschrift „Erwachet!" wird mit einer Auflage von 22 Millionen Exemplaren in 87 Sprachen gedruckt. Zeugen Jehovas lehnen jede Art von Ökumene ab, da es ihrem Verständnis nach einem „ungleichen Joch mit Ungläubigen" entspräche (2. Korinther 6,14-17).

Literatur

Garbe, Detlef: Glaubensgehorsam und Märtyrergesinnung. Die Verfolgung der Zeugen Jehovas im „Dritten Reich", EZW, Berlin 1999.

Neitz, Ursula: Dämonen auf dem Dach, IKS, Garamond, 2004.

Pape, Günther: Ich war Zeuge Jehovas, München 1989.

Lehren und Bräuche, die Gott nicht gefallen

3. Weihnachten und Ostern: Jesu Geburt war nicht am 25. Dezember. Er wurde um den 1. Oktober herum geboren, zu einer Jahreszeit, in der die Hirten mit ihren Herden nachts noch im Freien lebten (Lukas 2, 8-12). Jesus hat Christen nie geboten, seine Geburt zu feiern. Vielmehr gebot er seinen Jüngern, eine Feier zum Gedenken an seinen Tod abzuhalten oder sich seines Todes zu erinnern (Lukas 22,19, 20). Das Weihnachtsfest und die damit verbundenen Bräuche haben ihren Ursprung in den falschen Religionen alter Zeit. Das gleiche trifft auf die mit Ostern verbundenen Bräuche zu, denkt man zum Beispiel an den Osterhasen und die Ostereier. Wie die ersten Christen weder Weihnachten noch Ostern feierten, so tun es auch heute wahre Christen nicht.

4. Geburtstage: Die beiden einzigen in der Bibel erwähnten Geburtstagsfeiern wurden von Personen veranstaltet, die Jehova nicht anbeteten (1. Mose 40, 20-22; Markus 6, 21, 22, 24-27). Die ersten Christen feierten keinen Geburtstag. Der Brauch, Geburtstag zu feiern, entstammt der falschen Religion des Altertums. Wahre Christen beschenken einander zu anderen Zeiten des Jahres und verbringen schöne Stunden miteinander.
(Quelle: www.watchtower.org)

Laien-Heim-Missionsbewegung (Russelliten)

Kontaktdaten
Janusz Puzdrowski
Sternenburgstraße 43
58332 Schwelm
Tel.: 02336 - 44 23 68
E-Mail: laien-heimmissionsbewegung@debitel.net

Gottesdienst
keine Angabe

Internet
www.lhmb.de

Kurz-Informationen

In der Laien-Heim-Missionsbewegung (LHMB) sammeln sich Anhänger der Lehren von Charles Taze Russell (1852-1916), des Gründers der Ernsten Bibelforscher. Deshalb werden die Anhänger auch Russelliten genannt. Für die LHMB haben sich die Zeugen Jehovas von den ursprünglichen Lehren ihrer Gründer entfernt. Aus Sicht der Zeugen Jehovas ist die LHMB eine Abspaltung. Die Gemeinschaft ist in 40 Ländern weltweit vertreten. In Deutschland gibt es sechs kleine Gemeinden. In Wuppertal zählen sich knapp 40 Gläubige zur LHMB.

Geschichte

Die Laien-Heim-Missionsbewegung geht auf die Ernsten Bibelforscher unter Charles T. Russell zurück. Russell verbreitete die Lehre, dass Christus im Jahr 1874 unsichtbar auf die Erde wiedergekommen sei, und dass es bis 1914 eine 40-jährige Ernte- und Gerichtszeit gebe. Dazu gründete er einen Verlag, die Wachtturm-Gesellschaft (WTG). Nach seinem Tod 1916 kam es zu Führungsstreitigkeiten, aus denen Joseph Franklin Rutherford (1869-1942) als Sieger hervorging. Anlässlich seines Machtantrittes in der WTG drängte Rutherford mittels juristischer Winkelzüge auch einige seiner Konkurrenten heraus (→ Jehovas Zeugen). Unter ihnen war der ehemalige lutherische Pfarrer Paul Samuel Leon Johnson (1873-1950), der 1904 Anhänger von Russell geworden war. Er sah sich in der Auseinandersetzung mit Rutherford als Bewahrer der reinen und wahren Lehre Russels und sammelte ab 1919 treue Anhänger um sich im „Layman's Home Missionary Movement". Durch weitläufige Missionsreisen verbreitete Johnson seine Ideen überwiegend im englischsprachigen Raum, aber auch in Deutschland und Polen hatte er Erfolge.
Seinen Anhängern galt er als ein von Gott berufener Diener, der ihnen ihren Lebensweg aufzeigen und ihnen helfen sollte, ihre eigene Berufung und Erwählung festzumachen. Johnson war bis zu seinem Tod 1950 geschäftsführender Verwalter und Direktor der LHMB und Herausgeber ihres Magazins „The Herald of the Epiphany", jetzt „The Bible Standard" genannt. Seit Anfang 2005 ist Ralph M. Herzig in dieser Funktion tätig.

In Wuppertal

In Wuppertal gibt es eine kleine Gruppe, die sich zur Laien-Heim-Missionsbewegung zählt. Sie werden auch „Russelliten" genannt. Regelmäßig treffen sich Gläubige zum gemeinsamen Bibelstudium und der Lektüre von LHMB-Schriften. Insgesamt verhalten sie sich aber sehr zurückhaltend und treten öffentlich kaum auf. Lediglich ein Werbe-Schaufenster in der Bahnhofspassage in Elberfeld weist auf die Gemeinschaft hin. Hinter dieser Werbung steht ein Schwelmer, der für die LHMB die Öffentlichkeitsarbeit macht.

Glaube und Leben

Die Laien-Heim-Missionsbewegung versteht sich heute selbst als weltweite, überkonfessionelle, nicht sektiererische und nicht auf Gewinn ausgerichtete religiöse Bewegung, in der biblische Wahrheiten ohne kirchliche Dogmen verbreitet werden. Hauptmerkmal der Gemeinschaft ist die Verbreitung von Heften, Traktaten und Büchern, worunter sich immer noch viele Schriften von Russell und Johnson befinden. Die Bewegung

hält an Russells Ansicht fest, dass Jesus Christus 1874 unsichtbar wiedergekommen sei. Dies sei an zahlreichen Zeichen erkennbar, zum Beispiel an der „überhand nehmenden Bosheit" in der Welt, den wachsenden sozialen Gegensätzen zwischen Reichen und Armen, an der Rückkehr des Volkes Israel nach Palästina und an den vermehrt auftretenden Naturkatastrophen. Im Gegensatz zu Johnson und seinen Anhängern korrigierten Rutherford und mit ihm Jehovas Zeugen diese Prophezeiung auf das Jahr 1874 mehrfach.
Zentrales Thema in den Schriften der LHMB ist die Parusieerwartung, also der Glaube, dass Christus 1874 schon unsichtbar auf die Erde wiedergekehrt und dass das Ende der Welt unmittelbar nahe ist. Der LHMB eigentümlich ist die Lehre von den verschiedenen „Menschheits-Klassen", die je nach Grad der Weihe und dem Zeitpunkt, an dem sie berufen wurden, unterschieden werden. An der Spitze steht eine „Kleine Herde", die mit dem Gründer der LHMB Johnons abgeschlossen wurde. Weitere Klassen sind: „Die große Schar", das sind alle vor 1914 Geweihten, die alttestamentlichen Würdigen, die jugendlichen Würdigen, das Volk Israel, die Nationen sowie bekehrte, früher gefallene Engel. Allen ist Heil und Erlösung von Gott angeboten, denn Christus habe sie für die ganze Menschheit erwirkt. Dahinter verbirgt sich auch eine Tendenz zur Vorstellung von der Allversöhnung. Nach der Wiederkunft Christi werden alle Menschen vom Heiligen Geist erfasst und für eine Weile geheiligt (Jesaja 45,22f). Nur wer dann wieder vom Glauben an Christus abfällt, wird den ewigen Tod sterben.

Originaltext

Uns lehrt die Heilige Schrift deutlich,...
- Daß die Kirche, 144 000, die aus Juden und Heiden erwählt wurde, Gottes Tempel, „sein Werk" ist; daß die „Kirche der Erstgeborenen" die große Volksmenge, die „lebendigen Steine" des großen Tempelvorhofes, sowie die Alt- und Jungwürdigen im Millennium einschließt; daß der Bau dieses großen Tempels sich über das ganze Evangelium – Zeitalter erstreckt und zu diesem Zeitpunkt begann, als Christus der Erlöser der Menschheit und Haupteckstein dieses Tempels wurde, daß der Segen Gottes „allen Völkern" zuteil wird und sie Zutritt zu Ihm haben werden, wenn alles vollendet sein wird.
- Daß in der Zwischenzeit die Vormilleniums-Vorbereitung (Meißeln, Formen und Polieren) der geweihten Gläubigen des Evangelium (Gläubige an die Versöhnung Christi für die Sünde) seinen Fortgang nimmt. Und wenn der Letzte von ihnen zubereitet ist, wird sie der große Meisterhandwerker alle in der Auferstehung zusammenführen, und der Tempel, der mit Seiner Herrlichkeit erfüllt sein wird, wird während des ganzen Millennium – Zeitalters zum Begegnungsort zwischen Gott und den Menschen.
- Daß für Erwählte und Nichterwählte die Grundlage der Hoffnung auf ewiges Leben in der Tatsache begründet ist, daß Gott „ein Retter aller Menschen ist, besonders der Gläubigen", daß Jesus „durch Gottes Gnade für jeden den Tod schmeckte", „als Lösegeld (gleichwertiger Preis) für alle"; daß Gott „will, daß allen Menschen geholfen werde und sie zur Erkenntnis der Wahrheit kommen"; und daß Jesus „das wahre Licht" ist, „das alle Menschen erleuchtet, die in diese Welt kommen „zur rechten Zeit".
- Daß wir gegenwärtig in der „Zeit des Endes" mit ihrer beispiellosen „Trübsalszeit" leben, im Zeitraum der Epiphania oder Apokalypse, in der sich Jesus selbst bei Seinem Zweiten Advent offenbart; daß ER jetzt Satans Reich überwältigt; daß Seine Herrschaft von Frieden und Gerechtigkeit in Kürze aufgerichtet wird; und daß Israels Rückkehr ins Heimatland ihrer Väter der Herrschaft Jesu vorangeht.
(Quelle, www.lhmb.de)

Organisation und Statistik

Die Laien-Heim-Missionsbewegung ist überwiegend im englischsprachigen Raum vertreten, hat aber auch Anhänger in Deutschland und Frankreich. Zentrum ist Philadelphia in den USA. Für die Gemeinschaft ist eine Organisation nicht wichtig, da sie sich als freies Werk oder als Bewegung versteht. Da es keine feste Organisation in Deutschland gibt, wird von Anhängern auch kein Austritt aus anderen Gemeinschaften verlangt. Für die LHMB ist ein Wachstum der Mitgliedszahlen nicht so wichtig. Gewünscht ist eher die vermehrte Verbreitung der Schriften. So verwundert es nicht, dass sich viele Leserinnen und Leser der LHMB-Literatur zu den Jehovas Zeugen zählen. Es gibt im deutschsprachigen Raum mehrere Tausend regelmäßige Bezieher der Schriften. Dort, wo es Gemeinden mit regelmäßigen Zusammenkünften und Gottesdiensten gibt, wählen die Gemeinden ihre Ältesten direkt selbst.

Literatur

Hutten, Kurt: Seher Grübler Enthusiasten. Sekten und religiöse Sondergemeinschaften der Gegenwart. Stuttgart 1958, S. 131.

Zitate

„Es ist eigentlich schon ein merkwürdiges theologisches Klima. Nun komme ich aus einem Theologenhaus, ich habe also sehr nahe bei der Kirche, auch räumlich, gelebt, evangelisch-reformiert, das war das Strengste, was man sich denken kann..." Prof. Dr. Gertrud Höhler (Literaturwissenschaftlerin, Unternehmens- und Politikberaterin), 1987

„Die religiöse Vielfalt des Wuppertalers war mir schon bekannt, bevor ich nach Wuppertal kam – als Student hatte ich Friedrich Engels' Briefe aus dem Wuppertal gelesen: Pietismus, Mystizismus, Calvinismus, Luthertum – alle Konfessionen sind sich bei allen Unterschieden und Kontroversen allein in der Liebe zum Branntwein, zur Mission und in ihrer Belehrungswut einig." Peter Steinacker (Kirchenpräsident der Evang. Kirche in Hessen und Nassau, ehem. Pfarrer in Unterbarmen), 2006

„Während die Gemeinden der Landeskirche mit der Erstarrung der Erweckungsbewegung sich der Orthodoxie zuwandten, vertiefte und erweiterte sich der strenge Pietismus kleiner Kreise in der nun aufblühenden Sekten- und freikirchlichen Bewegung. Der calvinistische Hang zur Sonderung, verstärkt durch den eigenbrötlerischen Charakter der Menschen förderte die Entfaltung solcher Gemeinschaften. Der Biblizismus, Grundzug Wuppertaler Frömmigkeit, war hier besonders ausgeprägt. Tiefe Gläubigkeit verband sich häufig mit einer versonnenen weltabgewandten Innerlichkeit, nicht selten mit einem aus dem Bewusstsein des „Auserwähltseins" herrührenden geistigen und geistlichen Hochmut, manchmal mit eiferndem Fanatismus, in einigen Fällen mit abstruser Sonderlichkeit." Wolfgang Köllmann, Sozialgeschichte der Stadt Barmen im 19. Jahrhundert (S. 208), 1960

Gemeinschaft der Siebenten-Tags-Adventisten

Kurz-Informationen

Die STA zeichnen sich durch zwei Glaubenselemente aus: Die Erwartung der nahen Wiederkunft Christi und die Heiligung des Sabbat (hebräisch = Samstag). Daher auch der Name: „Adventisten" kommt von *Adventus* (lateinisch = Ankunft), und „Siebenten Tags" bezieht sich auf den siebten Tag der Schöpfungswoche, an dem Gott ruhte. Weltweit gehören die STA mit 13 Millionen Mitgliedern zu den größeren christlichen Gemeinschaften. In Deutschland haben sie ca. 36.000, in Wuppertal über 160 Mitglieder mit 30 Kindern in zwei Gemeinden.

Geschichte

Nach dem Selbstverständnis der STA liegen die Wurzeln ihrer Gemeinschaft nicht im menschlichen Willen, sondern in Gottes Geist. Irdischer Anstoß für eine eigenständige Gemeinschaft gab zum einen die Erkenntnis, dass der Sabbat zu heiligen sei, dass also am Samstag und nicht am Sonntag Gottesdienst gefeiert werden müsse, und zum anderen die Einsicht, dass nur erwachsene Gläubige getauft werden sollten. In Nordamerika kam es um 1840 zur „Großen Erweckung". Die Gläubigen erwarteten die baldige Wiederkunft Christi und das Ende der Welt. Treibende Kraft war der Baptisten-Pastor William Miller (1782-1849), der mit Hilfe des biblischen Danielbuches den Weltuntergang für 1844 berechnete. Als der nicht eintrat, brach die Bewegung auseinander. Eine kleine Gruppe von Miller-Anhängern blieb zusammen und übernahm zusätzlich die Sabbatlehre. Schließlich kam es 1863 in den USA zur Gründung der STA. Schon bald wurden erste Missionare nach Europa entsandt, zuerst in die Schweiz.

Prägend für die Lehre der STA wurde Ellen Gould White (1827-1915) aus Gorham (Maine) – obwohl sie nie ein offizielles Amt in der Gemeinschaft inne hatte – durch ihre Deutung der dreifachen Engelsbotschaft aus der Offenbarung 14,6-11 und mehrere Visionen und Offenbarungen. White hat mit ihrer Führungsgabe, ihren Visionen und ihren zahlreichen Publikationen die Glaubenskrise der Gemeinschaft nach dem nicht eingetretenen Weltuntergang 1844 gemeistert. Ihre Bedeutung für die Bewegung ist unumstritten. Dagegen wird unter Adventisten und Kritikern der Gemeinschaft darüber gestritten, ob sie als Prophetin mit göttlicher Offenbarung gelten kann. Ihre Schriften werden in der STA so verstanden, dass es inspirierte Weisungen mit „prophetischer Dringlichkeit" sind.

In Wuppertal

Schon ein Jahrzehnt nach der Gründung der STA begann die Missionierung in Europa. 1874 wurde ein erster Missionar in die Schweiz gesandt, der Basel zum Hauptsitz des Missionswerkes auf dem Kontinent machte. Von dort aus trat er in Kontakt mit einer frommen Gemeinschaft von Sabbat-Haltern in Vohwinkel. Die Vohwinkeler Gruppe entstand schon 1860 um den Weber Johann H. Lindermann (1806-1892). Er sammelte ca. 40 Gläubige um sich, die sich zuerst in seinem Haus auf dem Kiesberg trafen. Die Gruppe nannte sich „Getaufte Christengemeinde". Obwohl ohne höhere Schulbildung, galt Lindermann als sehr bibelfest - die Bibel lag bei ihm neben dem Webstuhl – und musikalisch begabt. Er selbst hat mindestens 60 Lieder für das gemeindeeigene Gesangbuch geschrieben.

Kontaktdaten
Gemeinde Barmen
Mühleweg 3- 5
42275 Wuppertal
Tel.: keine Angabe
E-Mail: dietmar.steinchen@adventisten.de

Gemeinde Elberfeld
Platzhoffstraße 7
42115 Wuppertal
Tel.: keine Angabe
E-Mail: horst.hirt@adventisten.de

Gottesdienst
Sa 09:30 Uhr

Internet
www.adventisten.de

Die Gruppe kam ohne theologische Bildung, allein aus ihrem Bibelstudium selbstständig zu der Erkenntnis, dass nur Gläubige getauft werden dürften, dass die Wiederkunft Christi nahe sei und dass der Samstag anstelle des Sonntags der geheiligte Tag sei. Vermutlich hängt diese Erkenntnis auch mit dem Kontakt zu Julius Köbner, dem Gründer der Barmer Baptistengemeinde zusammen, der die Sonntagsfeier als den „Sabbat des Herrn" bezeichnete. Lindermann sah das anfangs in der Praxis anders und ließ seine Arbeiter an den Webstühlen sieben Tag die Woche arbeiten. Um die Sabbatruhe entstand eine heftige Diskussion, die später zur Spaltung führte. Der Kontakt mit der Adventbewegung war dagegen sehr erfreulich. Die Vohwinkeler Gemeinde und ihre Schwestergemeinde in München-Gladbach (heute Mönchengladbach) empfingen zwei Prediger aus der Schweiz sehr herzlich. Das Bewusstsein, nicht die einzigen Sabbat-Halter zu sein, verband. Schließlich schloss sich die Gemeinschaft der Adventbewegung an. Nur Lindermann konnte dem nicht folgen. Er vertrat in Bezug auf das 1000jährige Reich Gottes, welches in Offenbarung 20,1-4 erwähnt wird, eine andere Lehre.
Als erste STA-Gemeinde in Deutschland gilt jedoch Solingen, weil sich im Januar 1876 acht Solinger adventistisch im Teich des Hammersteiner Waldes bei Vohwinkel taufen ließen. In dem mit einer dicken Eisschicht bedeckten See wurde eine Stelle für die Taufzeremonie freigehackt. Anfangs waren beide Gemeinden recht klein, Solingen und Vohwinkel hatten 1888 zusammen 40 Mitglieder. Wie wichtig Vohwinkel für die Adventbewegung wurde, zeigt sich daran, dass schon 1887 Ellen G. Harmon-White der Gemeinde einen Besuch abstattete. Sie sprach in einer Wohnung im Haus Bahnstraße 2.
1891 gab es in Deutschland schon fünf Gemeinden, zu den bestehenden kamen Barmen, Hamburg und Gladbach mit 111 Gliedern hinzu. Die Barmer Gemeinde hatte ihren ersten Versammlungsraum am Heidter Berg. Nach dem Zweiten Weltkrieg konnte die Gemeinde das Gelände am Mühlenweg erwerben und dort 1955 das heutige Gebäude mit Gottesdienstraum und Wohnungen einweihen. 1894 entstand eine eigene Gemeinde in Elberfeld, für sie wurde 1965 das Haus in der Platzhoffstraße 7 erworben. Nachdem die Vohwinkeler Gemeinde im Zweiten Weltkrieg ihre Kapelle bei einem Bombenangriff verloren hatte, wurde sie mit der Elberfelder zusammengeschlossen.

Gemeinde Elberfeld, Platzhoffstraße

Glaube und Leben

Die STA verstehen sich als reformatorische Endzeitgemeinde, deren Mitte Jesus Christus ist. Grundlage ist die Bibel, deren Aussagen auch für die Gegenwart als vollgültig angesehen werden. Neben der Bibel haben die Lehren und Prinzipien von White hohes Ansehen in der STA. Ihre Schriften gelten als inspiriert, werden der Bibel jedoch nicht gleichgestellt, sondern immer wieder daran geprüft.
Die Sabbat-Lehre: Die STA sehen im Samstag den von Gott gesegneten siebten Tag und folgen damit jüdischem Vorbild. Sabbat ist für sie der Tag der Ruhe und des Gottesdienstes, der von Freitag Abend bis Samstag Abend dauert. Gleichzeitig sind sie überzeugt, dass der Sonntag gegen Gottes Gebot eingeführt wurde.
Die dreifache Engelsbotschaft: Die STA sehen ihre Gemeinschaft beauftragt, aller Welt das „ewige Evangelium", die frohe Botschaft von Gott als Schöpfer und Richter zu verkünden. Dieser Auftrag wird legitimiert durch den Bezug auf die dreifache Engelsbotschaft aus Offenbarung 14,6-12. Nach ihrem Selbstverständnis haben die STA diese Endzeitbotschaft exklusiv.
Die Heiligtumslehre: Diese Lehre ist ein Bezug auf die jüdische Versöhnungslehre und wurde aus der Interpretation von Hebräer 9,1-14 entwickelt. Entstanden ist sie als Reaktion auf das nicht eingetretene Welt-

ende 1844. Statt der sichtbaren Wiederkunft sei Christus damals in das Allerheiligste des himmlischen Tempels gegangen, ähnlich dem jüdischen Hohenpriester am Versöhnungstag im Jerusalemer Tempel, um die Sünden völlig zu tilgen und die letzte Phase des himmlischen Versöhnungsdienstes zu beginnen. Die dadurch hervorgerufene Naherwartung der endgültigen Wiederkunft Christi auf Erden spielt für die Gläubigen immer noch eine wichtige Rolle. Mittlerweile wird aber gelehrt, dass man niemals ein konkretes Datum für die Wiederkunft Christi errechnen darf.
Das ganze Leben eines Gläubigen soll nach dem Willen Gottes ausgerichtet sein. Das heißt für Adventisten: eine einfache Lebensführung und die Meidung schädlicher Einflüsse (z.B. Rausch- und Genussgifte, stattdessen gesunde Nahrung). Beides dient zur Vorbereitung auf die Wiederkunft Christi. Das soziale Engagement der STA ist groß, speziell im Gesundheitswesen. Das geht auf eine „Vision" von E. G. White zurück. Daraufhin entstanden Krankenhäuser, Ausbildungsstätten für Mediziner und Krankenschwestern, Nährmittelfabriken und Reformhäuser in STA-Trägerschaft. Des Weiteren nimmt die STA gesellschaftliche Verantwortung durch ihren weltweiten Katastrophen- und Entwicklungshilfsdienst (ADRA) und das Advent Wohlfahrtswerk (AWW) wahr.
Rituelle Besonderheiten gibt es bei Taufe und Abendmahl. Die STA vollziehen die Glaubenstaufe an Erwachsenen und nennen sie „Wassergrab" unter Bezug auf Römer 6,3-7. Vor einer Abendmahlsfeier wird eine rituelle Fußwaschung durchgeführt. Diese Zeremonie soll an Jesu Lehre der Demut und des Dienstes erinnern. Ausgeprägt ist bei den STA die religionspädagogische Arbeit in der sog. „Sabbatschule".
Die STA ziehen zu anderen Christen und Kirchen eine Grenzlinie. Die Haltung der STA zu den großen Kirchen ist aufs Ganze gesehen zurückhaltend und kritisch. Doch sind die STA bereit einzuräumen, dass es auch in anderen Kirchengemeinschaften wahre Christen gibt. Mission wird von den STA sehr aktiv betrieben, erfolgreich vor allem in Afrika und Lateinamerika. Dabei nutzt die STA modernste Medien, zum Beispiel bei aufwändigen Satelliten-Missionsveranstaltungen und mit Hilfe des eigenen „Adventist World Radio".

Originaltext

Präambel
Siebenten-Tags-Adventisten anerkennen die Bibel als Richtschnur ihres Glaubens und betrachten die folgenden Glaubensüberzeugungen aks grundlegende Lehren der Heiligen Schrift. Diese Glaubensaussagen stellen dar, wie die Gemeinde die biblische Lehre versteht und bezeugt. Eine Neufassung ist anlässlich einer Vollversammlung der Generalkonferenz (Weltsynode) dann zu erwarten, wenn die Gemeinde durch den Heiligen Geist zu einem tieferen Verständnis der biblischen Wahrheit gelangt oder bessere Formulierungen findet, um die Lehren des heiligen Gotteswortes auszudrücken.

Die Übrigen und ihr Auftrag
Die weltweite Gemeinde setzt sich zusammen aus allen, die wahrhaft an Christus glauben. Doch in der letzten Zeit, einer Zeit weit verbreiteten Abfalls ist eine Schar der Übrigen herausgerufen, um an den Geboten Gottes festzuhalten und den Glauben an Jesus zu bewahren. Diese Übrigen weisen darauf hin, dass die Stunde des Gerichts gekommen ist, predigen, dass es Erlösung allein durch Christus gibt, und verkündigen seine Wiederkunft. Die drei Engel in Offenbarung 14 sind Sinnbild dieser Verkündigung. Sie geht einher mit dem Gerichtsgeschehen im Himmel und führt auf Erden zu einer Bewegung der Buße und Erneuerung. Jeder Gläubige ist aufgefordert, sich an diesem weltweiten Zeugnis persönlich zu beteiligen. (Markus 16, 15; Matthäus 28, 18- 20; 24, 14; 2. Korinther 5, 10; Offenbarung12, 17; 14, 6-12; 18, 1-4; Epheser 5, 22-27; Offenbarung 21, 1-14.)
(Quelle: 28 Glaubenspunkte der STA, www.adventisten.de)

Organisation und Statistik

Die STA sind in Deutschland eine KdöR. Organisatorisch ist Deutschland der Europa-Afrika-Division mit Sitz in Bern zugeteilt. Deutschland wiederum ist in zwei Verbände mit mehreren Vereinigungen unterteilt. Wuppertal gehört zum Norddeutschen-Verband und zur Nordrhein-Westfälischen Vereinigung. In Wuppertal gibt es zwei Gemeinden, die von einem bis zwei Pastoren betreut werden. Die Leitung der Gemeinde übernehmen Älteste, die durch Wahl bestimmt werden. Frauen sind Männern gleichberechtigt und können auf allen Ebenen Leitungsfunktionen übernehmen. Hier zeigt sich der Einfluss von Ellen White. In den Wuppertaler Gemeinden sind zwei Drittel der Mitglieder Frauen. Die STA ist Mitglied in VEF und Gastmitglied in der AcK Deutschland. Diese Öffnung zu anderen Kirchen und Gemeinschaften zeigt den Weg von der klassischen Sekte, als die die STA früher galten, hin zu einer Freikirche.

Literatur

Heinz, Daniel: Johann Heinrich Lindermann, in: Bautz, Traugott (Hg.): Biographisch-Bibliographisches Kirchenlexikon, Band XVIII, Herzberg 2001, Spalten 836-838.

Hauth, Rüdiger: Adventisten, München 2.Aufl. 1986.

Obst, Helmut: Apostel und Propheten der Neuzeit. Gründer christlicher Religionsgemeinschaften des 19. und 20. Jahrhunderts, Göttingen 4. Aufl. 2000.

Zitate

„Das Wuppertal, in welchem die Städte Elberfeld und Barmen liegen, ist in Deutschland nicht weniger berühmt durch die Mannigfaltigkeit seiner religiösen Denominationen und der Frömmigkeit seiner Bewohner als durch seine Fabriken. Gott sei die Ehre! In Sachen der Bibel haben wir sie alle vereinigt." Robert Pinkerton (Londoner Bibelgesellschaft), 1814

„In diesem Orte steht Herr Krummacher als Prediger. Sein Publicum besteht aus Fabricanten, Verlegern und Arbeitern, denen Weberei die Hauptsache ist. ... Die Weber sind von jeder als ein abstrusreligiöses Volk bekannt, wodurch sie sich im Stillen wohl untereinander genugthun mögen." Johann Wolfgang von Goethe (Schriftsteller), 1830

„Alles ist Kirche und Handel, Mission und Eisenbahn, Bibel und Dampfmaschine; nach Kundt und Wissenschaft fragt man wenig oder gar nicht, kaum nach Politik." Karl Immanuel Nitzsch (Theologe), 1838

Kirche Jesu Christi der Heiligen der letzten Tage (Mormonen)

KIRCHE JESU CHRISTI DER HEILIGEN DER LETZTEN TAGE

Kontaktdaten
Kirche Jesu Christi der Heiligen der Letzten Tage
Martin-Luther-Straße 6
42285 Wuppertal
Tel.: 0202 - 8 72 07

Gottesdienst
So 9:00-12:00 Uhr

Internet
www.kirche-jesu-christi.org
www.lds.org

Kurz-Informationen

Die „Kirche Jesu Christi, der Heiligen der letzen Tage" (Mormonen) ist davon überzeugt, dass sie als einzige Kirche nicht durch Abspaltung von einer schon bestehenden Kirche entstanden, sondern direkt von Gott ins Leben gerufen worden sei. Sie selbst versteht sich als Wiederherstellung der Urkirche, wie Christus sie gegründet hat – ausgestattet mit göttlicher Vollmacht. Bekannt sind die Mormonen durch ihre offensive Straßenmission von elegant gekleideten Missionaren. In Lehre und Praxis unterscheiden sich die Mormonen deutlich von anderen christlichen Zweigen, weshalb diese der Kirche Jesu Christi den christlichen Charakter absprechen. Weltweit zählen sich ca. 12 Millionen Gläubige zu den Heiligen der letzten Tage, mit wachsender Tendenz. In Deutschland sind es 36.000 und in Wuppertal knapp über 200 (Quelle: Kirche Jesu Christi).

Geschichte

Der Mormonismus geht zurück auf den amerikanischen Farmersgehilfen Joseph Smith (1805-1844). In seiner Heimat im Bundesstaat New York gab es viele konkurrierende Kirchen, und Smith wollte schon als Kind die wahre Kirche finden. Unter Bezug auf die Bibelstelle Jakobus 1,5 bat er Gott um diese Erkenntnis. Daraufhin sollen ihm im Alter von 14 Jahren Gott-Vater, Jesus Christus und verschiedene Propheten wie Mose und Paulus erschienen sein. Diese hätten ihm geoffenbart, dass in den Augen Gottes alle zu jener Zeit bestehenden Kirchen im Irrtum seien, und er auserwählt sei die wahre Kirche aufzurichten. In den folgenden zehn Jahren erschienen ihm Engel, darunter einer namens Moroni, der ihm Goldplatten mit altertümlichen Schriftzeichen vorlegte. Mit Hilfe einer „Prophetenbrille" übersetzte Smith die Texte und schrieb das Buch Mormon, das Berichte über die früheren Bewohner Amerikas enthielt. Außerdem erhielt er Informationen über heilige Handlungen und Rituale.
Nachdem Smith und fünf seiner Anhänger von Aposteln und Johannes dem Täufer mit besonderen Vollmachten und Priesterwürden ausgestattet worden sein sollen, gründeten sie 1830 die Kirche Jesu Christi in Fayette (New York). Nach verschiedenen Auseinandersetzungen und Verfolgungen durch Gegner flohen tausende Mormonen in das Tal des Großen Salzsees in den Rocky Mountains und gründeten 1847 die Stadt Salt Lake City, in der heute der Hauptsitz der Kirche ist. Smith selber wurde 1844 von Gegnern der Kirche ermordet. In dieser Zeit kam es auch zu ersten Abspaltungen, die bis heute eine große Vielfalt an mormonischen Kirchen hervorgebracht haben.
Schon 1842 wirkte der erste Apostel Orson Hyde (1805-1878) elf Monate lang in Deutschland. Die Initiative für eine Mission in Deutschland ging von der 1843 in Nauvoo (Illinois) gegründeten deutschsprachigen Gemeinde aus. Schon im selben Jahr entstand eine kleine Gemeinde in Darmstadt. Auch hierzulande stießen sie auf Widerstand, so dass viele deutsche Mormonen in die USA auswanderten. 1852 wurde das Buch Mormon in deutscher Sprache herausgegeben und die erste deutsche offizielle Mission (Gemeinde) in Hamburg eröffnet. Nach dem Zweiten Weltkrieg kamen weitere Missionare nach Deutschland, und die Zahl der Mormonen wuchs. In den 1960er Jahren richtete die Kirche in Frankfurt

die Europazentrale ein. 1985 entstand in der damaligen DDR ein Tempel, 1987 auch in der Bundesrepublik, und zwar in Friedrichsdorf in Hessen.

In Wuppertal

In Wuppertal bildete sich erst recht spät eine Gemeinde dieser Kirche Jesu Christi. 1899 wurde unter Leitung des Missionspräsidenten Arnold H. Schulthess das Ehepaar Bongers in der Wupper getauft. Schon ein Jahr später wurde in Manuskripten der Kirche in Utah von einer regelmäßigen Versammlung in Elberfeld berichtet, bei der ein Missionar, elf Erwachsene und zwei Kinder anwesend waren. In den Anfangsjahren wurde diese Gruppe von den Behörden argwöhnisch beobachtet. Oft wurden die amerikanischen Missionare von der Polizei verhaftet und ausgewiesen, weil deren Predigt als Werbeveranstaltung für eine Auswanderung in die USA verstanden wurde.

Von einer Gemeinde kann man aber erst ab 1902 sprechen. Paul Schwarz aus Herne wurde deren erster Leiter. Die Versammlungen fanden in der Friedrichstraße 6a statt. 1904 war die Gemeinde bereits auf 45 Mitglieder angewachsen, und es wurde in Elberfeld ein Lokal angemietet. Wegen wachsender Gemeindegliederzahl konnte 1919 eine zweite Gemeinde in Barmen eröffnet werden, zuerst in der Westkotter Straße 64, später in der Schafbrücke 9, die aber schon 1936 wieder mit der Elberfelder Gemeinde zusammengelegt werden musste.

Kirche Jesu Christi, Martin-Luther-Straße

1934 wurde die Missionstätigkeit stark eingeschränkt. Auf Anordnung des Reichssicherheitshauptamtes musste der Gemeindeleiter der Gestapo regelmäßig eine Mitgliederliste ausgehändigen, und alle Missionare wurden aus Deutschland ausgewiesen. 1945 zählte die Gemeinde nur 9 Mitglieder, deren Leiter Rudolf Schwarz wurde. Die Mitglieder versammelten sich in einer Schule in der Gertrudenstraße. 1948 war die Zahl wieder auf 108 angewachsen. 1954 kauft die Kirche eine Villa der Familie Toelle in der Martin-Luther-Straße 6 in Unterbarmen als Versammlungsgebäude. Dieses Gebäude musste 1975 einem modernen Gemeindehaus weichen. Im selben Jahr wurde die Gemeinde zur Bischofsgemeinde erklärt, da sie stark gewachsen war. Seit 1983 gibt es hier auch ein genealogisches Forschungszentrum.

Glaube und Leben

Die Mormonen haben die Vorstellung, dass die ursprüngliche christliche Kirche, die Jesus Christus gegründet hatte, nicht lange überleben konnte: Durch fremde religiös-philosophische Einflüsse sei das frühe Christentum vom wahren Glauben abgefallen, und die Sakramente seien ohne Autorität gespendet worden. Erst mit der Aufrichtung der „Kirche Jesu Christi der Heiligen der letzten Tage" sei die wahre Kirche wieder existent und käme es zu einer Wiederherstellung des Evangeliums, der Segnungen und des echten Priestertums. Das nur männliche Priestertum der Mormonen besteht aus dem niederen „Aaronitischen" (Diakonie, Gemeindepriester) und dem höheren „Melchisedekischen" (Apostel, Älteste) Priestertum, das in sich jeweils streng hierarchisch gegliedert ist. Ein wesentliches Kriterium liegt in der Führung der Kirche durch einen göttlich berufenen Propheten. Nach seinem Selbstverständnis empfängt der jetzige Prophet Gordon B. Hinckley auch heute Offenbarungen und spricht als Sprachrohr Gottes.

Der mormonische Glaube basiert auf dem Gedanken, dass alles Sein und Werden auf einem unveränderlichen, universellen „Gesetz des Fortschritts" beruht. Selbst Gott ist nach dieser Lehre veränderlich und vor vielen Zeitaltern ein normaler Mensch gewesen. Jetzt ist er vollkommen, entwickelt sich aber weiter. So wie Gott sollen sich die Menschen auch von der untersten Stufe einer „Fortschrittstreppe" weiterentwickeln. „Wie der Mensch jetzt ist, war Gott einst; wie Gott jetzt ist, wird der Mensch einst sein." (James Talmage, Die Glaubensartikel).

Unerlässlich für diese Lehre ist die Vorstellung, dass mit der Bibel die göttliche Offenbarung nicht abgeschlossen sei. Prophezeiungen könnten demnach auch heute noch geschehen, z.B. durch den leitenden Propheten oder im Buch Mormon. Dieses Buch offenbart die dem Anschein nach frei erfundene Geschichte Gottes mit den „Ureinwohnern Amerikas", die aus dem Vorderen Orient 660 v. Chr. in die Neue Welt gekommen sein sollen. Ausführlich wird das Wirken Jesu Christi nach seiner Auferstehung unter einem der Ureinwohnerstämme geschildert.
Jesus Christus wird als „älterer Bruder der Menschenkinder" angesehen, der durch seinen Sühnetod den Menschen die Möglichkeit geschaffen hat, zu Gott zurückzukehren. Die Mormonen sehen Gott-Vater, Christus und Heiligen Geist als drei unabhängige Gottheiten an.
Der reguläre Sonntagsgottesdienst umfasst eine Abendmahlsversammlung, bei der Wasser und Brot gereicht werden, und eine Sonntagsschule, in der Texte aus der Bibel und dem Buch Mormon gelernt werden. An der Abendmahlsversammlung ist die ganze Gemeinde aktiv beteiligt, weil es in der Kirche keine bezahlten Geistlichen gibt. Wichtige Rituale und heilbringende Handlungen wie Versiegelung von Ehepaaren und die Totentaufe werden im nur für Mormonen zugänglichen Tempel vollzogen. Bei der Versiegelung werden ganze Familien für alle Ewigkeit geistlich aneinander gebunden. Bei der Totentaufe wird verstorbenen Nicht-Mormonen die Möglichkeit gegeben, sich noch der Kirche Jesu Christi zuzuwenden. Dabei stützen sich die Mormonen auf die Praxis der Gemeinde in Korinth, wie sie in 1. Korinther 15,29 erwähnt ist. Wegen dieser Taufe von toten Vorfahren betreiben die Mormonen intensiv Ahnenforschung und führen die größten genealogischen Archive der Welt.
Auch im Privaten werden ein intensives Bibelstudium und Gebetsstunden gehalten. Familien halten meist montags wöchentliche „Heimabende" ab. Bei der Familie liegt in der Lehre und im Leben ein besonderes Gewicht. Umfassende Programme und Maßnahmen werden von der Kirche angeboten, um Ehe und Familie zu pflegen. Darüber hinaus soll die Lebensgestaltung der Heiligen durchdrungen sein von dem Bewusstsein, dass Ehe- und Familienbande über den Tod hinausreichen, dass sie ewig sind. Umstritten ist dabei die Vielehe, die zwar heutzutage offiziell von den Mormonen abgelehnt wird, aber vereinzelt immer noch praktiziert wird. Um Seele und Körper rein zu halten, lehnen sie den Genuss von Alkohol, Tabak, Kaffee, schwarzem Tee, Drogen und Cola ab. Üblich ist es auch, dass Mitglieder einen monatlichen Fastensonntag einhalten und das gesparte Geld für soziale Zwecke spenden.
Voraussetzung für die Mitgliedschaft in der „Kirche Jesu Christi" ist
1) die Taufe
2) die Anerkennung des „Buches Mormon" als zweitem Zeugen für Jesus Christus neben der Bibel und
3) die Anerkennung Joseph Smiths als erstem Propheten der wiederhergestellten Kirche.

Mitglieder können ausgeschlossen werden bei schweren Vergehen wie Mord, Kindesmisshandlung oder Abtrünnigkeit von der kirchlichen Lehre. Junge Mormonen gehen für zwei Jahre freiwillig in den selbst finanzierten Missionsdienst. In dieser Zeit sind kaum Heimatkontakte und private Vergnügungen erlaubt. In der ganzen Welt sind ca. 61.000 Missionare aktiv. In Deutschland dienen ca. 700, wovon viele aus anderen Ländern stammen. Mormonen engagieren sich auch im Sozialen. Am bekanntesten ist die Organisation CARE, die auf eine Initiative eines späteren Mormonen-Präsidenten zurück geht. In Deutschland existiert die „HLT Aktion Nothilfe".

Organisation und Statistik

Die Leitung der Kirche auf weltweiter, überregionaler, regionaler und lokaler Ebene wird jeweils von einem dreiköpfigen Gremium ausgeübt.

Dieses Prinzip hat sein Vorbild in der Dreizahl Gottes. In der Kirche herrscht eine strenge Hierarchie. An der Spitze steht ein Präsident, der mit seinen beiden „Ratgebern" die „Erste Präsidentschaft" bildet. Der Präsident und seine Berater sind auch Mitglieder des obersten Leitungsorgans, des „Zwölferer Apostel-Kollegiums". Der amtierende Präsident (z.Z. Gordon B. Hinckley) gilt als erwählter Prophet Gottes. Die Kirche ist wiederum in Gebiete aufgeteilt, von denen jedes von einem Gebietspräsidenten geleitet wird, dem zwei Ratgeber zur Seite stehen. Die Gebiete sind gegliedert in Pfähle, denen ein Pfahlpräsident mit zwei Ratgebern vorsteht. Ein Pfahl besteht aus zwölf Gemeinden.
Alle Funktionen in einer Gemeinde werden ehrenamtlich ausgeübt, und es gibt auch keine schulische Ausbildung zum Geistlichen. Der Bischof einer Gemeinde bildet zusammen mit seinen beiden Ratgebern ein Kollegium von drei Hohenpriestern, eine sogenannte Bischofschaft. Sie sollen als Hirten für die Kirche Gottes sorgen. Niemand kann sich um ein Amt bewerben, sondern man wird von einem anderen Amtstäger nach persönlicher Offenbarung berufen.

Originaltext

1. Wir glauben an Gott, den ewigen Vater, und an seinen Sohn, Jesus Christus, und an den Heiligen Geist.
2. Wir glauben, dass der Mensch für seine eigenen Sünden bestraft werden wird und nicht für die Übertretung Adams.
3. Wir glauben, dass dank dem Sühnopfer Christi alle Menschen errettet werden können, indem sie die Gesetze und Verordnungen des Evangeliums befolgen.
4. Wir glauben, dass die ersten Grundsätze und Verordnungen des Evangeliums sind: erstens der Glaube an den Herrn Jesus Christus; zweitens die Umkehr; drittens die Taufe durch Untertauchen zur Sündenvergebung; viertens das Händeauflegen zur Gabe des Heiligen Geistes.
5. Wir glauben, dass man durch Prophezeiung und das Händeauflegen derer, die Vollmacht haben, von Gott berufen werden muss, um das Evangelium zu predigen und seine heiligen Handlungen zu vollziehen.
6. Wir glauben an die gleiche Organisation, wie sie in der Urkirche bestanden hat, nämlich Apostel, Propheten, Hirten, Lehrer, Evangelisten usw.
7. Wir glauben an die Gabe der Zungenrede, Prophezeiung, Offenbarung, der Visionen, der Heilung, Auslegung der Zungen usw.
8. Wir glauben, dass die Bibel, soweit richtig übersetzt, das Wort Gottes ist; wir glauben auch, dass das Buch Mormon das Wort Gottes ist.
9. Wir glauben alles, was Gott offenbart hat, und alles, was er jetzt offenbart; und wir glauben, dass er noch viel Großes und Wichtiges offenbaren wird, was das Reich Gottes betrifft.
10. Wir glauben an die buchstäbliche Sammlung Israels und die Wiederherstellung der Zehn Stämme, dass Zion (das Neue Jerusalem) auf dem amerikanischen Kontinent errichtet werden wird, dass Christus persönlich auf der Erde regieren wird und dass die Erde erneuert werden und ihre paradiesische Herrlichkeit empfangen wird.
11. Wir beanspruchen für uns das Recht, Gott den Allmächtigen zu verehren, wie es uns das Gewissen gebietet, und wir gestehen allen Menschen das gleiche Recht zu, mögen sie verehren, wie oder wo oder was sie wollen.
12. Wir glauben, dass es recht ist, einem König oder Präsidenten oder Herrscher, einer Obrigkeit untertan zu sein und den Gesetzen zu gehorchen, sie zu achten und für sie einzutreten.
13. Wir glauben, dass es recht ist, ehrlich, treu, keusch, gütig und tugendhaft zu sein und allen Menschen Gutes zu tun; ja, wir können sagen, dass wir der Ermahnung des Paulus folgen – wir glauben alles, wir hoffen alles, wir haben viel ertragen und hoffen, alles ertragen zu können. Wenn es etwas Tugendhaftes oder Liebenswertes gibt, wenn etwas guten Klang hat oder lobenswert ist, so trachten wir danach.

(Quelle: Glaubensartikel)

Die meisten Gemeinden sind als Verein organisiert, Deutschland weit ist die Kirche Jesu Christi der Heiligen der letzten Tage als KdöR anerkannt. Die Wuppertaler Gemeinde hat keinerlei Kontakt zu anderen Gemeinschaften. Sie wünscht sich aber, nach eigenen Angaben, „dass viele Menschen in Wuppertal die Wahrheit der Kirche prüfen und davon überzeugt werden und so mehrere mormonische Gemeinden entstehen."
Ökumene wird von Seiten der Mormonen strikt abgelehnt. Es ist generell umstritten, ob die „Heiligen der letzten Tage" christlichen Kirchen zuzurechnen sind, da sie ein ganz eigenes Selbstverständnis und Lehrgebäude entwickelt haben. Die VELKD fällt deswegen folgendes Urteil: „Aufgrund der zahlreichen, überwiegend durch „neue Offenbarungen" entstandenen und dem biblischen Zeugnis schroff entgegenstehenden Sonderlehren sowie der okkulten Tempelrituale können die Mormonen, trotz ihres Selbstverständnisses als „einzig wahre Kirche", nicht dem weiten ökumenischen Spektrum christlicher Kirchen, Freikirchen und Gemeinschaften zugerechnet werden."[1]

Literatur

Mössmer, Albert: Die Mormonen. Die Heiligen der Letzten Tage, Solothurn/Düsseldorf 1995.
Hauth, Rüdiger: Die Mormonen. Sekte oder neue Kirche Jesu Christi?, Freiburg 1995.
Thiede, Werner: Die „Heiligen der Letzten Tage" – Christen jenseits der Christenheit. Eine systematisch-theologische Wahrnehmung der größten Mormonen-Kirche, EZW, Berlin 2001.

Engelsbriefe

„In den niedern Ständen herrscht der Mystizismus am meisten unter den Handwerkern (zu denen ich die Fabrikanten nicht rechne). Es ist ein trauriger Anblick, wenn man solch einen Menschen, gebückten Ganges, in einem langen, langen Rock, das Haar auf Pietistenart gescheitelt, über die Straßen gehen sieht. Aber wer dies Geschlecht wahrhaft kennen will, der muß in eine pietistische Schmiede- oder Schusterwerkstatt eintreten. Da sitzt der Meister, rechts neben ihm die Bibel, links, wenigstens sehr häufig - der Branntwein. Von Arbeiten ist da nicht viel zu sehen; der Meister liest fast immer in der Bibel, trinkt mitunter eins und stimmt zuweilen mit dem Chore der Gesellen ein geistlich Lied an; aber die Hauptsache ist immer das Verdammen des lieben Nächsten. Man sieht, diese Richtung ist hier dieselbe wie überall. Ihre Bekehrungswut bleibt auch nicht ohne Früchte. Besonders werden viele gottlose Säufer etc. bekehrt, meist auf wunderbare Weise. Aber das hat sich wohl; diese Proselyten sind alle entnervte, geistlose Menschen, die zu überzeugen eine Kleinigkeit ist; diese bekehren sich, lassen sich jede Woche mehrere Male zu Tränen rühren, und treiben ihr ehemaliges Leben im geheimen fort."
Friedrich Engels - „Briefe aus dem Wuppertal", 1839

[1] Handbuch Religiöse Gemeinschaften, 5. Aufl. S. 3

Christian Science Kirche

Kontaktdaten
Christian Science
Kirche Christi, Wissenschaftler
Wuppertal
Döppersberg 34
42103 Wuppertal
Tel.: 0202 - 44 63 08
E-Mail: cswuppertal@christian-science.de

Gottesdienst
So 10:00 Uhr
Mi 19:00 Uhr (Zeugnisversammlung)

Internet
www.christianscience.com
www.christian-science.de
www.cskom.de (Medien- und Öffentlichkeitsstelle)
www.wissenschaftundgesundheit.de

Kurz-Informationen

Christian Science Kirche Wuppertal (offizieller Name: Erste Kirche Christi, Wissenschaftler, Wuppertal) ist eine kleine, aber in Wuppertal recht aktive Gemeinschaft. Für Aufmerksamkeit sorgen Werbeanzeigen in Zeitungen, ein Schaukasten in der Bahnhofspassage in Elberfeld und der öffentliche Lesesaal von Christian Science am Döppersberg. Im Zentrum der so genannten „Wissenschaft des Christus" steht die Vorstellung, dass durch christliches Heilen in Nachfolge der Jesu Christi die Macht Gottes sichtbar wird, die von Sünde, Krankheit und Tod erlösen will. Da keine Statistiken geführt werden, ist die Zahl der Gläubigen in Deutschland mit 2000 (Quelle: REMID) nur eine Schätzung.

Geschichte

Gründerin der Kirche ist die in tiefgläubiger Umgebung aufgewachsene Amerikanerin Mary Baker Eddy (1821- 1910). Nach mehreren Krankheiten und einem schweren Unfall entdeckte sie 1866 durch intensives Bibelstudium die Möglichkeit der Heilung durch Gebete. Daraufhin schrieb sie ihr Hauptwerk „Wissenschaft und Gesundheit mit Schlüssel zur Heiligen Schrift", das 1875 erschien und aus dem noch heute in jedem Gottesdienst gelesen wird. 1879 gründete sie in Boston eine „Kirche ohne Dogmen" die sie „Church of Christ, Scientist" nannte. Diese Kirche wird im Unterschied zu den späteren Zweigkirchen Mutterkirche genannt. Eddy entwickelte ein vielfältiges publizistisches Engagement, das 1908 zur Gründung des „Christian Science Monitor" führte. Bis heute ist der „Monitor" eine Tages- und Wochenzeitung mit hohen ethischen und journalistischen Ansprüchen, der für ihre Arbeit mehrfach ausgezeichnet wurde. Für Eddy war der „Monitor" ein Beispiel für ihre christliche und heilende Lebenseinstellung.
1894 bildeten sich erste Gruppen von Christian Science in Deutschland durch Rückwanderer aus den USA. Die ersten Kirchen entstanden trotz Einsprüchen der Behörden in Dresden und Berlin. 1933 gab es allein in Berlin acht Kirchen und in ganz Deutschland 193 Christian Science-Praktiker, das sind von der Kirche zertifizierte Heiler. Ab 1937 gingen die Nationalsozialisten mit massiven Repressalien gegen Christian Science vor. Zu einem völligen Verbot kam es aber erst 1941. Nach dem Krieg gründeten sich die Gemeinden wieder neu, aber schon 1951 folgte wieder ein Verbot, diesmal in der sowjetischen Zone. Dieses Verbot wurde erst im November 1989 von der DDR-Regierung aufgehoben.

In Wuppertal

Im Tal an der Wupper wurden 1907 erste Gottesdienste im Geiste von Christian Science gefeiert. 1922 kam es zur Gründung einer Gemeinde mit anfangs zwei Praktikern, Heilern, die im Sinne von Christian Science wirkten. Die Gottesdienste fanden anfangs in einer Privatwohnung statt. Bis 1938 traf sich die Gemeinschaft in Schulräumen, danach mietete sie Räume in der Hellerstraße 8 (Nachbarschaft zur FeG). 1941 beschlagnahmte die Gestapo alle Einrichtungsgegenstände aus diesem Gebäude und die gesamte Literatur der Gemeinde. Nur das Harmonium wurde 1945 zurückgegeben. Nach dem Krieg trafen sich die Gläubigen erst wieder in Privaträumen und dann in einem Saal an der Friedrich-Engels-Allee. 1954 wurde die Gemeinde als „Erste Kirche Christi, Wissenschaftler, Wuppertal" eingetragen. Im Jahr 1957 konnten Räume am Döppersberg 24 angemietet werden, die 1980 erstmals umgebaut wurden. 1979 kam in der Nachbarschaft Döppersberg 34 ein Leseraum hinzu.

Schaufenster des Leseraums

Glaube und Leben

Christliche Wissenschaftler wollen für ein praktisches Christentum stehen. Dabei besteht die Überzeugung, dass das Christentum eine exakte und durchweg logische „göttliche Wissenschaft" ist, deren Wahrheit durch erfolgreiche Krankenheilungen bewiesen werden muss. Der Glaube beruht auf der Vorstellung: Der wahre Mensch ist Teil des geistigen, göttlichen Wesens. Krankheit und Tod dagegen sind vor der allumfassenden Wirklichkeit Gottes unwirklich. Gott ist gut und gilt als die alleinige Wirklichkeit, alles andere – Materie, Sünde, Krankheit, Tod – ist unwirklich. Wenn der Mensch dies durchschaut, kann das Materielle durch den Glauben geistig überwunden werden, und dann fallen dessen Auswirkungen weg. Leiden, Tod und Krankheit sollen aber nicht einfach ignoriert werden. Im Gegenteil, sie müssen gesehen werden, aber eben als etwas Nichtiges vor dem Wesen Gottes. Wenn der Mensch diese alles bestimmende Wirklichkeit des Geistes und damit die Nichtigkeit der Materie versteht und glaubt, kann er Schritt für Schritt Begrenzungen seines Lebens überwinden.

Zusammengefasst wird das in der wissenschaftlichen Erklärung des Seins, die in jedem Gottesdienst verlesen wird. Darin wird betont, dass „kein Leben, keine Wahrheit, keine Intelligenz und keine Substanz in der Materie" sei. Der Geist dagegen ist ewige Wahrheit und der Mensch Abbild dieses Geistes Gottes. „Folglich ist der Mensch nicht materiell; er ist geistig."[1]

Gott wird in der Christlichen Wissenschaft mit sieben Synonymen erklärt: Gemüt, Geist, Seele, Prinzip, Leben, Wahrheit und Liebe. „Gott ist Liebe", ein Zitat aus 1. Johannes 4,16, steht an der Stirnwand vieler Christian Science-Kirchen.

Für Baker Eddy ist die Bibel zusammen mit ihrem Buch „Wissenschaft und Gesundheit" das zentrale Instrument für die individuelle, geistige Forschung nach der Wahrheit und für Gottesdienste. Beide Bücher zusammen stellen den „unpersönlichen Pastor der Kirche". Im Gottesdienst wird aus beiden gelesen, wobei der Bibeltext durch „Wissenschaft und Gesundheit" erklärt

Gottesdiensttrauung

Engelsbriefe

„Der eigentliche Mittelpunkt alles Pietismus und Mystizismus ist aber die reformierte Gemeinde in Elberfeld. Von jeher zeichnete sie sich durch streng calvinistischen Geist aus, der in den letzten Jahren durch die Anstellung der bigottesten Prediger – jetzt wirtschaften ihrer viere zugleich dort – zur schroffsten Intoleranz geworden ist und dem papistischen Sinn wenig nachsteht. Da werden komplette Ketzergerichte in den Versammlungen gehalten; da wird der Wandel eines jeden, der diese nicht besucht, rezensiert, da heißt es: Der und der liest Romane, auf dem Titel steht zwar christlicher Roman, aber der Pastor Krummacher hat gesagt, Romanenbücher seien gottlose Bücher; oder der und der schiene doch auch vor dem Herrn zu wandeln, aber er ist vorgestern im Konzert gesehen – und sie schlagen die Hände über dem Kopf zusammen vor Schreck über die greuliche Sünde. ... Kommt nun gar einer, der die Prädestination nicht glaubt, so heißt's gleich: Der ist beinahe so schlimm als ein Lutheraner, ein Lutheraner ist nicht viel besser als ein Katholik, ein Katholik und ein Götzenanbeter aber ist von Natur verdammt. Und was sind das für Leute, die so reden? Unwissendes Volk, die kaum wissen, ob die Bibel chinesisch oder hebräisch oder griechisch geschrieben, und nach den Worten eines einmal als orthodox anerkannten Predigers alles beurteilen, es mag dahin gehören oder nicht."

Friedrich Engels – „Briefe aus dem Wuppertal", 1839

[1] Baker Eddy, Mary: Wissenschaft und Gesundheit, S. 468.

und ausgelegt wird. Nicht nur in den Gottesdiensten werden Eddys Schriften gelesen, sondern sie werden auch in den so genannten „Leseräumen", meist als Buchhandlung eingerichteten Ladenlokalen, intensiv studiert und zum Kauf angeboten. Gerade in der Werbung für das Buch „Wissenschaft und Gesundheit" entwickelt Christian Science mannigfaltige Aktivitäten. Buchspenden an Bibliotheken und Anzeigen in Zeitungen gehören dazu. Ähnlich missionarisch wird die Gemeinschaft, wenn sie Vorträge an säkularen Orten wie Hotels oder Stadthallen anbietet.

Harmonium und Liedertafel im Nebenraum

Sakramentale Handlungen und Feste spielen bei Christian Science eher eine untergeordnete Rolle. Zweimal im Jahr wird ein Kommunionsgottesdienst gefeiert und im November ein Danksagungstag. Die Taufe wird als innere Erfahrung und nicht als äußeres Ereignis gesehen. Sie gilt als eine geistige Läuterung des Denkens, des Charakters und des Willens, die eine Umwandlung des Denkens und des Körpers zur Folge hat. Die Taufe ist für Christian Science ein andauernder Vorgang.

Für die Christian Science Kirche ist das christliche Heilen eine revolutionäre Form des sozialen Engagements. Meist engagieren sich die Gläubigen privat für die Gesellschaft. In NRW gibt es einen Pflegedienst für Christliche Wissenschaftler. Hauptaktivität im sozialen Bereich aber ist die Tätigkeit der Praktiker. Durch Ausbildung, Abschluss eines Klassenunterricht genannten zwölftägigen Kursus und persönliches Studium qualifizieren sich einzelne Gläubige zu dieser Funktion. Ein Praktiker versteht seine Arbeit in erster Linie als seelsorgerliche Tätigkeit, die durch Gespräche körperliche Heilung erreichen will. Für ihre Tätigkeiten werden die Praktiker von den Patienten bezahlt.

Ethisch gibt es keine festen Verhaltensregeln, es wird aber betont, dass das Christentum praktisch gelebt werden muss. Allerdings führen restriktive Haltungen in Bezug auf klassisch-medizinische Behandlungen immer wieder zu Konflikten. Christliche Wissenschaftler sehen in der Hinwendung zu Gott im Gebet in allen Lebensfragen, auch in Gesundheitsfragen, den besseren Weg, als es medizinische Behandlungen wären.

Organisation und Statistik

Es werden von Seiten der Gemeinschaft keine offiziellen Zahlen zur Mitgliedschaft bekannt gegeben. Lediglich die Anzahl der Gemeinden wird veröffentlicht. So gehen Schätzungen davon aus, dass es in den 80 deutschen Gemeinden 2.000 Mitglieder gibt. Weltweit sind es wohl 1,8 Mil-

Originaltext

6 Glaubenssätze von Christian Science

1. Als Anhänger der WAHRHEIT nehmen wir das inspirierte Wort der Bibel als unseren ausreichenden Führer zum ewigen LEBEN.
2. Wir bekennen und verehren einen allerhabenen und unendlichen GOTT. Wir bekennen uns zu Seinem Sohn, einem Christus; zum Heiligen Geist oder göttlichen Tröster; und zum Menschen als GOTTES Bild und Gleichnis.
3. Wir bekennen uns zu GOTTES Vergebung der Sünde in der Zerstörung der Sünde und in dem geistigen Verständnis, das das Böse als unwirklich austreibt. Doch der Glaube an Sünde wird so lange bestraft, wie der Glaube besteht.
4. Wir bekennen uns zu Jesu Versöhnung als Beweis der göttlichen, wirksamen LIEBE, die die Einheit des Menschen mit GOTT durch Christus Jesus, den Wegweiser, entfaltet; und wir bekennen, dass der Mensch durch Christus, durch WAHRHEIT, LEBEN und LIEBE, erlöst wird, wie es der galiläische Prophet im Heilen der Kranken und im Überwinden von Sünde und Tod demonstrierte.
5. Wir bekennen, dass die Kreuzigung Jesu und seine Auferstehung dazu dienten, den Glauben zum Verständnis des ewigen LEBENS zu erheben, zur Allheit der SEELE, des GEISTES, und zum Nichtsein der Materie.
6. Und wir geloben feierlich zu wachen und zu beten, dass das GEMÜT in uns sei, das auch in Christus Jesus war; anderen zu tun, wie wir wollen, dass sie uns tun sollen; und barmherzig, gerecht und rein zu sein.

(Quelle: Wissenschaft und Gesundheit, S. 497)

lionen Gläubige (1985), die meisten davon leben in den USA. Die 2200 Gemeinden sind alle der Mutterkirche in Boston untergeordnet. Eine Gemeinde kann nur gegründet werden, wenn sich 16 gesinnungstreue Wissenschaftler zusammenschließen, mindestens vier von ihnen müssen Mitglieder der Bostoner Mutterkirche sein.
Auch die Zahlen der Wuppertaler Gemeinde lassen sich nur schätzen. Zu Gottesdiensten kommen ca. 50 Gläubige, davon 60% Frauen. Die Gemeinde wird durch einen Vorstand von drei Personen geleitet, Frauen wie Männer sind dazu gleichberechtigt wählbar. Ebenso werden die „Leser" (Gottesdienstleiter) befristet gewählt. Alle Tätigkeiten werden ehrenamtlich besetzt.
Eine Mitgliedschaft bei Christian Science schließt eine andere Kirchenmitgliedschaft aus. Christian Science zeigt allerdings, speziell in Wuppertal, Interesse an einem Dialog mit anderen christlichen Konfessionen, aber eigene theologische Auffassung von Sakramenten und in der Christologie verhindern nähere ökumenische Kontakte.
Die Verfassung der Kirche ist das Kirchenhandbuch von Mary Baker Eddy. Die Mutterkirche wird von einem fünfköpfigen Vorstand geleitet, dieser Vorstand wählt die Nachfolger bei frei werdenden Plätzen im Vorstand. Die Kirche wird von einem jährlich vom Vorstand gewählten Präsidenten der Mutterkirche nach außen vertreten, faktisch liegt aber alle Macht beim fünfköpfigen Gremium. Die Zweigkirchen regeln ihre Angelegenheiten unabhängig und demokratisch selbst. Sie kennen auch unterschiedliche Bedingungen für die Aufnahme von Mitgliedern in den einzelnen Zweigkirchen.

Literatur

Baker Eddy, Mary: Wissenschaft und Gesundheit mit Schlüssel zur Heiligen Schrift, Boston, 1998. (erste Ausgabe: Science and Health with Key to the Scriptures, Boston 1875).
Bautz, Friedrich Wilhelm: Die „Christliche Wissenschaft". Worte der Aufklärung und Abwehr, Gladbeck 1954.
Reimer, Hans-Diether: Metaphysisches Heilen, Stuttgart 1966.
Zweig, Stefan: Die Heilung durch den Geist. Mesmer, Mary Baker-Eddy, Freud. Frankfurt a.M. 1995.

Brüdergemeinden

Kurz-Informationen

Die Brüdergemeinden (auch Brüderbewegung genannt) bilden in Wuppertal eine bedeutende Fraktion unter den christlichen Freikirchen, denn hier liegt für die Bewegung der Beginn ihrer Verbreitung in Deutschland. Die meisten Gemeinden gehören keinem übergeordneten Verbund an, weil sie jede Form von kirchlicher Organisation ablehnen. Einige haben sich aber 1942 mit den deutschen Baptisten zum Bund Evangelisch-Freikirchlicher Gemeinden (BEFG) zusammengeschlossen. Jede einzelne Brüdergemeinde ist unabhängig in Lehre und gemeindlichem Leben. Auf Grund des schwachen Organisationsgrades sind Mitgliedzahlen nur Schätzungen: weltweit 13 Millionen, in Deutschland knapp 40.000 und in Wuppertal in neun Gemeinden über 750 mit 150 Kindern.

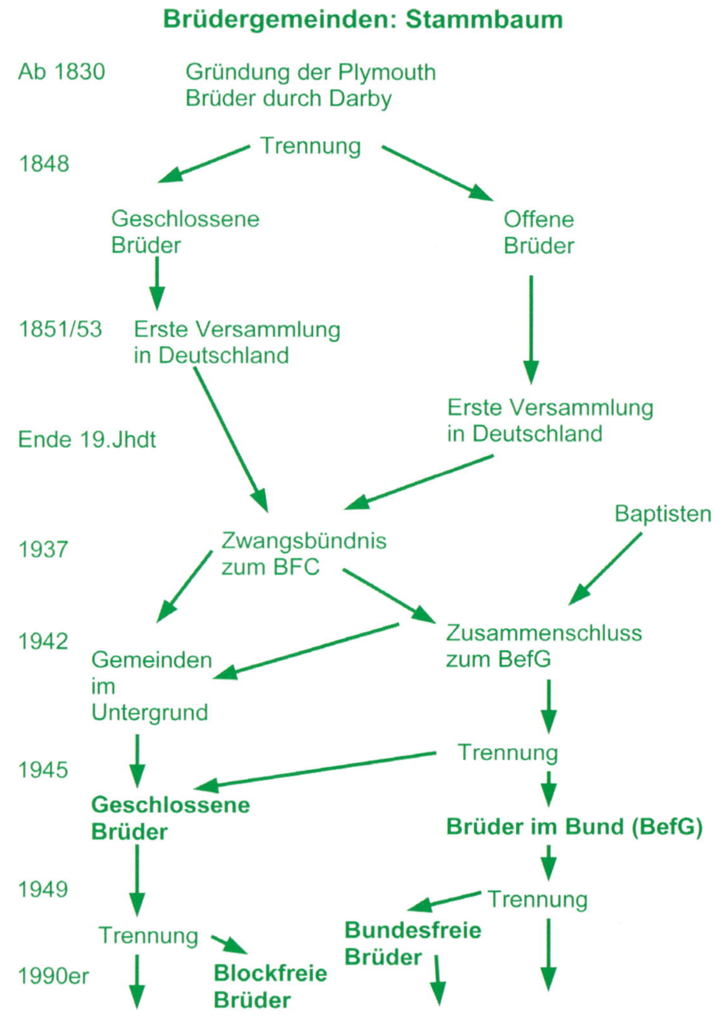

Geschichte

Die Geschichte der Brüderbewegung ist geprägt von zahlreichen Abspaltungen und Zusammenschlüssen, die es schwer machen, den Überblick zu behalten. Ihre Anfänge hatte die Brüderbewegung Mitte des 19. Jahrhunderts in England um den ehemaligen anglikanischen Priester John Nelson Darby (1800-1882). Er sammelte ab 1830 Anhänger um sich, die sich als wahre Christen verstanden und bemüht waren, die „Einheit des Leibes Christi" in

Kontaktdaten

Bundesgemeinden
Elberfeld: Else-Lasker-Schüler-Straße 22, 42107 Wuppertal,
Tel.: 0202 - 45 13 76
Wichlinghausen: Neanderstraße 9, 42277 Wuppertal,
Tel.: keine Angabe
Vohwinkel: Mackensenstraße 16, 42329 Wuppertal,
Tel.: keine Angabe

Exklusive Brüder
Elberfeld: Hochstraße 47, 42105 Wuppertal,
Tel.: keine Angabe
Barmen: Zum Scheuren 6a, 42275 Wuppertal,
Tel.: keine Angabe
Vohwinkel: Im Kirschsiepen 9, 42329 Wuppertal,
Tel.: keine Angabe
Ronsdorf: Schenkstraße 32, 42369 Wuppertal,
Tel.: keine Angabe

Bundesfreie Gemeinden
Christliche Gemeinde Heckinghausen: Heckinghauser Straße 71a, 42289 Wuppertal.
Tel.: keine Angabe
Langerfeld: Schwelmer Straße 48a, 42389 Wuppertal,
Tel.: keine Angabe

Gottesdienst
Heckinghausen:
So 09:30 Uhr (Abendmahlsgottesdienst), 10:45 Uhr (Predigtgottesdienst)
Do 20:00 Uhr Bibel- und Gebetsstunde
Else-Lasker-Schüler-Straße und Vohwinkel:
So 09:30 Uhr (Abendmahlsgottesdienst), 10:30Uhr (Predigtgottesdienst)
Wichlinghausen:
So 09:30 Uhr (Gebetsstunde), 10:00 Uhr (Gottesdienst)
Im Kirchsiepen:
So 16:00 (Bibelstunde)
Mi 19:45 (Bibelstunde)

Internet
www.bruederbewegung.de (diese Seite ist keine offizielle Seite einer Kirche oder Gemeinde)
www.efg-baustrasse.de
www.efg-wichlinghausen.de
www.efg-vohwinkel.de
www.wir-christen.de (Gemeinde Heckinghausen)
www.friedenshort.net
www.persis-diakonie.de

der gemeinsamen Feier des Abendmahls zu leben. Ein wichtiges Zentrum der Bewegung war damals die Stadt Plymouth, weshalb die Brüdergemeinden lange Zeit auch als „Plymouth Brethren" bekannt waren.
Bereits 1848 kam es zum Konflikt um die Frage der überörtlichen Verbindlichkeit von Ausschlüssen einzelner Mitglieder aus Ortsversammlungen. Darbys strenge Haltung, dass, wer an einem Ort ausgeschlossen sei, von keiner anderen Versammlung aufgenommen werden dürfe, konnten nicht alle mittragen. Daraufhin trennte sich die Bewegung in „offene Brüder" und „exklusive" bzw. „geschlossene Brüder" um Darby. Das ist ein Zustand, der bis heute mehr oder weniger anhält. Die Trennung in „offene" und „geschlossene" Versammlungen in England wirkte sich auch auf die deutsche Brüderbewegung aus.
Vereinzelt entstanden schon unter Einfluss der „offenen Brüder" in Deutschland Brüdergemeinden. Den entscheidenden Impuls aber für die Verbreitung bekam die Bewegung im Wuppertal. Hier und in Hilden sammelte der Jurist und Übersetzer von Darby-Texten Julius Anton von Poseck (1816-1896) seit etwa 1851 Gläubige zum Bibelstudium. In diesen Kreisen wurde auch schon unabhängig von der Landeskirche „das Brot gebrochen", wie die Feier des Abendmahls bei den Brüdern heißt.
Aber der wichtigste Gründervater der Brüderbewegung in Deutschland war der Elberfelder Lehrer Carl Brockhaus (1822-1899). Er war missionarisch und diakonisch sehr engagiert. So war er aktiv in der „Evangelischen Gesellschaft für Deutschland" (→ Evangelischen Gesellschaft für Deutschland), der „Wuppertaler Traktatgesellschaft" und gründete den „Elberfelder Erziehungsverein" mit. Dazu war er Geschäfts- und Schriftführer des „Evangelischen Brüdervereins". Er sollte für die geplante Mission in Deutschland gläubige Boten suchen und anstellen. In der Überzeugung, von Gott zu diesem Dienste berufen zu sein, gab Carl Brockhaus seinen Lehrerberuf auf und widmete sich ganz der Arbeit des Brüdervereins. Innerhalb dieses Vereins kam es 1852 zu unterschiedlichen Ansichten über die Frage des Verhältnisses zur Landeskirche; so wurde gefragt, ob es erlaubt sei, auch außerhalb der verfassten Kirche das Abendmahl zu feiern. Brockhaus bejahte dies und trat deshalb mit einigen Freunden aus dem Verein und der Evangelischen Kirche aus und gründete 1853 eine eigene Versammlung. Seinem Vorbild folgten bald weitere Versammlungen im Bergischen Land, im Siegerland, im Dillkreis und im Wittgensteiner Land. Zusammen mit Poseck und Darby initiierte Brockhaus die „Elberfelder Bibelübersetzung" (→ Exkurs: Bibel in Wuppertal).
1937 wurden die Brüderversammlungen vor allem wegen ihrer fehlenden Organisation und schlechten Kontrollierbarkeit durch den nationalsozialistischen Staat verboten. Um sich weiterhin versammeln zu können, wurde der „Bund freikirchlicher Christen" (BFC) von „geschlossenen" und „offenen" Versammlungen gegründet und eine Loyalitätserklärung gegenüber dem NS-Staat abgegeben, um eine Duldung des Hitler-Regimes zu erlangen. Fünf Jahre später, 1942, schloss sich dieser Bund mit den deutschen Baptistengemeinden, die auch von einem Verbot durch die Nazis bedroht waren, zusammen. Daraus entstand der „Bund Evangelisch-Freikirchlicher Gemeinden" (BEFG). Nicht alle Brüdergemeinden machten diese Neuorganisation mit. Einige verweigerten beharrlich den Zusammenschluss und versammelten sich illegal.
Die Verbindung mit den Baptisten erwies sich schon 1945 als brüchig. Einige Gemeinden verließen den Bund und führten die Brüderbewegung gemeinsam mit Versammlungen, die sich von Anfang an dem Bund verweigert hatten, im Sinne der „geschlossenen Brüder" weiter. Seit 1949 verließen eine Reihe weiterer Versammlungen den Bund, die Gruppe der so genannten „bundesfreien Brüder", die im Sinne der „offenen Brüder" an der Abendmahlsgemeinschaft mit den Bundesgemeinden festhielt. Diese Gemeinden kooperieren in einem losen Verband, dem „Freien Brüderkreis".

In den 90er Jahren spaltete sich ein Teil der „Geschlossenen Brüder" ab, weil es zu Streitigkeiten über Ausschlussverfahren und über Fragen der Gastzulassung zum Abendmahl kam. So entstanden „Blockfreie Brüdergemeinden".

In Wuppertal

Im Tal der Wupper liegen die Wurzeln der Brüderbewegung in Deutschland. So verwundert es auch nicht, dass die Gläubigen anfangs sogar „Elberfelder Brüder" genannt wurden. Darby war mehrmals in Elberfeld Gast von Brockhaus. Zusammen arbeiteten sie an der Elberfelder Bibelübersetzung, die auch „Darbysten-Bibel" genannt wurde. Ebenso bedeutend war die Zusammenarbeit von Brockhaus mit Hermann Heinrich Grafe, dem Begründer der FeG. Beide waren aktive Mitglieder des „Evangelischen Brüdervereins", der frei von jeder konfessionellen Bindung den christlichen Glauben verbreiten wollte. Nach Missionsveranstaltungen dieses Vereins versammelten sich Gläubige und feierten gemeinsam Abendmahl. Daraus entstand am 11. Dezember 1852 die Elberfelder Brüdergemeinde. Sie versammelte sich lange Zeit im „Elberfelder Vereinshaus". Erst 1865 wurde ihr das von landeskirchlicher Seite untersagt. Danach fand die Gemeinde Räume in der Baustraße 54, der heutigen Else-Lasker-Schüler-Straße; deshalb wird die dortige Brüdergemeinde im BEFG auch „Baustraßen-Gemeinde" genannt. Im ersten Stock des Hauses wurden Taufen in einer Badewanne vollzogen. Das heutige Gebäude entstand 1930 in unmittelbarer Nachbarschaft zum ersten Bau. Die Versammlung wuchs schnell, so dass 1902 eine Tochterversammlung in der Hochstraße 67a zusammenkam. Daneben bildeten sich auch Gemeinden um 1855 in Barmen und 1880 in Vohwinkel (seit 1911 in der Mackensenstraße).

Brüdergemeinschaft Elberfeld, Else-Lasker-Schüler Straße

Versammlung Hochstraße

WIR-CHRISTEN.de
Christen aus Wuppertal bekennen Farbe

Die Barmer Gemeinde trifft sich seit 1900 in der Heckinghauser Straße 71a, einem Hinterhofgebäude, weil vor 1918 außerkirchliche Gemeinschaften ihre Gebäude nicht repräsentativ direkt an einer Straße bauen durften.

1937 wurde in den Räumen der Elberfelder Versammlung unter den Augen der Gestapo der „Bund freikirchlicher Christen" gegründet. Diesen Schritt konnten nicht alle Brüder mitgehen. Die Christliche Versammlung, die heute in der Hochstraße beheimatet ist, wählte damals den Weg der Illegalität. Ähnliches passierte auch in Vohwinkel und in Barmen. Hier kam es zur Trennung zwischen den Brüdern, die sich dem Bund anschlossen, und solchen, die sich zurückzogen. Nach dem Krieg konnte keine Einigkeit mehr hergestellt werden, und so entstand in Vohwinkel in den seit 1911 genutzten Räumen in der Mackensenstraße eine Bundesgemeinde, und in neuen Räumen Im Kirschsiepen eine christliche Versammlung geschlossener Brüder. In Barmen treffen sich die geschlossenen Brüder in der Straße Zur Scheuren, während die offene Versammlung in der Heckinghauser Straße blieb. Unabhängig von dieser Richtung der

Gemeinde Vohwinkel, Mackensenstraße

Brüderbewegung entstand 1902 in der Wichlinghauser Freiheitsstraße eine Gemeinde der „Offenen Brüder", die sich 1942 dem Bund evangelisch-freikirchlicher Gemeinden anschloss.

Versammlung, Am Kirschsiepen

Glaube und Leben

Es ist schwer, eine einheitliche Theologie oder festgeschriebene Lehrgrundsätze zu skizzieren, denn jede Versammlung ist autark und kann so auch Eigenheiten und Besonderheiten in Gemeindeleben und Frömmigkeit entwickeln. Es gibt aber doch zahlreiche Gemeinsamkeiten, die so oder ähnlich in allen Wuppertaler Brüdergemeinden vorkommen.

Im Mittelpunkt des Gemeindelebens stand von Anfang an bei den Brüdergemeinden das so genannte Brotbrechen (Abendmahl). In der Feier des Abendmahls soll die Einheit des Leibes Christi als reine Gemeinschaft sichtbar werden, so dass die Teilnahme strikt reglementiert ist und nur wahrhaft Gläubige zum Brotbrechen eingeladen sind. So feiern viele Gemeinden der deutschen Brüderbewegung auch heute noch jeden Sonntag das Abendmahl, allerdings als gesonderten Gottesdienst vor dem Predigtgottesdienst. Letzterer ist für alle Interessierten offen, der erste nur für Mitglieder der Brüdergemeinden. Will ein Bruder auf Reisen in einer anderen Gemeinde an einem Abendmahl teilnehmen, so muss er ein Empfehlungsschreiben seiner Heimatgemeinde vorlegen. Weder die Abendmahlsfeier noch der Predigtgottesdienst unterliegen einer festen Liturgie. Nach dem Verständnis der Brüder wird eine solche Feier nicht von Menschen, sondern vom Heiligen Geist gestaltet. Er bewegt einzelne Männer, mit Bibellesungen, Ansprachen, freien Gebeten oder dem Vorschlag für ein Lied zur Gestaltung der Feier beizutragen. In vielen Gemeinden werden die Lieder vierstimmig ohne Instrumentalbegleitung gesungen. Es gibt aber auch Gemeinden, meist sind es „Offene Gemeinden", in denen eine Band den Gottesdienst musikalisch begleitet. Auffällig ist, dass in den meisten Brüdergemeinden die Frauen – abgesehen vom gemeinsamen Gesang – den Gottesdienst schweigend feiern (Begründung mit 1. Korinther 14,33; 1. Timotheus 2,12), und in den geschlossenen Gemeinden sitzen die Frauen auch von den Männern getrennt und tragen eine Kopfbedeckung.

Die Brüderbewegung war immer auch eine Bibelbewegung. Die Heilige Schrift gilt als direkt von Gott inspiriert und unfehlbar. Die historisch-kritische Exegese der Bibel wird abgelehnt, stattdessen ist jedes männliche Gemeindeglied zur Auslegung und Verkündigung des Wortes Gottes befähigt und berufen, wobei nicht alle eine Begabung dazu haben. Fest angestellte Pastoren mit theologischer Ausbildung gibt es nur in BEFG-Gemeinden.

In Brüdergemeinden wird die Gläubigentaufe praktiziert. Sie findet in einem größeren Becken (Baptisterium) oder einem Gewässer statt, in das der Täufling ganz eingetaucht wird. Die Brüderbewegung hat einen stark missionarischen Akzent, sowohl im Inland als auch in Übersee. Koordiniert werden die Aktivitäten im Missionshaus Bibelschule Wiedenest im oberbergischen Bergneustadt. Ein weiteres Beispiel ist die „Barmer Zeltmission", die mit Zelten und Wagen in Deutschland unterwegs ist und Evangelisationen veranstaltet. Ebenso missionarisch ist die monatliche Bürgerfunk-Sendung der Heckinghauser Gemeinde bei Radio Wuppertal (Sendezeit an jedem zweiten Montag im Monat 21:05-21:55 Uhr).

Diakonissenmutterhaus Persis im Briller Viertel

Auch das soziale Engagement wird ernst genommen. In Wuppertal-Ronsdorf gibt es das Altenheim Friedenshort, Friedenshort 80, das in Kooperation mit der Diakonie betrieben wird. Ebenso existiert seit 1929 ein Diakonissenmutterhaus „Persis" in der Von-der-Tann-Straße im Briller Viertel. Hier werden Frauen zu Kranken- und Altenpflege in den Gemeinden ausgebildet. In Langerfeld wurde 1992 die Gefährdetenhilfe „Kurswechsel" gegründet, die sich um Straffällige und Drogenabhängige kümmert. In Elberfeld betreibt die dortige Gemeinde den „Elsetreff" für sozial Schwache und Obdachlose.

Organisation und Statistik

Durch die historischen Entwicklungen innerhalb der Brüderbewegung kann man vier Richtungen unterscheiden:

1. „Offene Brüder" im Bund – Bundesgemeinden. Das sind diejenigen Brüdergemeinden, die seit 1942 mit den Baptisten einen Gemeindebund bilden. Seit 1980 bilden sie die „Arbeitsgemeinschaft der Brüdergemeinden". In Wuppertal sind das die Gemeinden in Elberfeld (Else-Lasker-Schüler-Straße), Vohwinkel und Wichlinghausen.
2. Bundesfreie Gemeinden – Freier Brüderkreis. Das sind ca. 250 Gemeinden, die nach 1945 den BEFG verließen und sich im lockeren Bund freier Brüderkreise zusammengeschlossen haben. Dazu gehören in Wuppertal die Gemeinden in der Heckinghauser Straße und in der Schwelmer Straße.
3. Blockfreie Gemeinden. Dazu zählen ca. 60 Gemeinden, die sich von starren Traditionen innerhalb der Exklusiven etwas entfernen. In Wuppertal gibt es keine Gemeinde.
4. Exklusive Brüder – geschlossene Versammlungen. Das sind die Christlichen Versammlungen, die zum Teil während des Dritten Reichs in den Untergrund gingen, zum Teil erst nach 1945 aus dem BEFG austraten. In Wuppertal zählen dazu Versammlungen in Elberfeld, Barmen, Ronsdorf und Vohwinkel.

Die Mitgliedszahlen der Wuppertaler Gemeinden müssen teilweise geschätzt werden, da es keine Mitgliederlisten gibt oder grundsätzlich dazu keine Angaben gemacht werden. Die Brüdergemeinden im Bund haben über 250 Mitglieder mit ca. 50 Kindern, die Gemeinden in Heckinghausen und Langerfeld knapp 180 Gläubige mit über 60 Kindern und die vier

Originaltext

Offene Brüder im Bund efG:
Wir bekennen uns zur göttlichen Eingebung der ganzen Heiligen Schrift, ihrer völligen Zuverlässigkeit und Autorität in allen ihren Aussagen. Sie ist für uns verbindlich für Glauben und Leben – für das persönliche Leben und für das Leben der Gemeinde, deren Gründung, Gestaltung und Wachstum. (Quelle: www.agb-online.de)

Offene Brüder im Bund efG:
Der Bruderrat der Arbeitsgemeinschaft der Brüdergemeinden (im BEFG) hat sich in einer Stellungnahme kritisch zur „Carta Oecumenica" geäußert. Betont wird, dass in der Carta Oecumenica an keiner Stelle geklärt werde „wer Christ ist oder wie man Christ wird." Stattdessen werde stillschweigend vorausgesetzt, dass formale Kirchenmitgliedschaft und Christsein identisch seien.
Weiter wird die bedingungslose gegenseitige Anerkennung der Taufe kritisiert. „Man wird nicht Christ durch die Taufe, sondern durch persönlichen Glauben und Bekehrung", heißt es in der Stellungnahme, die im September verabschiedet wurde.
Neben einer ausdrücklich positiven Würdigung des Aufrufs zur Anerkennung von Religions- und Gewissensfreiheit wird kritisiert, dass in der Beschreibung der Beziehung zu anderen Religionen „der Absolutheitsanspruch Jesu Christi faktisch aufgegeben wird." Man könne in Bezug auf den Islam nicht über den Glauben „an den einen Gott" sprechen, ginge es doch „um unterschiedliche und sich in wesentlichen Teilen widersprechende Gottesvorstellungen".
Aufgrund der Kritikpunkte könne die Carta keine Leitlinie zur Verwirklichung christlicher Einheit für die Brüdergemeinden sein. Stattdessen wird Gemeinschaft im Rahmen der evangelischen Allianz eindeutig begrüßt, da diese sich „als Bund von einzelnen Gläubigen und nicht als Kirchenbund versteh(e)". (Quelle: www.agb-online.de)

geschlossenen christlichen Versammlungen mehr als 350 Gläubige mit knapp 100 Kindern.

Die Brüdergemeinden sind, wie der Name schon sagt, der Überzeugung, dass eine bruderschaftliche Leitung der Versammlungen der Gemeinde Jesu Christi am ehesten entspricht. Dabei berufen sie sich auf Jesu Wort „Einer ist euer Meister, ihr alle seid Brüder" (Matthäus 23,8+10). Es gibt deshalb im Grundsatz keine ausgeprägten Hierarchien in den Gemeinden. Das allgemeine Priestertum wird in Brüderversammlungen besonders betont, jedes männliche Gemeindeglied ist grundsätzlich berechtigt, in einem Gottesdienst das Wort zu ergreifen und die Heilige Schrift auszulegen oder frei zu beten. Voraussetzung ist lediglich eine Unterordnung unter die Leitung durch den Heiligen Geist. Deswegen gibt es in den meisten Brüdergemeinden auch keine hauptamtlichen Geistlichen.

Grundsätzlich gibt es in der Brüderbewegung eine Scheu vor Institutionen und Organisationen, weil sie menschliches Werk sind und sich nicht biblisch begründen lassen. Je nachdem, wie pragmatisch oder konsequent gedacht wird, bauen die einzelnen Gemeinden doch Organisationsformen auf. Die „Exklusiven Versammlungen" betonen dabei, dass sie nur deshalb als Verein organisiert sind, weil der Staat ein Mindestmaß an Organisation verlangt, z.B. beim Kauf eines Gebäudes. Die Ablehnung von kirchlichen Organisationsformen geht so weit, dass sie gar nicht gerne mit anderen Kirchen verglichen oder gemeinsam dargestellt werden, weil sie dadurch mit menschlichen Kategorien gemessen werden. Die Gemeinden im Bund sehen das etwas liberaler. Hintergrund für diese Scheu vor kirchlicher Organisation ist eine Erkenntnis, die schon Darby aus seinem Bibelstudium zog: Die Geschichte sei eine Abfolge von Heilsbünden, die alle nach demselben Schema ablaufen: Durch Sünde der Menschen werde ein Gnadenbund Gottes zerstört und könne nicht wieder aufgerichtet werden.

Was wir glauben...

Wir glauben , dass Jesus Christus der Sohn Gottes ist. Er kam als Mensch in diese Welt, um stellvertretend unserer Sünde vor Gott zu sühnen, indem er am Kreuz für uns starb.

Er ist der einzige Weg zu Gott. (Johannes 14,6)

Wir glauben an die Zuverlässigkeit und Autorität der Bibel. Sie ist Gottes Wort und verbindlicher Maßstab für unser Leben. (2. Timotheus 3,16)

Wir glauben, dass jeder, der bewusst und persönlich das Rettungsangebot Gottes in Jesus Christus im Glauben annimmt, Vergebung seiner Schuld bekommt. Er wird aus seinem natürlichen Stand als Sünder zu einem Kind Gottes, indem er den Heiligen Geist empfängt. (Johannes 3, 16 und 1. Johannes 1,9)

Wir glauben an die Gemeinschaft aller, die Jesus Christus im Glauben angenommen haben. Sie bilden weltweit und durch alle Zeiten die Gemeinde Gottes unter ihrem Haupt: Jesus Christus. Im Verhältnis zu Gott sind Rangunterschiede, Rassen und Religionen bedeutungslos. Die vielen Kinder Gottes in den christlichen Kirchen und Gemeinden können ihre Einheit nur in Jesus Christus, ihrem Herrn, begründen. (1. Korinther 12,27)

Wir glauben an die Aussagen der Bibel über die Zukunft und wissen daher, dass Jesus Christus bald wiederkommen wird, um alle Kinder Gottes zu sich zu holen in seine Herrlichkeit. Danach werden die Gerichte Gottes die unversöhnte Menschheit treffen. Nach dem Endgericht wird Gott alles in eine ewige Neuschöpfung vollenden. (1. Thessalonicher 4,13- 18)

(Quelle: www.wir-christen.de)

Der Neue Bund, auf dem die Kirche bestehe, sei nach Darby schon zur Zeit der Apostel der Sünde verfallen. Von diesem Abfall von Gottes Gnadenbund gelte es loszukommen, deshalb die Furcht der Brüderbewegung vor jeder kirchlichen Organisation und ökumenischen Kontakten.

Literatur

Jordy, Gerhard: Die Brüderbewegung in Deutschland, Band 1, Wuppertal 1979.

Heinrichs, Wolfgang: Die Gemeinde Baustraße. 125 Jahre Brüderversammlung, Wuppertal 1980.

Platte, Eberhard: Warum gehe ich in diese Gemeinde?, Dillenburg 1997.

Steinmeister, Andreas: ... ihr alle aber seid Brüder. Eine geschichtliche Darstellung der „Brüderbewegung", Lychen 2004.

Gerlach, Rolf-Edgar: Carl Brockhaus. Ein Leben für Gott und die Brüder. Wuppertal/Zürich 1994.

Zitate

„Im Gegensatz zur Landeskirche war für die FeG das freie Gebet typisch. Manche Gebete nannten wir scherzhaft die „Heilsplan-Gebete". Die fingen bei der Schöpfung an, arbeiteten sich dann ganz langsam durch die kleinen und großen Propheten, bis sie zum Schluss endlich sagen konnten: Amen, ja komm, Herr Jesus. .. Neben den vielen Vorzügen schuf diese Gemeinschaft natürlich auch Beengungen. Als ich einmal ganz schüchtern ein Mädchen ansprechen wollte, legte mir ein ernsthafter Altersgenosse seine Hand auf die Schulter und fragte mich: „Was würde Jesus wohl dazu sagen?" Johannes Rau (Ehem. Bundespräsident), 2004

„Volkskirchliche und freikirchliche Traditionen neben aufgeklärt-skeptischen Perspektiven, alle mit unterschiedlichen Fragen und Verständnisperspektiven haben mir und meiner werdenden Theologie gut getan. Besonders beglückend war, dass ich als historisch-kritisch geschulter Theologe niemals ein zerrüttendes Gespräch, oder eine scharfe und trennende Auseinandersetzung mit den vielen pietistisch-geprägten Gemeindegliedern gehabt habe: die Liebe zum gemeinsamen Herrn Jesus band uns zusammen." Peter Steinacker (Kirchenpräsident der Evang. Kirche in Hessen und Nassau, ehem. Pfarrer in Unterbarmen), 2006

EXKURS: Bibel im Wuppertal

(Hans Jochen Boecker)

Wuppertal ist eine Stadt der Bibel. Hier finden sich zwei Bibelmuseen, mehrere Verlage, die Bibelliteratur anbieten, ein Biblisch-Archäologisches Institut und sogar eine Bibelübersetzung, die nach einem Stadtteil benannt ist.

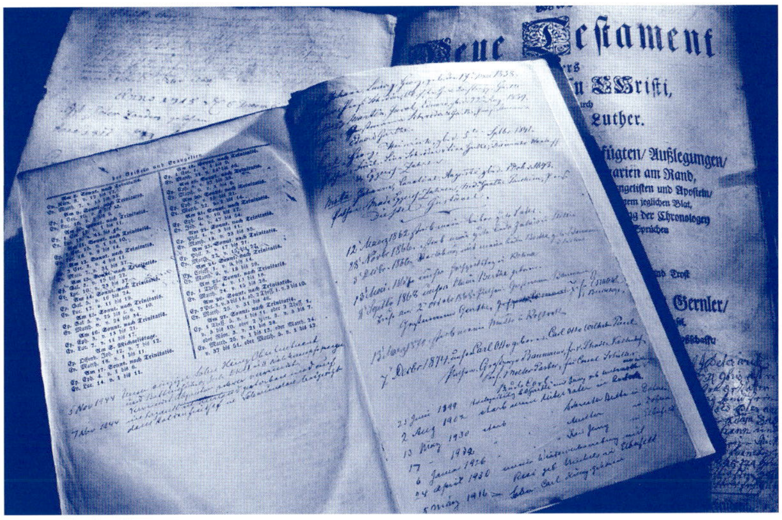

Die erste Bibel, die aus dem Bereich des Wuppertals stammt, ist die sogenannte Elberfelder Bibel aus dem Jahre 1702 (nicht zu verwechseln mit der „Elberfelder Bibel" aus dem 19. Jahrhundert, von der noch zu reden sein wird). Der Druck dieser Bibel wurde von der Elberfelder Classis (entspricht sachlich etwa einer heutigen Kreissynode) beschlossen, um den „Christenmenschen" eine preiswerte Bibel anbieten zu können. Es handelt sich um eine reformierte Bibel, der die Übersetzung Martin Luthers zu Grunde liegt, der aber mit dem Heidelberger Katechismus und den Psalmen Lobwassers und anderen Beigaben ein eindeutig reformiertes Gepräge gegeben wurde. Es handelt sich um eine sozusagen kirchenamtliche Bibelausgabe, deren buchhändlerischer Erfolg allerdings gering blieb.

Bibelwerk im Rheinland

Wenn man von der Bibel-Stadt Wuppertal spricht, kommt man am „Evangelischen Bibelwerk im Rheinland" nicht vorbei. Es wurde 1814 als „Bergische Bibelgesellschaft" gegründet und ist damit eine der ältesten seiner Art. In Deutschland wurden zwischen 1810 und 1820 zahlreiche Bibelgesellschaften gegründet, so ungefähr in jedem der damals existierenden Königreiche und Fürstentümer eine eigene.
Die Gründung der „Bergischen Bibelgesellschaft" geht zurück auf die Initiative von Rev. Dr. Robert Pinkerton. Er hatte im Jahr 1814 an der Feier zum zehnjährigen Bestehen der BABG (Britische und Ausländische Bibelgesellschaft) in London teilgenommen und war auf der Rückreise nach St. Petersburg. Auf dieser Reise quer durch Europa hat er die Gründung mehrerer Bibelgesellschaften initiiert, auch derjenigen im Herzogtum Berg. Am 12. Juli war er in Elberfeld eingetroffen, und bereits am 13. Juli kam es zu einer Versammlung von 17 Bürgern aus Elberfeld und Barmen, an der auch die Bürgermeister der beiden Wupperstädte teilnahmen. Die Versammlung fand im Reformierten Armenhaus Am Mäuerchen in Elberfeld statt und beschloss die Gründung der „Bergischen Bibelgesellschaft". In den einstimmig angenommenen „Grundgesetzen" der Bibelgesellschaft wurde die „Ausbreitung der Heiligen Schrift ohne Noten und Anmerkungen" als Aufgabe und Zweck der Bibelgesellschaft

Evangelisches Bibelwerk im Rheinland
Bibelzentrum "Bibel entdecken - Bibel erleben"
Rudolfstraße 135, 42285 Wuppertal
Tel.: 0202 - 4 96 68 90
E-Mail: bibelwerk@wtal.de
Inetrnet: www.bibelwerkrheinland.de

Bibelmuseum Wuppertal
Wolkenburg 106, 42119 Wuppertal
E-Mail: info@bibelmuseum.de
Internet: www.bibelmuseum.de
Öffnungszeit:
Fr 14:00 - 18:00 (nach Absprache bis 20:00)
oder nach vorheriger Vereinbarung

Biblisch-Archäologisches Institut
Bergische Universität, Campus Freudenberg
Prof. Dr. Dr. Vieweger, Haus FD,
Rainer-Gruenter-Straße 21
42097 Wuppertal
Tel.: 0202 - 439 10 04
E-Mail: bai@uni-wuppertal.de
Internet: www.bai.uni-wuppertal.de

festgelegt. Betätigungsfeld der Gesellschaft waren zunächst die Gemeinden des Herzogtums Berg, vor allem die bedürftigen Glieder der Gemeinden. Es ist erstaunlich, wie gut Pinkerton die Situation im Wuppertal nach nur wenigen Tagen seines Besuches zu beschreiben wusste. Er berichtete nach London: „Das Wuppertal, in welchem die Städte Elberfeld und Barmen liegen, ist in Deutschland nicht weniger berühmt durch die Mannigfaltigkeit seiner religiösen Denominationen und der Frömmigkeit seiner Bewohner als durch seine Fabriken. Gott sei die Ehre! In Sachen der Bibel haben wir sie alle vereinigt."
Im Jahre 1978 erfolgte eine bedeutsame Namensänderung der Gesellschaft. Sie heißt seitdem Evangelisches Bibelwerk im Rheinland. Der neue Name macht deutlich, dass das Arbeitsgebiet das gesamte Gebiet der Evangelischen Kirche im Rheinland umfasst. Das Evangelische Bibelwerk im Rheinland ist ein Verein alten Rechts. Das „zweite Statut" – im Wesentlichen heute noch gültig – wurde im Jahre 1891 unter „königlicher Verleihung der Rechte einer juristischen Person" genehmigt. Das Evangelische Bibelwerk im Rheinland ist ein freies Werk, das durch einen Vorstand geleitet wird.

Bibelzentrum

Von den zahlreichen Aktivitäten des Werkes sei hier lediglich das „Bibelzentrum" in Barmen in der Rudolfstraße 135 erwähnt. Es steht unter der Überschrift „Bibel entdecken – Bibel erleben". Das Bibelzentrum bietet: Bibeln aus zwei Jahrtausenden (Originale und Faksimileausgaben) – vier große Fensterbilder mit biblischen Motiven – eine Hörstation – Computerspiele zur Bibel am PC – eine alte Druckpresse zum Ausprobieren – einen Raum der Stille – eine Bücherecke und vieles andere mehr. Die ältesten in der Ausstellung gezeigten Bibelausgaben stammen aus den Jahren 1529 und 1584. Von den zahlreichen Faksimileausgaben, die in der Ausstellung zu sehen sind, seien nur wenige genannt: die um 1400 n. Chr. in Prag entstandene Wenzelsbibel (diese prachtvoll illustrierte Bibel gehört zu den ältesten deutschen Bibelübersetzungen), die Salzburger Armenbibel (Biblia pauperum), der Evangelienband der „Ottheinrich-Bibel" (man nennt diese um 1425 in frühhochdeutscher Sprache geschriebene, kunstvoll ausgemalte Bibel „Die Königin der deutschen Bibeln").

Bibelmuseum, Wolkenburg

Bibelmuseum Wuppertal

Ähnliche Ausstellungsstücke bietet das Bibelmuseum Wuppertal in der Wolkenburg. Maßgeblich von zwei Privatsammlern initiiert, die der Brüderbewegung nahe stehen, will das Museum vor allem die Wahrhaftigkeit der biblischen Botschaft zeigen. Auf Interaktivität wird Wert gelegt. Besucherinnen und Besucher können zum Beispiel an einer nachgebauten Gutenberg-Presse Bibelseiten drucken und auf echtem Papyrus schreiben. In Zukunft ist eine Erweiterung des Museums um das Thema Kreationismus geplant. Hierbei soll die Entstehung der Welt gemäß dem biblischen Schöpfungsbericht nachvollzogen werden.

Elberfelder Bibel

Schließlich und sachlich nicht zuletzt ist die „Elberfelder Bibel" zu nennen, die aus Wuppertal stammt. Sie geht zurück auf John Nelson Darby (1800-1882), der zusammen mit anderen, unter denen vor allem Carl Brockhaus (1822-1889) zu nennen ist, die Übersetzung der Bibel in die deutsche Sprache in die Wege leitete. Die Übersetzung des Neuen Testamentes erschien 1855, die des Alten Testamentes 1871. Daran war wesentlich Rudolf Brockhaus (1822-1899) beteiligt, ein Sohn von Carl Brockhaus. Er baute 1874 ein Haus in Elberfeld und gründete dort den Verlag R. Brockhaus, der bis heute die „Elberfelder Bibel" verlegerisch betreut. Aus dem Vorwort der Ausgabe des Alten Testaments von 1871

seien hier einige Sätze zitiert: „Bei der Veröffentlichung dieser Uebersetzung ist es durchaus nicht unsere Absicht, dem Gelehrten ein gelehrtes Werk zu unterbreiten; vielmehr leitete uns bei unserer Arbeit ausschließlich der Gedanke, dem einfachen und nicht gelehrten Leser eine möglichst g e n a u e Uebersetzung in die Hand zu geben. Wir bedienten uns zu diesem Zwecke aller uns zu Gebote stehenden Hülfsmittel." Das Vorwort schließt mit diesen Sätzen: „Indem wir nun die Frucht unserer Arbeit mit der Zuversicht, dass die Übersetzung des von Gott eingegebenen Wortes für seine geliebten Kinder nützlich sein werde, der Oeffentlichkeit übergeben, befehlen wir sie dem Segen des Herren in dem Bewusstsein, dass wir sie vor seinen Augen unternommen und in Anerkennung unserer Schwachheit, unserer Abhängigkeit und unserer Verantwortlichkeit unter Gebet ausgeführt haben. Diese Zuversicht und dieses Vertrauen auf die Gnade Gottes hat uns oft, wenn wir unsere vielseitige Unfähigkeit fühlten, zu einem so wichtigen Werke ermuntert. Möge unser treuer Herr seinen Segen ruhen lassen auf dem Leser, auf dem Werke und auf den Arbeitern um des Namens Jesu willen!"
Die Elberfelder Bibel enthält keine Apokryphen. Das ist eine Sachentscheidung. Die Apokryphen gehören nach Meinung der Kreise, die hinter dieser Bibel stehen, nicht zur Heiligen Schrift. Sie sind also nicht einmal gut und nützlich zu lesen, wie Martin Luther über die Apokryphen gesagt hatte.
Seit 1985 liegt eine grundsätzliche Revision dieser Bibel vor, die sogenannte „Revidierte Elberfelder Bibel", die seitdem mehrfach überarbeitet, aber nicht wesentlich verändert wurde. Über die Kriterien der neu gestalteten Übersetzung informiert das ausführliche Vorwort. Die „Revidierte Elberfelder Bibel" gilt mit Recht als diejenige deutsche Bibelübersetzung der Gegenwart, die dem biblischen Urtext am nächsten kommt, was auch durch zahlreiche Anmerkungen unterstützt wird. Interessant ist, dass die Vorläufer der Zeugen Jehovas, die Ernsten Bibelforscher, anfänglich die „Elberfelder" als ihre Bibel benutzten. Erst seit 1971 nutzen sie ihre eigene Bibel: „Neue Welt Übersetzung".

Sammlung verschiedener Bibelübersetzungen

Wuppertaler Studienbibel

Im gleichen Verlag wie die Elberfelder Bibel erscheint eine Kommentar-Reihe zur Bibel. In insgesamt 55 Bänden bietet die Wuppertaler Studienbibel eine evangelikale Auslegung zu jedem Buch der Bibel. Diese Studienbibel richtet sich nicht nur an Theologen, sondern auch an Laien. Seit den 1950er Jahren wurden über 1 Millionen Bücher verkauft.

Biblisch-Archäologisches Institut

Für die Verbindung von Archäologie, Bibel-Exegese und Theologie setzt sich das Biblisch-Archäologische Institut (BAI) ein. Gegründet 1999, ist es der Bergischen Universität und der Kirchlichen Hochschule angegliedert. Das BAI führt zum einen Ausgrabungen im Nahen Osten durch, bei denen modernste geophysikalische Methoden und Geräte zum Einsatz kommen. Zum anderen führt es Experimente durch, in denen nachvollzogen wird, wie Keramiken zu biblischen Zeiten produziert wurden.

Kontaktdaten
Köbners Kirche
Wartburgstraße 44
42283 Wuppertal
Tel.: keine Angabe
E-Mail: karinweishaupt@yahoo.de

Kirche auf dem Ölberg
Rolandstraße 15
42105 Wuppertal
Tel.: 0202 - 3 09 97 50
E-Mail: b.peter@kado-b.de

Gottesdienst
So 10:00 Uhr

Internet
www.kirche-auf-dem-oelberg.de
www.koebners-kirche.de
www.baptisten-cronenberg.de

Evangelisch-Freikirchliche Gemeinden

Kurz-Informationen

Der Bund Evangelisch-Freikirchlicher Gemeinden (BEFG) vereint in sich zwei Traditionen: die Brüderbewegung und den Baptismus. Die Brüderbewegung betont besonders die Geschwisterlichkeit, d.h. die Gleichheit und Beteiligung aller Gläubigen gemäß dem Jesuwort: „Einer ist euer Meister, der Christus; ihr alle aber seid Brüder" (Matthäus 23,8.10). Der Baptismus hat seinen Namen vom griechischen „baptizein" = taufen und ist entstanden aus der Ablehnung der Kindertaufe. In Deutschland zählen sich 86.000 Gläubige zum BEFG, davon sind nur gut 8000 aus Brüdergemeinden. In sechs Wuppertaler BEFG-Gemeinden gibt es ca. 800 Mitglieder.

Bund Evangelisch-Freikirchlicher Gemeinden – Baptisten

Geschichte

Nach dem Selbstverständnis der Baptisten liegen ihre Wurzeln in der biblischen Täuferbewegung Johannes des Täufers (Matthäus 3; Johannes 1-3). Inhaltlich gibt es darüber hinaus eine große Nähe zum Täufertum der Reformationszeit. Diese Bewegung wurde stark bekämpft, und auf dem Reichstag in Speyer 1529 wurde ein Verbot der Wiedertaufe durchgesetzt. Diese Verfolgung der Täufer bekamen die Baptisten noch ein Jahrhundert später zu spüren, als der Baptismus Anfang des 17. Jahrhunderts in England entstand. Seine historischen Wurzeln hat er im Puritanismus, einer Bewegung, die die englische Kirche nach reformatorischem Vorbild von allem katholischen Riten reinigen wollte. Die persönliche Glaubensüberzeugung des Einzelnen wurde immer wichtiger genommen und gleichzeitig eine ständige Selbstprüfung gefordert. Die Puritaner lehnten den hierarchischen Kirchenaufbau einer Bischofskirche ab und setzten stattdessen auf unabhängige Gemeinden.
Auf diesem Hintergrund entstanden Diskussionen um die rechtmäßige Form der Taufe. Eine Gruppe von Glaubensflüchtlingen um den Geistlichen John Smyth (1554-1612) kam in Amsterdam zu der Erkenntnis, dass ihre Taufe als Kleinkinder nicht gültig sei und führte eine Selbsttaufe ohne Priester durch. Das ist die Kerngemeinde des heutigen Baptismus. Rückwanderer nach England verbreiteten den neuen Glauben und forderten Religions- und Gewissensfreiheit. Von Kirche und Staat wurde die Bewegung bekämpft, so dass viele Baptisten nach Nordamerika auswandern mussten. Dort wuchs der Baptismus vor allem in den Südstaaten zur größten Kirche heran.
In Deutschland kam der Kaufmann Johann Gerhard Oncken (1800-1884) durch eigenes Bibelstudium zu derselben Erkenntnis wie Smyth. Bei Besuchen in England lernte er die neu entstandenen „Free Churches" kennen und brachte deren Ideen nach Deutschland. 1834 ließen sich die ersten Gläubigen von einem amerikanischen Prediger in der Elbe bei Hamburg taufen. Oncken reiste in den folgenden Jahren als Missionar quer durch Europa. Er gilt als Begründer des kontinentaleuropäischen Baptismus. In Deutschland breitete sich der Glaube schnell aus. Viele

Gemeinden entstanden in Nord- und Ostdeutschland (Ostpreußen). Schon 1849 kam es zur Gründung des „Bundes der vereinigten Gemeinden getaufter Christen". Wichtiger Mitstreiter Oncken war der Graveurhandwerker und Dichter Julius Köbner (1806-1884), ein dänischer Judenchrist, der vorher Mitglied der Herrnhuter Brüdergemeine gewesen war. Er schuf das erste baptistische Gesangbuch „Glaubensstimme".
Zur Zeit des Nationalsozialismus gab es starke Veränderungen für die Baptisten. 1938 gewährte der Bund einigen bedrängten pfingstlerischen Gemeinden organisatorischen Unterschlupf. 1941 kam es praktisch zu einer Zwangsunion mit den Brüdergemeinden, die im Bund freikirchlicher Christen vereinigt waren. Damals entstand der heutige Name: Bund Evangelisch-Freikirchlicher Gemeinden (BEFG).
Nach dem Krieg verließen viele Brüdergemeinden und die pfingstlerischen Gemeinden diesen Bund wieder. Trotzdem besteht der BEFG bis heute als eine Organisation, in der zwei unterschiedliche Prägungen zusammenkommen.

In Wuppertal

Oncken hat auch das Wuppertal besucht und hier gepredigt. 1847 spendete er die ersten Taufen in Elberfeld. Parallel dazu entstand eine eigenständige „Bergische Taufbewegung" um Friedrich Herring (1795-1865) und Johann H. Lindermann als Konkurrenz zu den Baptisten. Lindermann wurde später für den Adventismus (→ Siebenten-Tags-Adventisten) wichtig.
Die Baptisten setzten sich in Unterbarmen als dem geografischen Zentrum des ganzen Wuppertals fest. Hierher konnten die verstreut wohnenden Gläubigen aus allen umliegenden Städten leicht kommen. In den Anfangsjahren wurden die Baptisten von den etablierten evangelischen Gemeinden bekämpft. So wurde unter Druck der evangelischen Gemeinde Unterbarmen der Mietvertrag für den ersten Versammlungssaal gekündigt. Die erste friedliche Begegnung zwischen der Baptistengemeinde und dem Presbyterium der Gemeinde Unterbarmen-Mitte fand erst 1970 (nach 120 Jahren) statt.
Als Vater der Wuppertaler Gemeinde gilt Julius Köbner, weil er 1852 mit sechs Bürgern aus Barmen und Elberfeld eine Gemeinde gründete. Es war damals die erste Baptistengemeinde in ganz Westdeutschland. Köbner und seine Mitstreiter standen über den Evangelischen Brüderverein im engen Kontakt mit anderen Christen im Wuppertal, die auch freie Gemeinden gründen wollten. Als es zum Konflikt zwischen Köbner und einem anderen Mitglied des Brüdervereins, Hermann Heinrich Grafe, kam, wurde eine Trennung unausweichlich. Grafe gründet darauf hin die erste Frei-evangelische Gemeinde (→ FeG). In dem theologischen Streit ging es konkret um die Frage, ob die an Grafe vollzogene Kindertaufe anerkannt werden könne, was Köbner ablehnte. Bis heute gibt es eine theologische Nähe mit kleinen Unterschieden zwischen Baptisten und der FeG.
Die ersten Gottesdienste der Baptisten fanden in Wohnungen und einer Textilfabrik statt. 1854 konnte ein Grundstück an der heutigen Wartburgstraße in Unterbarmen erworben und eine „Bretterkirche" darauf errichtet werden. Finanziert wurde der Bau durch amerikanische Kollektengelder. Zwei Jahre später entstand eine Steinkirche im neugotischen Stil, die bis heute erhalten geblieben ist. Das ursprüngliche Taufbecken im Kirchraum ist von Köbner selbst entworfen worden.
Von Unterbarmen aus wurden 15 Tochtergemeinden gegründet. Die Elberfelder Baptisten fühlten sich von der Gemeinde in Barmen benachteiligt und trafen sich schon früh zu eigenen Versammlungen im Tanzsaal auf der Wilhelmshöhe. Dieses Gebäude übernahm später die Selbständig Lutherische Kirche (→ SELK). Erst seit 1894 bilden die Elberfelder Baptisten eine selbstständige Gemeinde, und 1900 konnten sie ihre eigene Kirche erbauen.

seit 1852

Köbners Kirche, Wartburgstraße

Gemeinde Elberfeld, Rolandstraße

Glaube und Leben

Die Baptisten haben keine bindenden Bekenntnisschriften, es gibt aber doch grundlegende Glaubensprinzipen: Die Bibel gilt als oberste Richtschnur für den Glauben. Die Gemeinde soll sichtbare Gemeinschaft von Gläubigen sein. Deshalb können nur Menschen, die sich bewusst für den Glauben entschieden haben, getauft werden, Kleinkinder dagegen nicht. Die Autonomie der Ortsgemeinde wird betont, das Priestertum aller Gläubigen hoch gehalten. Wegen der eigenen Entstehungs- und Verfolgungsgeschichte setzen sich die Baptisten für Glaubens- und Gewissensfreiheit ein.

Im Mittelpunkt des Gemeindelebens steht der Gottesdienst am Sonntag, der ohne feste Liturgie gefeiert wird. Im Gottesdienst wird getauft. Die Taufe wird in einem großen Becken durch Untertauchen vollzogen. Sie ist Voraussetzung für die Kirchenmitgliedschaft. Gläubige, die schon als Kind getauft wurden, werden in der Regel noch einmal getauft, da die erste Taufe als nicht vollwertig empfunden wird. Die Baptisten berufen sich dabei auf das Neue Testament. Paulus soll gemäß Apostelgeschichte 19,1-7 eine Art Wiedertaufe durchgeführt haben. Die meisten anderen christlichen Konfessionen lehnen aber eine Wiedertaufe ab. Mittlerweile wird nicht mehr von Wiedertaufe, sondern von Konditionaltaufe gesprochen. Damit ist gemeint, dass der zweite rituelle Akt, den die Baptisten durchführen, eine Ergänzung und Bekräftigung ist, unter der Bedingung (von lateinisch conditio), dass die erste Taufe nicht wirklich gültig gespendet und empfangen worden ist.

Oncken prägte den Satz: „Jeder Baptist ist ein Missionar!" Die Gläubigen sollen in ihrem Leben Rechenschaft vom Glauben geben. Mit diesem missionarischen Verhalten und Tun folgen sie dem Beispiel Jesu. Die Gemeinden veranstalten zusätzlich besondere missionarische Aktivitäten, z.B. in Unterbarmen die so genannten „FREIZeit-Abende". Das Gemeindekonzept lautet: Einladende Gemeinde sein!

Eine Besonderheit ist der baptistische Friedhof am Platz der Republik 12. Als die freien Gemeinden Mitte des 19. Jahrhunderts in Wuppertal entstanden, verweigerten die landeskirchlichen Gemeinden Beerdigungen auf ihren Friedhöfen. Deshalb wurden die Freikirchler 1855 aufgefordert, einen eigenen Begräbnisplatz einzurichten. Der Fabrikant Hermann Heinrich Grafe, Gründungsvater der Frei-evangelischen Gemeinde, erwarb daraufhin das Gelände am heutigen Platz der Republik. Grafe stellte diesen Friedhof seiner Gemeinde und später auch der benachbarten Baptistengemeinde zur Verfügung. Bis 2004 trugen beide den Friedhof und gaben ein Zeichen der Verbundenheit zwischen Baptisten und FeG. Mittlerweile befindet sich der Friedhof in der alleinigen Trägerschaft der Baptistengemeinden.

Organisation und Statistik

Der Bund Evangelisch-Freikirchlicher Gemeinden ist eine KdÖR. Der Gemeindebund hat ein kongregationalistisches Kirchenverständnis. Das meint, dass die einzelne Ortsgemeinde, in der das Priestertum aller Gläubigen eine große Rolle spielt, eine starke Autonomie genießt. Der Bund selbst hat keine Lehrautorität. Die Gemeinden werden von einer demokratisch gewählten Gemeindeleitung geführt. Gewählt werden Vertreter von allen Mitgliedern auf Grund des Vertrauens. Frauen sind gleichberechtigt vertreten. Innerhalb des Bundes gibt es Differenzen, ob das geistliche Amt auch von Frauen ausgeübt werden kann. Die Baptisten bejahen das, in Brüdergemeinden gibt es dagegen Widerstände.

Der Bund ist ökumenisch sehr aktiv. Oncken war Gründungsmitglied der Evangelischen Allianz. Der Bund hat den AcK und die VEF mit ins Leben gerufen. Auch zur Katholischen Kirche bestehen Kontakte. Aber auch hier gibt es Unterschiede zwischen Brüdergemeinden und Baptisten. Während

die Letzteren sehr rege Kontakte zu anderen christlichen Gemeinschaften suchen, sind viele Brüdergemeinden da eher zurückhaltend. Dieses unterschiedliche Engagement für ökumenische Kontakte kann man auch bei den Wuppertaler Gemeinden beobachten.
In Wuppertal gibt es sechs EFG-Gemeinden (3 Baptisten-, 3 Brüdergemeinden). Sie stehen in lockerer Verbindung, z.B. durch Kanzeltausch der Prediger. Innerhalb des Bundes sind die Baptisten in der Mehrheit.

Literatur

Balders, Günter: Julius Köbner, in: Geldbach, Erich u.a. (Hgg.): Evangelisches Gemeindelexikon, Wuppertal 1986.
Balders, Günter (Hg.): Ein Herr – ein Glaube – eine Taufe. 150 Jahre Baptistengemeinden in Deutschland, Wuppertal/Kassel 1990.
Heinrichs, Wolfgang: Julius Köbner in: Bautz, Friedrich Wilhelm (Hg.): Biographisch-Bibliographisches Kirchenlexikon, Band IV, Hamm 1992, Spalten 233-236.

Bund evangelisch-freikirchlicher Gemeinden – Brüder

Weitere Informationen → Brüderbewegung und → Bund evangelisch-freikirchlicher Gemeinden – Baptisten

Originaltext

Glaube und Taufe
Gott bietet allen, die das Evangelium von Jesus Christus hören, darin seine Gnade an: Jeder, der sich in Buße und Glauben zu Gott hinwendet, empfängt Vergebung seiner Schuld und ewiges Leben. Gott erwartet von jedem die Antwort des Glaubens, zu der er ihn durch seinen Geist befähigt. Wer Christ wird, wendet sich von allem Bösen ab, bekennt fortan Jesus Christus als seinen Herrn und erklärt sich bereit, als Glied der Gemeinde ein verbindliches Leben in der Nachfolge Jesu Christi zu führen.
Jesus Christus hat seine Gemeinde beauftragt, die an ihn Glaubenden zu taufen. Die Taufe bezeugt die Umkehr des Menschen zu Gott. Deshalb sind nur solche Menschen zu taufen, die aufgrund ihres Glaubens die Taufe für sich selbst begehren. Die Taufe auf das Bekenntnis des Glaubens hin wird nur einmal empfangen.
Mit der Taufe läßt sich der glaubende Mensch als Glied am Leib Christi zugleich in die Gemeinschaft einer Ortsgemeinde eingliedern. Dort erkennt er seine geistlichen Gaben und Aufgaben und übt sie zur Ehre Gottes und zum Wohl der Menschen aus, dort erfährt und gewährt er Hilfe und Korrektur.

Seelsorge und Gemeindezucht
Der ganzen Gemeinde ist die Seelsorge an ihren Gliedern anvertraut. Ziel der Seelsorge ist es, alle Glieder der Gemeinde zu einem Leben in der Nachfolge Jesu Christi und in der Hingabe an Gott zu ermuntern und zu befähigen. Zurechtweisung und Tröstung, Sündenbekenntnis und Zuspruch der Vergebung dienen diesem Ziel ebenso wie das Teilhaben an Freuden und Ängsten, Leiden und Versuchungen, Anfechtungen und Notsituationen des Nächsten. Hier gilt: „Einer trage des andern Last, so werdet ihr das Gesetz Christi erfüllen" (Galater 6, 2).
Ist in einem Gemeindeglied der Glaube an Jesus Christus erloschen und die Liebe zu Gott und dem Nächsten erkaltet und bleiben alle seelsorgerischen Bemühungen, es zu Christus und seiner Gemeinde zurückzuführen, fruchtlos, so wird die Gemeinde seinen Ausschluss aus ihrer Gemeinschaft vollziehen. Bei wissentlicher und willentlicher Verfehlung und Sünde gegen Gottes offenbaren Willen und dem Verharren darin kann die Gemeinde nur noch zu diesem Mittel der Gemeindezucht greifen. Sie wird dies tun in der Beugung darüber, nicht fest genug geglaubt und nicht innig genug geliebt zu haben, und in der Hoffnung, dass das von der Gemeindezucht betroffene Gemeindeglied bei Gott erneut Gnade findet und in die Gemeinschaft der Gemeinde zurückkehrt.
(aus: Die Rechenschaft vom Glauben; Quelle: www.baptisten.org)

Bund Freier evangelischer Gemeinden

Kontaktdaten
FeG Barmen, Unterdörnen 77,
42283 Wuppertal
FeG Beyenburg, Gerstenkamp 9,
42399 Wuppertal
FeG Elberfeld, Bergstraße 40/42,
42105 Wuppertal
FeG Vohwinkel, Westring 74,
42329 Wuppertal
FeG Ronsdorf, Bandwirker Str 28- 30,
42369 Wuppertal

Gottesdienst
So 10:00 Uhr (in der Regel)

Internet
www.wuppertal-ronsdorf.feg.de
www.barmen.feg.de
www.vohwinkel.feg.de
www.wuppertal-elberfeld.feg.de
www.beyenburg.feg.de
www.feg.de

Kurz-Informationen

Der Bund Freier evangelischer Gemeinden (FeG) ist ein Zusammenschluss von freikirchlichen Gemeinden, die einen Glauben vertreten, der an die Bibel gebunden ist und viel Wert auf das persönliche Bekenntnis zu Jesus Christus legt. Die historischen Wurzeln der FeG liegen in Wuppertal. Heute zählen sich in Deutschland 33.000 Gläubige und 19.000 Kinder zur FeG in 400 Gemeinden (Quelle: Internet: www.feg.de). In Wuppertal gibt es fünf Gemeinden mit knapp 1000 Mitgliedern. Damit ist die Stadt eine der „Hochburgen" der FeG.

Geschichte

Den entscheidenden Impuls zur Gründung einer Freien evangelischen Gemeinde in Wuppertal gab der Textilkaufmann und Diakon der reformierten Gemeinde Elberfeld Hermann Heinrich Grafe (1818-1869). Er lernte in Lyon eine freie Gemeinde kennen und war von deren Frömmigkeit tief beeindruckt. Daraufhin kritisierte er zusammen mit anderen die Situation in der Volkskirche und gab sein kirchliches Amt auf. Es kam zur Auseinandersetzung um die Frage nach der rechtmäßigen Teilnahme am Abendmahl. Streitpunkt war, dass ‚Gläubige' und ‚Ungläubige' ohne Überprüfung gemeinsam das Abendmahl in Empfang nahmen. Grafe gründete zusammen mit Brockhaus (→ Brüdergemeinden), Lindermann (→ Adventisten), Köbner (→ Baptisten), Carl Wilhelm Neviandt (1792-1870) und anderen 1850 den Evangelischen Brüderverein. Ziel des Vereins war die Verbreitung des Evangeliums über alle Konfessionsgrenzen hinweg, ohne selbst eine neue Kirche zu bilden. Diese überkonfessionelle Ausrichtung konnte der Verein nicht lange durchhalten, weil die einzelnen Mitglieder zu unterschiedliche theologische Prägungen hatten. Schon 1852 verließ Brockhaus den Verein und gründete eine Brüdergemeinde. Zwischen Grafe und Köbner kam es zu einer Auseinandersetzung um die Frage der Wiedertaufe, so dass beide unterschiedliche Wege beschritten.
Schließlich schuf auch Grafe 1854 eine neue Gemeinde nach dem Vorbild der freien Gemeinde in Lyon. Im Misstrauen gegen die volkskirchliche Praxis wurde diese Gemeinde auf der Trennung von bekennenden Gläubigen und Ungläubigen aufgebaut. Im Gegensatz zu den Baptisten wurde ein strenger Exklusivanspruch abgelehnt, und alle Getauften wurden anerkannt, die sich offen zu ihrem Glauben bekannten. Weitere Gemeinden bildeten sich nach Grafes Vorbild, und 1874 schlossen sich 22 von ihnen zur „Vereinigung der Freien evangelischen Gemeinden und Abendmahlsgemeinschaften" zusammen.
Der erste Prediger in der Wuppertaler Gemeinde war Friedrich Heinrich Neviandt (1827-1901), ein Schwager von Grafe, der prägend auf die Gemeinde und die ganze Bewegung wirkte. 1896 entstand das Diakonissenwerk „Bethanien", das heute seinen Sitz in Solingen hat. 1912 wurde in Vohwinkel eine Predigerschule geschaffen, um die eigenen Prediger auszubilden. Diese Schule bestand hier bis zum Zweiten Weltkrieg. 1928 wurde der Name der Kirche in „Bund Freier evangelischer Gemeinden" ungewandelt.

In Wuppertal

Wuppertal kann als Gründungszentrum der FeG bezeichnet werden. Bis 1927 gab es eine schnell wachsende Gemeinde mit zwei Versammlungsorten, aus denen schließlich die Gemeinden Barmen und Elberfeld hervorgingen. 1861 wurde das Versammlungshaus in Unterdörnen eröffnet, 1889 das Haus in der Hellerstraße am Hofkamp eingeweiht.

Nach Neviandts Tod 1901 kam es zum Streit in der Gemeinde um die Glaubenstaufe (Wiedertaufe) von schon als Kindern getauften Gemeindemitgliedern. Eine große Zahl von Mitgliedern verließ deswegen die Gemeinde. Gleichzeitig führten Wuppertaler Gemeinden auch eine Auseinandersetzung mit dem Bund der FeG um das Verhältnis von Autorität des Bundes und Autonomie der einzelnen Gemeinde. Ergebnis dieses Streits war, dass die Wuppertaler Gemeinde zwischen 1898 und 1919 aus dem Bund ausgetreten war.

Gemeinde Vohwinkel, Westring

Im Laufe der Zeit bildeten sich weitere freie Gemeinden im Tal: z.B. 1893 in Vohwinkel (dort gab es schon eine freie Gruppe, die sich seit den 1830er Jahren traf. In ihr versammelten sich vor allem Fabrikarbeiter aus Hammerstein), 1898 in Ronsdorf, 1900 in Beyenburg, 1905 in Elberfeld an der Bergstraße um den Bandwirker Emil Urban. Urban schuf eine eigene pfingstlerische Gemeinschaft, die erst 1933 in den Bund FeG aufgenommen wurde. Die Gemeinde nutzt ein Gebäude, das 1949 errichtet wurde. Die einzelnen Gemeinden haben in den letzten Jahren massiv in ihre Gebäude investiert. In Vohwinkel wurde 1993 und in Ronsdorf 2003 jeweils ein neues Gemeindezentrum eingeweiht.
Weil Christen aus freien Gemeinden im 19. Jahrhundert nicht auf den landeskirchlichen Friedhöfen beerdigt werden durften, kaufte Grafe 1885 ein Grundstück am Ostersbaum für seine Gemeinde und die Baptistische Gemeinde. Bis heute wird dieser Friedhof von der FeG und den Baptisten gemeinsam genutzt.

Glaube und Leben

Die einzige verbindliche Glaubensgrundlage für die FeG ist die Bibel. Darüber hinaus gibt es keine verbindlichen Bekenntnisschriften, sondern nur Empfehlungen zu Fragen des Glaubens und der Lebensführung.
Die Freien evangelischen Gemeinden versuchen, Gemeinde nach dem Vorbild und den Richtlinien des Neuen Testamentes zu sein. Deswegen wird das Priestertum aller Gläubigen so verstanden, dass es prinzipiell keinen Unterschied zwischen Geistlichen und Laien gibt. Jedes Mitglied ist berufen, seinen eigenen Glauben zu bezeugen und weiterzugeben. Die Pastoren tragen keine Amtstracht, sind in der Wahl des Predigttextes frei und an keine verbindliche Gottesdienstordnung gebunden. Die hauptamtlichen Pastoren werden von „begabten Brüdern" im Verkündigungsdienst unterstützt.
Betont wird die persönliche, freiwillige Glaubensentscheidung der Gläubigen. Sowohl hinsichtlich der Mitgliedschaft als auch in Fragen der Auslegung der Bibel und ihrer praktischen Anwendung gilt das Freiwillig-

Gemeinde Elberfeld, Bergstraße

keitsprinzip. Das Gewissen und die Entscheidung des Einzelnen ist nur an Gottes Wort gebunden. Deswegen vollzieht die FeG die Taufe nur an Jugendlichen und Erwachsenen, die sich freiwillig zum Glauben an Jesus Christus bekannt haben. Bei Kleinkindern wird nur eine Segnung vollzogen. Die Kindertaufe wird in Deutschland als nicht schriftgemäß abgelehnt, denn nach Ansicht der FeG ist die Taufe des Neuen Testaments nur eine Glaubenstaufe. Die Taufe geschieht in der Regel als Ganzkörpertaufe durch Untertauchen in einem Wasserbecken.

Taufe und Abendmahl werden nicht als wirksame Sakramente zur Sündenvergebung gesehen, sondern als von Jesus aufgetragene Symbolhandlungen zur Erinnerung an Tod und Auferstehung. Das „Herrnmahl", wie das Abendmahl unter Bezug auf den „Herrn Jesus Christus" in der FeG heißt, wird in der Regel monatlich gefeiert und ist ein Höhepunkt im Gemeindeleben. Der Gottesdienst in einer FeG ist in der Regel ein Predigtgottesdienst, in dem die Predigt deutlich länger und ausführlicher ist als in landeskirchlichen Gottesdiensten.

Neben dem Gottesdienst gibt es ein vielfältiges Gemeindeleben mit Hauskreisen, Gemeindegruppen, missionarischer und diakonischer Arbeit. Mission ist dabei ein wichtiges Anliegen, deswegen bemühen sich die meisten Gemeinden einladend und offen zu sein. Es gibt sogar eine vom Bund der FeG initiiertes Gemeinde-Neugründungsprogramm. Von den Mitgliedern wird erwartet, dass sie sich am Gemeindeleben aktiv beteiligen und mit ihren Gaben und Fähigkeiten einbringen. Die FeG will Kirche für alle Generationen mit vielfältigen Angeboten für Familien sein.

Organisation und Statistik

Was für die einzelnen Gläubigen gilt, ist auch für die Gemeinden wichtig. Jede Gemeinde ist unabhängig und freiwillig Glied im Bund der FeG. Der Bund versteht sich als eine geistliche Lebens- und Dienstgemeinschaft selbstständiger Gemeinden, die nur aus organisatorischen Gründen diesen Zusammenschluss gesucht haben. Der Bund der FeG ist Körperschaft des öffentlichen Rechts.

Originaltext

Art. 1 Die Gemeinde, welche sich auf Grund des vorstehenden Glaubensbekenntnisses in Elberfeld und Barmen gebildet hat, nimmt den Namen: Freie evangelische Gemeinde in Elberfeld und Barmen an.

Art. 2 Wer Mitglied dieser Gemeinde sein will, muß sich mit den Grundsätzen derselben einverstanden erklären und durch sein Leben bezeugen, dass er die von ihr bekannten Heilswahrheiten des Evangeliums an dem eigenen Herzen erfahren hat. Die Heuchler aber wird Gott richten, der das Herz prüfet und die Seinen kennt.

Art. 3 Die Aufnahme in die Gemeinde, zu welcher man sich bei einem Vorsteher derselben melden muß, findet erst nach Ablegung eines freien persönlichen Bekenntnisses und einer genauen Prüfung von seiten des Vorstandes durch Zustimmung der Gemeinde statt.

Art. 4 Die Gemeinde erkennt das allgemeine Priestertum der Gläubigen an, wonach jeder Wiedergeborene das Recht und die Pflicht hat, sich Gott zu nähern, durch Jesum Christum, den einzigen Mittler zwischen Gott und dem Menschen, um im Geiste und in der Wahrheit anzubeten und die Tugenden dessen zu verkündigen, der ihn berufen hat von der Finsternis zu seinem wunderbaren Licht.

....

Die einzelnen Gemeinden werden von gewählten Ältesten, Männern wie Frauen, geleitet. Schon Grafe, selbst Gemeindeältester in der von ihm gegründeten ersten Freien Evangelischen Gemeinde, betonte: „Der Ältestendienst ist und bleibt eine göttliche Einsetzung für die Gemeinde."
Aufgrund der Betonung des persönlichen Glaubens stehen die FeG der Evangelischen Allianz besonders nahe. Viele Gläubige aus der FeG sind in der Allianz aktiv. Der Bund ist auch Mitglied in der VEF und Gastmitglied in der AcK. Obwohl ökumenische Kontakte gepflegt werden, gibt es Zurückhaltung bei einer Zusammenarbeit vor allem mit der Römisch-Katholischen Kirche und einer Mitwirkung im ÖRK.

Literatur

Strauch, Peter: Typisch FeG. Freie Evangelische Gemeinden unterwegs ins neue Jahrtausend, Witten 2005.
Dietrich, Wolfgang (Hg.): Ein Act des Gewissens. Dokumente zur Frühgeschichte der Freien Evangelischen Gemeinden, Witten 1988.
Weyel, Hartmut: Friedrich Heinrich Neviandt, in: Bautz, Traugott (Hg.): Biographisch-Bibliographisches Kirchenlexikon, Band XX, Nordhausen 2002, Spalten 1105-1112.

Art. 18 Das Abendmahl wird am Schlusse der Gemeindeversammlung genossen, so oft dazu das Bedürfnis erkannt wird. Die Ältesten geben dabei das Brot und den Wein rund.
Wer als Gast mit der Gemeinde das Abendmahl genießen will, muß sich deshalb vorher bei einem Vorsteher melden und von der Gemeinde als gläubig anerkannt sein.
Art. 19 Die Zucht in der Gemeinde, welche die Sache aller Mitglieder, besonders aber die Aufgabe der Ältesten ist, hat drei Grade:
1. Sündigt ein Bruder an dir, so gehe hin und strafe ihn zwischen dir und ihm allein. Hört er dich, so hast du deinen Bruder gewonnen.
2. Hört er dich nicht, so nimm noch einen oder zwei zu dir, auf daß alle Sache bestehe auf zweier oder dreier Zeugen Munde.
3. Hört er die nicht, so sage es der Gemeinde. Höret er auch die Gemeinde nicht, so halte ihn als einen Heiden und Zöllner.
So spricht der Herr (Matthäus 18, 15- 17), der uns erkauft hat mit seinem Blut und dem wir dienen wollen nach seinem Willen. Amen".
(Quelle: Verfassung der Gründergemeinde Elberfeld-Barmen, www.barmen.feg.de)

Adressen:
Elberfelder Erziehungsverein
Ekkehardstraße 7
42105 Wuppertal
Telefon: 0202 - 3 71 06-0

CVJM-Westbund
Bundeshöhe 6
42285 Wuppertal
Tel.: 0202 - 57 42-0
E-Mail: info@cvjm-westbund.de
Internet: www.cvjm-westbund.de

Vereinte Evangelische Mission - Gemeinschaft von Kirchen in drei Erdteilen
Rudolfstraße 137
42285 Wuppertal
Tel.: 0202 - 8 90 04-0
E-Mail: uem@vemission.org
Internet: www.vemission.org

Völkerkundemuseum
Missionsstraße 9
42285 Wuppertal
Tel.: 0202 - 8 90 04-8 41
E-mail: museum@vemission.org
Öffnungszeiten:
Mo. - Do. 9:00 - 16:00
Fr. 9:00 - 13:00

EMK-Weltmission
Holländische Heide 13
D-42113 Wuppertal
Tel.: 0202 - 7 67 01 90
Fax: 0202 - 7 67 01 93
Internet: www.emkweltmission.de

Evangelische Allianz Wuppertal e.V.
Vorsitzender: Michael Voss
Kluser Höhe 25, 42119 Wuppertal
Tel.: 0202 - 43 57 47
E-Mail: m.voss@wtal.de

Freiversammlungsmission e.V.
Talstraße 69, 42115 Wuppertal
Tel.: 0202 - 71 37 54
E-Mail: KurtSteinhart@web.de

KAB Barmen
Waisenstraße 22
42281 Wuppertal
Tel.: 0202 - 50 46 26
E-Mail: W.A.Zim@t-online.de

Kolpingwerk Bezirksverband Wuppertal
Reichsgrafenstraße 43
42119 Wuppertal
Tel.: 0202 - 42 37 38

Christlicher Sängerbund e.V.
Westfalenweg 207
42111 Wuppertal
Tel.: 0202 - 75 06 33
E-Mail: cs-vsg@cs-vsg.de

EXKURS: Missionen und Vereine

Die Zahl der christlichen Vereine und Missionen im Wuppertal ist nicht zu überblicken. Parallel zur Gründung neuer Gemeinschaften und Kirchen im 19. Jahrhundert entstanden auch zahlreiche Vereine. Engagierte Bürger konnten mit Hilfe der Vereinsstruktur konkrete Projekte oder spezielle Interessen schneller umsetzen als es vielleicht innerhalb einer kirchlichen Gemeinschaft möglich gewesen wäre. Hinzu kam, dass sich in den Vereinen Gläubige aus verschiedenen Gemeinden trafen und über Glaubensgrenzen hinweg zusammen arbeiten und feiern konnten.
Die Vereine und Missionen bündelten in erster Linie das diakonisch-karitative und das missionarische Engagement der christlichen Bürger.

Elberfelder Brüderverein

Ein herausragendes Beispiel ist der Elberfelder Brüderverein, der 1850 in Mettmann unter anderem von Carl Brockhaus, Hermann-Heinrich Grafe, Wilhelm Bouterwerk und Carl Wilhelm Neviandt gegründet wurde. Der Verein wurde ein Sammelbecken für alle missionarisch Interessierten, die in der von ihnen als starr wahrgenommenen Evangelischen Kirche keine Möglichkeiten sahen der Entkirchlichung der Gesellschaft entgegenzuwirken. Für die Amtskirche waren die von Laien organisierten und durchgeführten Aktivitäten des Vereins suspekt. Wegen dieser Abwehrhaltung der Landeskirche und emanzipatorischer Tendenzen einzelner Vereinsmitglieder wurde der Brüderverein zur Keimzelle für mehrere freikirchliche Gemeinschaften im Wuppertal: Brüdergemeinden, Baptisten und Freie Evangelische Gemeinden.

Elberfelder Erziehungsverein (EEV)

In der selben Zeit entstand 1849, zum Teil von den selben Männern gegründet, der Elberfelder Erziehungsverein (EEV). Der bis heute existierende Verein hatte damals das Ziel, die verwahrlosten und entkirchlichten Kindern und Jugendlichen geistlich und pädagogisch zu fördern. Es wurden Sonntagsschulen und Nähstuben für junge Frauen eingerichtet, Waisenkinder in christlichen Familien untergebracht und christliche Jugendliteratur herausgegeben. Die Aufgaben haben sich gewandelt. Mittlerweile ist der EEV für alle evangelischen Kindertagesstätten in Elberfeld zuständig.

Christlicher Verein junger Menschen (CVJM)

Einen ähnlichen Hintergrund haben die 18 Christlichen Vereine junger Menschen in Wuppertal. Diese Dichte von CVJM-Gruppen gibt es sonst nirgends in Deutschland. Mitte des 19. Jahrhunderts entstanden in den Städten im Tal mehrere Jünglingsvereine, die jungen Männern Gemeinschaft und geistliche Heimat bieten wollten. 1848 schlossen sich mehrere von ihnen in Elberfeld zum Rheinisch-Westfälischen-Jünglingsbund zusammen, dem Vorläufer des heutigen CVJM-Westbundes. Dieser hat heute seine Zentrale auf den Barmer Südhöhen. Vorbild für diesen Bund war der 1844 in London gegründete YMCA (The Young Men's Christian Association). Treibende Kraft im Wuppertal war der Elberfelder Superintendent Karl Emil Krummacher (1831-1899). Erster Bundespräses wurde der Ronsdorfer Pfarrer Gerhard Dürselen (1806-1887). Heute ist der CVJM-Westbund die Verwaltungszentrale für über 670 CVJMs in fünf Bundesländern mit ungefähr 72.000 Mitgliedern.

Evangelische Allianz (Allianzbewegung)

Die Evangelische Allianz (EA) ist eine Vereinigung, in der sich evangelische Christen aus verschiedensten Konfessionen treffen. Im Unterschied zur ökumenischen Bewegung ist sie keine Organisation von Kirchen. Sie entstand 1846 auf Anregung des Pfarrers Thomas Chalmers (1780-1847) in Liverpool. Bei einer Vollversammlung beschlossen Vertreter von über fünfzig verschiedenen Kirchen, darunter der deutsche Baptist Johann Gerhard Oncken (→ Baptisten), die „Richtlinien" als dogmatische Grundlagen der EA. Diese Richtlinien sind bis heute die gemeinsame Basis der Mitglieder. Seit 1851 ist die EA auch in Deutschland aktiv. Die einzelnen Lokalgruppen sind als Verein organisiert. In Wuppertal gibt es einen zentralen Verein mit mehreren Stadtteilgruppen. Die Hauptaktivitäten der EA in Wuppertal sind zur Zeit regelmäßige missionarische Einsätze in der Elberfelder Fußgängerzone, gemeinsame Gottesdienste fremdsprachiger Gemeinden und – wie weltweit auch – die jährlich im Januar stattfindende Allianzgebetswoche.

Vereinte Evangelische Mission (VEM)

Eine ganz andere Zielsetzung hatte die Rheinische Mission, deren Vorläufer, der Elberfelder Missionsverein, 1799 ins Leben gerufen wurde. Von Deutschland aus sollte der christliche Glaube in alle Welt gebracht werden. 1828 erfolgte der Zusammenschluss der Missionsvereine aus Elberfeld, Barmen und Köln zur Rheinischen Mission. Da sie ihren Sitz in Barmen hatte, wurde sie auch Barmer Mission genannt. Verbindungen mit englischen und holländischen Missionen führten dazu, dass die Hauptmissionsgebiete neben Südafrika und Namibia in holländischen und englischen Kolonialgebieten im heutigen Indonesien (Borneo, Sumatra, Nias, HongKong und Papua Neuguinea) lagen. In Südafrika entstand daraufhin der Ort Wupperthal, und der Einfluss der Mission in Namibia erleichterte später die Bildung der deutschen Kolonie „Deutsch Südwestafrika". Im weiteren Verlauf spielten die rheinischen Missionare eine unrühmliche Rolle beim Genozid an den Herero, deren Volksaufstand von deutschen Truppen brutal niedergeschlagen wurde.

1972 schloss sich die Rheinische Mission mit der Betheler Mission zusammen. Seitdem heißt sie Vereinte Evangelische Mission (VEM). 1996 erfolgte eine grundlegende Änderung von einer Nord-Süd-Mission hin zu einer internationalen Kirchengemeinschaft, der heute 34 Kirchen und Missionen auf drei Kontinenten angehören. Die Missionszentrale befindet sich am Loh in der Rudolfstraße. Das zur Mission gehörende Völkerkundemuseum steht auf der Hardt.

EMK-Weltmission

Ebenfalls Mission in anderen Kontinenten koordiniert von Wuppertal aus die EMK-Weltmission in Elberfeld. Diese evangelisch-methodistische Mission hat ihre Schwerpunkte in Brasilien, Indien, Mosambik, Nigeria, Sierra Leone und Osteuropa. Ihre Arbeit wird ausschließlich durch Spenden finanziert.

Allianz-Mission

Zur Missionsgeschichte im Wuppertal gehört auch die Allianz-Mission. Auf Initiative des amerikanischen Evangelisten Fredrik Franson (1872-1908) gründete der Barmer Kaufmann Carl Polnick (1856-1919) 1889 die Deutsche China-Allianz-Mission (später Allianz-Mission-Barmen). Unterstützt wurde er dabei von Christen aus verschiedenen Frei- und Landeskirchen. Für Empörung sorgte, dass im Auftrag dieser Mission 1890 eine nicht theologisch ausgebildete Frau, die Wuppertaler Hausgehilfin Elisabeth Bäumer, als Missionarin nach China reiste. Von Anfang an war die Allianz-Mission eng verbunden mit Frei-evangelischen Gemeinden (→ FeG), aber erst 1962 wurde sie offiziell die Auslandsmission des Bundes der FeG. Bis in die 1970er Jahre befand sich die Zentrale in Wuppertal. Heute befindet sie sich wie das auch ehemals in Wuppertal befindliche theologische Seminar der FeG (→ Exkurs: Schulen und Ausbildungsstätten) in Dietzhölztal-Ewersbach.

Freiversammlungsmission

Eine kleine Mission ist die nur in Deutschland aktive Freiversammlungsmission. Ihr Arbeitsschwerpunkt sind Hilfs- und Missionseinsätze in Asylbewerber-Wohnheimen. Hier verteilen ihre Mitglieder christliche Literatur, Kassetten und Videos in vielen Sprachen.

Katholische Arbeitnehmer-Bewegung (KAB)

Auch auf katholischer Seite gab es Mitte des 19. Jahrhunderts zahlreiche Vereinsgründungen. Erste katholische Arbeiterhilfsvereine entstanden ab 1849 in Bayern. Einer der wichtigsten Förderer von Zusammenschlüssen der Arbeiterschaft war der Mainzer „Arbeiterbischof" Wilhelm Emmanuel von Ketteler (1811-1877), der sich mit der sozialen Frage auseinander gesetzt hatte.
Im Wuppertal dagegen haben solche katholischen Vereine erst viel später Fuß fassen können. So wuchs die Katholische Arbeitnehmer-Bewegung (KAB) in Barmen erst nach der Jahrhundertwende. Sie bot damals den Vorteil einer großen Gemeinschaft, die für ihre Mitglieder mit Kranken- und Sterbekasse sorgte. Bekanntestes Wuppertaler KAB-Mitglied war der Verbandssekretär Bernhard Letterhaus. Während der Zeit des Nationalsozialismus versuchte er die Arbeit der KAB aufrechtzuerhalten. 1944 wurde er aber verhaftet und in Berlin-Plötzensee hingerichtet. Heute verstehen sich die KAB-Vereine als Bildungs- und Erlebnisgemeinschaft.

Kolping-Werk

Eine andere katholische Vereinsbewegung hat ihre Wurzeln im Tal: die Kolpingfamilie. Adolf Kolping (1813-1865) erlebte als Kaplan in Elberfeld die Not der jungen Arbeiter und Gesellen, die oft ohne soziale Bindung in einer Familie in der Stadt lebten und arbeiteten. Zusammen mit dem Lehrer Johann Gregor Breuer (1821-1897) baute er einen 1846 gegründeten katholischen Gesellenverein auf. Hier konnten junge Handwerker familiäre Gemeinschaft erleben und Bildungsangebote genießen. Diese Idee war so erfolgreich, dass in den folgenden zwei Jahrzehnten rund 400 weitere Gesellenvereine entstanden. Heute hat das Kolping-Werk Deutschland weit rund 275.000 Mitglieder. Trotz veränderter Rahmenbedingungen werden die Grundideen von Kolping wach gehalten: Christen sind verantwortlich für die Welt, Hilfe zur Selbsthilfe und Gemeinschaft als Familie. In Wuppertal gibt es zwei Kolpinghäuser als Wohnheime und neun Kolpingfamilien in den Pfarrgemeinden.
Als weitere katholische Vereine, die in Wuppertal aktiv sind, kann man nennen: Die Katholische Frauengemeinschaft Deutschlands (KFD) – sie ist der größte Laienverband innerhalb der Katholischen Kirche in Deutschland. Sowie der Sozialdienst katholischer Frauen (SkF) und der Borromäus-Bücherei-Verein.

Christlicher Sängerbund (CS)

Auch im kirchenmusikalischen Bereich hat Wuppertal eine vielfältige Landschaft an Fördervereinen und Freundeskreisen zu bieten. Nur ein Verein ist davon hier zu nennen: Der Christliche Sängerbund (CS) ist ein Dachverband für Chöre aus freikirchlichen wie landeskirchlichen Gemeinden. Der CS vertritt ca. 12.000 Sängerinnen und Sänger in etwa 650 Chören. Der Sängerbund wurde 1879 gegründet und hat heute seinen Sitz in Elberfeld.

Pfingstgemeinde

BFP
Bund Freikirchlicher Pfingstgemeinden KdöR

Kurz-Informationen

Die Pfingstbewegung ist zur Zeit die am schnellsten wachsende christliche Glaubensrichtung. Sie gilt neben katholisch, orthodox, protestantisch und anglikanisch als fünfte christliche Konfession. In Wuppertal zählen sich drei Gemeinden zu den Pfingstkirchen: Zum einen die Pfingstgemeinde Wuppertal; sie ist eine kleine Gemeinde in einem auffälligen Gebäude, dem „Wunderbau" am Landgericht. Zum zweiten die „Christus Gemeinde Wuppertal" in Langerfeld und als dritte die Familienkirche Barmen, Ecclesia. Weltweit bekennen sich inzwischen ca. 600 Millionen Menschen zu den Pfingstkirchen, in Deutschland sind es ungefähr 200.000 (Quelle EZW). Die Pfingstgemeinde in Wuppertal hat mit 55 Mitgliedern eine seit Jahren recht stabile Mitgliederzahl.

Geschichte

Die Ursprünge der Pfingstbewegung liegen in den USA. Es gibt ein konkretes Ereignis, das als Initialdatum für die Pfingstkirchen gelten kann. In einer kleinen Bibelschule in Topeka (Kansas) erlebten die Bibelschüler nach dem Studium der Apostelgeschichte im Jahr 1901 die Wirkungen des Heiligen Geistes als religiöse Ekstase. Nach biblischen Begriffen wird die Erfahrung als „Reden in Zungen" bezeichnet. Anhänger dieses Ereignisses gründeten in Los Angeles in der Azusa-Street unter schwarzen Christen eine neue Gemeinde und erlebten dort bald Ähnliches wie in Topeka. Schnell breitete sich die Nachricht von der „Erweckung in der Azusa-Street" aus, und die Gemeinde wurde zum Ziel für Pilger aus aller Welt. 1914 wurde der erste Pfingstverband, die „Assemblies of God", gegründet. Von hieraus verbreitete sich die Pfingstbewegung auf der ganzen Welt. Erfolgreich ist sie besonders in Afrika und Südamerika, wo die Pfingstler heute die stärkste Gruppe der nicht-katholischen Christen bilden.
In Deutschland entstanden die ersten Pfingstgemeinden ab 1907. In den ersten Gottesdiensten kam es zu ekstatischen Erscheinungen und unkontrollierter Prophetie, was in der strengen wilhelminischen Zeit viele Menschen abschreckte. Deshalb distanzierte sich die Gemeinschaftsbewegung schon 1909 in der „Berliner Erklärung" von den Pfingstkirchen. In der Erklärung wenden sich 56 evangelikale Pastoren gegen übertriebene Phänome der pfingstlerischen Frömmigkeit. Noch heute steht der Gnadauer Gemeinschaftsverband als größter Bund von evangelikalen Gemeinschaften der Pfingstbewegung eher kritisch gegenüber. 1972 wurde die Berliner Erklärung in ihrem Inhalt bestätigt, allerdings zeichnet sich seit Mitte der 90er Jahre eine gewisse Annäherung ab.
Die ersten deutschen Pfingstgemeinden schlossen sich 1909 im Mülheimer Verband zu einem lockeren Bund zusammen. Einzelgemeinden, die nicht im Mülheimer Verband waren, schlossen sich 1951 zur Arbeitsgemeinschaft der Christengemeinden in Deutschland (ACD) zusammen, die seit 1982 Bund Freikirchlicher Pfingstgemeinden (BFP) heißt. In den 50er und 60er Jahren des 20. Jahrhunderts traten zahlreiche pfingstlerische Heilungsevangelisten in Deutschland auf. Darunter auch der Württem-

Kontaktdaten
Pfingst-Gemeinde Wuppertal
Hofkamp 171
42103 Wuppertal
Tel.: 0202 - 44 00 18
Telefonmission:
Kurzpredigt 0202 - 45 64 64,
Seelsorge 0202 - 45 44 44
E-Mail: keine Angaben

Gottesdienst
So 10:00 Uhr Gottesdienst
So 19:00 Uhr Gebetszeit
Di 19:00 Uhr Gebetszeit
Do 19:00 Uhr Bibelgespräch

Internet
www.bfp.de

berger Hermann Zaiss (1889-1958), der später in Solingen und Wuppertal zum Gründer der „Gemeinde der Christen – Ecclesia" (→ Ecclesia) wurde. In den 60er und 70er Jahren kam es zu einem neuen pfingstlerischen Aufbruch, der ebenfalls von den Vereinigten Staaten ausging. Pfingstlerische Praktiken fanden nun auch Eingang in die traditionellen Kirchen, und es entstand die so genannte charismatische Bewegung.

In Wuppertal

Eine der ältesten Gemeinden des Bundes Freikirchlicher Pfingstgemeinden (BFP) wurde 1906 in unmittelbarer Nähe zu Wuppertal, in Velbert, gegründet. In Wuppertal selbst fasste die Pfingstbewegung aber erst nach dem Zweiten Weltkrieg Fuß. Eine kleine Gruppe von Gläubigen kam als Flüchtlinge nach Wuppertal, fand aber in den existierenden Gemeinden keine geistliche Heimat. So suchten sie Unterstützung von außen und luden den Missionar Hans Waldvogel ein. Er predigte erstmals im Sommer 1952 mehrere Tage in einem Zelt auf dem Alten Markt in Barmen. Der Erfolg blieb nicht aus. Unmittelbar nach seiner Evangelisation kam es zur Gründung einer Pfingstgemeinde. Waldvogel missionierte mit seinem Zelt noch mehrfach in Wuppertal. Dabei soll es zu Heilungen, Taufen mit dem Heiligen Geist und ekstatischen Zuständen gekommen sein.
Der erste Gemeindesaal lag in der Ziegelstraße. Erster Pastor war damals Egard Tetzlaff. Er wurde zur prägenden Gestalt für die Wuppertaler Pfingstgemeinde, weil er unter anderem den Anstoß zur Kurzpredigt-Arbeit und zur Telefonseelsorge-Arbeit gab. 1965 konnte die Gemeinde den Wunderbau (erbaut 1754) erwerben. Seit 1973 feiert sie ihre Gottesdienste im beeindruckenden Gewölbekeller der ehemaligen Weinhandlung. In den 60er Jahren betrieb die Gemeinde auch eine alkoholfreie Gaststätte im Ausflugslokal „Friedenstal". 1981 wurde eine missionarische Teestubenarbeit begonnen.

Glaube und Leben

Die Lehre der Wuppertaler Pfingstgemeinde ist angelehnt an die des BFP. Unter Berufung auf die Bibel (Apostelgeschichte 2,1-4) werden die Ausgießung des Heiligen Geistes und die Gaben des Geistes (auch Charismen genannt) betont. Dazu gehören die Zungenrede, Weissagungen oder auch Krankenheilungen. Da das in Gottesdiensten erlebt werden kann, haben die lebhafte Form und der unter Umständen planlose Ablauf des pfingst-

Originaltext

Wir sind eine bibelgläubige Gemeinde und zählen uns als eine evangelische Freikirche zur weltweiten pfingstlichen Bewegung. Diese ist ein Glied in einer Kette gottgegebener geistlicher Erneuerungsbewegungen durch die Jahrhunderte, beginnend mit der Gründung der ersten Gemeinde in Jerusalem am Pfingsttage, die mit Recht die erste Pfingstgemeinde genannt werden kann (Apostelgeschichte 2). Unser Gemeindeverständnis gründet sich auf die Aussagen Jesu und der Apostel im Neuen Testament.
(Quelle: Selbstdarstellung Pfingstgemeinde Wuppertal)

Was ist eigentlich die Besonderheit der Pfingstler?

Pfingstler und Charismatiker glauben daran, daß noch heute eine Erfüllung mit dem Heiligen Geist möglich ist, wie es uns das Neue Testament berichtet. Wir glauben und erleben, daß Gott noch heute geistliche Gaben seiner Gemeinde schenken möchte, die zur Verherrlichung seines Namens, zur Erbauung und Stärkung, zum Trost und zur Hilfe im Alltagsleben seiner Kinder dienen sollen, ebenso als sichtbare Zeichen vor Ungläubigen.

lerischen Gottesdienstes zur Ablehnung durch andere christliche Gruppen geführt. Aus der Erfahrung dieser Ablehnung durch die Evangelikalen in Deutschland heraus betonen die Pfingstler hierzulande die Geistgaben nicht so stark, wie das in anderen Ländern geschieht. Sie streben eher danach, innerlich eine starke Gemeinschaft mit Gott, Jesus und dem Heiligen Geist aufzubauen und zu pflegen. Nach außen soll gleichzeitig die Rettung von Sünde und Tod glaubwürdig proklamiert werden. Neben der Predigt ist der wichtigste Teil des Gottesdienstes „Lobpreis und Anbetung". Dabei werden oft mehr als eine halbe Stunde lang Loblieder auf Gott gesungen, nur unterbrochen von freien Gebeten. Gebetet wird oft mit erhobenen Händen. Eine formale Liturgie wird abgelehnt.
Zentral ist die Taufe, die nur nach persönlicher Entscheidung an einem Erwachsenen zum verbindlichen Eintritt in die Nachfolge Jesu vollzogen werden kann. In der Regel wird sie als Ganzkörpertaufe durchgeführt, bei der der Täufling in einem weißen Taufkleid ganz unter Wasser getaucht wird. Zum Teil wird zwischen der Wassertaufe als Bekenntnistaufe und einer späteren Geisttaufe unterschieden. Die Wassertaufe gilt dann als eine hervorgehobene Station auf dem Weg von der Bekehrung des Gläubigen zur Geisttaufe, die als konkretes zweites Durchbrucherlebnis mit ekstatischen Erfahrungen verstanden wird. Die Wassertaufe hat zur Voraussetzung seitens des Gläubigen die Gewissheit, dass seine Sünden vergeben werden. Diese Trennung von Wasser- und Geisttaufe wird von anderen christlichen Gemeinschaften kritisiert.
Im Gemeindeleben spielen Segnungen mit Gebet und Salbung zu besonderen Anlässen eine wichtige Rolle. Es gibt außerdem ein breit gefächertes Angebot an Veranstaltungen, wie gemeinsames Gebet, Bibelstudium, Chor, Bläserchor, Jungschar.

Organisation und Statistik

Pfingstgemeinden sind in der Regel kongregationalistisch organisiert, ihr Verständnis des Heiligen Geistes steht in einer grundsätzlichen Spannung zu festen Strukturen. Sie bezeichnen sich eher als Gemeinde denn als Kirche.
Die Wuppertaler Gemeinde ist als eingetragener Verein (seit 1954) organisiert und zählt sich zur Pfingstbewegung, ist aber organisatorisch mit keinem Pfingstverband verbunden. Nur der Pastor ist persönlich Mitglied im BFP. Der BFP (mit Sitz in Erzhausen in Hessen) will möglichst vielen

Warum wird der Heilige Geist so stark betont?
Oft wird uns nachgesagt, daß der Heilige Geist, die 3. Person Gottes, einen zu großen Raum in unserer Verkündigung einnimmt. Doch das Zentrum unseres Glaubens ist und bleibt Jesus Christus, von der Jungfrau Maria geboren, unter Pilatus gekreuzigt, gestorben, auferstanden und nun zur Rechten des Vaters im Himmel thronend als Fürsprecher für uns. In erster Linie sind wir Christen, danach Pfingstler.
Wir geben in unserer lehrmäßigen Verkündigung dem Heiligen Geist nur wieder den Raum, der ihm nach der Bibel zusteht. Er ist die 3. Person Gottes und der Stellvertreter Jesu auf Erden, nachdem dieser in den Himmel aufgefahren ist. Er ist uns Christen Tröster und Beistand, indem er uns geistliche Gaben anvertraut, die unser Christenleben in der Gemeinschaft kraftvoll machen.
(Quelle: Forum Freikirchlicher Pfingstgemeinden, www.pfingstbewegung.de)

pfingstlerischen Gemeinden, Gemeinschaften, Zentren und Werken eine sie verbindende und stabilisierende Institution anbieten. So finden sich unter dem Dach des BFP sehr unterschiedliche Gruppen, die mit der Generallinie der Führungsspitze nicht ohne weiteres übereinstimmen. Neben dem BFP gibt es zahlreiche andere Gemeindeverbände, die sich locker im Forum Freikirchlicher Pfingstgemeinden zusammengeschlossen haben. Der älteste Verband von Pfingstgemeinden, der Mülheimer Verband, gehört dem Forum nicht mehr an.

Das Durchschnittsalter der Mitglieder in Wuppertal liegt bei 60 Jahren. Es gibt mehr Frauen als Männer in dieser Pfingstgemeinde. Die Gemeindeleitung wird berufen und von der gesamten Gemeinde bestätigt. Die Gemeinde ist mit der Christus Gemeinde Wuppertal (→ Christus Gemeinde Wuppertal) befreundet, pflegt darüber hinaus aber keine weiteren ökumenischen Kontakte.

Literatur

Hollenweger, Walter J.: Enthusiastisches Christentum. Die Pfingstbewegung in Geschichte und Gegenwart, Zürich 1969.

Reinke, Joost: Deutsche Pfingstmissionen, Geschichte – Theologie – Praxis. Bonn 1997.

Zitate

„Wuppertal ist die heimliche Hauptstadt des Protestantismus in all seinen liebenswerten Ausprägungen."

„Es ist gleichzeitig verwirrend und faszinierend zu sehen, wie in diesem engen Wuppertal eine solche Weite an Glaubensgemeinschaften Platz hat. Verwirrend, weil man selbst als Einheimische kaum den Überblick hat. Faszinierend, weil das Nebeneinander solch unterschiedlicher Gemeinschaften für eine gewissen Glaubensfreiheit und Toleranz stht." Rita Süssmuth (Bundestagsabgeordnete) 2006

„Die Relilgionsvielwalt Wuppertals ist weit über seine Grenzen hinaus bekannt. Dies hat mich als Oberbürgermeister schon zu vielen Gemeinden und in viele Kirchen geführt. Dabei war ich immer wieder begeistert über das rege Gemeindeleben, das ich dort angetroffen habe. Unsere Stadt gibt damit auch ein Beispiel dafür, dass unterschiedlichste Kulturen, Nationalitäten und Religionen friedlich miteinander leben und durch ihre Vielfalt Wuppertal bereichern." Peter Jung (Oberbürgermeister), 2006

Christus Gemeinde Wuppertal (CGW)

CHRISTUSGEMEINDEWUPPERTAL

Kurz-Informationen

Die Christus Gemeinde Wuppertal (CGW) ist eine pfingstlich-charismatische Gemeinde. Bei der CGW fallen vor allem der lebendige Gottesdienst und die intensive Hauskreisarbeit auf. Wie die Pfingstkirchen weltweit mit ca. 600 Millionen und in Deutschland mit ca. 200.000 Gläubigen (Quelle: EZW), erlebt auch die CGW (derzeit rund 450 Mitglieder mit über 170 Kindern) eine starkes Mitglieder-Wachstum. Ein dreiteiliges Logo steht für den Leitsatz der Gemeinde: „Wir wollen Gott von ganzem Herzen lieben, uns miteinander in Einheit verbinden und durch das Wort Leben prägen."

Geschichte

Zur Geschichte der Pfingstbewegung → Pfingstgememeinde Wuppertal.

In Wuppertal

Die Gemeinde wurde 1989 durch Pastor Uwe Schäfer, der vorher als Evangelist in Südafrika gewirkt hatte, als Christliche Gemeinde Wuppertal gegründet. Nach Vorplanungen, bei denen er die Gemeindesituation im Osten Wuppertals analysierte, sammelte er eine Gruppe von Gläubigen. Die ersten Gottesdienste fanden in einem Raum im Stadtbad an der Bleiche mit bis zu 100 Besuchern statt. So wurde schon 1990 ein Umzug in die Dahler Straße 24 in eine ehemalige Lackfabrik notwendig. In

Eigenleistung wurde diese umgebaut und von 1993 an daneben die Halle einer ehemaligen Großwäscherei für einen größeren Gottesdienstsaal angemietet. Hier haben 400 Personen Platz. In der Halle, die 2003 erworben wurde, finden sonntags zwei Gottesdienste statt, die derzeit von 650-700 Personen besucht werden. Im Jahr 2005 kaufte die Gemeinde ein Grundstück mit mehreren Gebäuden in der Windhukstraße. Ein Nebengebäude wurde nach Renovierungsmaßnahmen Anfang 2006 für gemeindliche Aktivitäten in Betrieb genommen, nach vollständiger Fertigstellung wird es zusätzlich einen Gottesdienstsaal für bis zu 1.200 Personen und diverse weitere Nebenräume geben.

Kontaktdaten

Christus Gemeinde Wuppertal
Windhukstraße 102
42277 Wuppertal
Tel.: 0202 - 64 94 66
Fax: 0202 - 64 98 34
E-Mail: kontakt@cgw-online.de

Gottesdienst

So 10:00 Uhr und 17:00 Uhr in der Dahler Strasse 22.
Fr 19:00 Uhr Jugendgottesdienst in der Windhukstraße 102

Internet

www.cgw-online.de (Gemeinde)
www.trax-online.de (Jugendkirche der CGW)
www.bfp.de (Gemeindeverband)

In den Anfangsjahren kamen viele neue Mitglieder zur CGW aus anderen, in früheren Jahren neu gegründeten charismatischen und pfingstlichen Gemeinden, die sich nicht hatten halten können (→ Exkurs: Nicht mehr bestehende Gemeinschaften). 1994 schloss sich die Gemeinde dem Bund freikirchlicher Pfingstgemeinde (BFP) an. Damit verbunden war die Namensänderung in Christus Gemeinde Wuppertal.

Glaube und Leben

Die Gemeinde sieht sich als bibelgläubig, will keine Sonderlehren vertreten und auch keinen Gesichtspunkt der Bibel auf Kosten der Gesamtaussage überbetonen. Jesus Christus und sein Erlösungswerk stehen im Mittelpunkt der Verkündigung. Wie bei allen Pfingstkirchen findet jedoch auch hier der dritte Artikel des Glaubensbekenntnisses: „Ich glaube an den Heiligen Geist..." besondere Betonung, und die verschiedenen Wirkungen des Heiligen Geistes, wie sie die Bibel z. B. in 1. Korinther 12-14 beschreibt, werden immer wieder für die Praxis neu entdeckt und spielen im Gemeindeleben eine wichtige Rolle. Auch in den Gottesdiensten, die ohne feste Liturgie und von moderner Musik begleitet sind, werden Geistesgaben wie Prophetie und Sprachengebet praktiziert. Hier kommt es immer wieder zu ekstatischen Erfahrungen, wie Schreien, Lachen, Reden in fremden Sprachen, die von den Gläubigen als Berührung mit dem Heiligen Geist gedeutet werden, ähnlich den Erlebnissen der ersten Christen während der Pfingst-Ereignisse (Apostelgeschichte 2).
Charakteristisch ist auch die Betonung der Wiedergeburt der Gläubigen. Mit dem Schritt zum christlichen Glauben und der Taufe beginnt für die Gläubigen der Prozess der Heiligung, der eine Veränderung des Lebens innerlich und äußerlich mit sich bringen soll. Beim Antrag auf Gemeindemitgliedschaft wird dazu in einem Fragebogen nach dem Glaubensstand gefragt, ob der Aspirant bislang erst die Bekehrung/ Wiedergeburt oder auch schon die Geistestaufe erfahren und empfangen hat. Es wird ein hoher Wert auf gelebte Mitgliedschaft gelegt, und die meisten Mitglieder sind aktiv am Gemeindeleben beteiligt.
Das Hauptaugenmerk der Gemeinde gilt Familien, Kindern und Jugendliche, die bisher keinen Bezug zum christlichen Glauben hatten. Zu dem breiten Angebot gehören neben den Gottesdiensten z.B. Hauskreise, Kindergottesdienste, Pfadfinderarbeit, eine Vielzahl von Jugendveranstaltungen und -gottesdiensten, Ehe- und Familienarbeit und ein Bibelkolleg. Zu besonderen Anlässen wie Geburt, Hochzeit oder Entlassung aus dem kirchlichen Unterricht werden Segnungen und Gottesdienste angeboten.

Originaltext

Wir glauben, dass ein wahrer Christ bestrebt ist, durch die Kraft der Erlösung ein geheiligtes Leben zu führen, und dass er an der Frucht des Geistes nach Galater 5,22 erkennbar ist.
Wir glauben, dass Gott durch die Gaben des Geistes (1. Korinther 12,4-10) und durch Ämter (Epheser 4,11-14) Gnadengaben, Dienste und Wirkungen (1. Korinther 12,4-6) in der Gemeinde zum Nutzen der Gläubigen wirkt, zur Ausrüstung und zur Erbauung und Zubereitung der Gemeinde.
Wir glauben, dass die Erlösung die Heilung von Krankheit durch göttliches Eingreifen einschließt. (Markus 16.17-18; Jakobus 5,14-15)

Sozial engagiert sich die Gemeinde z.B. mit dem Help-Mobil für Obdachlose am Solinger Hauptbahnhof. Missionarische Aktivitäten in anderen Ländern (z.B. Indien, Südafrika, Frankreich) werden finanziell und durch Gebet unterstützt.

Organisation und Statistik

Die Gemeinde ist auffällig gut organisiert. Neumitglieder oder auch Interessierte bekommen eine Gemeindekonzeption in die Hand, in der Zielgruppe und Glaubensinhalte kurz und knapp umrissen sind. Durch eine klare Struktur der Mitarbeit hat jeder und jede die Möglichkeit, nach seinen oder ihren Interessen und Fähigkeiten in der Gemeinde aktiv zu werden.

Geführt wird die Gemeinde durch die Gemeindeleitung, die von mehreren funktionalen Teams verantwortlicher Mitarbeiter bei der Bewältigung der Aufgaben unterstützt wird. Zur Gemeindeleitung gehören neben den drei Pastoren auch mehrere Ehrenamtliche. Sie wird alle vier Jahre von der Mitgliederversammlung der Gemeinde gewählt. Voraussetzung für die Mitgliedschaft in der CGW ist der persönliche Glaube an Jesus Christus, der in der Glaubenstaufe zum Ausdruck gebracht wird. Zu einem Gemeindeausschluss kann es nach Gesprächen wegen eines nicht im biblischen Sinne gestalteten Lebenswandels kommen. Mitglieder, die ihr Interesse an der Gemeinde verloren haben, können aus der Mitgliedschaft gestrichen werden.

Der Altersdurchschnitt der Gemeindemitglieder ist recht jung. Viele Kinder, Jugendliche und junge Familien prägen das bunte Bild der Gemeinde. Die CGW gehört zum Bund freikirchlicher Pfingstgemeinden (BFP), einer Freikirche mit rund 50.000 Mitgliedern, die den Rechtsstatus einer KdöR hat. Die Selbstständigkeit der einzelnen Gemeinde wird in diesem Verband sehr betont. Die CGW ist auf lokaler Ebene Gastmitglied in der AcK und gehört zur Evangelischen Allianz Wuppertals.

Literatur

Hempelmann, Reinhard: Umfallen, Zittern, Lachen, Ekstase ... Ergriffenheit und Geisterfahrung in pfingstlich-charismatischer Frömmigkeit und in der Bibel, EZW Berlin 2003.

Hempelmann, Reinhard (Hg.): Missionsprofile und Kirchenbilder 3. Ökumenisches Forum – Kirchen und charismatische Bewegungen, EZW Berlin 1998.

Die Gemeinde

Wir glauben, daß die Gemeinde die von Gott herausgerufene Gemeinschaft der von Sünde Erlösten ist, durch die Er der Welt Sein Heil verkünden läßt. Sie ist als der Leib Jesu außerdem der Ort des gegenseitigen Dienstes, zu dem Gott alle Glieder beruft und befähigt.

Durch die Taufe aufgrund des persönlichen Bekenntnisses der Vergebung der Sünden und des Glaubens an Jesus Christus werden die Gläubigen der lokalen Gemeinde hinzugetan. Im Abendmahl verkündigt sie den Tod des Herrn und die gemeinsame Teilhabe an Jesus Christus als dem Haupt der Gemeinde, Seinem Leib, in Erwartung seiner Wiederkunft.

Die Teilhabe an Jesus ihrem Herrn schließt besonders die Heiligung und die glaubensvolle Erwartung auf Heilung und Wiederherstellung des ganzen Menschen ein.

(Quelle: div. Informationsbroschüren der Gemeinde)

Kontaktdaten
Gemeinde der Christen - Ecclesia
Winkler straße 40
42275 Wuppertal
Tel.: 0202 - 55 50 43
E-Mail: berndscheven@t-online.de

Gottesdienst
So 09:30 Uhr Hauptgottesdienst und parallel Kindergottesdienst
Mi 19:15 Uhr Bibelstunde,
Mo 19:30 Uhr Gemeindegebetsstunde (nur letzter Mo im Monat)

Internet
www.familienkirche-barmen.de
www.jugendkirche-barmen.de

Familienkirche Barmen, Gemeinde der Christen - Ecclesia

Kurz-Informationen

Die „Gemeinde der Christen – Ecclesia" steht historisch zwischen den traditionellen und pfingstlerischen Strömungen innerhalb der Freikirchen. Heute gehört sie organisatorisch zur Pfingstbewegung. Ecclesia zählt in Deutschland 4.000 regelmäßige Gottesdienstbesucher (Mitgliedslisten werden nicht geführt), hauptsächlich im Bergischen Land. In Wuppertal zählen zur „Familienkirche Barmen" ca. 120 Gläubige sowie Kinder und Jugendliche. Der Name „Ecclesia" bezieht sich auf das griechische Wort für Kirche und Gemeinde, verstanden als „bewusst zur Nachfolge Jesu herausgerufen".

Geschichte

Die „Ecclesia" entstand in den geistlichen Aufbrüchen der Nachkriegszeit um 1950 in Solingen und Wuppertal. Als Gründervater kann der Solinger Hermann Zaiss (1889-1958) bezeichnet werden, obwohl er nie eine eigene Kirche gründen wollte. Er wollte geistliche Impulse in die bestehenden Kirchen hineintragen. Zaiss war Rasierklingenfabrikant, der vor dem Ersten Weltkrieg für eine schweizerische Missionsgesellschaft in Ghana gearbeitet hatte. Auf Grund eigenen Versagens und aus Enttäuschung über die Kirchen stellte er 1924 jegliche geistliche Aktivität ein. 20 Jahre lang wollten er und seine Frau weder beten noch in der Bibel lesen und Gottesdienste besuchen. Als diese Zeit vorüber war, sah er sich von Gott beauftragt „das Evangelium Jesu Christi radikal ohne irgendeine Bindung an irgendeinen Menschen, eine Kirche oder eine Gemeinschaft zu verkündigen." Es begann mit einem Hauskreis in der Küche von Zaiss noch während des Zweiten Weltkrieges. In der Nachkriegszeit predigte Zaiss mitreißend auf großen Evangelisationen. Im Mittelpunkt seiner Verkündigung stand dabei „das ganze, totale Evangelium" unter Betonung der Charismen, der Fähigkeiten, die durch den Heiligen Geist Menschen gegeben werden. Bekannt machten ihn Krankenheilungen, so dass zu seinen Evangelisationen tausende Menschen strömten.
Es bildeten sich fast überall nach seinen Veranstaltungen kleine Kreise und Grüppchen, die „Stubenversammlungen". Sie wurden von den damals so genannten „Ohligser Brüdern" betreut. 1951 konstituierte sich daraus die „Gemeinde der Christen – Ecclesia". Mit Vorliebe wurden die Gottesdienste und Andachten in weltlichen Lokalen oder Kinosälen veranstaltet, um so von den Kirchen entfremdete Menschen zu erreichen. Zaiss starb 1958 bei einem Verkehrsunfall, was für seine kaum organisierte Bewegung ein schwerer Schlag war. Von damals über 300 Gemeinden gibt es heute weniger als hundert. Es war kein Nachfolger bestimmt, aber Clara Zaiss, die Frau des Evangelisten, wirkte als starke, bestimmende Kraft in der Gemeinschaft. Seit 2000 ist der Gesamtverband der Ecclesia Mitglied im Bund freikirchlicher Pfingstgemeinden (BFP).

In Wuppertal

Wuppertal ist neben Solingen die Keimzelle der Ecclesia. Zaiss predigte hier oft. Zum Beispiel gab es Versammlungen in den Espenlaub-Fabrikhallen in Langerfeld. Der umtriebige Flugzeugbauer Gottlob Espenlaub (1906-1972) war Anhänger von Zaiss. Was anfänglich nur als erbauliche,

moralische Andachten für seine Arbeiter geplant war, da in seiner Fabrik öfter Diebstähle vorgekommen waren, wurde zu einem überwältigenden Erfolg für Zaiss. Sonntags wurden Versammlungen im „Odin-Palast" in Barmen abgehalten. Der Andrang wurde mit der Zeit immer größer bis zu 1.500 Zuhörer wurden gezählt. Bei diesen Gottesdiensten kam es auch zu Heilungen, was den Ruf von Zaiss noch vergrößerte.
Nachdem es zwischen Espenlaub und Zaiss zu einem Konflikt gekommen war, gründete Espenlaub 1949 eine eigene Gemeinde mit starkem sozialen Engagement, inniger Gebetsgemeinschaft und praktizierten Glaubensheilungen: die „Christliche Gemeinschaft". Auffälliges Markenzeichen war ein großer Schriftzug auf der Fabrikfassade: „Du bist tot ohne Jesus". Heute existiert diese Gemeinschaft nicht mehr.
Die Anhänger von Zaiss dagegen gründeten auch eine Gemeinde, die mit Kindergottesdienst und Jugendangeboten viele junge Menschen ansprach. Weil der Odin-Palast nur stundenweise genutzt werden konnte, zog die Gemeinde in das ehemalige „Moderne Theater" in der Sternstraße und baute es zu ihrem Gemeindehaus um. 1985 konnte ein neues Gemeindehaus am Alten Markt erworben werden, in dem auch heute noch das Gemeindeleben stattfindet. 1995 trat der erste hauptamtliche Pastor seinen Dienst an.
Seit einigen Jahren bemüht sich die Gemeinde um eine Neuausrichtung des Gemeindelebens. Angebote für Jugendliche und junge Erwachsene werden verstärkt. Konsequenz daraus war 2005 eine Neuausrichtung der Arbeit und Umbenennung der Gemeinde in „Familienkirche Barmen".

Eingang vom Alten Markt aus

Glaube und Leben

Ecclesia will das „ganze, totale Evangelium", frei von starren Formen und Ritualen, leben und verkündigen. Die Formulierung „ganzes, totales Evangelium" geht auf Zaiss zurück. Darunter versteht die Gemeinschaft eine pfingstlerische Theologie, in der die Botschaft von Jesus Christus, ohne Abstriche und ohne Hinzufügungen, weitergegeben und gelebt werde. Dabei rechnen die Gläubigen mit der Gegenwart und der Kraft des Heiligen Geistes, der mit seinen Gaben in der Gemeinde wirkt und hilft.
Die Bibel gilt als verbal inspiriert, also vom Heiligen Geist wörtlich eingegeben, und als verbindliche Grundlage für den gesamten Lebenswandel jedes Gläubigen in Familie, Gemeinde und Staat. Traditionell wird in der Praxis die Elberfelder Bibelübersetzung (→ Exkurs: Bibel in Wuppertal) genutzt, andere neuere Übersetzungen sind aber auch gebräuchlich. Eine starke Betonung wird auf die persönliche Entscheidung des Einzelnen zum Glauben an Jesus Christus gelegt. Deswegen sind für eine Mitgliedschaft eine persönliche Bekehrung und die Glaubenstaufe als Erwachsener nötig. Die Kindertaufe wird abgelehnt.
Gemäß dem Missionsbefehl Jesu (Matthäus 28,18-20) will Ecclesia allen Menschen das ganze Evangelium verkünden und sie zum Glauben führen, weil sie glaubt, dass ein Leben ohne Gott sinnlos ist, und die Sünde ins Verderben führt. Dazu dienen zahlreiche Gottesdienstformen, die auch Kirchenferne ansprechen sollen, nämlich Gäste-, Lobpreis-, Heilungs- und Segnungsgottesdienste. Im Gottesdienst ist es üblich, dass ein persönliches Zeugnis ablegt wird. Das bedeutet, dass Gläubige von persönlichen Erfahrungen mit Gott in ihrem Leben berichten.

Gottesdienstraum, nach einem Gottesdienst

Innerhalb einer einzelnen Gemeinde gibt es soziale Hilfsdienste. Dazu gehören auch Gebetsstunden für „Mühselige und Beladene", die zentral in Solingen und gleichzeitig in jeder Ortsgemeinde stattfinden. Dabei soll es auch schon zu Fernheilungen gekommen sein. Ecclesia engagiert sich missionarisch stark in Kamerun.

Organisation und Statistik

Die Ecclesia besteht aus 75 Ortsgemeinden, davon allein 17 im Bergischen Land. Geistliches Zentrum ist Solingen-Ohligs. Die einzelnen Gemeinden sind steuerlich als eingetragene Vereine organisiert. Der Gemeindeverband aber und einzelne Ecclesia-Gemeinden (die stärker pfingstlerisch geprägten Gemeinden in Norddeutschland) bilden seit 2000 einen Arbeitsbereich (ECCA – „ECCLESIA-Arbeitsgemeinschaft von Gemeinden und Arbeitsbereichen") innerhalb des BFP und gehören somit zu einer KdöR.

Ecclesia hegt keinen Ausschließlichkeitsanspruch und sieht sich als Teil der wahren Kirche Jesu Christi. Eine aktive Zugehörigkeit zur organisierten Ökumene wird aber nicht angestrebt. Seit wenigen Jahren gibt es erste zaghafte Kontakte zu anderen Gemeinschaften innerhalb der Evangelischen Allianz, bei ProChrist oder der VEF. Da die Ecclesia die besondere Stellung des Volkes Israel betont, gibt es Patenschaften für jüdisch-messianische Gemeinden in Israel. Das sind jüdisch-christliche Gruppen, die Jesus Christus als Messias anerkennen. In Wuppertal wurde bis 2003 einer solchen Gemeinde, in der sich hauptsächlich russische Juden trafen, Gastrecht gewährt.

Die Gemeindeleitung liegt bei der Ältestenschaft. Älteste verstehen sich von Gott in ihren Dienst berufen. Für Pastoren wird eine theologische Ausbildung erwünscht, ist aber nicht unerlässlich. Theologen werden an der pfingstlerischen Bibelschule Beröa im hessischen Erzhausen ausgebildet. In Wuppertal arbeiten zwei Hauptamtliche: ein Pastor und ein Jugendwart, weil sich die Gemeinde verstärkt für Jugendliche und Kinder im Stadtteil engagieren möchte. Dazu bietet die Gemeinde eine Reihe von Veranstaltungen unter dem Namen „Jugendkirche Barmen" an. Die Gemeinde in Wuppertal hat eine gemischte Altersstruktur, und zwar, der Gesamtbevölkerung entsprechend, mit einem Überhang bei den Senioren. Predigen und Gottesdienste leiten können auch Laien. Frauen dienen in allen Bereichen, können jedoch kein Leitungsamt bekleiden. Finanziert wird die Arbeit der Gemeinden durch freiwillige Spenden.

Literatur

Linder, Tim: Hermann Zaiss – Einblicke in sein Leben, Haan 2000.

Reimer, Hans-Diether, Eggenberger, Oswald: ...neben den Kirchen, Konstanz 1986, 70-72.

Ecclesia: Wir stellen uns vor — Informationen über die Ecclesia, Solingen.

Originaltext

Wir glauben an einen missionarischen Auftrag an unsere Stadt. Unsere Gemeindevision haben wir in drei Worten versucht zu umreißen:

Begegnung: Nur in der Begegnung mit Jesus Christus ist Rettung, Vergebung und Glaube möglich!

Beziehung: In der Beziehung zu Gott und zur Gemeinde Jesu entfaltet sich die heilende und verändernde Kraft des Evangeliums.

Berufung: In göttlicher Berufung leben schafft Sinn und Erfüllung des Lebens.

Gliedschaft

Glied in der „Gemeinde der Christen Ecclesia" kann jeder sein, der

- Jesus Christus angehört, d.h. wiedergeboren ist gemäß Johannes 3,
- sich mit den Verkündigungsinhalten der Gemeinde identifiziert,
- sich nach seiner Bekehrung hat taufen lassen und sich einem Leben im Gehorsam zur Bibel verpflichtet weiß,
- als lebendiger Teilhaber am Gemeindeleben in dem durch den Heiligen Geist zugewiesenen Dienst tätig ist.

Ein Glied der Gemeinde kann nicht Glied oder Angehöriger einer zweiten Glaubensgemeinschaft sein. Die Gliedschaft kann durch Wegzug oder durch schriftgemäßen Ausschluß erlöschen.

(Quelle: Gemeindeordnung der Gemeinde Wuppertal)

Christengemeinschaft

Kurz-Informationen

Die Christengemeinschaft hat ihre Wurzeln in der Anthroposophie und ist ihr bis heute eng verbunden. Die Lehren von Rudolf Steiner (1861-1925) bilden die Grundlage für eine christlich-spirituelle Theologie mit dem Ziel der religiösen Erneuerung. Wie bei der Anthroposophie liegt auch bei der Christengemeinschaft das Hauptverbreitungsgebiet im deutschsprachigen Raum. In Deutschland gibt es schätzungsweise 10.000 Mitglieder und die fünffache Anzahl von Freunden (Quelle: REMID). Die Wuppertaler Gemeinde ist mit 310 Mitgliedern und zusätzlich 540 Freunden und Kindern eine der größten der Gemeinschaft.

Geschichte

Die Christengemeinschaft ist stark beeinflusst von der anthroposophischen Lehre Rudolf Steiners. Theologiestudenten baten ihn, bei ihren Bemühungen um eine religiöse Erneuerung des christlichen Glaubens zu helfen. So hielt Steiner 1921 „Kurse zur religiösen Erneuerung der Zeit". Daraus entstand am 16. September 1922 in Dornach (bei Basel) mit der ersten Menschenweihehandlung (so nennt die Christengemeinschaft ihren Gottesdienst) die Christengemeinschaft. Die ersten Gläubigen sollten als Träger eines neuen Priesterauftrags in die Welt hinausziehen. Unter ihnen waren der evangelische Pfarrer Friedrich Rittelmeyer (1872-1938) und der Theologe Emil Bock (aus Wuppertal, 1895-1959). Beide hatten später nacheinander das höchste geistliche Amt innerhalb der Christengemeinschaft inne, das des so genannten „Erzoberlenkers". Steiner selbst war nie Mitglied der Christengemeinschaft, hat aber ihr Glaubensbekenntnis und ihre liturgischen Texte verfasst.
In den Anfangsjahren wurden durch die Mission der Christengemeinschaft in erster Linie Gebildete und Intellektuelle erreicht, die den anderen Kirchen entfremdet waren. In der Zeit der Nationalsozialisten war die Christengemeinschaft ab 1941 verboten, und ihre Priester wurden inhaftiert. Erst 1945 konnte eine Wiedergründung erfolgen.

In Wuppertal

Schon 1925 gab es eine Gemeinde in Barmen und ab 1927 auch in Elberfeld. Die Barmer Gemeinde blieb immer die größere von beiden. Nach dem Verbot im Dritten Reich konnte die Christengemeinschaft in Wuppertal 1945 ihre Gemeindearbeit wieder aufnehmen. Die Gläubigen trafen sich anfänglich in Schulräumen in Unterbarmen und bei großen Veranstaltungen mussten sie ins Polizeipräsidium ausweichen. Am 16. September 1956 wurde die Markus-Kirche an der Schlossstraße durch Emil Bock eingeweiht. Sie ist ein typischer Kirchbau der Christengemeinschaft mit dezenten Erd- und Pastellfarben und auffälliger „abgerundeter" Architektur, die den Rechten Winkel konsequent vermeidet. In den Folgejahren entstanden in unmittelbarer Nachbarschaft zur Kirche weitere Gebäude: Eine Kapelle, ein Wohnhaus, ein Gemeindehaus und 1972 auch ein Altenwohnheim.

Glaube und Leben

Die Christengemeinschaft versteht sich in erster Linie als „Kultusgemeinschaft". Dementsprechend geschieht die Lehre in den priesterlich-sakralen Handlungen, in die die Gläubigen durch den inneren Mitvollzug

Kontaktdaten
Die Christengemeinschaft
Markus-Kirche
Schlossstraße 35
42285 Wuppertal
Tel.: 0202 - 7 47 80 58
E-Mail: wuppertal@christengemeinschaft.org

Gottesdienst (Menschenweihehandlung genannt)
Mo 08:30 Uhr (nicht öffentlich, nur Priester)
Di 08:00 Uhr
Mi 08:00 Uhr
Do 08:30 Uhr
Fr 08:00 Uhr
Sa 09:00 Uhr
So 10:00 Uhr

Internet
www.christengemeinschaft.de/wuppertal

Markus-Kirche, Schlossstraße

hineingenommen sind. Der Gottesdienst der Christengemeinschaft wird „Menschenweihehandlung" genannt und lehnt sich formal an die römisch-katholische Messe an. Sie gilt als erneuerte Messe und wird, wenn möglich, in einem eigens dafür geweihten Kirchraum gehalten. Worte und Ablauf der Handlung sind streng festgelegt; wie alle anderen Kulthandlungen sind diese durch Rudolf Steiner vorgegeben. In den sieben Sakramenten werden den Gläubigen die verwandelnden Christus-Kräfte verliehen mit dem Ziel, dass Geist und Materie wieder eine Einheit werden sollen. Die Kultushandlungen werden als Gemeinschaft stiftend sehr ernst genommen und gegen eine Überbetonung der Lehre gesetzt. Wie der Gottesdienst gelten auch die sieben Sakramente als erneuert: Menschenweihehandlung mit Kommunion von Brot und Wein (dieses Altarsakrament ist Mitte des religiösen Lebens der Gemeinde), Beichte, Taufe (Säuglinge werden so früh wie möglich getauft, und zwar mit drei Elementen: Wasser, Salz und Asche), Konfirmation, Trauung, Priesterweihe, Letzte Ölung. Im Unterschied zur traditionellen christlichen Auffassung hat die Taufe der Christengemeinschaft nichts mit Sündenvergebung zu tun.

Die Bibel wird Steiner gemäß als „Mysterienbuch" verstanden. Auch wird Steiners Deutung von Christus als Sonnengott, der auf die Erde kam und durch das Mysterium von Golgatha zum Erdengott wurde, übernommen. Im Glaubensbekenntnis der Christengemeinschaft wird Gott als ein Gotteswesen benannt. Statt als Schöpfer und Erhalter wird er als Daseinsgrund von Himmel und Erde angesprochen. Biblische Begriffe sind hier durch anthroposophisch geprägte ersetzt.

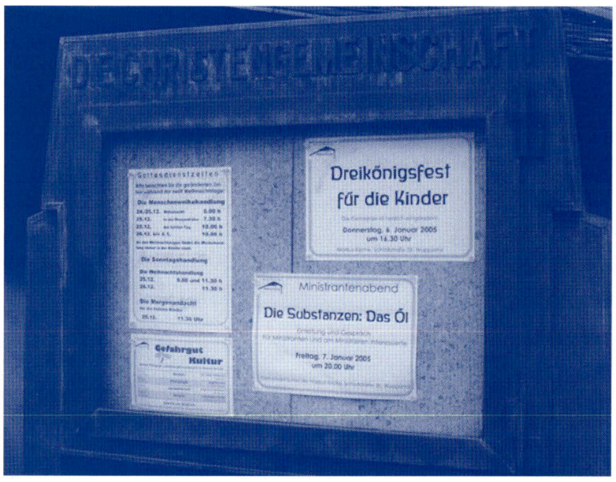

Vor allem bei den Kultushandlungen, die am Beginn und Ende des Menschenlebens stehen, wird deutlich, dass die Christengemeinschaft ausgeprägte Vorstellungen vom Leben der Menschenseele vor und nach dem irdischen Leben hat. Die Offenheit gegenüber Vorstellungen von Reinkarnation oder Karma ist auf anthroposophischen Einfluss zurückzuführen.

Das Gemeindeleben ist geprägt von den gängigen Festen des christlichen Jahresablaufes. Zusätzlich werden aber auch die Festzeiten von Johanni (ab 24. Juni für vier Wochen) und Michaeli (ab 29. September für vier Wochen) gefeiert.

Eine lebendige Mitmenschlichkeit ist das Ziel der Erneuerung des christlichen Gemeindelebens. Deshalb ist es genuine Aufgabe der Gläubigen leibliche und seelische Nöte anderer zu erkennen und zu lindern. In der Wuppertaler Gemeinde kümmert sich ein Sozialkreis um das soziale Engagement mit einem bescheidenen Sozialfonds. Es wird keine aktive Mission betrieben.

Organisation und Statistik

Die Christengemeinschaft ist in Deutschland KdöR, weltweit als Stiftung niederländischen Rechts organisiert. Innerhalb dieser gibt es 18 Regionen als selbstständige Einheiten. Wuppertal gehört zur Region Westdeutschland. Die Christengemeinschaft wird von einer hierarchisch geordneten Priesterschaft geleitet. Sie gliedert sich in Gemeindepfarrer, Lenker und Oberlenker, von denen einer das Amt des Erzoberlenkers bekleidet. Die Pfarrer haben an staatlichen Hochschulen und an den Kirchen eigenen Priesterseminaren in Stuttgart und Hamburg studiert und sind nach der Priesterweihe hauptberuflich tätig. Sie werden nicht von den Gemeinden selbst gewählt, sondern von der Kirchenleitung entsandt. Männer und Frauen können Priester werden. In Wuppertal besteht das Pfarrkollegium zurzeit aus einer Priesterin und zwei Priestern.

Der Schritt zur Mitgliedschaft ist ein eigenständiger Entschluss als Erwachsener (nicht Geburt, Taufe oder Konfirmation). Ein Ausschluss ist

nicht vorgesehen. Die Mitgliedschaft ist nicht Voraussetzung für die Teilnahme an den Sakramenten oder am Gemeindeleben. Ein Austritt aus anderen Kirchen wird nicht verlangt, aber in der Regel vollzogen.
Alle rechtlichen und wirtschaftlichen Fragen werden von verantwortlichen Gemeindemitgliedern und Priestern gemeinsam behandelt. Der Gemeindeversammlung gehören alle Mitglieder und Freunde der Gemeinde an. Beschlüsse werden in der Regel einmütig gefasst. Diese Versammlung wählt den mindestens zwölfköpfigen Gemeinderat, der die Gemeinde rechtlich und finanziell leitet. Die wirtschaftliche Zusammenarbeit der Gemeinden und Regionen wird von so genannten Koordinatoren betreut.
Die Christengemeinschaft hat keine Vorbehalte gegen andere religiöse Gemeinschaften, so lange sie die Rechte der Menschen wahren. Trotzdem sind ökumenische Kontakte sehr spärlich, weil die Christengemeinschaft durch ihre anthroposophischen Sonderlehren eine randständige Position unter den christlichen Kirchen und Gemeinden einnimmt. Anträge auf Mitgliedschaft in der AcK wurden bisher sowohl lokal als auch überregional abgelehnt.

Literatur

Schroeder, Hans-Werner: Die Christengemeinschaft – Entstehung, Entwicklung, Zielsetzung, Stuttgart 2. Aufl. 2001.
Evangelischer Oberkirchenrat Stuttgart (Hg.): Zur Frage der Christlichkeit der Christengemeinschaft – Beiträge zur Diskussion. Stuttgart 2004.
Gandlau, Thomas: Rudolf Steiner, in: Bautz, Friedrich Wilhelm u.a. Biographisch-Bibliographisches Kirchenlexikon, Band X, Hamm 1995, Spalten 1294-1300.
Gassmann, Lothar: Das anthroposophische Bibelverständnis, Haan 2. Aufl. 1994.

Originaltext

Ein allmächtiges geistig-physisches Gotteswesen ist der Daseinsgrund der Himmel und der Erde, das väterlich seinen Geschöpfen vorangeht.
Christus, durch den die Menschen die Wiederbelebung des ersterbenden Erdendaseins erlangen, ist zu diesem Gotteswesen wie der in Ewigkeit geborene Sohn.
In Jesus trat der Christus als Mensch in die Erdenwelt.
Jesu Geburt auf Erden ist eine Wirkung des Heiligen Geistes, der, um die Sündenkrankheit an dem Leiblichen der Menschheit geistig zu heilen, den Sohn der Maria zur Hülle des Christus bereitete.
Der Christus Jesus hat unter Pontius Pilatus den Kreuzestod erlitten und ist in das Grab der Erde versenkt worden.
Im Tode wurde er der Beistand der verstorbenen Seelen, die ihr göttliches Sein verloren hatten.
Dann überwand er den Tod nach dreien Tagen.
Er ist seit dieser Zeit der Herr der Himmelskräfte auf Erden und lebt als der Vollführer der väterlichen Taten des Weltengrundes.
Er wird sich einst vereinen zum Weltenfortgang mit denen, die er durch ihr Verhalten dem Tode der Materie entreißen kann.
Durch ihn kann der heilende Geist wirken.
Gemeinschaften, deren Glieder den Christus in sich fühlen, dürfen sich vereinigt fühlen in einer Kirche, der alle angehören, die die heilbringende Macht des Christus empfinden.
Sie dürfen hoffen auf die Überwindung der Sündenkrankheit, auf das Fortbestehen des Menschenwesens und auf ein Erhalten ihres für die Ewigkeit bestimmten Lebens.
(Quelle: Glaubensbekenntnis der Christengemeinschaft, www.christengemeinschaft.de)

Kontaktdaten
Maranatha – Missionsbund zur Ausbreitung urchristlichen Evangeliums
Friedrich-Engels-Allee 191
42285 Wuppertal
Tel.: 0202 - 4 96 69 42
E-Mail: keine Angaben

Gottesdienst
So 10 Uhr

Internet
keine Angabe

Maranatha – Missionsbund zur Ausbreitung urchristlichen Evangeliums

Kurz-Informationen

Der „Missionsbund zur Ausbreitung urchristlichen Evangeliums" ist eine Gemeinschaft, die, wie der Name sagt, das Evangelium in seiner biblisch-urchristlichen Fassung verbreiten möchte. Sie ist zum Teil aus der Arbeit der Maranatha-Mission entstanden. Der Ausgangspunkt und Verbreitungsschwerpunkt der Gemeinschaft liegen in Hessen.
Die „Maranatha-Mission" ist ein Glaubenswerk, welches in der Hauptsache vierteljährlich ein Andachtsbuch herausgibt. Der Wirkungsbereich der „Maranatha-Mission" ist übergemeindlich und geht weit über den Rahmen des Missionsbundes hinaus. Der Name Maranatha nimmt einen in 1. Korinther 16,22 zitierten urchristlichen aramäischen Gebetsruf auf und bedeutet „Unser Herr kommt!".
In Deutschland gibt es ungefähr 35 Gemeinden. Die Wuppertaler Gemeinde hat ca. 40 Mitglieder im Alter zwischen 20 und 95 Jahren und zahlreiche Kinder. (Quelle: Missionsbund).

Geschichte

Gründer des „Missionsbunds zur Ausbreitung urchristlichen Evangeliums" und der „Maranatha-Mission" war der Lehrer Paul Mink (1903-1975), dessen geistliche Wurzeln im „Jugendbund für entschiedenes Christentum" (EC) lagen. Schon mit 19 Jahren fing er an öffentlich zu predigen. Durch intensive Beschäftigung mit der Bibel erkannte er die Notwendigkeit der Gläubigentaufe. Darum ließ er sich im Jahr 1931 taufen. 1935 erlebte er eine besondere Erfüllung mit dem Heiligen Geist. Im Jahr 1946 gab Paul Mink seinen Lehrerberuf auf und widmete sich ganz dem Dienst als Prediger und Schriftsteller. In dieses Jahr fiel auch die Gründung des „Missionsbunds zur Ausbreitung urchristlichen Evangeliums" durch ihn. Ebenso begann er in diesem Jahr mit der Abfassung und Herausgabe des Andachtsbuchs „Maranatha". So entstand im oberhessischen Hirzenhain, dem Wohnort von Paul Mink, eine Missionszentrale mit Schriftenversand. Das Andachtsbuch „Maranatha" fand über die Jahre immer weitere Verbreitung im In- und Ausland. Die Schriftenmission und die Gemeindearbeit werden mittlerweile von der dritten Generation von Mitarbeitern getragen. Neben dem Andachtsbuch werden im Rahmen der Maranatha-Mission noch weitere Verteilschriften herausgegeben, vor allem der ebenfalls vierteljährlich erscheinende „Maranatharuf". Zusätzlich entstand eine Tonträgermission mit aufgenommenen Predigten. Alle Angebote sind kostenfrei und werden allein durch freiwillige Spenden finanziert.
Vielen Beziehern dieser Publikation genügte es nicht die Schriften für sich allein zu studieren. So fanden sie sich zu regelmäßigen Lesezirkeln zusammen, und daraus entstanden an verschiedenen Orten eigene Gemeinden.

In Wuppertal

Die Wuppertaler Gemeinde des Missionsbundes wurde 1958 gegründet. Sie entstand aus den Wirkungen des Andachtsbuchs „Maranatha" und den Predigtdiensten von Paul Mink. Die Räume in der Friedrich-Engels-Allee 191 sind von der Gemeinde angemietet.

Glaube und Leben

Die theologische Prägung der Gemeinschaft ist konservativ-evangelikal. Kernpunkte der Lehre sind die Umkehr zu Gott, der Glaube an Jesus

Christus und sein vollbrachtes Opfer auf Golgatha, die Taufe und ein geisterfülltes Christenleben. Die Gemeinschaft kennt nur die Glaubenstaufe von Wiedergeborenen, d.h. Gläubigen, die sich bewusst zu Jesus Christus bekennen und ihre Sünden bereuen. Betont wird auch der Glaube an die Wiederkunft Jesu Christi zur Auferstehung der in Christus Entschlafenen und zur Entrückung aller Gläubigen (1. Thessalonicher 4, 13-18).

Die Glieder der Gemeinschaft wollen ihr Leben ausschließlich nach biblischen Grundsätzen führen. Es finden wöchentlich Gottesdienste und Gebetsstunden statt. Die tägliche Bibellese und die Nutzung des vierteljährlich erscheinenden Andachtsbuchs werden sehr ernst genommen. Die Wuppertaler Gemeinde bietet auch einen Chor und einen Kinderkreis an. Darüber hinaus finden überregional Bibelkurse und Freizeiten statt.

Organisation und Statistik

Die Missionszentrale in Hirzenhain bildet die übergeordnete Gemeindeleitung. In ihr sind Älteste und Prediger aktiv. Die Gemeinden werden von Ältesten geleitet, wobei das vierfache Amt nach Epheser 4,11-13 betont wird. Älteste müssen die Wiedergeburt erfahren und die Glaubenstaufe empfangen haben. Sie dürfen nicht geschieden sein. Die Gemeinde beruft sich hierfür auf 1. Timotheus 3,1-3 und Titus 1,5-9. Frauen können unter Bezug auf 1. Timotheus 2,12 kein Leitungsamt übernehmen.

Institutionen und Organisationen werden kritisch gesehen, deswegen ist die Gemeinschaft weder als Verein noch als KdöR organisiert. Es werden keine ökumenischen Kontakte gepflegt, da jegliche kirchliche Organisation kritisch gesehen wird. Es gibt auch kein Engagement in der Evangelischen Allianz. Allerdings sieht sich die Gemeinschaft mit allen biblisch Gläubigen verbunden, die an jedem Ort den Namen des Herrn Jesus Christus anrufen (1. Korinther 1,2). Die „Maranatha-Mission" wirkt durch den weltweiten Versand der Schriften zum weitaus größten Teil übergemeindlich. Das Andachtsbuch hat derzeit eine vierteljährliche Auflagenhöhe von über 20.000 Exemplaren.

Literatur

Maranatha Andachtsbuch und Maranatharuf (beides erscheint vierteljährlich, Maranatha-Mission, Postfach 45, 63697 Hirzenhain).

Mink, Paul-Gerhard: 50 Jahre Maranatha-Andachtsbuch, Hirzenhain 1995.

Bösel, Hildor: Die Gemeinde des lebendigen Gottes, Hirzenhain 2006.

Mink, Paul: Neutestamentliche Gemeinde, 1958.

Hutten, Kurt: Seher Grübler Enthusiasten, Stuttgart 1958, S. 500.

Originaltext

So möchte ich dich, lieber Leser, ermuntern: Übergib doch auch dein Leben der Führung Gottes. Du wirst es nicht bereuen! – Und du, der du Gott schon kennst und Ihm nachfolgst, laß Seine Führung nicht eine halbe Sache sein. Geh die Wege Gottes nicht nur dort, wo sie dir einleuchten und deinen Wünschen entsprechen. Gib dein Leben ganz in Seine liebende, allmächtige Hand! Laß dich in allen Dingen von Ihm führen, und du wirst erfahren, daß Gott auch die volle Verantwortung für dein Leben übernimmt, daß Er dich wunderbar führt, daß Er Herrliches in deinem Leben wirkt und dich ans herrliche Ziel bringen wird, dorthin, wo du Ihn von Angesicht zu Angesucht schauen darfst und bei Ihm sein darfst in Ewigkeit.

Wer sich Gottes Führung völlig anvertraut, muß nicht furchtsam in die Zukunft blicken, sondern darf im Glauben auch hinter allen Wolken das Licht sehen!

(Quelle: Paul-Gerhard Mink in Maranatharuf, Nr. 196, 1999)

Kontaktdaten
Begegnungscentrum Wuppertal
Gräfrather Straße 72a
42329 Wuppertal
Tel.: keine Angabe
E-Mail: keine Angabe

Gottesdienst
So 10:00 Uhr

Internet
keine Angabe

Begegnungscentrum Wuppertal (BcW) – Internationale Arbeitsgemeinschaft bekennender Christen

Kurz-Informationen

Das Begegnungscentrum Wuppertal (BcW) ist eine kleine, unabhängige, evangelikale Gemeinschaft, die sich deutlich von anderen Kirchen distanziert und sich selbst als einzig wahre christliche Gemeinde versteht. In der Öffentlichkeit tritt die Gruppe oft unter der Bezeichnung „Internationale Arbeitsgemeinschaft bekennender Christen" (IABC) auf und beschreibt sich selbst so: „Wir sind keine Sekte, sondern Christen aus verschiedenen evangelischen Gemeinden." Zur Gemeinde in Wuppertal gehören nach Schätzungen ca. 50 Mitglieder. Das BcW zeigte auch kein Interesse am AcGW, deshalb stammen alle Informationen über diese Gruppe aus sekundären Quellen oder persönlichen Erfahrungen des Autors.

Geschichte

Die Wurzeln des BcW liegen im Jahr 1982. Damals trafen sich Gläubige aus verschiedenen evangelischen Gemeinden, Gemeinschaften und Missionswerken um Albert Jansen (*1936), der aus einer Vohwinkeler Kaufmannsfamilie stammt. Jansen ist ein Prediger, der die CVJM-Schule in Kassel besucht hat. Er hat sich autodidaktisch zum Pastor weitergebildet und führt die Gruppe bis heute. Im Gemeindehaus der Kirchengemeinde Vohwinkel veranstaltete er mit Erfolg Evangelisationen. Hierbei fand er neue Anhänger. Einige waren ursprünglich Mitglieder der evangelischen Kirchengemeinde Vohwinkel, die ihnen zu liberal und ökumenisch ausgerichtet erschien. Die Gruppe suchte Kontakt zu Gleichgesinnten und fand diese im Gemeinschaftsverband Siegerland. 1983 fand der erste Tag Bekennender Christen in Solingen statt. Hieraus entstand der Wunsch nach weiteren regelmäßigen Zusammenkünften. Seitdem werden jährlich IABC-Tage veranstaltet. Es wurden auch Kontakte außerhalb Deutschlands gesucht und bei schweizerischen, englischen und auch französischen Evangelikalen gefunden. 1989 wurde der erste Europatag in Bern gefeiert.
Die anfängliche Nähe der IABC zur evangelischen Landeskirche wich zunehmend einer bewussten Distanzierung und Ausbildung einer eigenen Frömmigkeit. Um die eigene Botschaft besser verbreiten zu können, wurde 1993 der Verlag „Jesus allein" gegründet. Die Gruppe trifft sich in der ehemaligen Fabrikhalle einer Weberei. Diese steht auf einem Gelände an der Gräfrather Straße 72a, das im Besitz der Familie Jansen ist.

Gemeinderäume, Gräfrather Straße

Glaube und Leben

Die Botschaft der IABC lässt sich knapp zusammenfassen: biblizistisch, konservativ, anti-ökumenisch, anti-charismatisch, anti-liberal. Jansen selbst definiert seine Theologie vor allem in Abgrenzung zu anderen christlichen Gemeinschaften.
Nach Meinung der IABC zeigen die Aussagen der Bibel, dass keine bestehende Kirche dem Willen Gottes entspricht. In ihnen sei es zu „geistlichen Vermischungen und Verwirrungen" gekommen, gegen diese Verführungen sollen wahre Christusgläubige klar Stellung beziehen. Das tun die Gläubigen des BcW auch immer wieder. Zum Beispiel, wenn sie gegen einen ökumenischen Gottesdienst, Aktivitäten der Evangelischen Allianz oder den Ökumenischen Kirchentag in Vohwinkel demonstrieren und zu eigenen Gegenveranstaltungen einladen.
Gerade eine Auffassung von Ökumene als Verwirklichung der sichtbaren Einheit aller Kirchen lehnt die IABC mit vielen anderen Evangelikalen radikal ab. Als besonders verwerflich und unmöglich gilt für den IABC dabei vor allem die Zusammenarbeit mit katholischen Christen. Das geht so weit, dass Christen verflucht werden, wenn sie die aus Sicht der IABC falschen Bibelübersetzungen lesen oder falsche theologische Positionen vertreten. Sogar der berühmte amerikanische Evangelist Billy Graham (*1918) wird abgelehnt, weil er Positives über den katholischen Papst gesagt hat.
Die Gruppe akzeptiert nur die Bibelübersetzung der Lutherbibel von 1912. Alle späteren Revisionen oder Neuübersetzungen hält sie für verfälscht.
Der Glaube der IABC ist von der Erwartung der nahen Endzeit geprägt. Bis sie eintritt, müssen sich die wenigen wahrhaft Gläubigen gegen so manche Anfeindungen bewähren. Immer wieder verlassen Gläubige die Gruppe, weil sie mit dem autoritären Führungsstil von Jansen nicht zurechtkommen.

Originaltext

Es ist erschütternd zu sehen, in welche Richtung diese Welle steuert: Zurück in die Welt-Einheitskirche – nach Rom! Gerade die röm.-katholische Kirche, die sich selbst als „die" Ökumene versteht, ist Expertin in Sachen „Reich Gottes auf Erden": Ihr Ziel, auf das sie seit Jahrhunderten hinarbeitet, heißt: Durch Einheit aller Menschen unter der Führung der „alleinseligmachenden Kirche" das Reich Gottes auf dieser Erder aufzurichten. Die Pfingstler und Charismatiker leisten ihr mit ihrem Gedankengut und ihren Liedern fleißig Vorschub. Die Gläubigen in diesen Kreisen befinden sich auf einem sehr gefährlichen Irrweg....
Konrad Alder in „Hilfen zu Krisenbewältigung – christliche Musik demaskiert"

Bekennende Christen wissen:
Vor der Wiederkunft Jesu Christi, des Sohnes Gottes, vollzieht sich die Verführung der Menschheit zur Anbetung des Widergottes (biblisch: Drache = Satan) und seines falschen Christus (biblisch: Tier = Antichristus) (s. Offenbarung 13,3b/4,8). Darum halten bekennende Christen fest: Allein durch die von Gott her gegebene Offenbarung hat SEINE Gemeinde den gültigen Maßstab zur Überwindung jeder diabolischen Verführung: „Selig ist, der da liest und die da hören die Worte der Weissagung und behalten, was darin geschrieben ist; denn die Zeit ist nahe" (s. Offenbarung 1,1-3). Bekennende Christen treffen heute unaufschiebbare biblisch begründete Entscheidungen, die das Morgen bestimmen!
Bekennende Christen lehnen den Weg „zur sichtbaren Einheit der Kirche in Europa" mit allen anschließenden Verpflichtungen entschieden ab! (s. Charta Oecumenica, S. 6-10) Sie wissen: Die wahre biblische Gemeinde darf sich von dem Begriff „Kirche" nicht vereinnahmen lassen. „Kirche" kommt vom keltischen „Kyrke" und heißt „Umgrenztes" und herkommend aus dem lateinischen „curias" bedeutet es „Versammlung" der Patrizier in Rom.
(Quelle: Zeitruf 2002, Zeitschrift der IABC)

Organisation und Statistik

Das BcW und die IABC kann man zu der Bewegung der unabhängigen Evangelikalen zählen, die sich von der evangelischen Landeskirche, anderen Freikirchen und der Evangelischen Allianz distanzieren. Dies zeigt sich deutlich darin, dass regelmäßig Konkurrenzveranstaltungen zur Allianzgebetswoche im Januar (die Alternative: IABC-Jahresanfangs-Gebetswoche), zu ProChrist und zum ökumenischen Kirchentag im Westen veranstaltet werden.

Wichtigstes Publikationsorgan der IABC ist die Zeitschrift „Zeit-Ruf", die vierteljährlich erscheint.

Literatur

Alder, Konrad: Hilfen zu Krisenbewältigung – christliche Musik demaskiert, Wuppertal 1994.

Jansen, Albert: Appell für Morgen, Wuppertal 1995.

Zeitruf 2002, Zeitschrift der IABC.

Zitate

„Seit im Wupperthal die Noth sich geltend gemacht, sind die Menschen in religiöser Beziehung stumpfer geworden...Die große Masse der Fabrikarbeiter schmachtet im Elend, die ich es nur im Wupperthal kennengelernt. Die weiß kaum von Gott, kennt die Kirche nur dem Namen nach, häusliche Frömmigkeit ist selten, geistlicher Trost fehlt oder ist doch nur ein Wassertropfen auf heiße Steine. ... Was tun nämlich die Prediger fürs Volk? Die Prediger predigen sonntags denen, die gerade gefallen, die Anderen bleiben weg, predigen nur für eine Klasse, denen sie um Grunde ihre Stelle verdanken, von denen sie glauben verstanden zu werden. Die Andern gehen leer aus..."

Adolph Kolping (katholischer Theologe), 1848

„In Barmen gibt es Fabriken, in denen die Fabrikmädchen in den Pausen statt der Kolportageromane, die man anderswo in solchen Händen findet, ihre Neuen Testamente hervorziehen und sich neue Kräften für ihren Dienst aus Gottes Wort sammeln."

Paul Fleisch (lutherischer Theologe), 1903

„Bei Gelegenheit einer solchen hitzigen Disputation hörte ich das grandioseste Wort eines wahrhaft fanatischen deutschen Protestantismus und Individualismus. Einer der Wirker, ein kleiner und sonst höchst bescheidener Junggeselle und Einspänner, sprang auf und schlug auf den Wirtstisch, „Jett hant alle nicht den reuten Glowen", schrie er. „Du nicht und du nicht und de Pastor nich!" „We hätt denn den reiten Glowen?" frug einer sokratisch. „Eck", schrie der Fanatiker, „Eck und süs nümmes!"

Will Vesper (Schriftsteller), 1928

EXKURS: Kirchliche Ausbildungsstätten und Schulen

(Ulrich T. Christenn und Prof. Dr. Wilfried Eckey)

Die Vielzahl an verschiedenen christlichen Gemeinschaften in Wuppertal zeigt sich auch im Bereich der schulischen und universitären Bildung. Ähnlich dem Einsatz im diakonischen und karitativen Bereich war für viele Christen auch eine solide Bildung und theologische Ausbildung aus dem Glauben heraus geboten. Gerade im 19. Jahrhundert wurde mit dem Ausbau von Bildungseinrichtungen eine Antwort auf die Soziale Frage gesucht. Es entstanden zum einen kirchliche Schulen für Kinder und zum anderen Ausbildungsstätten für angehende Geistliche und Missionare. Heute gibt es in Wuppertal zwei evangelische und elf katholische Grundschulen, zwei katholische Hauptschulen und ein katholisches Gymnasium. Das St. Anna-Gymnasium wurde 1905 als erzbischöfliche Mädchenbildungsanstalt gegründet. Anfänglich waren es 140 Schülerinnen, heute gehen über 1300 Schülerinnen und Schüler auf das Gymnasium in der Elberfelder Nordstadt.

In Wuppertal gab und gibt es mehrere theologische Ausbildungsstätten, an denen Predigerinnen und Prediger, Pfarrerinnen und Pfarrer, Lehrerinnen und Lehrer sowie Missionare ausgebildet werden. Die älteste noch bestehende Ausbildungsstätte ist die Evangelistenschule Johanneum am Wichlinghauser Nordpark. Sie ist ein theologisches Seminar für missionarische Jugend- und Gemeindearbeit, an der junge Leute in vier Jahren auf einen hauptberuflichen Verkündigungsdienst (z.B. Gemeindediakon, Stadtmissionar, Jugendreferent, Gemeinschaftsprediger) vorbereitet werden. Gegründet wurde die Schule 1886 in Bonn von dem Theologieprofessor D. Dr. Theodor Christlieb (1833-1889) als reine Männerschule. Seit 1893 ist sie in Wuppertal-Barmen beheimatet. Das Johanneum ist ein freies Werk innerhalb der Evangelischen Kirche, an der heutzutage auch Frauen lernen und lehren können. Die Finanzierung des Johanneums erfolgt durch Spenden und Beiträge der Schülerinnen und Schüler. Charakteristisch für diese Schule ist das verbindliche Zusammenleben von Lernenden und Lehrenden. Dazu gehören neben dem theoretischen Unterricht und praktischen Ausbildungsphasen auch persönliche Stille, gemeinsame Andachten und Gebetszeiten.

Wenige Jahre nach dem Johanneum entstand 1912 in Vohwinkel das Predigerseminar der Freien evangelischen Gemeinden. Der stark wachsende Gemeindebund benötigte damals gut ausgebildete Prediger und Gemeindeleiter, die in der eigenen Theologie und Tradition geschult sein sollten. Das Predigerseminar wurde der Gemeinde in Vohwinkel angegliedert. Der Unterricht fand bis 1929 im Gemeindehaus statt, ehe gegenüber ein eigener Bau errichtet werden konnte. Nach dem Zweiten Weltkrieg wurde das Seminar 1946 in das hessische Ewersbach verlegt.

Eine weitere Fachschule für evangelische Theologie ist das „Bibelseminar Wuppertal in Radevormwald". Es wurde 1960 als Ausbildungsstätte der „Evangelischen Gesellschaft für Deutschland" gegründet. Anlass war auch hier „der Mangel an Mitarbeitern im Werk des Herrn und der immer weiter um sich greifende Zweifel an der Autorität der Heiligen Schrift".[1] An diesem Seminar wurden bisher über 200 Absolventen zu Pastoren, Predigern, Missionaren und Jugendreferenten ausgebildet. Das Bibel-

1 Volker Heckl, Internet: www.egfd.de.

seminar ist Gründungsmitglied der „Konferenz Bibeltreuer Ausbildungsstätten", die über 30 Bibelschulen in Europa vertritt. Seit 1997 befindet es sich in Radevormwald. Lange Zeit blieb der alte Name „Bibelseminar Wuppertal" bestehen. Erst Anfang 2006 wurde er in „esra:seminar" – Evangelisches Studienzentrum Radevormwald" geändert. In Kooperation mit dem Martin Bucer Seminar, Bonn, ist ein Bachelor-Abschluss (BTh) und anschließend ein Masterstudiengang (MTh) möglich.
Auch die evangelische Landeskirche bildet ihre Geistlichen teilweise in Wuppertal aus. Das geschieht in zwei Phasen. Das Theologiestudium für angehende Pfarrerinnen und Pfarrer kann an der Kirchlichen Hochschule auf der Hardt absolviert werden. Die praktische Ausbildungsphase betreut danach das Predigerseminar, ein Teil des Seminars für pastorale Aus- und Fortbildung. Die Vorgeschichte dieses Seminars beginnt eigentlich schon 1857. Damals bemühte sich die Elberfelder Reformierte Gemeinde (seinerzeit die größte reformierte Gemeinde Europas) um die Einrichtung eines Predigerseminars, um ihre Verantwortung für den theologischen Nachwuchs wahrzunehmen und gleichzeitig die konfessionelle Eigenständigkeit innerhalb der Preußischen Union zu behaupten. Die Kirchenbehörden erlaubten aber erst 1904 die Einrichtung eines reformierten Predigerseminars für vier Kandidaten pro Jahr. Wegen des Misstrauens der preußischen Behörden, die hinter diesem Vorhaben unbotmäßigen Konfessionalismus witterten, wurde der Name „Predigerseminar" zunächst vermieden. Man sprach vom „Elberfelder Kandidatenstift". 1937 wurde das Seminar von der Gestapo geschlossen. 1951 begann die Arbeit von neuem in einem neu erbauten Domizil in der Mainzer Straße 16. Im Mai 2001 wurden neue Räume im Gebäudekomplex der Kirchlichen Hochschule Wuppertal, Missionsstraße 15b, bezogen.
Die Kirchliche Hochschule Wuppertal (KiHo) wurde 1935 von der Bekennenden Kirche in Folge der Ereignisse um die Barmer Theologische Erklärung gegründet. Die Gründung wurzelt in der Erkenntnis, die damals in der Kirche und ihren Gemeinden erwachte, dass die Kirche für die Ausbildung ihres Pfarrernachwuchses selbst verantwortlich ist. Sie erfolgte in der Abwehr einer Überfremdung der theologischen Fakultäten durch den Nationalsozialismus. Indes wurde die Kirchliche Hochschule Wuppertal noch am Tage ihrer Eröffnung im Wintersemester 1935/36 verboten, konnte aber ihre Tätigkeit bis zum Frühjahr 1941 illegal fortsetzen und ab 1945 wieder regulär weiterführen. Die KiHo dient vor allem der theologischen Ausbildung für das Pfarramt. Außerdem gibt es einen Magisterstudiengang und die Möglichkeit der Promotion und der Habilitation. Im Rahmen der Kooperation mit der Bergischen Universität können Studierende auch Veranstaltungen der jeweils anderen Hochschule besuchen.
Die Seminare für Evangelische und Katholische Theologie an der Bergischen Universität sind aus der Pädagogischen Hochschule Wuppertal hervorgegangen, die 1946 gegründet wurde und seit 1957 in einem Gebäude auf der Hardt in unmittelbarer Nähe zu KiHo beheimatet war. Deren erster Rektor Oskar Hammelsbeck war evangelischer Religionslehrer und Pastor. Seine Person und die satzungsmäßige konfessionell evangelische Bindung prägten die Hochschule. Der Charakter der Akademie gewann Gestalt in ihrem Siegel, dem Weinstock mit seinen fruchtbringenden Reben (Johannes 15,4+5). Galt die Hochschule zunächst im Lande weithin als „Halleluja-Akademie", so war sie in den sechziger Jahren weiterhin als „Rote Akademie" verschrieen. Katholische Christen durften sie anfangs in Einzelfällen mit ministerieller Ausnahmegenehmigung, danach erst wieder gegen Ende der sechziger Jahre besuchen. Im Sommer 1972 erfolgte die Eingliederung der Pädagogischen Hochschule in die neu gegründete „Gesamthochschule Wuppertal". Heute gehören die Theologien zum großen Fachbereich der „Geistes- und Kulturwissenschaften" der „Bergischen

Universität". Die Zusammenarbeit mit der KiHo, die ihrer genuinen Bestimmung gemäß weiterhin schwerpunktmäßig auf die Studien künftiger Pastoren ausgerichtet ist, konnte in den letzten Jahren durch die Mitwirkung bei Promotionen und einer Habilitation weiter intensiviert werden. Auch die Kooperation zwischen der Evangelischen und der Katholischen Theologie hat sich inzwischen unter Wahrung des beiderseitigen konfessionellen Profils erfreulich entwickelt. Die Theologen der Bergischen Universität schauen auch angesichts der in Gang gesetzten einschneidenden Umstellung der Studiengänge auf Bachelor- und Masterabschlüsse zuversichtlich nach vorn. Seit Gründung der Pädagogischen Hochschule 1962 mit damals über 800 eingeschriebenen Studierenden, von denen ca. 80% eine Lehrbefähigung für Evangelische Religionslehre erwarben, haben sich die Zahlen deutlich geändert. Im Wintersemester 2006/2007 strebten 463 der ca. 13.500 an der Bergischen Universität Studierenden eine Unterrichtstätigkeit als Religionslehrer an.

Zitate

„Es ist ohne allen Zweifel ein größeres Fragen nach Gottes Wort als früher; so im Wupperthal, deßgleichen im Oberbergischen. Man hört aller Orten von Erweckungen und Bekehrungen, die aber, wenn's weiter so fortgeht, den Aerger und die Wuth der Welt nur um so mehr reizen werden..." Schreiben eines unbekannten Predigers vom Niederrhein, 1848

Es war die Welt des Muckertums, einer strengn protestantischen Religiosität, in der die Großmutter Wiskotten den Arbeiterinnen in der Bandwirkerei während der Frühstückspause aus der Bibel vorlas, in der echten Überzeugung, daß „Gott in der Arbeit ist." Prof. Dr. Karl Winnacker (Chemiker), 1971

Fremdsprachige Gemeinden

Kurz-Informationen

Es gibt in Wuppertal eine größere Anzahl von fremdsprachig-christlichen Gemeinden. Ihre Struktur, Organisation und Theologie ist so unterschiedlich wie die Menschen, die sich in ihnen treffen. Gemeinsam ist ihnen, dass sie fast alle erst in den letzten Jahrzehnten im Zuge der Einwanderung nach Deutschland entstanden sind. Christen aus fremden Ländern wollen ihren Glauben auch hier leben. Da es aber oft große kulturelle Differenzen zu deutschen Kirchen und Gemeinden gibt, bilden viele Migranten eigene Gemeinden, die an die Traditionen und Formen ihrer Heimat anknüpfen. Dabei sind Unterschiede zwischen katholischen, orthodoxen, protestantischen sowie pfingstlich-charismatischen Gemeinschaften zu beobachten. Katholische fremdsprachige Gemeinden werden in die bischöfliche Struktur vor Ort eingebunden, orthodoxe Gemeinden werden von der Heimat aus betreut, während im protestantischen und pfingstlich-charismatischen Bereich, trotz theologischer Nähe zu Landeskirche oder Freikirchen, oft keine organisatorischen Verbindungen bestehen.

Diese Vielfalt und organisatorischen Unterschiede machen eine systematische Darstellung schwer. Neben einem allgemeinen Überblick werden nur einige wenige Gemeinschaften vorgestellt, mit denen der Autor Kontakt hatte. Andere Gemeinden sahen sich trotz mehrfacher Nachfrage nicht in der Lage Informationen zu liefern oder waren nicht bereit am AcGW mitzuarbeiten.

Organisation und Statistik

(Claudia Währisch-Oblau, Vereinte Evangelische Mission)

Man muss vier Grundttypen von fremdsprachigen Gemeinden unterscheiden.

etabliert/denominationelle Diaspora-Gemeinden

Sie sind normalerweise „Zweiggemeinden" ausländischer Kirchen, die Mitglieder des ÖRK sind und ökumenische Kontakte zu deutschen Kirchen unterhalten, bzw. römisch-katholisch oder orthodox. Es gibt solche Gemeinden seit vielen Jahren, sie haben einen sicheren Rechtsstatus und sind in die kirchliche Landschaft in Deutschland integriert. Viele erhalten finanzielle Hilfen von deutschen Großkirchen. Die Mitglieder solcher Gemeinden gehören meist zur Mittelschicht, haben fast immer Arbeit und eine gesicherte Aufenthaltserlaubnis. Ihre Pastoren haben eine universitäre theologische Ausbildung; zum Teil werden sie durch deutsche Kirchen bezahlt. Auf evangelischer Seite finden sich vor allem nordatlantische und ostasiatische Gemeinden.

Freikirchliche Missionsgemeinden

Sie sind aus der „Ausländermission" deutscher oder europäischer Freikirchen hervorgegangen. Die Zahl dieser Gemeinden ist klein; einige sind unabhängig, andere Teil einer deutschen Gemeinde, auch wenn sie in ihrer eigenen Sprache Gottesdienst feiern. Ihre Pastoren sind in der Regel Absolventen freikirchlicher Bibelschulen und werden von den Freikirchen oder freien Missionswerken bezahlt. Diese Gemeinden bestehen vor allem aus Nationalitäten, die in ihren Heimatländern nicht „missionarisch erreichbar" sind, z.B. Türken, Arabern, Chinesen.

Gemeinden reverser Missionskirchen

Sie wurden vor allem in den letzten 20 Jahren durch Immigranten gegründet, die sich mit anderen Christen ihrer Denomination zusammentaten und dann einen Kontakt zur Mutterkirche herstellten; oder aber durch Missionare, die von den Heimatkirchen zur Gründung neuer Gemeinden nach Deutschland entsandt wurden. Die Heimatkirchen gehören nicht zum ÖRK, sondern sind pfingstlich-charismatisch oder unabhängig. Die Gemeindegründungen in Deutschland geschahen in der Regel ohne Kontakte zu deutschen Kirchen. Darum sind diese Gemeinden nur selten in ökumenische Netzwerke integriert; einige wenige gehören zum Bund freikirchlicher Pfingstgemeinden. Unter ihren Mitgliedern finden sich Menschen mit fester Arbeit und gesicherter Aufenthaltserlaubnis ebenso wie Flüchtlinge und Asylbewerber. Unter ihren Pastoren sind sowohl universitär ausgebildete Theologen wie Bibelschulabsolventen; bezahlt werden sie zum Teil durch die überseeische Kirche, zum Teil durch die Gemeinden in Deutschland. Einige sind nur nebenberuflich als Pastoren tätig.
In der Regel haben diese Kirchen einen klaren evangelistischen Anspruch gegenüber Immigranten ihrer Herkunftsnation, vor allem afrikanische Kirchen jedoch auch gegenüber Deutschen. Diese Kirchen sind fast ausschließlich koreanischen oder west-zentralafrikanischen Ursprungs, z.B. Yoido Church, ghanaische Church of Pentecost, nigerianische Redeemed Christian Church of God.

unabhängige nichtdenominationelle Missionskirchen

Sie sind ‚deutsche Gründungen' durch Gruppen von Immigranten, haben oft nur lose Kontakte zu Kirchen in den Herkunftsländern und verstehen sich dezidiert als nicht-denominationell. Die meisten dieser Gemeinden sind erst in den letzten 5 bis 10 Jahren entstanden und gehören nur informellen charismatischen Netzwerken an. Bei einigen entsteht aber durch die Gründung von Tochtergemeinden eine neue kirchliche Struktur. Geleitet werden diese Gemeinden oft von charismatischen Führerpersönlichkeiten; Spaltungen aufgrund von Auseinandersetzungen sind häufig. Die Mitglieder solcher Gemeinden sind Flüchtlinge oder Asylbewerber bzw. Immigranten, die erst in den letzten Jahren nach Deutschland gekommen sind. Viele haben keine legale oder überhaupt keine Arbeit. Ihre Pastoren haben oft keine theologische Ausbildung oder nur eine Kurzbibelschule bzw. einen Korrespondenzkurs absolviert. Viele Gemeinden sind zu arm um ihre Pastoren zu bezahlen – sie sind nebenberuflich tätig oder leben von der Sozialhilfe. Theologisch gehören diese Gemeinden zum neopfingstlichen Spektrum; sie haben ein starkes Sendungsbewusstsein und verstehen sich als Missionare gegenüber Deutschen wie Ausländern. Diese Gemeinden sind fast ausschließlich tamilischen oder west-zentralafrikanischen Ursprungs, z.B. die afrikanisch geprägte New Life Fellowship und als „Denomination" die Christian Church Outreach Mission.

Um die Zusammenarbeit zwischen deutsch- und fremdsprachigen Gemeinden zu verbessern, richtete die Vereinte Evangelische Mission in ihrer deutschen Region im April 1998 das Programm „Kooperation zwischen deutsch- und fremdsprachigen Gemeinden" ein. So entstand eine Liste fremdsprachiger Gemeinden, die die Kooperation zwischen deutsch- und fremdsprachigen Christinnen und Christen auf eine festere Basis stellen soll. Mittlerweile sind 137 (Stand Ende 2005) Gemeinden in NRW dieser Kooperation beigetreten. In Wuppertal sind es elf Gemeinden:

Assemblée de Dieu de Wuppertal
Assemblée de Dieu Africaine
Church of Peace
English Speaking Fellowship
Evangelisch Koreanische Missions-KG Wuppertal

Originaltext

Die Kriterien für die Aufnahme in die Liste von fremdsprachigen Gemeinden, die mit der Vereinten Evangelischen Mission kooperieren, lauten wie folgt:

1. Die Gemeinde bekennt sich zu folgender Glaubensbasis: Wir zählen uns zur Gemeinschaft von Kirchen, die den Herrn Jesus Christus gemäß der Heiligen Schrift als Gott und Heiland bekennen und darum gemeinsam zu erfüllen trachten, wozu sie berufen sind, zur Ehre Gottes, des Vaters, des Sohnes und des Heiligen Geistes.

2. Die Gemeinde versteht sich zusammen mit anderen deutsch- und fremdsprachigen Gemeinden als Teil des Leibes Christi in Deutschland. Sie verpflichtet sich zur ökumenischen Zusammenarbeit mit deutsch- und fremdsprachigen Kirchen. Auf der biblischen Basis "Das ist mein Gebot, dass ihr einander lieben sollt, wie ich euch geliebt habe" (Johannes15,12), verpflichtet sich die Gemeinde zur Solidarität. Sie will alles tun, um Spaltungen zu vermeiden und Einheit zu fördern, "damit alle eins seien" (Johannes 17,21).

3. Die Gemeinde ist organisatorisch stabil. Dies ist daran erkennbar, dass sie sich als eingetragener Verein (e.V.) konstituiert hat. Ist dies nicht der Fall, so muss die Gemeinde seit mindestens drei Jahren bestehen, eine feste Organisationsstruktur haben, und mindestens eine Leitungsperson muss Deutsch sprechen.

4. Wenn die Gemeinden einen eigenen Pastor/eine eigene Pastorin hat, so muss er/sie grundsätzlich bereit sein, an Fortbildungsveranstaltungen der evangelischen Landeskirchen in Deutschland teilzunehmen.
Solche Fortbildungsveranstaltungen werden in Zusammenarbeit mit Vertreter/innen fremdsprachiger Gemeinden geplant und durchgeführt. Sie haben ein zweifaches Ziel:
a. Sie sollen die Pastor/innen fremdsprachiger Gemeinden mit der Situation von Kirche, Gesellschaft und Theologie in Deutschland bekannt machen.
b. Sie sollen die Begegnung von fremd- und deutschsprachigen Christen und das Lernen beider Seiten voneinander ermöglichen.

5. Die Gemeinde legt zwei schriftliche Empfehlungsbriefe vor. Einer sollte möglichst von der deutschen Gastgebergemeinde stammen, der zweite von einem Netzwerk oder Rat fremdsprachiger Gemeinden oder einer anderen Gemeinde am Ort, die die Kriterien für die Liste erfüllt.
Kann im Ausnahmefall die Gemeinde solche Empfehlungsbriefe nicht vorlegen, müssen Vertreter der Gemeinde ein Gespräch mit Vertretern des Komitees führen. Danach entscheidet das Komitee über die Aufnahme in die Liste.
(Quelle: VEM)

Jesus Familie Evangelical and Revival Mission
Kimbanguistische Gemeinde Wuppertal
Grace Temple Church
Word Alive Ministries
Vietnamesische Tin Lanh Gemeinde
Tamilische Maranatha-Gemeinde

In der evangelischen Kreuzkirche, Friedrichstraße in der Elberfelder Nordstadt, entstand in den letzten Jahren ein Zentrum für fremdsprachige Gemeinden. Hier waren mehrere afrikanische Gemeinden zu Gast. Nach einem Besitzerwechsel 2006 und der Umwandlung der Kirche von einer Gemeindekirche in die Diakoniekirche Wuppertal wurde dieses Konzept aufgegeben. Mittlerweile bemüht sich die Diakonie aber wieder die Kreuzkirche für fremdsprachige Gemeinden zu öffnen und ihnen Gastrecht zu gewähren.

Literatur

Evangelischer Stadtkirchenverband Köln/Rheinische Konferenz der Ausländerpfarrer (Hg.): Kölner Ökumenischer Brückenschlag. Evangelische Ausländergemeinden im Kölner Bereich, 1998.
Kirchenamt der EKD: Zur ökumenischen Zusammenarbeit mit Gemeinden fremder Sprache oder Herkunft. Eine Handreichung, EKD Texte 59, 1996.
Gerloff, Roswith: Afrikanische Gemeinden als Herausforderung an die Volkskirche, in: Ökumenisch-Missionarischen Institut des Ökumenischen Rates Berlin-Brandenburg aus Anlaß des 50jährigen Bestehens des Weltkirchenrates in Genf (Hg.): Weg und Gestalt. Ökumenische Existenz in Berlin-Brandenburg, Berlin 1998, S. 199-223.
Währisch-Oblau, Claudia: Fremde Geschwister. Unabhängige Migrantengemeinden in Deutschland, in: Verschiedene Menschen – gleiche Würde, Arbeitsheft zur Interkulturellen Woche, 1999.

Assemblée de Dieu de Wuppertal

Kurz-Informationen

Hier treffen sich überwiegend Christen aus dem Kongo, aber auch aus anderen Ländern Westafrikas, wie Togo und Kamerun.

Kontaktdaten

Assemblée de Dieu de Wuppertal
Pastor Matthieu Yombo
Gerscheder Weiden 39
45357 Essen

Gottesdienst

So 12:00 Uhr Michaelskirche,
Mozartstraße 33

Church of Peace

Kurz-Informationen

Die Church of Peace versteht sich als multikulturelle Gemeinde und feiert deshalb ihre Gottesdienste zweisprachig auf Deutsch und Englisch. Einige ihrer Mitglieder waren vorher in der Andreas Murray Kirche (→ Exkurs: Nicht mehr bestehende Gemeinschaften) aktiv, die ihre Gottesdienste in einem benachbarten Gebäude gefeiert hat. Die Gemeinde bietet wöchentliche Bibelstunden, Gebetsgruppen und Deutschunterricht für Ausländer an. Organisiert ist sie als eingetragener Verein.

Kontaktdaten

Church of Peace
Frau Pastorin H. Stibbe
Church of Peace
Briller Straße 16
42105 Wuppertal
Tel.: 0202 - 3 17 92 34
E-Mail: ncdavid@gmx.net

Gottesdienst

So 11:00 Uhr

Kontaktdaten
Jesus Familie Evangelical and Revival Mission
Evangelistin Prudence Wasso
Friedrich-Ebert-Straße 136 b
42117 Wuppertal
Tel.: 0202 - 8 70 17 97

Jesus Familie Evangelical and Revival Mission

Kurz-Informationen

Um die durch autodidaktisches Bibelstudium ausgebildete Evangelistin Prudence Wasso sammeln sich Christen aus Westafrika, die in der Region um Wuppertal wohnen.

Gottesdienst der Jesus Familie in der ehemaligen Kreuzkirche, Elberfeld

Kontaktdaten
Pfr. Savvas Karipidis
Zweifalltorweg 8
64293 Darmstadt
Tel.: 06151 - 89 93 25

Gottesdienst
1. + 3. So im Monat

Griechisch Evangelische Gemeinde

Kurz-Informationen

In Griechenland gehören 96 % der Bevölkerung der Griechisch-Orthodoxen Kirche an. Die Evangelische Kirche zählt dort etwa 8.000 Mitglieder. Entsprechend klein ist die Zahl der evangelischen Griechen in Deutschland. Sie wohnen über ganz Deutschland verstreut. In der großen griechischen Kolonie in Wuppertal gibt es auch einige Evangelische.

Geschichte

Ende des 19. Jahrhunderts brachten amerikanische Missionare und Rückwanderer aus den USA den Protestantismus nach Griechenland. Im Zuge der Zuwanderung von Arbeitern nach Deutschland kamen unter den Hunderttausenden von Griechen auch Evangelische hierher. Ein kirchliches Leben für diese evangelischen Christen baute Pfarrer Savvas Karipidis ab 1963 im Rheinland auf. Da es keine Daten gab, wo griechisch evangelische Christinnen und Christen wohnten, knüpfte er mit Hilfe einer ungewöhnlichen Methode Kontakte: Er saß tagelang mit einer griechischen Zeitung auf dem Kölner Hauptbahnhof und wurde von vielen durchreisenden Griechen angesprochen, unter denen auch einige Evangelische waren. In Abständen besuchte Pfarrer Karipidis später von Darmstadt aus die evangelischen Griechen im Rheinland, in Westfalen, in Bayern und anderen Regionen. Seit 2004 lebt er im Ruhestand, und seine Nachfolge ist noch nicht geregelt.

In Wuppertal

In Wuppertal entstand eine kleine Gemeinde, die von Pfarrer Karipidis betreut wurde. Zweimal im Monat werden Gottesdienste in Räumen der evangelisch-freikirchlichen Gemeinde in Wichlinghausen (Neanderstraße 9) gefeiert.

Glaube und Leben

Seit über 30 Jahren findet für alle Gemeindeglieder aus ganz Deutschland ein Ostertreffen statt. Außerdem gibt es alljährlich ein Familien- und ein Jugendtreffen. Ein Gemeindebrief erscheint zu aktuellen Anlässen. Die meisten Gemeindeglieder sind in Deutschland in der evangelischen Landeskirche als Mitglieder eingetragen, sie zahlen Kirchensteuer, und durch freiwillige Spenden unterstützen sie arme evangelische Kirchen und kirchliche soziale Projekte in Griechenland.

Originaltext

1rst Article – Of the Holy Scriptures
We believe in the Holy Scriptures (Timotheus is, the 39 canonical books of the Old and the 27 of the New Testament) as the only divinely inspired Book (2 Timotheus 3:16, 2 Petrus 1:21) and as the only source and the only rule of faith and works, and that same is complete, sufficient, secure and infallible guide for whichever case of
spiritual ambiguity and difficulty (Lukas 16:29,31, Römer 15:4, 1 Korinther 9:10, 1 Korinther. 10:11).

8th Article – Of Salvation and Election
We believe that God due to His immense love towards the world gave His only begotten Son as Savior of sinners (Johannes 3:16, Römer 5:8, 1John 4:9), and through His Gospel freely offers His almighty salvation to all men (Ezekiel 18:23, 1 Timotheus 2:3, 2 Petrus 2:9); that God in his unfathomable good pleasure has procured unto Himself a people, an innumerable multitude, elected in Christ for holiness, service and salvation (Deuterononium 7:6, Deuterononium 14:2, Epheser 1:4-5, 1 Petrus 2:9-10).

21rst Article – Of the Church
We acknowledge one Holy, Catholic and Apostolic Church, the innumerable company of saints of all ages and of all nations, which united by the Holy Spirit with Christ, their head, constitute one body in Him (Epheser 1: 22- 23, Epheser 4:15, Kolosser 1:18), and have communion with their Lord and with each other (1 Korinther 1:9, 1 Johannes 1:3). To this end we accept that the will of Christ is that His Church on earth exists as a visible and holy fraternity, constituted by those professing faith in Christ and obedience to Him, together with their offspring as catechumens (Deuterononium 4:9, Deuterononium 11:19, Apostelgeschichte 2:39, 1 Korinther 7:14), and organized as is being set forth in the New Testament, for the confession of
the name of Christ, the common worship of God (Hebräer 10:25), the administration of the sacraments (Apostelgeschichte 2:42, Apostelgeschichte 20:7), the edification of believers and the spreading of the Gospel throughout the world. We recognize all local Churches, throughout the world, which confess this faith in our Lord Jesus Christ and pledge
obedience to Him as their divine Lord and Savior, as members of such a Universal Church.
(Glaubensbekenntnis der Griechisch-Evangelischen Kirche, Quelle, Internet: www.gec.gr/gec_faith.htm)

Kontaktdaten
Kimbanguistische Gemeinde Wuppertal
Postfach 101126
42011 Wuppertal
Tel.: 0202 - 2 42 28 24

Gottesdienst
1. So im Monat, 14:00-18:00 Uhr,
Kirche am Bremkamp Am Bremkamp
42-44

Kimbanguistische Gemeinde Wuppertal

Kurz-Informationen

Die Kimbanguistische Kirche ist eine afrikanische, pfingstlerisch inspirierte Kirche, die ohne direkten Einfluss westlicher Missionare entstanden ist. Die Hauptverbreitungsgebiete sind der Kongo und Angola. Durch Flüchtlinge hat sich die Gemeinschaft aber auch nach Europa und Amerika verbreitet. Weltweit gibt es ca. 5 Millionen Anhänger. In Deutschland sind es mehrere hundert, die sich in fünf Gemeinden treffen: Stuttgart, Koblenz, Berlin, Aachen und Wuppertal.

Geschichte

Der Kimbanguismus ist eine Strömung, die sich innerhalb des Christentums seit 1921 im Kongo entwickelt hat. Sie geht auf das Wirken des „Propheten" Simon Kimbangu (Geburtsjahr unbekannt, gest. 1951) zurück. Der baptistisch geprägte Prediger sorgte durch zahllose Heilungen für Aufsehen. Innerhalb von nur fünf Monaten, in denen er öffentlich wirkte, wuchs seine Anhängerschaft so schnell, dass die belgischen Kolonialherren in ihm eine Bedrohung sahen. Er wurde zum Tode verurteilt, aber dann lebenslänglich in Haft gesetzt. Auch zahlreiche seiner Anhänger wurden verhaftet und verbannt. Gut 150.000 Menschen wurden so vertrieben, was nur zur schnelleren Verbreitung seiner Botschaft beitrug.
1959 erhielt die Kimbanguistische Kirche als dritte kirchliche Gruppe in der belgischen Kongo-Kolonie (neben der römisch-katholischen und den protestantischen Kirchen) die Freiheit, ihren Glauben zu leben und zu verbreiten. Ein Jahr später, nach der Unabhängigkeit des Landes, das sich zeitweilig auch Zaire nannte, folgte die staatliche Anerkennung der Kirche. Seit 1969 ist die Kirche Mitglied im Ökumenischen Rat der Kirchen.

In Wuppertal

Die Wuppertaler Gemeinde trifft sich in Räumen der Evangelischen Kirchengemeinde Vohwinkel am Bremkamp. Dort feiert sie Sonntagnachmittags ihre Gottesdienste. Die meisten Gläubigen stammen aus dem Kongo und aus Angola.

Glaube und Leben

Der Gemeindeleiter und der Gemeindevorstand übernehmen die Liturgie im Gottesdienst. Wenn ein Sakrament gespendet wird, kommt ein Geistlicher aus Belgien, Frankreich oder Holland. Die Gemeinde organisiert selbst Hilfe für ihre Kranken und Notleidenden.

Organisation und Statistik

Die Gemeinde untersteht direkt der Kirche in Kinshasa (Demokratische Republik Kongo). Von dort bekommt sie ihre Anweisungen und Informationen. Es besteht aber auch eine Kooperation mit der Vereinten Evangelischen Mission in Barmen.

Ev. Koreanische Missions-Kirchengemeinde Wuppertal

Kurz-Informationen

Seit den 1960er Jahren sind zahlreiche christliche Koreaner nach Deutschland eingewandert und haben hier Kirchengemeinden gegründet. In Korea selbst sind etwa 30% der Gesamtbevölkerung Christen, die meisten gehören einer protestantischen Kirche an.

Geschichte

Der christliche Glaube verbreitete sich in Korea erst im 18. Jahrhundert. 1784 ist die erste Taufe durch einen katholischen Bischof aus Frankreich belegt. Die ersten protestantischen Gemeinden entstanden erst ab 1884 unter amerikanischem Einfluss. Heute wächst das Christentum in Korea stark. Es gibt mehrere Mega-Kirchen, in denen tausende Besucherinnen und Besucher Gottesdienste feiern.

Nach Deutschland kamen die ersten Koreaner in den 1960er Jahren, als der wachsende Pflegenotstand dazu führte, dass kirchliche Einrichtungen koreanische Krankenschwestern einstellten. 1970 wurde ein offizielles Abkommen mit der Republik Korea über die Anwerbung von Krankenschwestern und Bergleuten geschlossen. Ein Großteil der mehreren Tausend Einwanderer waren Christen, meist Protestanten, die im Ruhrgebiet, im Saarland und in Berlin auch eigene Gemeinden bildeten.

Die meisten koreanischen Gemeinden in Deutschland sind überkonfessionell. Im Rheinland sind mehrere eine Kooperation mit der Vereinten Evangelischen Mission und der Rheinischen Landeskirche eingegangen. Dazu gehört auch die Wuppertaler Gemeinde. In Wuppertal waren die koreanischen Christen lange Zeit Gast in Räumen der FeG in der Hellerstraße. Nachdem diese Frei-evangelische Gemeinde vor wenigen Jahren aufgelöst worden war, hat die koreanische Gemeinde das Gebäude übernommen und ihrerseits die Apostolische Gemeinschaft als Gast mit aufgenommen. Die Gemeinde wird von einem Pastor geleitet, der am evangelikal-konservativen Fuller Seminar in Kalifornien ausgebildet wurde.

Glaube und Leben

Die Gemeinden sind sowohl spiritueller als auch kultureller Treffpunkt für viele Koreaner. Nach dem Gottesdienst wird in der Regel noch gemeinsam gefeiert und gegessen. Es finden viele kulturelle Veranstaltungen und auch Sprachkurse statt. Für viele koreanische Christen ist ein intensives Bibelstudium und das Umsetzen von Erkenntnissen daraus im täglichen Leben wichtig. Da die meisten Gemeinden konfessionell gemischt sind, verwischen sich die Eigenheiten und Traditionen der einzelnen Glaubensrichtungen. Gerade die Koreaner in Deutschland setzen sich intensiv für die Wiedervereinigung von Nord- und Südkorea ein.

Organisation und Statistik

Neben den Mitgliedern der ersten Einwanderer-Generation finden sich heute auch viele Studierende in den koreanischen Gemeinden. Gerade in Städten, wie Wuppertal, wo es eine Musikhochschule gibt, findet man unter anderem viele koreanische Musikstudentinnen und -studenten in den Gemeinden. Die koreanischen Gemeinden sind in der Regel offen für Kontakte mit anderen christlichen Gemeinschaften.

Kontaktdaten

Ev. Koreanische Missions-
Kirchengemeinde Wuppertal
Pfr. Ki-Ho Na
Katernberger Straße 24
42115 Wuppertal
Tel.: 0202 - 3 09 77 42

Gottesdienst

So 15.00 Uhr (Gemeindehaus Hellerstraße)

Kontaktdaten
Tamilische Maranatha Gemeinde
Evangelisches Gemeindehaus
Hügelstraße12
42277 Wuppertal
E-Mail: paulambi@t-online.de

Gottesdienst
So 12:00 Uhr

Internet
www.maranathagemeinde.com

Maranatha Gemeinde, Gottesdienst

Tamilische Maranatha Gemeinde

Kurz-Informationen

Die 1993 von vier Personen gegründetete Tamilische Maranatha Gemeinde zählt sich zu den Pfingstkirchen. In ihren drei Gemeinden in Schwerte, Grevenbroich und Wuppertal treffen sich Tamilen aus Sri Lanka. Insgesamt hat die Gemeinschaft 250 Mitglieder, in Wuppertal sind es gut 50.

Glaube und Leben

Die Bibel gilt für die Maranatha Gemeinde als das unfehlbare Wort Gottes. Wie in anderen Pfingstkirchen auch, werden Wunderheilungen und Zungengebet als Manifestationen des Heiligen Geistes angesehen; sie nehmen in den Gottesdiensten breiten Raum ein. Diese Gaben des Heiligen Geistes gelten als Zeichen dafür, dass mit der baldigen Wiederkunft Christi zu rechnen sei. Theologisch beeinflusst ist die Maranatha Gemeinde von den Pfingst-Evangelisten Reinhard Bonnke (*1940) und Benny Hinn (*1952). Es gibt Gottesdienste in tamilischer und deutscher Sprache. Daneben werden auch Bibelstunden, Hauskreise und Kindergottesdienst angeboten. Da nur die Gläubigentaufe an Erwachsenen oder Jugendlichen praktiziert wird, werden Kleinkinder gesegnet. Gläubige sollen nicht nur am Sonntag als Christen leben, sondern sieben Tage in der Woche. Im sozialen Bereich engagiert sich die Gemeinde bei Deutschkursen für Gemeindemitglieder, Tamilisch-Unterricht für Kinder und Schülernachhilfe. Außerdem gibt es eine psychosoziale Beratungsstelle für Hilfesuchende aller Nationalitäten. Kranke Gemeindemitglieder werden besucht, und für sie wird gebetet.

Organisation und Statistik

Die Gemeindeleitung geschieht durch einen Pastor, der auch die Gemeinde in Schwerte betreut, und einen Ältesten. Beide werden von fünf

Originaltext

What we believe and teach!
BIBLE – We believe that the Bible is the inspired and infallible word of God.
GOD – We believe in the existence of one God, who in eternity and in three Persons was, is and remains: The Father, the Son and the Holy Spirit.
JESUS – We believe in the virgin birth, sinless life, and the atoning death of the Lord Jesus Christ; His bodily resurrection from the dead, His triumphant ascension to the right hand of God and constant intercession on behalf of His people, and that He will return for the gathering of His church and for the completion of all things.
....

BAPTISM IN THE HOLY SPIRIT – We believe in the baptism in the Holy Spirit according to Apostelgeschichte 2:4
FRUIT OF THE SPIRIT – We believe that a true Christian, through the power of redemption, endeavors to lead a sacred life which is recognizable by the fruit of the Spirit according to Galater 5.22
SPIRITUAL GIFTS – We believe that God through His Spirit gives ministering gifts to His church for the edification of the believer, the building up of the church and the equipping for service.(1 Korinther 12:4-6)
HEALING – We believe that redemption includes the healing of illness through divine intervention.
RESURRECTION – We believe in the resurrection from the dead. Those who accept God's salvation in Jesus Christ will rise to eternal glory. Those who reject Christ will rise to eternal damnation.
(Quelle: www.maranathagemeinde.com)

Assistenten (= Predigern) und sieben Diakonen unterstützt. Voraussetzungen für diese Ämter sind eine Berufung von Gott, Lebenserfahrung und eine theologische Ausbildung durch einen Pastor. Frauen können nicht Pastoren werden und weder Taufe noch Abendmahl spenden. Sie dürfen aber andere Ämter in der Gemeinschaft übernehmen.
Die Gemeinschaft wächst. Allein in Wuppertal kommen jährlich 15-20 neue Mitglieder dazu. Unter ihnen ist ein hoher Anteil an Sozialhilfeempfängern bzw. Asylbewerbern. Die Gemeinde ist Mitglied im BFP, hat in Wuppertal Kontakt zu anderen Pfingstkirchen wie der CGW und der Familienkirche Barmen. Sie gehört zu den Migrantengemeinden, die eine Kooperation mit der Vereinten Evangelischen Mission geschlossen haben.

World Alive Ministries

Kurz-Informationen

Bei den World Alive Ministries treffen sich Christen aus Ghana in Räumen der Baptistengemeinde in der Rolandstraße.

Kontaktdaten

Pastor Charles Essel Donkor
Timmersfeld 27
42889 Remscheid
Tel.: 02191 - 5 91 10 28

Gottesdienst

So 15:00 Uhr, Rolandstraße 15

Grace Temple Church

Kurz-Informationen

Überwiegend Christen aus Ghana und Kamerun treffen sich regelmäßig in der Pauluskirche in Unterbarmen. Die Gemeinde nennt sich Grace Temple Church und ist als Verein „Sharing" organisiert.

Kontaktdaten

Pastor George Owusu Darko
Sharing e.V.
Oberdörnen 51
42283 Wuppertal
Tel.: 0202 - 2 54 19 96
E-Mail: sharing@planetinternet.de

Gottesdienst

So

Tin Lanh Gemeinde

Kurz Informationen

Die Tin Lanh Kirche ist eine evangelisch-vietnamesische Gemeinschaft. „Tin Lanh" heißt übersetzt Evangelium, bzw. Gute Nachricht. In Deutschland gibt es sieben Gemeinden mit mehreren hundert Mitgliedern. Weltweit gehören der Tin Lanh Kirche schätzungsweise 500.000 Mitglieder an (Quelle EKD).

Geschichte

Erste protestantische Missionare kamen 1911 nach Vietnam und begannen dort eine kleine Kirche aufzubauen. Mit den Boat People in den 1970er Jahren und in den 1980er aufgrund zwischenstaatlicher Verträge zwischen der DDR und der Sozialistischen Republik Vietnam kamen bis zu 80.000 so genannte Vertragsvietnamesen nach Deutschland. In der DDR war weder kirchliche Seelsorge noch der Aufbau einer eigenen Gemeinde gestattet. In der Bundesrepublik wurde die erste Tin Lanh Gemeinde 1984 ins Leben gerufen.

In Wuppertal

Die Gemeinde in Wuppertal wurde 1987 gegründet.

Kontaktdaten

Pastor Cong Tien Nguyen
Auf dem Wichterbruch 13
58135 Hagen
Tel.: 02331- 46 26 27

Gottesdienst

1. So im Monat 17:00 Uhr, 2.-5. So 10:00 Uhr mit anschl. Essen (Flexstraße 13)

Glaube und Leben

Im Zentrum des Gemeindelebens stehen die Gottesdienste, an denen bis zu 100 Besucher teilnehmen. Die Wuppertaler Gemeinde trifft sich in Räumen der Wuppertaler Stadtmission in Nächstebreck. Hierher kommen Vietnamesen aus halb NRW. Es wird kein pfarrerzentrierter Gottesdienst gefeiert, viele sind an der Liturgie beteiligt. Eine Besonderheit im Gottesdienst ist eine halbe Stunde, in der in Kleingruppen über einen Bibeltext gesprochen wird. Erst danach beginnt der Pfarrer mit der Predigt.
Zum Gemeindeleben gehören auch Bibelkreise, Hauskreise und Chöre. Vor allem über die zahlreichen Hauskreise kommen viele Vietnamesen in Kontakt mit der Gemeinde. Schwerpunkt der Gemeindearbeit ist die Arbeit mit der zweiten und dritten Generation der in Deutschland lebenden Vietnamesinnen und Vietnamesen. Besondere Bedeutung hat die Zusammenarbeit aller Tin Lanh Gemeinden in Deutschland, die in der jährlich zu Pfingsten stattfindenden gemeinsamen Konferenz ihren Höhepunkt findet.

Organisation und Statistik

Die Tin Lanh Gemeinde in Deutschland ist ein eingetragener Verein mit einem vierköpfigen Vorstand. Die jeweiligen Ortsgemeinden werden durch einen Pfarrer, Prediger oder Laienprediger geleitet, die ihrer Gemeindearbeit nebenberuflich nachgehen. Seit einigen Jahren besteht eine Kooperation mit der Vereinten Evangelischen Mission.

English Speaking Fellowship

Kontaktdaten
Frau Kenny Awodumila-Haefs
Heckinghauser Straße 146
42289 Wuppertal
E-Mail: Kenny@telebel.de

Gottesdienst
So 14:00 - 16:30 Uhr, Ev. Kgm.
Heckinghausen Rübenstraße 26

Internet:
www.englishspeaking-fellowship.de

Kurz-Informationen

Die English Speaking Fellowship wurde mit Unterstützung der evangelischen Gemeinde Heckinghausen 1996 von Frau Kenny Awodumila-Haefs gegründet. Sie sah sich vom Heiligen Geist dazu berufen, eine englischsprachige Gemeinde in Wuppertal zu errichten. Hier trifft sich eine bunte Mischung von Gläubigen, die aus vielen Ländern stammen (z.B. USA, Nigeria, Philippinen).

Originaltext

- We believe in one God-Father, Son and Holy Spirit, Creator of all things.
- We believe that the Lord Jesus Christ, the only begotten Son of God, was conceived of the Holy Spirit, born of the Virgin Mary, was crucified, died, was buried, was resurrected, ascended into heaven, and is now seated at the right hand of God the Father and is true God and true man.
- We believe the Bible in its entirety to be the inspired Word of God and the infallible rule of faith and conduct.
- We believe in the resurrection of the dead, the eternal happiness of the saved, and the eternal punishment of the lost.
- We believe in personal salvation of believers through the shed blood of Jesus Christ.
- We believe in sanctification through faith in the Name of Jesus Christ, and that healing is included in the Redemption.
- We believe in water baptism, in the Baptism in the Holy Spirit as distinct from the New Birth, in speaking with tongues as the Spirit of God gives utterance (Apostelgeschichte 2:4), in the gifts of the Spirit, and the evidence of the fruit of the Spirit. We believe that all of these are available to believers.
- We believe in the Christian's hope-the-soon-coming, personal return of the Lord Jesus Christ.

(Quelle: www.englishspeaking-fellowship.de)

EXKURS: Nicht mehr bestehende Gemeinschaften

Außer den zur Zeit existierenden Gemeinschaften gab es in Wuppertal eine unüberschaubare Anzahl weiterer Gruppen, Kirchen und Gemeinden, die aus unterschiedlichen Gründen nicht mehr existieren. Hier sollen einige Gemeinschaften aufgeführt werden, die in den beiden Vorgängerwerken[1] des AcGW keine Erwähnung fanden.

In den 1990er Jahren sorgten zwei charismatische Gemeinschaften für viel Aufsehen und hatten regen Zulauf. Die eine war die Andreas-Murray-Kirche (AMK) in der Briller Straße 18 und die andere die Filadelfia-Gemeinde in der Schusterstraße 59.

Die AMK wurde 1990 gegründet, hatte aber ihre Wurzeln in der Jesus-People-Bewegung der 1970er Jahre. Vorläufer war die Arbeit in einer Teestube mit Jugendlichen, Drogenabhängigen und Obdachlosen in der Evangelischen Kirchengemeinde Schellenbeck-Einern (Barmen). Zur Gemeinde gehörten zeitweilig bis zu 220 Mitglieder, wobei der Gottesdienstbesuch bei 100-120 Teilnehmern lag. Die AMK war stark sozial-diakonisch engagiert, vor allem für Obdachlose und Behinderte. Die Gemeinde betrieb einen eigenen Kindergarten „Benjamin", der heute noch existiert. Wichtiges finanzielles Standbein der Gemeinde war der One-Way-Buchverlag. Hier wurden verschiedene Größen der „charismatischen Szene" für den deutschen Sprachraum verlegt: z.B. Bill Hybels (USA), Yonggi Cho (Korea) und die ersten deutschen Bücher über die charismatische Willow Creek-Gemeinde in Toronto. Nach Konflikten um die Zusammenarbeit mit der evangelischen Kreuzkirchengemeinde und finanziellen Unregelmäßigkeiten kam es zu Auseinandersetzungen um das Leiterehepaar Neumeister, an denen die Gemeinde zerbrach.

Ehemaliges Jesus Zentrum der Andreas Murray Kirche, Briller Straße

Die Filadelfia-Gemeinde entstand nach einer Zeltmission in den 1960er Jahren, hatte aber ihre eigentliche Blütezeit in den 1990er Jahren unter der Leitung von Kathrin Rabanus. Die Gemeinde konnte 1984 das Gemeindehaus der Reformierten Gemeinde Elberfeld in der Schusterstraße kaufen und baute dort und später auch in anderen Räumen auf dem Ölberg die Kinderchorarbeit des Ölberg-Kinderchors und eine intensive Hausaufgabenbetreuung auf. Mehr als 130 Mitglieder, darunter viele junge Familien, trafen sich zeitweilig zu den Gottesdiensten. Mit dem Kinderchor trat die Gemeinschaft bei vielen öffentlichen Veranstaltungen in Wuppertal auf. Als es 1995 zu Vorwürfen gegen die Leiterin Kathrin Rabanus kam, sie würde Kinder und Mitglieder ihrer Gemeinde physisch und psychisch misshandeln, strengten Betroffene ein Gerichtsverfahren an. Frau Rabanus wurde verurteilt. Viele Mitglieder verließen die Gemeinde, bis sie sich ganz auflöste und sich nur noch vereinzelte Mitglieder zu Hauskreisen trafen.

Nur von kurzer Dauer war die Kamen Initiative – Bekenntnisgemeinde Bergisch Land. In ihr trafen sich konservative Christen aus der evangelischen Landeskirche ab 1996 aus Protest gegen die Beschlüsse zur Segnung von homosexuellen Partnerschaften. Die Gemeinschaft, die heute noch unter anderem im Siegerland, in Neuwied und Düsseldorf aktiv ist, machte das so genannte kirchliche Notrecht geltend, auf das sich auch die Bekennende Kirche im Dritten Reich berufen hatte. Demnach hätte sich die evangelische Kirche von der Heiligen Schrift entfernt, und die wahren Gläubigen müssten sich zusammenschließen und dagegen wehren. Es entstand ein deutschlandweites Netz von bibeltreuen Christinnen und Christen, die in bekennenden Gemeinden gesammelt wurden. Die

[1] „Die Stillen in der Stadt" von 1956 und „Kritische Geschichte der protestantisch-religiösen Schwärmerei, Sectiererei und der gesammten un- und widerkirchlichen Neuerung im Großherzogthum Berg, besonders im Wupperthale" von 1851.

Wuppertaler Gruppe kam aber nie wesentlich über ein Dutzend Mitglieder hinaus.
Immer sehr zurückhaltend und öffentlichkeitsscheu gab sich die kaum als christlich zu bezeichnende „Universale Kirche – Bruderschaft der Menschheit" in Wuppertal. Dabei war Ende der 1990er Jahre der Wuppertaler Psychotherapeut Detlef Schönenberg der führende Geistliche der esoterisch-theosophischen Gemeinschaft in Deutschland. Die Gruppe nannte sich auch „die neue Franziskanische Welt-Missionsbestrebung der Universalen Kirche" und trat dementsprechend immer in Mönchskutten auf. Angeblich soll es in Wuppertal bis zu 150 Anhänger gegeben haben, die sich in der Albertstraße 43 getroffen haben.
Die Bewegung der Mennoniten hatte in Wuppertal nie eine eigene Gemeinde, aber seit dem 18. Jahrhundert kamen immer wieder Mennoniten aus Krefeld zu Missionsveranstaltungen ins Tal.
Die Kirche des Nazareners ist eine kleine Freikirche mit methodistischen Wurzeln. Bis in die 1980er Jahre gab es in Wuppertal eine Gemeinde, heute leben hier noch vier Nazarener, die aber von anderen Gemeinden betreut werden.
Die in Süddeutschland verbreitete Gemeinschaft Universelles Leben um die Prophetin Gabriele Wittek versuchte, auch in Wuppertal zu missionieren. Mitte der 1990er Jahre lud sie per Zeitungsanzeigen zu Treffen in der Heinkelstraße 8 in Unterbarmen ein. Gleichzeitig wurden kirchenkritische Schriften an der Universität und der Kirchlichen Hochschule verteilt. Die Bemühungen erbrachten aber keinen zählbaren Erfolg.
Ähnlich erfolglos muss die Kirche des Heils gewesen sein, die für kurze Zeit um 2000 herum mit Flugblättern und Plakaten auf sich aufmerksam gemacht hat.
Die Jugendkirche Jesus Freaks hat auch in Wuppertal Anhänger, die sich regelmäßig zu einem Hauskreis treffen. Die nächste Gemeinde befindet sich aber in Remscheid.
Bis ins Jahr 2003 trafen sich messianische Juden in Räumen der Familienkirche Barmen (Ecclesia). Das sind jüdische Gläubige, die Jesus Christus als den ersehnten Messias anerkennen. Diese Gemeinde bestand hauptsächlich aus russisch-stämmigen Juden und löste sich auf, als ihr Leiter nach Israel auswanderte.
Es gibt in Wuppertal auch eine kleinere Anhängerschaft katholischer Christen, die nicht zur Römisch-Katholischen Kirchen gehören. Aus Protest gegen das Papstdogma der Unfehlbarkeit von 1870 verließen auch in Wuppertal Katholiken ihre Kirche und es entstand die Altkatholische Kirche. Im Tal wurde allerdings die Bildung einer altkatholischen Pfarrei verhindert, so dass die Gläubigen bis heute von Düsseldorf aus mitbetreut werden.
Ebenso von Düsseldorf aus werden Wuppertaler Anhänger des französischen Erzbischof Marcel Lefebvre (1905-1991) betreut. Sie gehören zu den konservativen Bruderschaften St. Petrus bzw. St. Pius. Lefebvre – und mit ihm seine Anhängerschaft – stellte sich gegen die Reformen des 2. Vatikanischen Konzils (1962-1965). 1989 wurde er aus der Katholischen Kirche ausgeschlossen.

Literatur

Werner, Gerhardt : Die Stillen in der Stadt, Wuppertal 1956.
Krug, F.W.: Kritische Geschichte der protestantisch-religiösen Schwärmerei, Sectiererei und der gesammten un- und widerkirchlichen Neuerung im Großherzogthum Berg, besonders im Wupperthale, Elberfeld 1851.

EXKURS: Verlage und Medien

Da viele christliche Gemeinschaften in Wuppertal missionarisch aktiv waren, war der Einsatz von Flugblättern, Traktaten, Büchern und sonstigen Schriften ein beliebtes Mittel ihre Botschaft zu verbreiten. Aus organisatorischen und ökonomischen Gründen wurden dafür zahlreiche christliche Verlage gegründet.

Der bekannteste und größte dieser christlichen Verlage im Tal ist der Brockhaus-Verlag. Im Jahre 1853 veröffentlichte der Lehrer Carl Brockhaus (1822-1899) erstmals die Zeitschrift „Botschafter in der Heimat". Wichtigstes Druckerzeugnis des Verlages war die Elberfelder Bibel, in der der Urtext möglichst originalgetreu ins Deutsche übertragen wurde. Die Geschichte des Verlages ist stark durch die Geschichte der Brüderbewegung und fünf Generationen der Familie Brockhaus geprägt. Ursprünglich hieß der Verlag „R. Brockhaus Verlag Elberfeld", aber seit 1928 firmiert er unter „R. Brockhaus Verlag Wuppertal". Dabei ist es bis heute geblieben, obwohl der Verlag 1970 ein neues Zuhause im nahe gelegenen Haan-Gruiten gefunden hat und seit 2004 unter dem Dach der Stiftung Christliche Medien mit anderen freikirchlichen Buchverlagen in Witten verbunden ist.

Neben seinen erfolgreichen Klassikern wie dem „Lexikon zur Bibel" und der seit 1959 bestehenden Taschenbuchreihe der „Wuppertaler Studienbibel" bietet der R. Brockhaus-Verlag seit vielen Jahren eine breite Palette christlicher Literatur an. Dazu gehören Romane, Biografien, Lebenszeugnisse, Ratgeber, seelsorgerliche Hilfen, Begleitmaterial zur Bibel, theologische Fachbücher und Bibelkommentare, aber auch Kinder- und Jugendliteratur, Kalender, Bildbände und Geschenkbücher.

Ein ganz spezielles Programm hat der Verlag des Christlichen Sängerbundes. Am Westfalenweg 207 entstehen Liederbücher, Singhefte und Chorsätze für die über 650 Mitgliedschöre in ganz Deutschland.

Auch aus einem christlichen Verein hervorgegangen ist der Blau-Kreuz-Verlag. Seit 1892 werden hier Informationsschriften und der heute noch bestehende „Familienkalender", damals „Illustrierter Arbeiterfreund" genannt, herausgegeben. Bald folgten Zeitschriften und andere Literatur zur Suchtproblematik. Da der Schwerpunkt der diakonischen Arbeit des Blauen Kreuzes neben anderen Suchtfragen das Alkoholproblem ist, erscheinen im Verlag Fachbücher für Abhängige, Angehörige und ihre Begleiter. Bereits in 12. Auflage liegt „alkoholkrank" von Eberhard Rieth vor und in 11. Auflage „Alkoholfreie Mixgetränke" von Manfred Donderski.

Um eigene Texte und Schriften leichter verbreiten zu können, hat sowohl die Brüdergemeinde Wir Christen aus Heckinghausen einen eigenen Verlag „edition als Christ leben" als auch die Vereinte Evangelische Mission auf der Hardt, „Verlag der VEM".

Jehovas Zeugen produzieren jährlich Bücher und Zeitschriften mit Auflagen von mehreren hundert Millionen Stück in einer Großdruckerei im hessischen Selters. Angefangen hat alles kleiner: 1884 mit einem Literatur-Versanddepot in der Mirker Straße 45. Die erste Druckerei der Zeugen stand ab 1908 in der Straße Unterdörnen 76 in Unterbarmen.

Für die charismatische Bewegung in Deutschland war der One-Way-Verlag der Andreas-Murray-Kirche in der Briller Straße 18 ein entscheidender Impulsgeber. Er brachte die Lizenzausgaben von bedeutenden charismatischen Theologen aus Amerika und Korea auf den Markt, darunter auch die ersten Bücher der Willow Creek Gemeinde aus Toronto. Aus wirtschaftlichen Gründen wurde der Verlag 1996 aufgelöst.

Anhang

Was ist eine Sekte?

(Andrew Schäfer, Weltanschauungsbeauftragter der Evangelischen Kirche im Rheinland)

Theologisch bedeutet das Wort „Sekte" zunächst „Partei" oder „Schule" (lateinisch secta) und wird vom lateinischen „sequi" (folgen, nachfolgen) abgeleitet. Damit wird eine Gruppe beschrieben, die sich zum Beispiel von einer großen Kirche abgespalten hat und eigenen Sonderlehren folgt. Als Minderheit vertritt sie eine von der Ursprungsreligion oder -kirche abweichende Lehre und Glaubenspraxis, glaubt aber selbst, das Eigentliche, die Wahrheit des Glaubens zu bewahren und zu vertreten. Häufig wird damit zugleich der Anspruch erhoben, den einzig wahren Weg zu Gott oder zum Heil zu kennen. Nicht selten ergibt sich eine stark belastete und verschlechterte Beziehung zur Ursprungsreligion und ein konfliktreicher Umgang miteinander.

Umgangssprachlich werden sozial auffällige, fanatische, gefährliche, konfliktträchtige oder sonstwie sonderliche bzw. von einem allgemeinen Wertekonsens abweichende Gemeinschaften und Organisationen als „Sekten" bezeichnet. Der Begriff „Sekte" ist in der Öffentlichkeit zu einem polemischen Kampfbegriff geworden, der eher den Streit anheizt als der sachlichen Aufklärung dient. Wer heute „Sekte" sagt, meint damit immer die anderen. Niemand sagt von sich selbst, er gehöre einer „Sekte" an. Deshalb verzichten viele Theologen und andere Fachleute zunehmend ganz auf den Gebrauch dieses umstrittenen Begriffs.

Es hat im Laufe der Zeit viele Versuche gegeben, den „Sekten"-Begriff zu ersetzen: Jugendreligion, destruktiver Kult, neue religiöse Bewegung, Sondergruppe, Psychokonzern, konfliktträchtige Gemeinschaftsbildung sind Beispiele. Letztlich aber hat in der Öffentlichkeit kein anderes Wort den „Sekten"-Begriff ersetzen können.

Vor dem Hintergrund des schwierigen Gebrauchs dieses Begriffs ist deshalb vorgeschlagen worden, den „Sekten"-Begriff mehr unter dem Gesichtspunkt der Entwicklung einer Gemeinschaft oder Gruppe zu verstehen. Damit soll der Tatsache Rechnung getragen werden, dass auch problematische, konfliktträchtige, eben sektiererische Gruppen und Gemeinschaften nicht statisch ein für allemal die gleiche Struktur, die gleiche Umgangskultur und dieselben Inhalte vertreten, sondern zum Teil sehr massiven Entwicklungsprozessen unterliegen und entweder „versekten" oder auch sich „entsekten" können.

Das Ziel ist es dabei, unnötige Polemik und Diffamierung gegenüber anderen zu vermeiden, zugleich aber sachlich gerechtfertigte und notwendige Kritik an Strukturen, Praxis und Inhalten von Gemeinschaften deutlich genug zur Sprache bringen zu können. Indem von „Versektung" und „Entsektung" gesprochen wird, taucht zugleich die Frage nach Kriterien auf, anhand derer solche Prozesse zu beschreiben und zu bewerten sind.

Checkliste zur Beurteilung fragwürdiger Gruppen und Gemeinschaften

1. Versprechungen / Angebote

- Die Gruppe verspricht Glück, Gesundheit, Erfolg, Orientierung, Sinn, spirituelle Erfahrung, Wahrheit und Hilfe für die gesamte Lebensgestaltung.
- Sie bietet Wärme und Geborgenheit in der Gemeinschaft und gibt vor, ein umfassendes Verständnis für alle persönlichen Probleme zu haben.
- Das Weltbild ist überraschend einfach und oft an einem Schwarz-Weiß-Schema orientiert.
- Auch das Programm ist auf den ersten Blick einleuchtend. Es verspricht einfache Lösungen bei allen Konflikten.
- Es kann dazu kommen, dass dem Einzelnen Lebensentscheidungen durch die Gruppe abgenommen werden.

2. Gruppenstruktur / Methoden

- Die Gruppe schottet sich nach außen ab (gegenüber Eltern, Familie, Freunden, Kollegen etc.) und entwickelt ein elitäres Überlegenheitsbewusstsein.
- Es gibt eine klare Unterscheidung zwischen „drinnen" und „draußen".
- Es wird allmählich immer mehr Zeit in und mit der Gruppe verbracht. Sie wird mehr und mehr zum zentralen Lebensinhalt und -mittelpunkt.
- Es wird ein großes zeitliches, geistiges und körperliches Engagement erwartet (kann auch zu Schlafmangel und Erschöpfung führen).
- Durch Verbote und andere Maßnahmen durch die Gruppe kann die Informationsaufnahme durch die Medien und dadurch die eigenständige Teilnahme am öffentlichen Leben deutlich reduziert oder sogar unterbunden werden (kein Fernsehen, Presse, Literatur, Internet).
- Die Gruppe hat rigide Regeln und/oder Rituale, die eingehalten bzw. vollzogen werden müssen und überwacht werden.
- Die Gemeinschaft ist hierarchisch aufgebaut. Die Beziehungen untereinander bilden sich überwiegend im Über-/Unterordnungsverhältnis ab.
- Die Gruppenmitglieder kontrollieren sich gegenseitig

3. Umgang mit Kritik

- Kritik innerhalb der Gruppe ist unerwünscht oder wird sanktioniert. Kritiker werden oftmals isoliert. Die Ursachen der Kritik liegen angeblich immer im Kritiker selbst. Wer kritisiert, hat (noch) nicht wirklich verstanden, worum es geht.
- Kritik von außerhalb basiert auf Fehlinformationen oder dient der Verleumdung der Gruppe. Sie wird sofort entwertet.
- Besonders Kirchen, Psychologen, Psychiater und Eltern werden oftmals als Feinde betrachtet.
- Aussteiger werden totgeschwiegen und/oder als Verräter ausgegrenzt.

4. Führer / Meister / Guru

- Viele Gemeinschaften kennen eine zentrale Figur als Führer, Meister, Guru, Prophet, spiritueller Lehrer, Avatar o.a. Sie beansprucht absolutes Vertrauen. Ihre Meinung, Lehre und Anordnungen gelten als nicht kritisierbar. Sie hat die höchste Autorität in der Gruppe und steht an der Spitze der Hierarchie.

Bitte bedenken Sie, dass nicht alle genannten Merkmale zutreffen müssen, um eine Gruppe oder Gemeinschaft als konfliktträchtig einstufen zu können.

K = Katholische Kirche
E = Evangelische Kirchen
O = Orthodoxe Kirchen
F = Freikirchen
S = Sonstige Gemeinschaften
X = Nicht mehr gottesdienstlich genutzte Gebäude
I = sonstige christliche Institutionen

Index – Markierungen auf den Karten

Elberfeld:

K1	St. Joseph
K2	St. Laurentius
K3	St. Suitbertus
K4	St. Marien
E1	Michaelskirche
E2	Sophienkirche (Neue reformierte Kirche)
E3	Kirche in der City (Alte reformierte Kirche)
E4	Alte luth. Kirche am Kolk
E5	Christuskirche
E6	Pauluskirche
E7	Ev. Gesellschaft für Deutschland
E8	Gemeindehaus Hesselnberg
E9	Friedhof Unterbarmen
O1	Serbisch Orthodoxe Kirche
F1	Niederländisch-reformierte Gemeinde
F2	Gemeinschaft der Siebenten-Tags-Adventisten
F3	Freie evangelische Gemeinde
F4	Evangelisch-freikirchliche Gemeinde - Baptisten
F5	Evangelisch-freikirchliche Gemeinde - Brüdergemeinde
F6	Selbständige Evangelisch-Lutherische Kirche
F7	Brüdergemeinde
F8	Apostolische Gemeinschaft + Evang. Koreanische Missions-Kirchengemeinde
S1	Church of Peace
S2	Apostelamt Jesu Christi
S3	Jehovas Zeugen
S4	Jehovas Zeugen
S5	Neuapostolische Kirche
S6	Christian Science
X1	Evang. Trinitatis Kirche
X2	Andreas Murray Kirche
X3	Heilsarmee
X4	Filadelfia Gemeinde
X5	Evang. Gemeindehaus Hopfenstraße
X6	Evang. Gemeindehaus Vogelsaue
I1	Evang. Altenheim
I2	Kath. Gymnasium St. Anna
I3	Kath. Altenheim
I4	Ev. Altenheim
I5	Kath. Krankenhaus
I6	Kath. Stadthaus (div. Kath. Einrichtungen)
I7	Ev. Verwaltungsamt (div. Evang. Einrichtungen)
I8	Ev. Altenheim
I9	Diakonie
I10	Ev. Altenheim
I11	Ev. Altenheim (ehem. Vereinshaus)
I12	Kath. Krankenhaus
I13	CVJM Elberfeld
I14	Diakonissenmutterhaus „Persis"
I15	Ehem. reformierter Friedhof

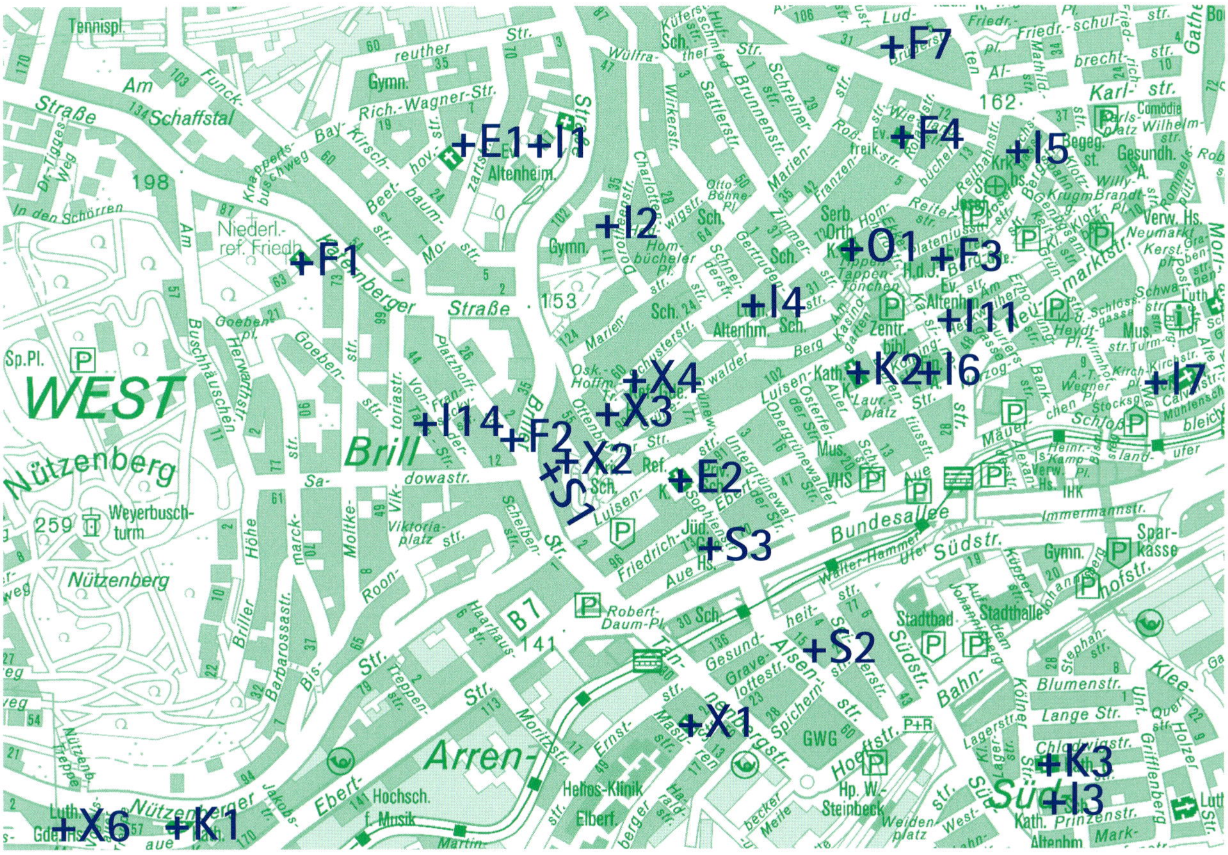
+F7
+F4
+I5
+E1
+I1
+I2
+O1
+F3
+F1
+I4
+I11
+K2
+I6
+I7
+X4
+X3
+I14
+F2
+X2
+S1
+E2
+S3
+S2
+X1
+K3
+I3
+X6
+K1
WEST
Nützenberg
Brill
Arren-
Bundesallee

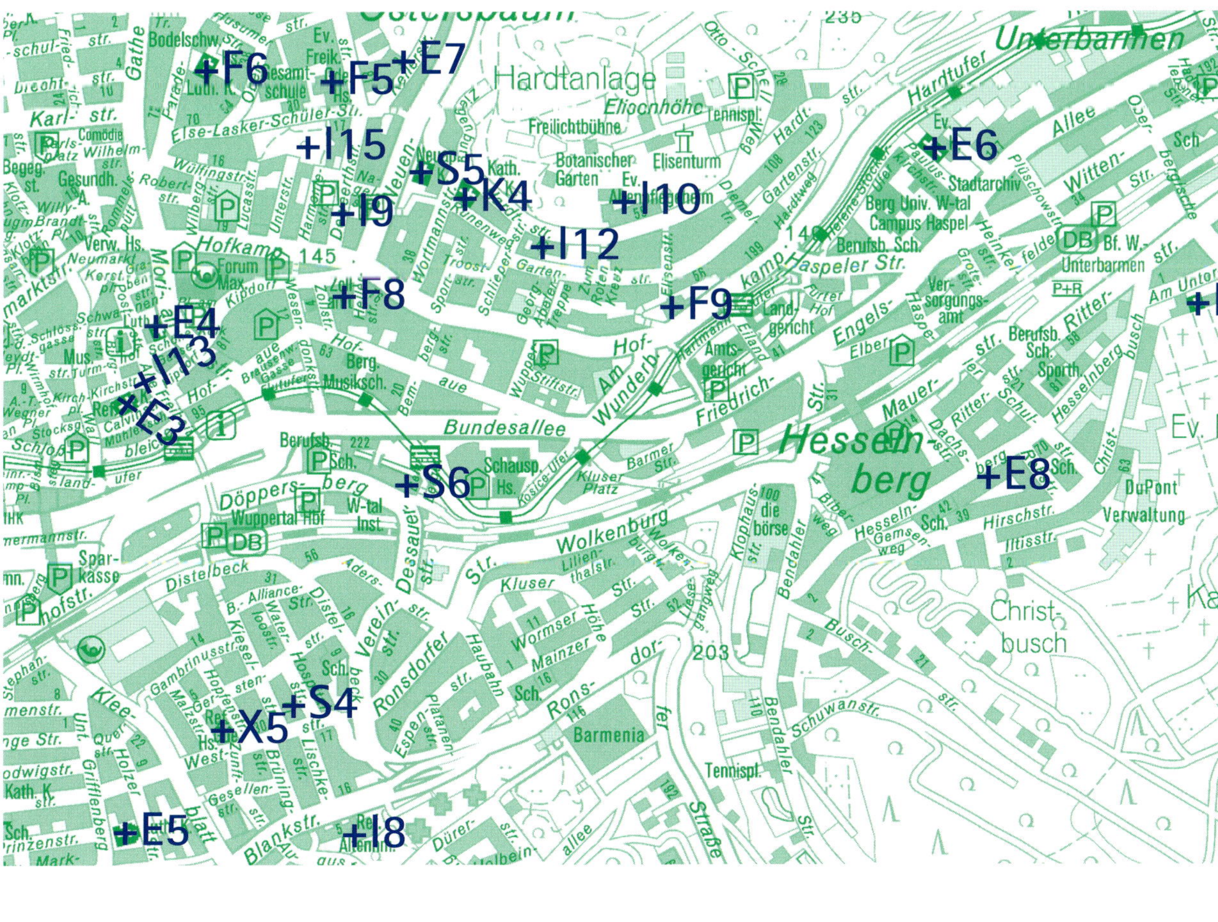
+F6
+F5
+E7
Hardtanlage
Unterbarmen
+I15
+S5
+K4
+I10
+E6
+I9
+I12
+F8
+F9
+E9
+E4
+I13
+E3
Bundesallee
Hesselnberg
+S6
+E8
+S4
+X5
+E5
+I8
Christbusch

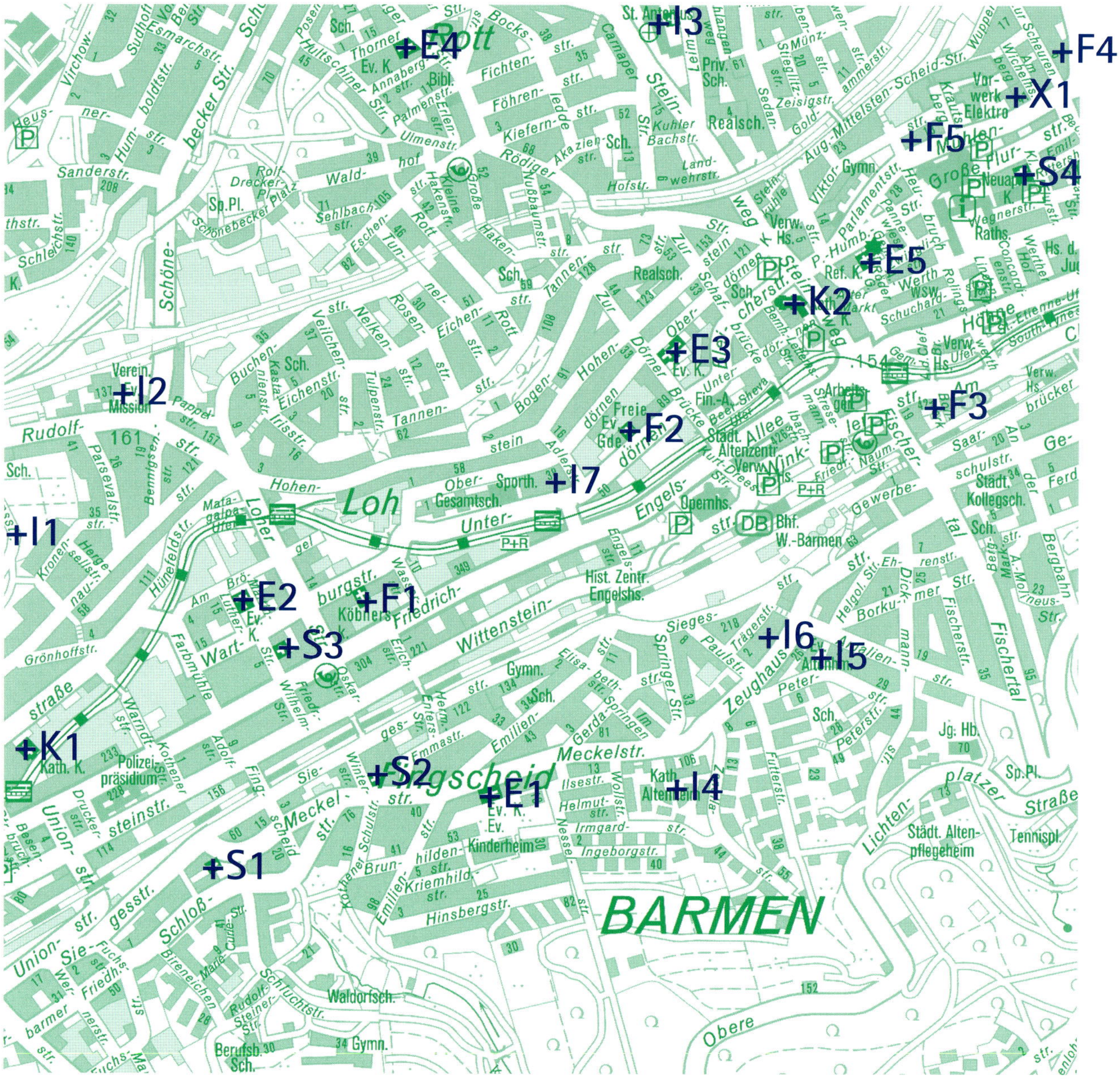

Barmen

K1	Herz Jesu
K2	St. Antonius
E1	Gemeindezentrum Petruskirche
E2	Unterbarmer Hauptkirche
E3	Christuskirche
E4	Rotter Kirche
E5	Gemarker Kirche
F1	Evangelisch-freikirchliche Gemeinde - Baptisten
F2	Freie evangelische Gemeinde
F3	Familienkirche Wuppertal - Ecclesia
F4	Brüdergemeinde
F5	Gemeinschaft der Siebenten-Tags-Adventisten
X1	Evang. Gemeindehaus Friedensheim (jetzt Evang. Familienbildungsstätte)
S1	Christengemeinschaft
S2	Katholisch-Apostolische Gemeinde
S3	Kirche Jesu Christi der Heiligen der letzten Tage (Mormonen)
S4	Neuapostolische Kirche
I1	Kirchliche Hochschule, Aus- und Fortbildungszentrum der Evang. Kirche im Rheinland
I2	Vereinigte Evangelische Mission (VEM)
I3	Kath. Krankenhaus
I4	Kath. Altenheim
I5	Evang. Altenheim
I6	Evang. Verwaltung
I7	CVJM Adlerbrücke

Glossar

1000jähriges Reich: → Millennium

Abendmahl: → Abendmahlsfeier

Abendmahlsfeier: (auch Eucharistie, Kommunion, Herrenmahl, Altarsakrament, Brotbrechen oder Gedächtnismahl): Gottesdienstliche Handlung, die sich als Erinnerung oder Wiederholung auf das im Neuen Testament mehrfach geschilderte letzte Mahl Jesu mit seinen Jüngern zurückbezieht. Um die Frage, ob und auf welche Weise Jesus Christus sich selbst in dieser Feier vergegenwärtigt, kam es seit dem Mittelalter zu gewichtigen theologischen Kontroversen.

AcK, AcKuG: Arbeitsgemeinschaft christlicher Kirchen (und Gemeinden). 1948 gegründeter Zusammenschluss christlicher Kirchen in Deutschland zum Zweck der Förderung ökumenischer Zusammenarbeit und der Einheit der Kirchen.

Allversöhnung: Erwartung, dass am Ende der Zeit Gott allen geistbegabten Geschöpfen Versöhnung und Heil gewähren wird.

anglikanisch: → Anglikanische Kirche

Anglikanische Kirche/Gemeinschaft: Größte aus der englischen Reformation hervorgegangene Kirche und deren Tochterkirchen im früheren britischen Kolonialreich. Die anglikanische Kirche verbindet auf eigene Weise reformatorische Impulse mit der Orientierung am altkirchlichen Erbe in Dogma, Liturgie und Kirchenverfassung.

Anthroposophie: (wörtlich: Die Weisheit vom Menschen, Menschenweisheit) Von Rudolf Steiner (1861-1925) begründete spirituelle Weltanschauung.

Apostel: (von griechisch apóstolos: Gesandter, Sendbote): Titel urchristlicher Missionare vorwiegend der ersten Generation, die sich als von Jesus Christus selbst Gesandte verstanden. In verschiedenen christlichen Gemeinschaften gibt es endzeitliche Apostel, die auch als von Jesus Christus vor seinem zweiten Kommen gesandt verstanden werden.

Barmer Missionsfest: Im 19. Jahrhundert jährlich stattfindendes Fest der Rheinischen Mission mit Vorträgen, Gottesdienst und Feierlichkeiten.

Barmer Theologische Erklärung: Theologische Abschlusserklärung der Synode der → Bekennenden Kirche (BK), die vom 29. bis 31. Mai 1934 in Barmen-Gemarke tagte. Sie richtet sich gegen den Absolutheitsanspruch des Nationalsozialismus und betont dagegen den Herrschaftsanspruch Jesu Christi.

Baustraßen-Gemeinde: Gängiger Name für die efg-Brüdergemeinde in der Else-Lasker-Schüler-Straße, die früher Baustraße hieß.

Bekehrung, persönliche: Eigene, freiwillige Entscheidung zu einem neuen Glauben, verbunden mit Buße und Reue und einem neuen Lebenswandel.

Bekennende Kirche: Protestbewegung innerhalb der evangelischen Kirche gegen deren Gleichschaltung durch den NS-Staat und den Machtanspruch der Deutschen Christen. Auf der Synode 1934 der Bekennenden Kirche (BK) wurde die → Barmer Theologische Erklärung verabschiedet.

Bekenntnis: → Credo

Caritas: → Diakonie

charismatisch: → Charismatiker

Charismatiker: (von griechisch chárisma: Gnadengabe) Der Begriff Charisma bezeichnet von Gott durch den Heiligen Geist an Gläubige verliehene Fähigkeiten. In den 1960er Jahren entstand eine innerkirchliche charismatische Bewegung, die mit der Pfingstbewegung viel gemeinsam hat, und diese Charismen besonders betont. Erfahrungen des Heiligen Geistes mit Geistesgaben, Erwartung göttlichen Eingreifens durch Wunder, besonders intensive Formen des Gebetes (Lobpreis und Anbetung) gehören zu den Hauptmerkmalen der Charismatiker.

Credo: (von lateinisch credere: glauben; credo: ich glaube) Glaubensbekenntnis. Kurze, formelhafte Zusammenfassung der Hauptinhalte des christlichen

Glaubens mit integrierender und abgrenzender Funktion. Gottesdienstliche Funktion zunächst in der Taufhandlung, seit dem 6. Jahrhundert auch im Messgottesdienst. Am verbreitetsten sind das „Apostolische Glaubensbekenntnis" (Apostolicum, 5. Jahrhundert. mit älteren Vorstufen) und das „Nizäno-Konstantinopolitanische Glaubensbekenntnis" (Nicänum, erste sichere Bezeugung 451).

Darbysten-Bibel: → Elberfelder Bibel

diakonisch: → Diakonie

Diakonie: (von griechisch diakonia: Dienst) Soziale Einrichtungen und Aktivitäten mit christlicher Motivation bzw. in kirchlicher Trägerschaft. In Deutschland (Diakonisches Werk) Dachorganisation der einschlägigen Einrichtungen der Evangelischen Kirche; parallel dazu existiert die katholische Caritas.

Dogma: (von griechisch dogma: Meinung, Lehrsatz): Autoritative theologische Lehraussage, deren Geltung durch die Wahrheitsmacht der institutionalisierten Kirche verbürgt wird. Dogmen sind für die Orthodoxen Kirchen und die Römisch-Katholische Kirche in je unterschiedlicher Weise und Abgrenzung konstitutive Merkmale ihrer Identität. Die reformatorischen Kirchen stellen alle kirchliche Lehre unter den Vorbehalt der Evangeliums- und Schriftgemäßheit und ziehen den Terminus „Bekenntnis" vor, der die prinzipielle Fehlbarkeit und Überholbarkeit aller kirchlichen Lehrbildung akzentuiert.

Dualismus: (von lateinisch duo: zwei) Weltanschauung, die die Wirklichkeit auf zwei einander entgegengesetzte Prinzipien zurückführt.

Ekstase: (von griechisch exhistemi: aus sich heraus treten, außer sich sein) Zustandsveränderung des Bewusstseins, das oft als besonders intensive Glaubenserfahrung erlebt wird.

EA, Allianz: Evangelische Allianz, Bund von Einzelpersonen aus verschiedenen evangelischen Kirchen. Organisiert unter anderem eine jährliche Gebetswoche in der zweiten Januarwoche (Allianzgebetswoche).

Elberfelder Bibel: Sehr wörtliche deutsche Bibelübersetzung, die von J.A. von Poseck, J.N. Darby und Carl Brockhaus von 1871 an erarbeitet wurde.

Elberfelder Brüder: Alte Bezeichnung für die Brüderbewegung.

Endzeiterwartung: → Parusieerwartung

Entschieden für Christus (EC): Internationaler Jugendverband mit evangelikaler Ausrichtung.

Erwachsenentaufe: → Taufe

Erweckung: → Erweckungsbewegung

Erweckungsbewegung: Strömung innerhalb des evangelischen Christentums im 19. Jahrhundert, die sich gegen modernistische Strömungen, liberale Gedanken der Aufklärung, aber auch gegen erstarrte und menschenferne Strukturen innerhalb der Kirchen wandte. Wichtig war die Besinnung auf den existentiell erfahrenen und bewahrheiteten Heilsglauben mit Buße und Bekehrung.

Eschatologie: Lehre von den letzten Dingen. Wird individuell entfaltet als Reihe von Aussagen über das Ergehen des Einzelmenschen nach seinem Tode und universell als Theorie des Endes von Geschichte und Welt.

Erzoberlenker: Oberster Priester innerhalb der Ämterhierarchie der Christengemeinschaft. Seit 2005 hat Vicke von Behr-Negendanck dieses Amt inne.

Eucharistie: → Abendmahl

e.V.: eingetragener Verein.

evangelikal: → Evangelikale

Evangelikale: Der Ausdruck entstand im Schottland des 18. Jahrhunderts in kirchenpolitischen Kämpfen. Er bezeichnete diejenigen, die in strikter Ablehnung der Gedanken der Aufklärung an den biblischen und reformatorischen Grundlagen des christlichen Glaubens festhielten. In weiterem Sinne bezeichnet der Ausdruck Christen, die sich, unabhängig von ihrer Konfession, auf die Bibel als einzige Glaubensgrundlage berufen. Für E. gehörten zum wahren christlichen Glauben eine klare persönliche

Willensentscheidung (Bekehrung) und eine persönliche Beziehung zu Jesus Christus.

Evangelisation: Verbreitung der christlichen Botschaft unter solchen Christen, deren Glaubensstand als unzureichend angesehen wird. Geschieht meist durch spezielle Evangelisationsveranstaltungen.

Evangelisationsbewegungen: Vereine und Organisationen, die sich der Evangelisation widmen.

Evangelische Allianz: → EA, Allianz

Evangelium: (von griechisch euangelion: Gute Nachricht, Frohe Botschaft) Die Botschaft von Verkündigung und Wirken, Tod und Auferstehung Jesu Christi als Grund des Glaubens und Heils. Als literarische Gattungsbezeichnung: Biblische und außerbiblische Berichte über das Leben und Wirken des Jesus von Nazareth.

Exegese, historisch-kritische: Sammelbezeichnung für einen Kanon von Auslegungsmethoden, die auch „heilige" Texte als Produkte ihrer Ursprungswelt vor ihrem historischen Hintergrund aus erschließen. Die historisch-kritische Bibelexegese wird in bestimmten Kreisen als Erschwerung der Annahme des Evangeliums im Glauben mehr oder minder konsequent abgelehnt.

Fernheilung: → Heilung

Freikirche: Christliche Kirche, die als Freiwilligkeitskirche organisiert ist und ihre Unabhängigkeit vom Staat und der Landeskirche betont. In der Regel wird eine persönliche, freiwillige Entscheidung für die Mitgliedschaft im religionsmündigen Alter erwartet.

Ganzkörpertaufe: → Taufe

Gedächtnismahl: Bezeichnung für die einmal jährlich stattfindende Feier des Abendmahls bzw. der Eucharistie bei den Zeugen Jehovas. Findet traditionell nach dem jüdischen Kalender am 14. Nisan statt. Der Termin variiert deshalb von Jahr zu Jahr im heutigen Kalender.

Geisttaufe: → Taufe

Genfer Weltkirchenrat: → ÖRK

Glaubensbekenntnis: → Credo

Glaubenstaufe: → Taufe

Gläubige: Menschen, die sich zu einem bestimmten Glauben bekennen.

Glaubensbekenntnis: → Credo

Gnadauer Gemeinschaftsverband: Verband innerhalb der evangelischen Landeskirchen, in dem Gemeinschaften, Missionen und Werke der Gemeinschaftsbewegung zusammengeschlossen sind.

Gottesreich, Reich Gottes: Mit ganz unterschiedlichen Vorstellungen gefüllter biblischer Zentralbegriff, der die Verwirklichung der Gott als Schöpfer und Herr zukommenden Herrschaft bezeichnet, im Alten Testament und im Judentum verbunden mit der Wiederherstellung bzw. Vollendung der politischen Existenzform des Volkes Israel. Im Neuen Testament zentrale Metapher für das mit Jesus anbrechende Heil. In bestimmten Denktraditionen der christlichen Eschatologie und Geschichtsphilosophie steht der Reich-Gottes-Begriff für die endzeitliche Vollendung der Schöpfung unter der universal sich durchsetzenden Herrschaft Gottes.

Heilung: Wiederherstellung physischer oder psychischer Gesundheit durch Gebet, Meditation, Salbung oder Segnung. Im Verständnis mancher christlicher Gruppen ist die Krankenheilung eine der Gaben des Heiligen Geistes.

Heilungsgottesdienst: Spezieller Gottesdienst, in dem um physische und psychische Heilung gebetet wird. Häufig in charismatischen Gemeinden.

Herrnhuter Brüdergemeine: Überkonfessionelle Gemeinschaft evangelischer Christen mit besonderen Organisations- und Lebensformen, die auf Nikolaus Ludwig Graf von Zinzendorf (1700-1760) zurückgeht. Nicht zu verwechseln mit Brüdergemeinden aus der Brüderbewegung.

Johanneum Theologische Ausbildungsstätte in Wichlinghausen von hauptamtlichen Mitarbeitenden in missionarischer Jugend- und Gemeindearbeit.

jüdisch-messianisch: Bewegung innerhalb des Judentums, die Jesus von Nazareth als Rabbi Jeshua bezeichnet und ihn als den Messias für das Volk Israel ansieht.

Jugendkirche Barmen:	Teil der „Familienkirche Barmen", der Wuppertaler Ortsgemeinde des Verbandes „Gemeinde der Christen Ecclesia".
Karma:	(von Sanskrit karman: Wirken, Tat) Vorstellung in asiatischen Religionen, dass jede Tat eine Auswirkung auf das aktuelle oder zukünftige Leben des Täters hat.
KdöR:	Körperschaft des öffentlichen Rechts ist eine Organisation mit ausreichend vielen Mitgliedern, die auf Dauer besteht. Religionsgemeinschaften wird dieser Status von den Bundesländern gemäß Art. 140 GG und den Vorschriften der Weimarer Reichsverfassung verliehen. Sie genießen dadurch Rechte (z.B. Religionsunterricht, Senderechte), die ein eingetragener Verein oder eine andere Organisationsform nicht hat.
KEK:	Konferenz Europäischer Kirchen, eine ökumenische Organisation der orthodoxen, anglikanischen, altkatholischen und protestantischen Kirchen Europas. Die Römisch-Katholische Kirche ist nicht Mitglied der KEK, arbeitet aber über den Rat der Europäischen Bischofskonferenzen mit der KEK zusammen.
Kindertaufe:	→ Taufe
Kinderweihe:	Ritus in Gemeinschaften, in denen nur bewusst Gläubige getauft werden; hier können Säuglinge und Kinder geweiht bzw. gesegnet werden.
Kleinkindtaufe:	→ Taufe
Kommunion:	→ Abendmahl
Konditionaltaufe:	In manchen Kirchen werden Menschen, die aus einer anderen Kirche übertreten, noch einmal getauft – allerdings unter der Bedingung (von lateinisch conditio), dass sie zuvor keine gültige Taufe empfangen haben.
konfessionell:	→ Konfession
Konfession:	(von lateinisch confiteri: bekennen, gestehen) Ursprünglich Selbstbezeichnung evangelischer Kirchentümer, die auf deren Lehrbekenntnisse anspielt. Im verallgemeinerten Sinne dauerhafte Untergruppe innerhalb einer Religion.
Konfirmation:	(von lateinisch confirmatio: Befestigung, Bekräftigung) Feierliche Segenshandlung in evangelischen Kirchen für junge Erwachsene als Bestätigung der Taufe.
Kongregationalismus:	Ursprünglich eine Spielart des englischen → Puritanismus, die die Autonomie der Einzelgemeinde gegenüber synodalen, überörtlichen Leitungsstrukturen verfocht. In der Regel sind Freikirchen, deren Wurzeln direkt oder indirekt im Täufertum liegen, kongregationalistisch organisiert.
Konzil:	(von lateinisch concilium: Beratschlagung) Ursprünglich Versammlung von Bischöfen mit autoritativer Entscheidungsbefugnis in disziplinarischen und dogmatischen Fragen. Seit dem späten 20. Jahrhundert wird der Begriff zunehmend auch für andere Formen von Versammlungen von Kirchenvertretern verwendet („Konziliarer Prozess").
Krankenheilung:	→ Heilung
Landeskirche:	Die Landeskirchen sind ein spezifisch deutsches Phänomen; vergleichbar sind ihnen die Kantonalkirchen in der Schweiz. Als sich im 16. Jahrhundert die Bischöfe den reformatorischen Anliegen verweigerten, übernahmen vielerorts, spätmittelalterliche Entwicklungen fortsetzend, die weltlichen Landesherren (Landesfürsten, Stadtobrigkeiten) die Aufgabe, für eine neue kirchliche Ordnung und deren Aufrechterhaltung zu sorgen. So organisierten sich die reformatorischen Kirchen in Deutschland als territorial abgegrenzte Gebilde mit unterschiedlichen Lehrgrundlagen (lutherisch, reformiert, später auch uniert). Es bildeten sich unterschiedliche Gottesdienstordnungen und Frömmigkeitstraditionen heraus. Nach der Aufhebung des landesherrlichen Kirchenregiments 1918/19 erwiesen sich diese kirchlichen Strukturen als derart vital, dass sie auch unter den neuen Bedingungen bestehen blieben.
Lenker	In der Christengemeinschaft leitender Priester über mehrere Gemeinden einer Region.

Lobpreis:	In charismatischen Gemeinden übliche Form der Anbetung und Verehrung Gottes durch Musik, Gesang und Gebet.
Lobpreisgottesdienst:	Gottesdienst, in dem ausführlich Lieder zum Lobe Gottes gesungen werden, häufig in charismatischen Gemeinden.
Liturgie:	(von griechisch leiturgia: öffentlicher Dienst) Der gestaltete Gottesdienst. Liturgie umfasst das gesamte gottesdienstliche Geschehen: Wort und Gesang, Gestik, Bewegung und Gewänder, liturgische Geräte, Symbole und Symbolhandlungen.
lutherisch:	→ Lutheraner
Lutheraner:	Familie von evangelischen Kirchen, in denen in unterschiedlichen Brechungen und Fortentwicklungen die Grundanliegen der von Martin Luther (1483-1546) initiierten, von Wittenberg ausgehenden Reformationsbewegung fortwirken. Hauptverbreitungsgebiete: Deutschland, Skandinavien, Finnland/Baltikum, Nordamerika.
Menschenweihehandlung:	Gottesdienst in der Christengemeinschaft
Methodismus:	Kirchenfamilie, die im 18. Jahrhundert aus der anglikanischen Kirche hervorgegangen ist. Gründerväter waren George Whitefield (1714-1770) sowie John (1703-1791) und Charles Wesley (1707-1788), die zunächst eine Predigt- und Singebewegung ins Leben riefen, welche wider Willen freikirchliche Gestalt annahm. Der Methodismus betont die Möglichkeit und Notwendigkeit der Überwindung der Sünde durch den richtigen Lebenswandel.
methodistisch:	→ Methodismus
Millennium:	1000jähriges Reich, in dem nach Offenbarung 20,1-6 Christus und die Seinen die Welt regieren, während der Satan gebunden liegt. Nachdem die kirchliche Theologie, Eusebius von Caesarea und Augustinus folgend, das 1000jährige Reich mit der Gegenwart der Kirche identifiziert hatte, machte sich seit dem Hohen Mittelalter immer wieder die (theologiegeschichtlich weit zurück reichende) Auffassung geltend, das verheißene 1000jährige Reich liege noch in der Zukunft, sei also Gegenstand der Erwartung bzw. der Bemühung (Chiliasmus, von griechisch chilia: 1000). Diese eschatologische Akzentverschiebung, die den Ausblick auf eine qualitativ bessere Welt unter den Bedingungen des Erdenlebens eröffnet, wirkte als Antrieb innerweltlichen Gestaltungswillens sowohl innerchristlich als auch in vielen anderen Kontexten.
Mission:	Weitergabe einer religiösen Botschaft an Nicht- oder Andersgläubige.
missionarisch:	→ Mission
Missionsvereine:	Vor allem im 19. Jahrhundert entstandene Vereine, die sich für die Verbreitung der christlichen Botschaft in Deutschland (Innere Mission) und im Ausland (Äußere Mission) einsetzen.
Naherwartung:	→ Parusieerwartung
Oberlenker:	→ Erzoberlenker
Offenbarung:	Vorgang, in dem Gott Menschen sich selbst oder authentische Informationen von sich mitteilt.
Ohligser Brüder:	Ehrenamtliche Mitarbeiter, die in den Anfängen der „Gemeinde der Christen Ecclesia" einzelne Versammlungen von Solingen aus betreuten.
Ökumene:	(von griechisch oikumene: bewohnter Erdkreis, ursprünglich identifiziert mit dem Römischen Reich) Das im späten 19. bis frühen 20. Jahrhundert beginnende, auch institutionell organisierte Bestreben, christliche Kirchen dort, wo sie miteinander leben, aber auch weltweit miteinander ins Gespräch zu bringen, zu vernetzen oder gar zu einer Einheitskirche zusammenzufügen.
ÖRK:	Ökumenischer Rat der Kirchen (auch: Weltkirchenrat; engl. World Council of Churches / WCC) 1948 gegründetes Forum für über 340 Kirchen weltweit mit Sitz in Genf. Die einzige große Kirche, die nicht ÖRK-Mitglied ist, ist die Römisch-Katholische Kirche. Sie arbeitet aber in einigen Arbeitsbereichen mit.

Pantheismus:	Ursprünglich polemische Bezeichnung der Vorstellung, dass „Gott" die Bezeichnung für alles Seiende in seiner Gesamtheit ist und dessen Einheit verbürgt.
Parochialgemeinde:	(von griechisch paroikia: Nachbarschaft) Kirchliche Organisationseinheit, die ein festes Gebiet umfasst. Alle Gläubigen, die dort wohnen, sind Mitglied der Parochialgemeinde. Gegensatz: → Personalgemeinde.
Parusieerwartung:	(von griechisch parusia: Erscheinung, Wiederkunft, Ankunft) Erwartung der Wiederkunft Jesu Christi am Ende der Zeit
Personalgemeinde:	Kirchliche Organisationseinheit, die auf der freien Wahl der Mitglieder beruht. Gegensatz: → Parochialgemeinde.
Pfingstbewegung:	Strömung im Christentum, welche besonders das Wirken des Heiligen Geistes betont. Eng verwandt mit der charismatischen Bewegung.
Pietismus:	(von lateinisch pietas: Frömmigkeit). Ursprünglich Spottname für eine weit ausgreifende, vielgestaltige Reformbewegung im deutschen Protestantismus des 17. und 18. Jahrhunderts, die eine Erneuerung von Kirche und Gesellschaft durch die Realisation des evangelischen Glaubens in einer erneuerten Lebenspraxis erstrebte.
Presbyter:	(von griechisch presbyteros: Älterer) Leitendes Amt in manchen urchristlichen Gemeinden, später dem Bischof zu- und untergeordnet (Priester). In der aristokratischen Gemeindeverfassungstheorie Johannes Calvins kam den Presbytern, die kollegial die Gemeinde leiten sollten, entscheidende Bedeutung zu. In vielen reformatorischen Landes- und Freikirchen wirken von den Gemeinden gewählte Presbyter maßgeblich in der Leitung der Gemeinden mit.
Priestertum aller Gläubigen:	Luther und seiner Auslegung von 1. Petrus 2,9 folgend, betonen die aus der Reformation hervorgegangenen Kirchen, dass jedem getauften Christen durch den Glauben im Gebet der direkte Zugang zu Gott offen steht und dass deswegen eine kirchliche Hierarchie, die heilsnotwendige Mittlerfunktionen beansprucht, dem Wesen des Christentums widerspreche.
ProChrist:	Evangelikale Evangelisationsveranstaltung, die alle zwei bis drei Jahre mit hohem medialen Aufwand an hunderten Orten in Europa gleichzeitig stattfindet. Träger von ProChrist sind verschiedene Frei- und Landeskirchen.
Prophetie:	Weissagung und Zukunftsschau durch göttliche Eingabe.
Puritanismus:	Zunächst Bezeichnung für diejenigen, die in der Regierungszeit von Königin Elisabeth I. (1558-1603) in England eine konsequent an kontinentalen reformatorischen Vorbildern (Genf) orientierte Umformung des Gottesdienstes und des kirchlichen Lebens, insbesondere der Kirchenzucht, in der anglikanischen Kirche forderten. Als diese Forderung sich nicht durchsetzen ließ, verzweigte sich die Bewegung, indem sie sich teilweise radikalisierte und mit politischen und sozialen Anliegen verschmolz. Viele Puritaner versuchten weiterhin, die bischöflich verfasste, von Krone und Parlament geleitete Kirche von innen her zu reformieren. Andere propagierten eine ganz andere Kirchenverfassung (Presbyterianer, Kongregationalisten) oder verfochten die Idee der Freiwilligkeitskirche (Independentisten, Baptisten). Diese Gruppen wichen auch in die werdenden nordamerikanischen Kolonien aus, wo sie dauerhaft religiös und sozial prägend wurden. Nach dem Bürgerkrieg, der Herrschaft Cromwells und der Restaurationsperiode organisierten sich die Ausläufer des Puritanismus in England in Dissenter-Kirchen mit beschränkenden, aber zuverlässigen Rechtsgrundlagen.
Reden in Zungen:	→ Zungenrede
reformiert:	→ Reformierte Kirchen
Reformierte Kirchen:	Evangelische Konfessionsfamilie, in welcher in unterschiedlichen Brechungen und Fortentwicklungen die Impulse der Schweizer Reformatoren, hauptsächlich Ulrich Zwinglis (1484-1531) und Johannes Calvins (1509-1564), fortwirken. Hauptverbreitungsgebiete: Schweiz, Frankreich, Niederlande, Großbritannien, Nordamerika.
Reinkarnation:	→ Wiedergeburt

REMID: Religionswissenschaftlicher Medien- und Informationsdienst e.V. an der Universität Marburg.

Sakrament: (von lateinisch sacramentum als Übersetzung von griechisch mysterion: Geheimnis) Sichtbare Handlung, der ein Verhältnis zum unsichtbaren Handeln Gottes zugeschrieben wird. Wie dieses Verhältnis genauer zu verstehen ist, ob das Sakrament dem Handeln Gottes als Instrument zugeordnet ist, oder ob das Sakrament lediglich zeichenhaft auf das von ihm strikt zu unterscheidende Handeln Gottes hinweist, gehört zu den Dauerthemen abendländischer Theologie- und Frömmigkeitsgeschichte.

Salbung: Rituelles, mit einem je besonderen Segen verbundenes Einreiben mit Öl bei Kranken (Krankensalbung), Priestern (Priesterweihe) oder Täuflingen. Die Charismatische Bewegung spricht von S. im übertragenen Sinn und meint damit die Gegenwart und das Wirken des Heiligen Geistes.

Sabbat: Im jüdischen Kalender der letzte Tag der Woche. Wird von Freitagabend bis Samstagabend als Feiertag begangen.

Segnungsgottesdienst: Gottesdienst, bei dem Segenshandlungen und Segnungen im Vordergrund stehen.

Selbsttaufe: → Taufe

Synode: (von griechisch synodos: gemeinsamer Weg, Zusammenkunft) Versammlung von Bischöfen (Alte Kirche, Orthodoxe Kirchen, Römisch-Katholische Kirche, dort synonym mit Konzil). Im evangelischen Sprachgebrauch bezeichnet Synode ein durch Wahlen konstituiertes übergemeindliches Leitungsgremium, dem Geistliche und Laien angehören.

Taufe: Auf Christi Befehl in Matthäus 28,18-20 sich beziehende Initiationshandlung. Sie geschieht durch Eintauchen in oder Übergießen mit Wasser unter Anrufung des dreieinigen Gottes. Ob die Taufe als allem menschlichen Handeln vorangehender Akt der Annahme und Berufung durch Gott oder aber als Antwort auf Gottes Berufung verstanden wird, entscheidet darüber, ob eine Kirche schon Säuglinge bzw. Kleinkinder tauft, oder ob sie die Taufe Erwachsenen vorbehält.

Uniert: → Unierte Kirche

Unierte Kirche: U. K.en entstanden im deutschen Protestantismus im 19. Jahrhundert, als in einigen Staaten lutherische und reformierte Gemeinden sowie Gemeindeverbände zu gemeinsamen Landeskirchen vereinigt wurden. In einigen Unionskirchen blieben die bisherigen Bekenntnisstände erhalten (Verwaltungsunion), in anderen wurden sie durch die Betonung der lehrmäßigen Übereinstimmung in den Zentralaussagen des Glaubens erheblich relativiert (Konsensus-Union). Die meisten und größten Unionskirchen sind aus der unierten Preußischen Landeskirche hervorgegangen; sie sind Mischgebilde von Verwaltungs- und Bekenntnisunion. Unierte Ostkirchen sind solche Kirchen, die in voller Kirchengemeinschaft mit der Römisch-Katholischen Kirche stehen, sofern sie den Lehr- und Jurisdiktionsprimat des Papstes anerkennen, denen jedoch von Rom weiterhin ihre liturgischen und kirchenrechtlichen Eigenheiten zugestanden werden.

Universalisten: → Allversöhnung

VEF: Vereinigung Evangelischer Freikirchen, lockerer Verbund von Freikirchen, der deren gemeinsame Interessen vertritt. Die Vereinigung hat keine theologischen und organisatorischen Entscheidungskompetenzen.

Verbalinspiration: Vorstellung, dass die Bibel wortwörtlich vom Heiligen Geist eingegeben ist.

Versiegelung: Sakrament in apostolischen Gemeinschaften. Wird als Taufe mit dem Heiligen Geist neben der Wassertaufe oder als Bestätigungsritual ähnlich der Firmung oder Konfirmation verstanden.

Visionen: → Prophetie

Wassergrab: Bei den Siebenten-Tags-Adventisten Bezeichnung der Taufe nach Römer 6,3-7.

Weihe: In einer Weihe werden Menschen oder Gegenstände in besonderer Weise rituell in die alleinige Verfügungsgewalt einer Gottheit gestellt bzw. deren Schutz und Fürsorge überantwortet. In der Römisch-Katholischen und Orthodoxen Kirche ist die Weihe (Ordination) von Priestern ein Sakrament.

Weissagung: → Prophetie

Weltkirchenrat: → ÖRK

Wiedergeburt: Im Christentum bezeichnet Wiedergeburt die innere Erneuerung des Menschen durch die Erneuerung des Gottesverhältnisses. In der orthodoxen, katholischen und einigen evangelischen Kirchen gilt die Wiedergeburt als Wirkung der Taufe; in anderen Kirchen wird sie als der Taufe vorausgehend und diese ermöglichend gedacht.

Wiedertaufe: Die erneute Taufe eines bereits getauften Menschen. Die meisten christlichen Kirchen betrachten die Taufe als ein einmaliges Geschehen, das nicht wiederholt werden kann.

Wiedertäufer: → Wiedertaufe

Wuppertaler Tafel: Soziale Organisation, die an Bedürftige Lebensmittelreste von Supermärkten und Restaurants verteilt.

Zungenrede: Glossolalie (von griechisch glossa: Zunge, Sprache und von griechisch lalein: sprechen, reden), Sprachengebet oder Beten im/mit dem Geist (1. Korinther 14,14-15) bezeichnet in bestimmten christlichen Traditionen das Reden oder Beten in einer Sprache, die dem Sprecher unbekannt ist und nach Überzeugung der Gläubigen unmittelbar vom Heiligen Geist bewirkt wird.

Bibelstellenindex

Personenregister